中國歷史上的
經濟轉型與社會發展

魏明孔，高超群 主編

松燁文化

中國歷史上的經濟轉型與社會發展
目錄

目錄

序言

制度史專題

論中國傳統社會土地、田地與田業之關係——兼及與英國土地制度的比較 11
    一、關於「土地」和「田地」的辨析 12
    二、關於「業」的辨析 15
    三、與英國土地關係的比較 19
    四、當代中國的地權關係 22
    五、結論 23

試論王安石變法與宋代常平倉制度的演變 24
    一、王安石變法前宋代常平倉制度的發展 24
    二、王安石變法對常平倉制度的改革 26
    三、南宋常平倉制度的復舊與新法的繼承 32
    四、結語 35

20世紀80年代中國「價稅財聯動」方案的嘗試 36
    一、價稅財聯動方案的起落 36
    二、配套改革方案擱淺的環境因素分析 41

金融史專題

試論金代的通貨膨脹：過程、程度及實質 47
    一、金代通貨膨脹的過程 47
    二、有關通貨膨脹程度的探討 53
    三、金代通貨膨脹的實質 60

中國改革開放以來，中國跨境投資與國際稅收實踐 61
    一、中國改革開放以來，中國跨境投資的幾個階段 62
    二、不同階段下的國際稅收政策 66

三、中國國際稅收實踐取得的成效和存在的問題　　　　69
　　四、政策建議　　　　71
中國公路、鐵路投融資結構變遷分析　　　　73
　　一、投融資結構影響交通業發展　　　　73
　　二、中國公路、鐵路投融資體制的變化過程　　　　74
　　三、公路、鐵路發展狀況分析　　　　88
　　四、餘論：中國公路、鐵路投融資前瞻　　　　92

市場史專題

乾隆時期江西省米穀流通與市場整合　　　　95
　　一、乾隆時期江西省內的米價變動　　　　97
　　二、江西省米穀流通的運道　　　　101
　　三、乾隆時期江西省的市場整合　　　　105
　　四、結語　　　　111
18—19世紀美國對華貿易結構變遷的歷史研究　　　　114
　　一、美國是土布、絲織品的主要買家　　　　114
　　二、中國成為美國紡織品最重要的市場　　　　121
　　三、中國成為美國紡織品的出口市場　　　　123
　　四、總結　　　　128
資源依賴與地區產業結構的單一化——以明清時期蘇北發展模式為例　　　　128
　　一、問題的提出　　　　129
　　二、資源詛咒與國家之手　　　　131
　　三、漕運業的重要性及其原因　　　　132
　　四、以漕運業為中心的產業發展和勞動力的轉移　　　　134
　　五、小結　　　　137

城市史專題

馬達征服血汗——民國時期南京人力車與公共汽車博弈論　　　　139
　　一、機械交通對人力工具的超越　　　　139

二、人力工具與機械交通的博弈 ……………………………… 142
　　三、博弈引致的生計和生存危機 ……………………………… 146
　　四、餘論：馬達征服血汗 ……………………………………… 149
中國近代城市史研究的問題、路線和方法 ………………………… 151
　　一、近代城市史問題的提出 …………………………………… 152
　　二、近代城市研究的理論路線 ………………………………… 153
　　三、近代城市的具體研究方法 ………………………………… 158
　　四、結語 ………………………………………………………… 165

企業史專題

家族財產繼承與近代工商企業關係研究 …………………………… 169
　　一、學術界的明顯分歧 ………………………………………… 169
　　二、近代西方工商家族財產繼承實踐 ………………………… 174
　　三、近代中日工商家族財產繼承實踐 ………………………… 177
　　四、結論 ………………………………………………………… 182
試論晚清蘇經、蘇綸公司的資本結構與產權分合 ………………… 183
　　一、從政府債券到企業股本：晚清蘇經、蘇綸公司的股本來源及其流變 ……………………………………………………… 184
　　二、政府貸款的介入與蘇經、蘇綸公司產權結構的分化 …… 188
　　三、由分散到聚合：晚清蘇經、蘇綸公司產權的紛爭與平息 … 190
清末船政的現代化轉型與績效分析——以福州船政局、江南製造局為例 …………………………………………………………………… 194
　　一、發達國家進入航海時代 …………………………………… 195
　　二、籌辦船政應時之需 ………………………………………… 197
　　三、福州船政局、江南製造局比較 …………………………… 200
　　四、結語：未竟的現代化探索 ………………………………… 205

政府管理類專題

國民政府禁煙管理及成效探析 ……………………………………… 207

5

- 一、禁煙管轄權的轉移與產地禁種 ... 208
- 二、對煙土運銷的管理 ... 211
- 三、設立和運營戒毒設施 ... 216
- 四、明確禁煙目標 ... 220
- 五、結語 ... 221

大別山區抗日根據地水利建設綜合研究 ... 221
- 一、大別山區地形結構對水利興修的影響 ... 222
- 二、頻發「天災」的救治：大別山區的水利建設 ... 224
- 三、艱巨與複雜情形下水利建設的巨大成就 ... 228
- 四、政府權威、民眾紀律合力下的水利建設經驗 ... 231
- 五、結語 ... 243

政策類專題

民國時期對外貿易政策的經驗與教訓 ... 245
- 一、要始終捍衛國家的主權 ... 247
- 二、總體對外貿易發展目標要非常明確 ... 248
- 三、正確認識並根據中國的國情制定對外貿易政策 ... 249
- 四、要重視對外貿易發展的國際國內環境 ... 250
- 五、要以大無畏的勇氣迎接世界經濟的挑戰 ... 251

中國對美元危機的應對（1971—1974） ... 252
- 一、1970年代初美元危機的發展演變 ... 252
- 二、實施「四三方案」以滿足中國需求 ... 254
- 三、增加黃金儲備抵禦美元危機 ... 256
- 四、進口糧食以確保國家糧食安全 ... 258
- 五、研究利用國際市場商品價格 ... 260

「先輕後重」抑或「先重後輕」？——新中國成立初期工業化發展戰略的抉擇 ... 262
- 一、新中國落後經濟形勢下的工業化戰略設想 ... 263
- 二、社會經濟環境變化下的工業發展戰略的調整 ... 266

三、重工業優先發展戰略的最終確立 ———— 271
中國經濟新常態的歷史使命與戰略取向 ———— 273
　　一、新常態是建國以來中國經濟現代化的第三個臺階 ———— 274
　　二、新常態是世界經濟發展格局深刻調整的一部分 ———— 277
　　三、新常態是跨越中等收入陷阱的重大戰略機遇期 ———— 279
　　四、中國經濟新常態的發展戰略取向 ———— 280

農業史專題

清代新疆人均糧食占有狀況評估 ———— 287
　　一、清代新疆糧食供給的研究現狀與不足 ———— 287
　　二、清代新疆糧食供給狀況的計算標準 ———— 289
　　三、清朝統一前，新疆糧食供給情況（1644—1759） ———— 290
　　四、清中期新疆糧食供給情況（1760—1850） ———— 291
　　五、清末新疆糧食供給狀況（1851—1911） ———— 295

思想史專題

江南製造局翻譯館的歷史遺產和經濟價值——紀念江南造船建廠 150 週年 ———— 301
　　一、引言 ———— 301
　　二、翻譯館對中國新型智庫建設的社會價值 ———— 302
　　三、翻譯館歷史遺產對文化軟實力的建設意義 ———— 306
　　四、翻譯館對創新型國家建設的經濟價值 ———— 309
　　五、總結 ———— 312

參考文獻

中國歷史上的經濟轉型與社會發展
目錄

序言

魏明孔 [1]

　　青年學者無疑是中國經濟史領域的希望與未來,而博士後則是其中的佼佼者。一般來說,博士後受過良好的經濟學、歷史學訓練,具有較雄厚的資料蒐集、整理、甄別和利用的基礎,能夠嫻熟運用經濟史研究的工具,已經掌握了一定的經濟史理論,對於學術界的研究成果的現狀比較瞭解,同時他們具有一定的國際視野,有關注社會現實的意識與擔當。

　　與中國中國改革開放近 40 年在經濟上取得的輝煌成就相適應,中國經濟史研究也取得了比較大的進展,學科呈現出穩定發展和多方進步的局面。就整體情況而言,中國經濟史學術領域呈現出一些新的特點,可以概括為以下八個方面:一是研究範圍不斷擴大、學術新作迭出,與現實中的社會經濟生活關係密切的問題愈來愈受到重視,在體現學術價值的同時更加關注科學研究的現實鏡鑒意義;二是學術界對經濟史問題的精細化研究,有助於整體性認識的精準和提升;三是在理論方法上持續進行多樣化嘗試,「史無定法」越來越得到學術界的認同;四是在加強國際交流、引進國外理論方法的同時,建立經濟史研究的中國自身的「科學範式」「話語體系」「學術主體性」等思考和探索方興未艾;五是經濟史資料的發掘和整理出版,呈現良好勢頭,文獻數據化的進展、專題數據庫的建立,為經濟史研究提供了更加堅實的基礎,也為一些課題進行量化研究創造了條件;六是經濟史教學和研究越來越受到重視,其中如上海財經大學、中央財經大學經濟學院先後成立經濟史學系,中國人民大學經濟學院領銜連續召開加強經濟史教學與研究的學術研討會;七是經濟史越來越受到經濟學界的重視,其中一些有較高聲望的中老年經濟學家,將研究重點轉向經濟史。特別值得關注的是,包括博士生、博士後在內的一些中青年經濟史學工作者脫穎而出,已經在學術界嶄露頭角。

　　《中國經濟史研究》創刊於 1986 年,她踏著中國改革開放的步伐,一路走來,見證了中國經濟史研究的風風雨雨,現在已經成為學術界的重要刊物之一,受到國內外學術界的高度重視,為中國經濟史學科的發展和培養經

中國歷史上的經濟轉型與社會發展
序言

濟史學科人才、引領經濟史研究方向，均做出了積極貢獻。《中國經濟史研究》榮獲國家社科基金資助，也是中國社會科學院的優秀期刊之一。編輯部一直在為適應學術界的需求不斷努力工作，在人手少、經費緊張的情況下，刊物於2006年進行擴版，以緩解經濟史學術論文發文難的壓力。2015年，在學術界的期盼中由季刊改為雙月刊。從1986年的第1期至2015年的第122期，發表的論文及其他文章訊息約2395篇，其中農業332篇，工業237篇，商貿302篇，金融、財政24篇，交通、水利73篇，區域經濟46篇，人口、人物95篇，理論318篇，思想史111篇，書評164篇，學術動態291篇，博士論文介紹62篇，其他約300篇。或者古代681篇，近代544篇，現代273篇，通史443篇，外國經濟史17篇，其他437篇。從發表的文章來看，可謂包括古今中外，大體反映了中國經濟史研究的水準。除了上面在正刊發表的文章外，值得說明的是，《中國經濟史研究》還有三期增刊。《中國經濟史研究》發刊詞中為雜誌確定了用稿的「四新」原則：或者提出了新問題，或者闡述了新觀點，或者運用了新方法，或者發掘了新資料。當然，不論是宏觀論著還是微觀研究，均應當具有一定的史實依據和理論深度。今天及將來，這仍然是我們辦刊的圭臬。儘管一路走來多有曲折，經過幾代辦刊人的不懈努力，《中國經濟史研究》已經成為經濟史學術共同體、經濟史學者發佈研究成果的重要平臺，成為學術界動態的發佈者，成為發現和培養青年才俊的重要場所，成為經濟史學者的共同家園。當下，辦刊的環境發生了非常大的變化，遇到了更大的挑戰。秉承30多年來形成的優良傳統，靠辦刊人的智慧、執著、韌性和堅守，一定會披荊斬棘，為構建中國經濟史話語體系做出積極貢獻，使《中國經濟史研究》更上層樓。

在中國面臨社會轉型的今天，經濟史研究無疑會給經濟建設和中國特色的社會主義理論提供豐富的實踐總結和彌足珍貴的思想理論資源，特別會提供歷史上的沉痛而深刻的教訓，使我們儘量減少走彎路。與此同時，轉型時期的學術研究也將會遇到前所未有的挑戰。我們擁有悠久的文明歷史，我們擁有中國改革開放近40年的偉大實踐，我們有優良的學術傳統，我們有以博士後為代表的年輕學者的奮發有為，中國經濟史研究一定會有美好的未來！

制度史專題

論中國傳統社會土地、田地與田業之關係——兼及與英國土地制度的比較

彭波[2]

內容提要：本文分析認為，中國傳統上的土地、田地與田業是密切相關、卻在本質上根本不同的三個範疇。在學術研究中，三個詞常被混淆，從而導致了在認識及社會實踐中的諸多混亂。中國傳統上的土地所有權一直屬於國家，但是「田」及「業」的所有權，卻可能屬於私人所有，並且一直受到國家的極大尊重。而且，中國傳統土地制度的內在邏輯，一直延續至今。與西方土地制度相比，中國傳統的土地制度與英國有相似之處，相比歐洲大陸法系，優點很多。

關鍵詞：土地　田地　田業　土地資本　權利

在中國傳統上，土地、田地及田業是彼此關係非常密切、卻又在性質上有根本性差異的三個不同事物，運動規律各不相同。

對於上述三個概念，最簡單扼要的區分就是：

「土地」的本質特徵是非人力創造，而是自然所賦予我們的資源，是我們一切生產生活所立足的物質基礎和空間基礎。

「田地」是人立足於土地所創造的資本，可以有效擴大土地的價值及效用，在經典經濟學著作及馬克思原典中常被稱之為「土地資本」。它可以被看作是「土地」與「資本」的混合物，但是在中國傳統社會地權關係中，資本的性質更加突出。

「田業」則是與土地及田地有直接關係的一組權利關係，反映了人與自然、人與人、人與社會之間的聯繫及相對地位。透過這樣一組權利關係，建立起生產與生活所必須依賴的社會結構。

中國歷史上的經濟轉型與社會發展
制度史專題

釐清這三者之間的關係，大致可以理解中國傳統社會的基本運作規律了。

一、關於「土地」和「田地」的辨析

（一）概念的辨析

經濟學中所說的「土地」與一般人所認為的「土地」之間，其實是存在很大差距的。經濟學中所說的土地，其實是指土地沒有經過人類改造的自然屬性。馬歇爾總結說：「我們通常說的生產要素有土地、勞動和資本三類，凡是依靠人類勞動而成為有用的有形物都歸入資本這一類，而不依靠人類勞動就成為有用的有形物則歸入土地這一類……『土地』這個術語的含義已被經濟學家擴大使用，包括這種效用的永久源泉在內，不論這效用是出現在土地這個詞的通常用法上，還是出現在海洋與河流、日光與雨水以及風力和瀑布等詞的用法當中。」[3] 美國著名的土地經濟學家莫爾豪斯也認為：「現代西方經濟學把可以人為地進行再生產的物質稱為資本，而把那些非人為因素的自然賦予稱為土地。」[4] 馬克思也承認：「經濟學上所說的土地是指未經人的協助而自然存在的一切勞動對象。」[5]

馬歇爾進一步認為：「土壤肥沃程度主要依據的那些化學性質和物理性質可以由人力來增進，而在極端的情況下，可以由人力完全改變。」[6]「在緊挨著地表的所有土壤裡，有很大的資本因素——人類過去的勞動的產物。」[7] 就人類日常工作其上的耕地而言，其實是凝結了人類不斷投入所形成的資本在內的。馬克思同樣認為：「人們只要對已經變成生產資料的土地進行新的投資，也就是在不增加土地的物質，即土地面積的情況下增加土地資本。」[8] 馬克思在這裡，其實已經把「土地」與「土地資本」的概念做了區分。

中國傳統社會的「田」和「田地」，究竟是什麼性質？是自然賦予我們的嗎？無可否認，田地中必定具有自然賦予的成分。但是，人工所投入與改造的成分也是相當重要的。那麼，「田」和「田地」的生產力及其價值完全來源於自然界嗎？答案當然是否定的。「田」及「田地」中所蘊含的生產力和價值，絕大部分都是人工所創造和積累的，而且是有意創造的。所以，我們可以把「田」看作是「土地資本」，或者是土地＋資本。我們應該能夠意

識到：田地既然不等於土地，它的來源與土地不同，則其性質及運動規律，當然與土地截然不同。

（二）土地與田地在權益方面的區別

中國傳統社會中，人們早就意識到：土地與田地是有根本不同的。土地的性質是天然的，是自然的賜予。而田地的性質則是人工所創造的，田地在本質上其實是一種資本，而非自然界的賜予物。田地由於附著在土地之上，所以具有自然性質，但是其產量的高低，畢竟在根本上取決於人工和各種資料的投入與改造。

基於這種認識，在有關權利方面，雖然前賢和時彥沒有在概念上進行清晰的劃分，但是似乎在實踐中社會各個階層都對此有清楚的認識。國家理所當然地認為自己應該擁有土地的最高所有權，而且民間也同樣承認這一點。但是我們也必須要意識到：在傳統觀念中，卻不認為國家或者政府可以隨便占有民間的勞動及投資成果，國家、政府、皇帝等，在擁有土地的所有權的同時，卻不能同時擁有田地的最高所有權。對於未開墾的土地和荒地，或者無主之地，國家可以毫不猶豫地任意進行分配，這是國家的權利。但是對於處於一般農民掌握之中，並正在耕作狀態下的熟地，國家卻不可能這麼做。[9]

清朝時，江蘇巡撫陶澍奏：「沿江沿海，新漲沙洲，查照新例，召佃收租，撥充公用。」[10] 自然新產生的土地（生產力），是由國家來配置的，這是國家的權利。但是對於已經被民間占有的生產力，或者是民間私人所創造的生產力，國家就不能這樣做。《困學紀聞》：「至唐，承平日久，丁口滋眾，官無閒田，不復給授，故均田製為空文。」[11] 國家沒有閒田，就不可能實行均田，國家沒有權利任意收回和分配私人田產。

壬午。諭內閣，曾國荃奏：臚陳山西目前要務一折。山西值茲大浸之後，閭閻瘡痍難復，亟應將應辦事宜，妥為經畫，以培民氣而救時艱。該省荒地甚多，應即詳細清查，招來開墾。曾國荃現擬酌給貧民籽種，至無人地畝，準其族鄰或客民承種，分別辦理。如本戶歸來，俟次年播種之時，方許認回。倘五年後本戶不回，即由佃種之人，承為永業等語。即著督飭地方官，實心籌辦，務臻妥善。[12]

中國歷史上的經濟轉型與社會發展
制度史專題

中國傳統社會，國家雖然擁有土地的所有權，也有配置土地的權利，但是並不能任意分配，因為土地被田地（土地資本）所覆蓋。中國民間對於田地的占有，固然是私有，但也是分層的。對於無主荒地，人工所創造的資本已經喪失，而且民間對其權利關係已經消失，所以曾國荃打算「招來開墾」，無需有何顧忌。但是對於土地資本沒有完全喪失的「無人地畝」，民間權利沒有完全喪失，曾國荃只能準允其族鄰首先承種，而不可能任意分配。因為在中國傳統社會，田地的所有權不僅在於私人，也在於親族和鄰里之間，這涉及農業生產中的社會關係及合作問題，這也是為過去的學者所熟知的。

從以上史料中我們可以很清楚地看到：（天然）土地是屬於國家的，其當然的主人是國家，只能由國家來分配進行耕作並取得相應的收入。原來有主之地，萬一因為災荒和戰亂等原因，導致這塊土地重新荒蕪，那麼國家的所有權就會重新顯示出來。這正體現了我們強調的：中國傳統上，國家才擁有土地的所有權。但是，國家高度尊重凝結在土地之上的資本和社會權利因素，這既是社會道義所在，也是社會穩定發展的必然要求。

一塊土地，一旦有人耕作了，並於其上施加了勞動和投入，就形成了資本，資本加之於土地之上，就是土地資本。土地資本既然是一種資本，其收益自然就嚴重受制於投入和維護，而且很容易損壞。國家可以占有田地，但是國家本身不能直接耕作於田地。問題在於：僅有土地而無資本（包括土地資本），生產就無法進行，社會的維持與發展，國家的收入保障，都會出現嚴重的問題。所以，為了保障收益，國家必須尊重民間對土地資本的權利。

秦暉談道：「中國傳統王朝雖然不像近現代公民國家那樣尊重公民的財產，但通常對於『有主』土地以強權來奪取還是相對罕見的。而在處置『無主荒地』方面，政治特權才真正大顯神通。」[13] 這其中的內在規律在於：「無主荒地」具有的天然性質不會因為占有性質而改變，所以政治特權可以大顯神通。至於「有主的田地」，則是人力投入的產物，產權的改變可能會導致其生產力的喪失，所以政府是不得不小心行事的。

地權與田權的關係，很類似當前中國房地產市場中的地產與房產的關係。在房地產市場中，土地的所有權是屬於國家的，民間購買的只是房產而已，

但是，政府不可能隨意把居民趕走，把房屋拆毀。無論是道義，還是經濟利益，都不允許國家這麼做。在國有土地上投資建房，與在國有土地上投資田地，其性質和意義是一樣的。

當然，這兩者之間也存在一定的差別。當前中國法律條件下，這種房產附屬於其上的地權是有明確的使用年限的。而中國傳統上的私有地權，則是沒有使用年限的，在民間願意承擔相應稅收的情況下，默認可以永遠使用下去。未來中國的房地產市場，可能也會按照這一邏輯發展：在擁有房地產權的業主願意並且能夠承擔相應房地產稅的前提下，也可以一直使用下去。

二、關於「業」的辨析

「業」及「田業」也是中國傳統社會中屢見不鮮的概念，「業」代表了財產秩序的核心。那麼，什麼是「業」？

（一）關於「業」的理解

「業」一字在中國歷史上出現較早。「業」的原義，指的是古時樂器架子橫木上的大版，刻如鋸齒狀，用以懸掛鐘鼓。《詩‧大雅》：「巨業維樅。」《說文》：「業，大版也。所以覆懸鐘鼓之栒，捷業如鋸齒，以白畫之。從丵，像其鉏鋙相承也。」其意義後來不斷引申，內涵不斷擴大，出現了如事業、功業、基業、世業、工業、產業等衍生詞彙。

當代學者也對「業」及「田業」的概念做了一定的分析，比較有代表性、影響力比較大的研究有：

臺灣學者潘維和認為在中國古代法中，「稱動產為物、財或財物，稱不動產曰產、業或產業。物之所有權人為物主或業主」。[14] 大陸學者張晉藩也贊同對動產和不動產的這種劃分，同樣認為古代稱動產所有權人為「物主」或「財主」；而稱不動產所有權人為「業主」「田主」「地主」「房主」。[15]

日本學者寺田浩明注意到了「業」這一概念在明清時期中國習慣法中的獨特含義，他認為在當時的土地法秩序中，成為交易對象的並不是具有物理

性質的土地本身，而是作為經營和收益對象的抽象的土地，即「業」，而土地交易僅僅是一種經營收益正當性的移轉過程。[16]

吳向紅認為：業「實際上就是一份生計」。「『業』需要某種前提，即與資源的關係。這一前提並不意味著所有權，甚至不必（排他地或非排他地）占有某種關係」。「桃花源裡並沒有私法，因此也沒有所有權的影子，但也遠非無秩序」。[17]

李力認為：「『業』是指能夠給權利人帶來收益的權利，這種權利與物有關，但並不必然表現為對物的權利。在清人的觀念中，權利人對物的關係被包含在『管業』概念中，即透過對物的管理來獲得收益。」[18]「在這一權利體系中，業權居於核心的地位，它是一種能夠為權利人帶來收益的財產權利，權利人透過『管業』，即對與這種權利有關的物的直接使用、出租等形式來實際獲得收益，而在急需大宗開支時，權利人還可以透過典當而獲得業之半價，或者將其出賣而獲得全部價款，甚至可能以各種形式將業權分割，與他人共享或者部分轉讓。在這樣一種制度框架下，財產被置於統一的權利體系之中。」[19]

（二）關於「業」與「田業」的分析及內涵的澄清

前述幾位學者的研究結論各有其正確之處，但是，又都有其誤區。其理解錯誤的根源都是沒有充分意識到「土地」「田地」與「業」的根本區別。

寺田浩明注意到了中國傳統田業交易中，交易的並不是土地所有權，而只是管業地位。這是正確的。但他卻混淆了土地與田地的不同，認為土地交易的「對象與其說是『物』，不如說是一種對土地的『經營權』，因為成為移轉和持有對象的始終是眼下的經營收益行為」。[20] 中國傳統田業交易中，的確交易的不是土地所有權，但是卻能夠交易田地所有權。田地作為土地資本，也是具有物理性質的，而且是有形的。土地作為一種空間概念，本身是無法交易的，所能交易的，只能是土地的物理性質，而田地的生產性質又是建立在土地的物理性質之上的。因此，傳統上中國民間在交易田地的過程中，同時交易了土地資本、土地的天然物理性質及對土地的管業地位，這三者是結合在一起的。

李力受到寺田浩明的誤導，同樣把傳統上中國民間的「業」權侷限於管業地位之上了。[21] 管業地位僅指對「土地」的管業，但是，「業」的內涵不限於此。

吳向紅則走得更遠，她認為：

> 古漢語（官僚法和習慣法所共享的資源）中確實沒有法律意義上權利的任何等效表達。漢文化中也沒有任何內源的、被廣泛接受的權利觀念。這也是為什麼這一文化能夠若無其事地忍受一種具有反權利結構的官僚法……這樣，我們就得到了一個基本的約束：在對中國傳統習慣法進行重述時，我們就必須放棄任何「權利之預設」，在方法論上，不能假定或貿然推定習慣規則之中一定包含某種權利。相反，在習慣法領域，從法律意義上認定任何權利的存在，都必須有嚴格的論證。換言之，我們只應該停留在現象本身，除非有合乎法理的論證揭示出某種權利的存在。[22]

吳向紅其實也是受到寺田浩明的影響。寺田浩明認為：

> 但在舊中國，儘管說是土地國有，著眼點卻只在把稅糧負擔作為不言而喻的義務之後的土地經營。極而言之，持有土地只意味著以某種方式獲得收益後扣除稅糧而剩下的差額，或者說是靠這種差額謀生的一種稱呼而已。而且其持有形式不過是用前一經營者私人立下的契約文書證明自己正當地繼受了該土地的經營而已。[23]

這樣的邏輯推斷是無法讓人接受的，不能說中國傳統觀念中沒有權利之類的概念，就認為中國傳統社會中沒有「權利」這樣一種事物，吳向紅和寺田浩明在邏輯上最大的問題在於：從民間沒有土地的所有權的前提，在沒有經過任何嚴密論證的基礎上，一躍而得出結論：中國民間對於產業沒有任何權利。這個結論是完全錯誤的。

事實上，「業」這個概念及其事實本身就代表著強烈的權利觀念，寺田浩明和吳向紅等反覆強調的「管業地位」和「秩序」本身就是一種權利，而且常常構成一種所有權的存在。中國傳統社會中，「田業」其實就等於「田

中國歷史上的經濟轉型與社會發展
制度史專題

地 + 權利」，或者說是「田地的權利」。這裡的權利，既是指與田地直接有關的權利，也包括間接相關的各種社會關係。

(三) 關於「權利」的界定

什麼是權利？權利是一個「百姓日用而不知」的概念，大家都在使用這個概念，而且每天都與其共存，但是卻很難解釋清楚其內涵。

吳向紅用《桃花源記》的例子來說明中國傳統生產中權利的失位，[24]這樣的論述是有問題的。在《桃花源記》中的確沒有私法和所有權的影子，因為在《桃花源記》中沒有提到其他的打漁人或者相關利益人。用康德的話說，權利概念首先涉及的是「一個人對另一個人的外在的和實踐的關係。因為透過他們的行為這一事實，他們可能間接地或直接地彼此影響」。[25]因此，康德認為權利存在於人與人的關係中。只存在一個人的情況下，權利是不存在的。《桃花源記》中的漁人必然不是生活在真空中，所以他的生產生活必然會面臨一定的秩序，而漁人為了生存，在這個秩序中也必須有其位置，這個位置就是他的權利。在《桃花源記》中並沒有提到其他利益相關人，所以當然沒有權利的影子。但是我們可以猜想到會有其他利益相關人的存在。比如說另外還有一個打漁人，那麼兩名打漁人就需要界定彼此之間的權利。也許還存在收稅人，或者收租人，那麼打漁人就要考慮自己的打漁收入不能僅僅滿足自己的需要，還要滿足納稅及繳租的需要，而相應的國家與地主等就要保證其打漁的地位。這些都是權利。

寺田浩明與吳向紅其實在「權利」的理解上還存在另一個誤區，他們認為：權利來源於法律的正式規定。但是這樣的理解是非常狹隘的。

大體說來，在近代西方思想史上，格勞秀斯把權利看作「道德資格」，霍布斯、斯賓諾莎等人將自由看作權利的本質，或者認為權利就是自由。如在霍布斯那裡，自由意味著不受任何干涉和限制。洛克、普芬道夫雖然不像霍布斯那樣，把法律與權利對立起來，但還是採用了霍布斯關於「權利乃自由之範式」的概念，洛克說，權利意味著「我享有使用某物的自由」。

《布萊克維爾政治學百科全書》對權利進行了如下的解讀：

在政治哲學中，權利這一術語主要有三種使用方式：第一，描述一種制度安排，其中利益得到法律的保護，選擇具有法律效力，商品和機遇在有保障的基礎上提供給個人。第二，表達一種正當合理的要求，即上述制度安排應該建立並得到維護和尊重。第三，表現這個要求的一種特定的正當理由，即一種基本的道德原則，該原則賦予諸如平等、自主或道德等基本的個人價值以重要意義。[26]

馬克思在《關於林木盜竊法的辯論》一文裡，主張貧民享有到森林拾枯枝的習慣權利，並闡述了關於法律權利和習慣權利的思想。他說：

權利並不因為已被確認為法律而不再是習慣，它不再僅僅是習慣……習慣成為合理的是因為權利已變成法律，習慣已成為國家的習慣……因此，習慣權利作為和法定權利同時存在的一個特殊領域，只有在和法律同時並存、而習慣是法定權利的前身的場合才是合理的。[27]

就此意義而言，中國傳統上的管業秩序，正是代表民間所享有的對於土地及田地的權利。中國古代，沒有「權利」這一法律概念，但是沒有概念並不等於沒有這一事實。李貴連先生經過考查，認為中國古代的「分」字就是與當今「權利」含義一致的詞。[28] 如「定分止爭」之類的說法，就是指明確各人的權利，就可以減少爭鬥。筆者基本上認同這種觀點。

三、與英國土地關係的比較

寺田浩明和吳向紅在「權利」問題上的第三個誤區在於：一切與土地有關的權利都必須建立在土地所有權的基礎之上。這也是一個非常錯誤的認識，是受到歐洲大陸法系影響的結果。如果我們全面檢視世界範圍內的土地制度，就能夠發現在其他法系當中，對於地權的控制及其交易，土地所有權並非那麼重要，甚至於不是必要的。

比如說英美法系中的英國，在其歷史上的土地交易當中，就不需要確定土地的所有權。在英國的法律當中，明確規定土地的所有權屬於國王。但是這並不會影響民間私人對土地權利的控制以及對土地的利用。

中國歷史上的經濟轉型與社會發展
制度史專題

1066 年，諾曼底公爵威廉入主英國，並借助其強勢王權，逐漸構建起了體系完整的封建制度。其間，威廉一世推行諾曼法，以消滅所有私有土地，重申國王是一切土地唯一的、最終的所有者。而其他人都是對土地的占有，相對於土地的擁有者來講，則是以保有的形式來占有土地。真至近代甚至於當代，英國的土地產權仍然沿襲著中世紀的制度。這種情況在世界上是具有普遍性的，不僅西歐如此，中國西周及春秋時代也是如此。但是，歐洲大陸逐漸確立了土地私有制，而英國始終堅持了土地的國家所有，土地在法理上的最高所有者始終是國王。

英國的這種符合自然傳統的地權體系，對於經濟及社會的發展是否造成了嚴重的阻礙呢？答案是否定的。

在歷史的建構進程中，英國土地法還體現了一種全新的法律思維模式。在英國土地法的歷史上，始終沒有產生大陸法系意義上的絕對所有權，也就是說，英國土地法是在不涉及所有權的前提下建構各項制度與規則的⋯⋯對於大陸法系財產法律制度來說，所有權是整個財產權利的核心，沒有了所有權是不可想像的事情，但是在英國，由於沒有所有權，土地法在規範社會關係時反而更加具有適應性和靈活性。[29]

英國的地權體系恰可以與中國的地權體系形成對照。中國傳統上，一直認為並且堅持：「溥天之下，莫非王土；率土之濱，莫非王臣。」但是，也一直把「官田」與「民田」區分開來。寺田在搜尋了大量中國傳統土地交易契約之後，發現中國傳統地權交易中都是強調「買賣為業」，也就是交易土地的某種權利，如對於土地的使用權、收益權、投資權等，而不是買賣土地本身。[30]

我們可以這樣總結：土地是自然所賦予的，土地所有權在中國傳統上一定是屬於國家的。田地作為私人投資土地之上所建立的土地資本，其所有權則屬於民間，政府基本上予以充分尊重。田業則代表建立在田地之上的種種權利關係，同樣也是屬於民間所有的。

中國傳統民間社會非常清楚：自己不可能掌握土地的所有權，對於土地當中所蘊含的充分權利，自己不可能獲得。所以，自己能夠掌握及交易的，

也就是利用國家所讓渡和聽許的農業生產權利及起房埋葬等權利而已。但是，對於這些權利，民間的掌握卻是比較穩固的。

正如英國的土地制度更加靈活，也更加符合其社會發展規律一樣，中國的「土」「田」「業」相區別的傳統做法也是符合中國社會發展的一般規律的。與田地相比，土地更為基礎，但是土地常常是伴隨田地的流轉而流轉的。

中國傳統社會中最重要的權利體系是「業」權，是指與土地及田地有關的各種權利關係，其核心通常不是所有權，而是收益權，包括與收益直接或間接相關的種種關係。所有權在中國傳統地權體系當中，也是一種重要的權利。但是對於土地所有權而言，由於國家一般情況採取「田制不立」及「聽許」民間占有的態度，對不同管業者一視同仁，所以作為一個絕對的背景，反而在交易中顯得不是那麼重要。

李力認為：「『業』是指能夠給權利人帶來收益的權利，這種權利與物有關，但並不必然表現為對物的權利。」[31]這當然是正確的。但是寺田浩明及李力等人在分析的過程中，還是在潛意識中認為這個「物」就是土地，其實不然。「物」不僅僅是土地，還可能是田地；不僅是物理性質的實物，也可能是無形的權利。不僅如此，「業」是建立於土地及田地之上的權利關係系統，其本身就是一個「物」，而且這個「物」在運動中不受制於「土地」這個物，相反，其運動帶動了土地及田地的運動。

與西方相比，中國傳統地權觀念及制度的發展與英國相似，而與歐洲大陸法相差甚遠。

與大陸法系財產法相比，英國土地法是採用經驗主義的方式逐漸建構的……另一方面，因為土地法上各種範疇的內涵都是在歷史沿革中逐漸明確的，有關法律規範也是在歷史發展進程中逐漸確立的，因此，歷史也賦予英國土地法各項制度以特定的內涵……[32]

這也符合中國的地權特徵。在中國傳統社會中，各種地權關係也非完全的體系，而是一種自發的、樸素的秩序，是在實踐中不斷摸索出來的。而且業權是非常靈活的，可以一層一層累加。所謂的「管業地位」也是這樣，「業

權」與管業地位的存在，使得所謂的所有權及使用權等的區分變得不是必要的。在中國這樣複雜且多層級的社會中，土地所有權及使用權之類的區分，可能並不適合需要。

四、當代中國的地權關係

中國傳統地權關係具有充分的優勢。首先，國家牢牢掌握著土地的最終所有權利，保有在必要時介入地權關係的權利，得以調整地權關係以維護必要的公共利益。其次，在微觀層面，民間享有充分的地權，土地的經濟職能及社會保障職能可以透過市場交易進行自由配置，得以保證土地資源的效率。

中國當代土地制度受到廣泛批評，這些批評當中有很多是合理的，但是也有很多是出於誤解。土地私有制其實在世界歷史上的實踐當中，也存在嚴重的缺陷。我們既要承認西方的土地建設經驗當中有很多值得學習的地方，但是我們也要考慮到，西方的土地建設也是有問題的。假如真的按照西方理論來進行中國的建設，只會造成更大的破壞。在西方國家的經濟發展及城市化過程中，也是充滿了衝突與罪惡的，並不是今天我們看到的那麼幸福。美國的經濟史學家們，如諾貝爾經濟學獎獲得者福格爾與克拉克，對西方早期發展經驗進行了嚴厲的批評，認為早期西方世界的城市化是不公平而且降低人民福利的。福格爾甚至於認為美國獨立戰爭之後，美國人的實際福利指數是長期下降的，直到一戰之後才趕超獨立戰爭之前的水平。克拉克在《學點經濟史》一書中，認為英國的工業化過程中，由於圈地運動導致人口大量由農村和小城鎮向大城市轉移，降低了社會總體福利水平。美國19世紀末期的知名社會活動家和經濟學家亨利·喬治在《進步與貧困》一書中指出：

物質進步不僅不能解脫貧困，實際上它產生貧困……經濟革命雖然使生產力上升，但它並不是在底部對社會結構起作用，把整個社會都抬高，反而好像一個巨大的楔子，在社會的中部穿過去。那些在分裂點以上的人們處境上升了，但是那些在分裂點以下的人們被壓碎了……生產能力提高的同時，地租趨向更大的提高，因而產生迫使工資不斷下降的趨勢。[33]

這就是美國在進步過程當中，廣大下層人民卻日益趨於貧困的最重要的原因。地租必然伴隨經濟發展而高企，從而阻礙經濟及社會的改善，因而必須加以限制。這就是現代西方土地私有制的經驗。

中國當代的土地制度，堅持集體所有、農民承包與土地經營三權分立的原則。2014 年，中央政府透過了《關於引導農村土地經營權有序流轉發展農業適度規模經營的意見》，提出將三權分立作為進一步深化農村土地改革的基礎。而三權中，集體所有其實是代表了國家的最高所有，及國家在必要時進行干預的權利。農民承包則是保障農民對於土地在使用權方面的權利。這既是土地的經濟作用，也是土地的社會保障作用。而經營權的可充分流轉，則代表了土地的市場配置與經濟職能的實現。

在內在邏輯關係上，中國當代的土地制度與中國傳統土地制度是一脈相承的。雖然存在諸多缺點，受到眾多批評，但是與西方的土地私有制相比，其實具有更大的優點。其最大的好處，卻是最為經濟學家所批評的地方，即政府在土地流轉中獲得了巨大的收入，而沒有把這些收入全部留給私人。但是，這些收入是屬於地租的性質，可以用於社會公益事業——當前主要是用於基礎設施建設，既能夠改善人民生活，也能夠為廣大農民創造就業機會。相對於單純的土地私有制而言，更符合社會整體利益，也更加符合中國土地關係的傳統。

五、結論

總體上，中國社會是一個內生的社會，外來衝擊固然一直存在，但是不足以改變其基本運動規律及發展軌跡。在土地問題上，中國傳統地權關係也是內生的，兼顧經濟效益與社會保障，兼顧私人利益與社會公益，兼顧效益與公平。具體做法是土地、田地和田業三者並存，並行發展，互不妨礙，相互支撐。國家始終掌握土地的所有權，民間則根據其貢獻掌握田地的所有權。在物權上，田地的所有權建立於土地的他物權的基礎之上。而田業則是一種複雜的權利關係，直接影響地權的運動。這樣的地權關係，與英國的地權關係有異曲同工之處，在資源配置方面具有突出的優勢。這樣的地權關係，實際上作為中國社會發展的內在邏輯，一直影響到當代中國社會。

試論王安石變法與宋代常平倉制度的演變

楊芳[34]

內容提要：宋代是常平倉制度發展的重要階段，宋朝建立後在全國範圍內普遍設立了常平倉，形成了較為完善的制度。宋仁宗以後，常平倉出現各種弊端，影響了其功能的發揮，變得有名無實。宋神宗時期任用王安石實行變法，推行青苗法，對常平倉制度進行了重要改革。常平倉制度的改革，不僅是一項重要的經濟改革，也是王安石用國家力量推行荒政，建立救荒長久之策的重要舉措。南宋建立後，常平倉恢復舊法，廢除了青苗法，但新法的影響仍存，保留了提舉常平官。朱子社倉的建立深受青苗法的影響，並最終實現了王安石變法「摧抑兼併」「振濟貧乏」的精神原則。

關鍵詞：宋代　常平倉　王安石變法　青苗法（常平新法）荒政

常平倉發軔於春秋、戰國時期的輕重之法和平糴思想。漢宣帝五鳳四年（前54年），依大司農中丞耿壽昌奏請，在邊郡創設常平倉，「以穀賤時增其賈而糴，以利農，穀貴時減價而糶，名曰常平倉」。[35] 常平倉由此建立，後經魏晉南北朝和隋唐奉行不廢，不斷發展，成為後世備荒救災的主幹力量。宋代繼承漢唐常平倉制度，在全國範圍內普遍設立了常平倉，形成了較為完善的管理和運營制度。北宋中期，王安石推行變法，對常平倉制度進行了重要改革，影響深遠。王安石變法的各項措施中，青苗法是最有爭議的，而學界對青苗法的研究也形成了不同的看法。[36] 關於青苗法與舊常平倉法的關係、王安石對常平倉制度的改革及其影響等，學界也進行了研究，形成了許多有價值的觀點，[37] 但從宋朝荒政的角度看王安石對常平倉的改革及其影響，以及王安石變法以後常平倉制度的發展脈絡，則還有進一步探討的空間。

一、王安石變法前宋代常平倉制度的發展

宋太宗淳化三年（992年）六月，因京畿大穰，宋廷「分遣使臣於京城四城門置場，增價以糴，令有司虛近倉以貯之，命曰常平，以常參官領之，俟歲饑，即減糶與貧民，遂為永制」。[38] 此為宋代常平倉的開始。

宋真宗景德三年（1006年），宋廷下詔，除沿邊州郡外，於京東西、河北、河東、陝西、江南、淮南、兩浙路遍設常平倉，規定「以逐州戶口多少，量留上供錢一二萬貫，小州或二三千貫，付司農寺系帳，三司不問出入，委轉運司並本州選幕職州縣官清幹者一員專掌其事，每歲夏加錢收糴，遇貴減價出糶。凡收糴比市價量增三五文，出糶減價亦如之，所減仍不得過本錢。以三年為界，所收錢穀湊利，止委本寺專掌，三司及轉運司不得支撥」。[39]「大率萬戶歲糴萬石，止於五萬石。或三年以上不經糶，則回充糧廩，別以新粟補之」。[40] 詳細規定了常平倉的性質功能、管理人員、糴糶辦法、每州的儲量以及以新易陳的辦法等，常平倉制度初步確立。景德以後，常平倉的設置範圍進一步擴大。天禧四年（1020年）八月六日，宋廷下詔，增置常平倉於益、梓、利、夔州、湖北、湖南、廣南東、西諸路。[41] 從宋元明方志的記載來看，各地置倉情況存在一定的差異，但遲至仁宗後期，從中央到地方已普遍建立了常平倉。誠如董煟所說：「漢之常平止立於北邊，李唐之時亦不及於江淮以南，本朝常平之法遍天下，蓋非漢唐所能及也。」[42]

經過真宗、仁宗兩朝的發展，常平倉的管理與運營制度逐漸完善。呂中對該時期的常平倉評價說：

若夫常平之法，自景德、祥符而始立，固已纖悉曲盡。撥上供以充之，防擾民也；經度隸司農而不屬三司，防移用也；沿邊不置，慮其妨邊糴也；經二歲則以新易陳，慮其有腐粟也；減價而糶仍不得過本錢，慮其失陷糴本也。[43]

然而，常平倉自淳化三年（992年）設立以來，其運營中的弊端逐漸顯現。天聖二年（1024年）十一月，都官員外郎劉厚載言：

自置常平倉以來，每年司農寺、轉運司遍下諸道州府催糴夏秋斛斗，蓋不知外方時價貴賤不同，一例行遣，其外處官吏人不能平準物價，但務多積，以為勞效。[44]

景祐（1034—1038）中，樞密直學士杜衍言：

今豪強蓄賈，乘時賤收，而拙業之人，旋致罄竭。水旱則稽伏不出，須其翔踴以牟厚利，而農民貴糴。九穀散於穰歲，百姓困於凶年，雖勤課官家至日見，亦奚益於事哉！蓋常平倉制度不立，有名而無實。[45]

時人李覯也指出常平倉的三大弊病，即儲量少之弊、道遠之弊、吏奸之弊。[46]

宋哲宗元祐時，司馬光追述「舊常平法」時亦言：

官吏雖欲趁時收糴，而縣申州，州申提點刑獄，提點刑獄申司農寺取候指揮，比至回報，動涉累月，已是失時。[47]

此外，由於職位低下、權力有限，負責常平倉監督管理的官員往往不能有效地行使其監管職權。範仲淹言：

今諸道常平倉，司農寺管轄，官小權輕，主張不逮，逐處提點刑獄多不舉職。[48]

王安石變法前，常平倉已有名無實，其功能已不能正常發揮了。

二、王安石變法對常平倉制度的改革

宋神宗即位之後，任用王安石實行變法。王安石對當時的荒政有著深刻的認識，他在《再上龔舍人書》中說道：

某嘗聞善為天下計者，必建長久之策，興大來之功……夫水旱者，天時之常有也。倉廩財用者，國家常不足也。以不足之用，以御常有之水旱，未見其能濟焉，甚非治國養民之術也……伏自慶歷以來，南北饑饉相繼，朝廷大臣，中外智謀之士，莫不惻然不忍民之流亡殍死，思所以存活之。其術不過發常平、斂富民，為粥之養，出糟糠之餘，以有限之食，給無數之民。某原其活者，百未有一，而死者，白骨已被野矣。此有惠人之名，而無救患之實者也。[49]

王安石認為必須改變常平倉等救荒措施「有惠人之名，而無救患之實」的現狀，建立養民救患的「長久之策」。於是從改革有名無實的常平倉入手，解決宋朝的救荒問題。

（一）王安石對常平倉制度的改革

1. 改革常平倉運營方式

熙寧二年（1069年），王安石推行青苗法，也稱「常平新法」或「常平給斂法」[50]，對常平倉運營方式進行改革，這也是王安石改革常平倉的核心措施。原常平倉的運營，由政府撥上供錢作糴本，於穀賤時增價收糴，於穀貴時減價出糶，有穩定糧價的作用。在青苗法實施之前，唐代常平錢穀已有部分地用於貸放的情形。[51] 王安石於慶曆七年（1047年）知鄞縣時，就曾「貸穀於民，立息以償，俾新陳相易」。[52] 稍後在仁宗慶曆八年（1048年）至皇祐五年（1053年），陝西轉運使李參曾在陝西試行，他「令民自隱度麥粟之贏，先貸以錢，俟穀熟還之官，號『青苗錢』。經數年，廩有羨糧」。[53] 在對常平倉制度進行深入研究和檢討的基礎上，王安石參照推行青苗錢的成功經驗，頒行青苗法於全國。

青苗法的具體做法是將原有常平倉、廣惠倉錢穀兌換為現錢，貸給城鄉居民，收穫時按所借本錢連同利息照借款時約定穀價折合實物隨兩稅交納，若遇穀價上漲，民戶不願交納實物，也可酌量交納現金，償還貸款時繳納百分之二十的利息。[54]

關於青苗法的立法本意，熙寧二年九月四日，制置三司條例司言：

非惟足以待凶荒之患，又民既受貸，則於田作之時不患闕食，因可選官勸誘，令興水土之利，則四方田事自加修。蓋人之睏乏，常在新陳不接之際，兼併之家乘其急邀倍息，而貸者常苦於不得。常平廣惠之物，收藏積滯，必待年歉物貴然後出糶，而所及者大抵城市游手之人而已。今通一路之有無，貴賤發斂以廣蓄積，平物價，使農人有以赴時趨事，而兼併不得乘其急，凡此皆所以為民而公家無所利其入，亦先王散惠興利以為耕斂補助，裒多補寡而抑民豪奪之意也。[55]

由此可知，青苗法的立法本意即是要克服常平倉舊法「收藏積滯，必待年歉物貴然後出糶，所及者大抵城市遊手之人」的弊端，在不同時節適時斂

散常平倉儲糧，解決百姓在新陳不接之時對糧食的迫切需求，使農民免於兼併之家高利貸的剝削，保障農業生產的順利進行。

2. 完善常平倉管理體系

王安石變法前，宋代常平倉在中央由司農寺主管。變法之初，為推進新法，在中央設制置三司條例司主持新法事宜。熙寧三年（1070年）五月，宋神宗下詔置制置三司條例司，並按條例司建議，將常平新法付司農寺主管。[56]司農寺接管了原屬條例司相當部分的權力，一躍成為變法的重要機構，其職能、地位、機構發生了巨大變化，成為宰相控制之下的、與三司分庭抗禮的中央財政機構。改革後的司農寺克服了過去「官小權輕」的致命弱點，也強化了對常平倉的管轄權。[57]

熙寧二年（1069年），宋神宗為了確保新法在各地的順利推行，根據制置三司條例司的建議，詔令「差官充逐路提舉常平廣惠倉兼管勾農田水利差役事」。[58]其後，宋神宗對諸路監司制度進行調整，提舉常平司正式形成制度。[59]諸路提舉常平官的建立，使常平倉管理系統發生了重大變化。北宋初，諸路常平倉由轉運司監管，州縣常平倉「委轉運司並本州選幕職州縣官清干者一員專掌其事」。[60]後來，為防止轉運司及州縣對常平倉穀的借撥，諸路多由提點刑獄監領，並逐步侵奪了轉運司對常平倉的監領之權。前引元祐時司馬光追述「舊常平法」的收糴「縣申州，州申提點刑獄，提點刑獄申司農寺取候指揮」，[61]即反映了王安石變法以前，自司農寺至各路提點刑獄，再至各州縣的常平倉管理系統。[62]

王安石實行變法後，各路常平倉便逐漸由提舉常平司專門接管、負責。哲宗紹聖元年（1094年）六月，戶部言：「熙寧、元豐間，設提舉官以總一路之法，州有管勾官，縣有給納官。」[63]即是說熙豐變法時，從中央的司農寺到地方提舉常平司，再到州縣管勾官、給納官，逐漸形成了一套較為完整的常平倉管理系統。提舉常平司既是地方推行新法的重要機構，也是常平倉的專門管理部門，其設置對熙豐變法以後宋代財政體系的變化產生了深遠影響。[64]

元豐五年（1082年）改革官制，罷三司之職歸戶部左右曹，而司農寺亦不再主管青苗、免役等法，其事務全部歸戶部右曹掌管，由戶部「以常平之法平豐凶，時斂散」。[65] 而各路、州縣的常平機構仍然維持原狀。

3. 拓展常平倉的倉本來源，提高救荒能力

針對常平倉糧食儲備小，難以發揮其調節糧食市場、保障農業生產的狀況，新法力求擴大常平倉糧食儲備規模，廣開常平倉收入來源渠道。王安石變法時期，除了原來「量留上供錢」作為倉本外，常平倉倉本來源十分廣泛，如轉化廣惠倉錢穀、撥賣戶絕田產為倉本，從三司、內庫或他司調撥、出賣度牒等。[66]

在擴大常平倉儲量的同時，加強常平倉的救荒功能和綜合調控能力。常平新法的推行並未否定舊法，其錢穀主要用於取息借貸的同時，並沒有放棄其原有的賑糶、賑濟等功能。[67]《皇朝編年綱目備要》載：

上（神宗）自即位，大修常平法，所蓄既豐，名亦不一。有曰貸糧種子者；有曰借助賑貸者，以息賑濟者也；有曰賑糶者，減價糶穀以賑之也；有曰賑濟者，直與以賑之也。[68]

可見，改革後的常平倉在功能形式上變得更為廣泛，既可以解決青黃不接時農民缺少錢糧的問題，防止兼併之家的高利貸剝削，又可以廣儲蓄、平物價、備凶荒，較之舊的常平法，的確是一項積極的防災、救災辦法。此外，常平倉在農田水利基礎建設、補助軍用等方面也發揮了重要作用。[69]

4. 將常平倉的改革與其他新法措施相結合

王安石改革常平倉制度的另一重要舉措，是將常平倉納入到宋朝整個財政和國家經濟運行體系中，並利用國家的力量推行荒政，表現為青苗法與其他新法措施的結合。農田水利法中規定：

開墾廢田，興修水利，建立堤防，修貼圩堘之類，工役浩大，民力不能給者，許受利人戶於常平倉系官錢斛內連狀借貸支用，仍依青苗錢例作兩限或三限送納，只令出息二分。[70]

中國歷史上的經濟轉型與社會發展
制度史專題

將常平倉作為扶助農業基礎建設、促進農業生產發展的重要支持力量。青苗錢的放貸，實行貧富相保，規定每五戶或十戶為一保，三等戶以上為甲頭，[71]將青苗法與保甲法緊密結合起來。青苗法與市易法、免役法等也有著重要聯繫。王安石在《上五事書》中說：

> 今陛下即位五年，更張改造者數千百事，而為畫具，為法立，而為利者何其多也。就其多而求其法最大、其效最晚、其議論最多者，五事也：一曰和戎，二曰青苗，三曰免役，四曰保甲，五曰市易……故免役之法成，則農時不奪，而民力均矣；保甲之法成，則寇亂息，而威勢強矣；市易之法成，則貨賄通流，而國用饒矣。[72]

可見，王安石新法的各項措施，包括青苗法在內，相互之間有著密切的聯繫，是一個有機整體。

常平新法推行以後，常平倉儲備大為增加，熙寧二年（1069年）諸路常平、廣惠倉錢穀約一千四百萬貫石。[73] 熙寧九年（1076年），常平司庫存高達三千七百三十九萬貫石。[74] 以常平倉平均每年約「三百萬緡」[75] 的息錢，常平倉的儲量自然占很大份額。包括青苗法在內的新法的推行，為國家帶來了巨額的財政收入。陸佃（1042—1102）評論此時的常平倉說：「四方常平之錢，不可勝計。」[76] 孫覿（1081—1169）在追憶當時常平倉盛況時說：

> 臣伏見神宗皇帝修講常平之政，置提舉官，行其法於天下，爾時錢穀充斥府州，大縣至百萬，小縣猶六七十萬，貫朽粟陳不可勝校。[77]

實行常平新法之後雖取得了一定的成效，但在執行過程中也出現了「追呼抑配」「務求多散」等弊端。如青苗法原先規定「不願請者，不得抑配」，[78] 但事實上無論是坊郭戶，還是鄉村上戶、下戶和客戶，都被抑配青苗錢，強制納息，這樣就使青苗法的原意走樣。再加新法觸犯了大官僚、豪強兼併勢力的既得利益，遭到了反變法派的強烈反對。熙寧七年（1074年）九月，神宗以諸路災荒，常平司未能及時賑濟，告諭輔臣說：

> 天下常平倉，若以一半散錢取息，一半減價給糶，使二者如權衡相依，不得偏重，如此民必受賜。今有司務行新法，惟欲散錢，至於常平舊規，無

人督責者。大凡前世法度有可行者，宜謹守之，今不問利害如何，一一變更，豈近理耶！[79]

於是下詔要求在推行青苗法取息散利的同時，分出一半錢穀用於災荒賑糶、賑濟，諸路州縣「據所管已支見在錢穀通數常留一半外，方得給散」，[80]對青苗法的實施又作了改動。此後在神宗元豐時期，常平倉的經營便處於半新半舊的狀態中。

（二）元祐以後常平新法的延續

元祐元年（1086年）反變法派上臺，開始廢除包括青苗法在內的各項新法。宋廷下詔：「提舉官累年積蓄錢穀財物盡椿作常平倉錢物，委提點刑獄交割主管，依舊常平倉法。」[81]即廢除青苗法，罷去了提舉常平官，恢復了舊常平倉法。接著「罷諸州常平管勾」。[82]又規定：「應系因給納常平、免役事添置丞、簿，並行省罷。內縣丞如委是事務繁劇，難以省罷處，令轉運司存留，保明以聞。」[83]於是，將各路、州縣推行新法而設的常平管理機構全部取消了。

常平倉恢復舊法後，舊弊重演。元祐六年（1091年）御史中丞趙君錫言：

臣惟元祐初年，懲散斂常平錢斛之弊，專用糶糴為常平法，然自更制以後，州縣官吏風靡寬緩，政事苟且，雖有上條，止同虛文，民間每遇豐稔，不免為豪宗大姓乘時射利，賤價收蓄，一有水旱，則物價騰湧，流亡餓殍，不可勝計……糶糴之法雖善而不行。[84]

反變法派在恢復常平舊法後，並無靈丹妙藥，常平倉政依然舊病復發，直到南宋仍然如此。[85]

紹聖元年（1094年）閏四月，宋哲宗親政，復行新法，復置提舉常平官，又逐漸恢復了常平錢穀一半斂散取息、一半賑濟的做法。[86]回顧宋哲宗初，反變法派范純仁「以國用不足，建請復散青苗錢」，連司馬光也因此猶豫不決。後來雖然廢罷，年幼的哲宗卻擔心「又恐國用不足」，「五七年後恐不足」。[87]常平新法的斂散取息曾受到反變法派的強烈譴責，現在卻在當政者

的稍加修飾之後重新登場，究其原因，常平放貸取息所帶來的巨大利潤終究是朝廷所不願捨棄的。

徽宗即位之後，重用蔡京，推行新法，常平倉仍按元豐舊法，一半糶糴、一半斂散，此後直到北宋滅亡。總體上來看，北宋後期常平新法出現的反覆，是王安石變法的延續。北宋後期，尤其徽宗朝，社會救濟、社會保障事業得到了顯著發展。[88] 居養院、安濟坊等福利機構的經費主要來源於常平倉。如元符元年（1098年）九月十八日，宋廷下詔：「鰥寡孤獨貧乏不能自存者……以戶絕財產給其費……如不足，即支常平息錢。」[89] 又如，「蔡京當國，置居養院、安濟坊，給常平米，厚至數倍」。[90] 這樣的例子還有很多。這與王安石變法以來實行常平新法，常平倉積累了大量資金，儲備較充裕是分不開的。

三、南宋常平倉制度的復舊與新法的繼承

北宋末的戰亂，使常平倉制度遭到嚴重破壞，南宋政局穩定後，常平倉得以重建，其運營依常平舊法。[91] 重建後的常平倉積弊重重，但在宋廷的不斷整頓中延續著它的使命，直至南宋滅亡。南宋君臣在總結北宋滅亡的原因時，把罪責由蔡京集團追及王安石，包括青苗法在內的王安石新法被徹底否定。[92] 但王安石變法的許多措施還是以這樣那樣的形式保留了下來，其影響亦深遠。

（一）提舉常平官的保留

建炎、紹興數十年間，提舉常平官廢置不定，直到紹興十五年（1145年）八月，才確定常平倉由提舉茶鹽官監管，稱為提舉常平茶鹽公事，通稱提舉常平官。[93] 李心傳在概括這一時期提舉常平司的廢置過程時說：

提舉常平官，自熙寧初置，元祐、紹聖間，罷復不常。建炎元年（1127年）五月，復罷。二年（1128年）八月，復諸道常平官，還其糴本，自青苗錢不散外，常平、免役之政皆掌之。紹興九年（1139年），置經制司，改常平官為經制某路幹辦常平等公事。未幾，經制司罷，復為常平官。久之，復

置提舉，東南以茶鹽司兼領，四川、廣西以提刑司兼領，仍別置官吏，及歲舉升改員。[94]

從提舉常平官的復置過程來看，南宋朝廷雖然否定了青苗法，但對王安石為推行新法而設常平官的做法還是有保留地予以繼承。此後，由戶部右曹——提舉常平司掌管的常平倉管理體系至南宋末沒有改變。提舉常平官的保留對南宋常平倉和荒政的發展造成了重要作用。宋人林駉亦有言：「中興以來，講明荒政，常平錢穀專委一司而無失陷之弊。」[95]「無失陷之弊」當然言過其實，移用常平倉儲備為軍糧的做法在南宋有愈演愈烈的發展態勢，這種情形同時也受到士大夫們的嚴厲抨擊，但是宋政府始終把常平倉作為救荒之政的重要倚重政策，未曾改變過。[96]

（二）南宋常平倉職能的變化

南宋常平倉主要轉向了災荒時的賑濟，其例年平準糧價、調節豐歉的職能雖存，但往往因儲備不足而被大為削弱。正如李心傳所言：「然常平錢皆取以贍軍，今特掌義倉及水利、役法、賑濟等事而已，無復平糶之政矣。」[97]提舉常平官的職掌變化亦反映出常平倉職能的變化。

南宋時期，常平倉救助貧民的職能得到了進一步的繼承。常平倉用於「濟貧」與王安石變法推行青苗法有重要聯繫，熙寧二年（1069年），廣惠倉與常平倉一道被用作青苗本錢放貸取息。廣惠倉原本是為賑濟州縣城郭之中老幼貧病「不能自存」之人而設立的備荒糧倉。[98]此後救濟貧弱職能便由常平倉承擔。元祐時曾一度恢復廣惠倉，但又於紹聖元年（1094年）罷廢。[99]此次廢罷以後，終北宋之世文獻亦不見有廣惠倉設置之記載。

南宋時期，雖見有廣惠倉的設置，但屬地方性倉儲，其功能及運營方式與北宋廣惠倉已有很大不同。南宋對老、幼、病、貧乏「不能自存」之人的救助基本是常平倉的職責了。《琴川志》載常熟縣常平倉：「若夫常平之制，祖宗朝蓋取沒官田所入，專以濟給老疾貧乏不能自存之人。」[100]《寶慶四明志》載常平倉：「淳祐二年詔置常平倉，歲熟增價糴，歲歉減價糶，用賑貧民。本李悝平糶之法，其後以收沒官田租入，或賣屋地坊場河渡，以其錢糴入，或州縣寬剩錢米入，凡老疾貧丐者、囹圄者、流徙者，率以是濟之。」[101]《武

陵圖經》載鼎州武陵縣常平倉:「遇省倉受苗,則撥常平米來儲之,以供水旱之賑濟、賑糶及月支貧民之闕食者。」[102]

(三) 青苗法與朱子社倉的建立

乾道五年 (1169 年),朱熹於建寧府崇安縣開耀鄉五夫裡創建社倉,經過十餘年的經營,效果良好。淳熙八年 (1181 年),朱熹任浙東提舉,向朝廷詳細報告了崇安縣五夫社倉的成功經驗,並呈《社倉事目》,請求在全國廣建社倉。之後,社倉在全國得以推廣。

南宋社倉是民辦倉儲,其管理與常平倉、義倉等官倉有所不同。以朱子社倉為例,該倉由朱熹與鄉紳劉如愚倡辦,由朱熹「與本鄉土居官及士人數人同共掌管」,只是「遇斂散時即申府差縣官一員監視出納」。[103] 朱熹在淳熙八年 (1181 年) 的奏札中也明確表示,社倉要「責與本鄉出等人戶,主執斂散,每石收息二斗,仍差本鄉土居或寄居官員士人有行義者,與本縣官同共出納」。[104] 其具體運作是:由政府支借常平米為貸本,置倉於鄉社,選鄉人士君子主持管理,收支接受地方政府的監督,每歲例行借貸,春夏借,秋冬還,利息二分,至息米超過本米十倍以後,即將所借常平米還回,用所積累的息米繼續進行借貸,不收利息,只收三升耗米。若有富家願出米為貸本的,也聽從其便。後來的社倉,大抵以朱子社倉的規式為藍本。然而,朱熹亦主張各地「隨宜而立約」,朝廷下詔推行社倉法時也強調「任從民便」,[105] 所以,各地社倉規約,並非完全照搬朱子社倉的模式。

朱熹創設的社倉並非一項全新的制度,其淵源可追溯至隋代的義倉,而其具體運營卻倣法於北宋王安石變法中的青苗法。[106] 朱熹本人亦不否認二者之間的聯繫。《晦庵先生朱文公文集》卷 79《婺州金華縣社倉記》載:

凡世俗之所以病乎此者,不過以王氏青苗為說耳。以予觀於前賢之論,而以今日之事驗之,則青苗者,其立法之本意,固未為不善也。但其給之也,以金而不以穀;其處之也,以縣而不以鄉;其職之也,以官吏而不以鄉土君子;其行之也,以聚斂亟疾之意,而不以慘怛忠利之心。是以王氏能行之於一邑而不能以行於天下。子程子嘗極論之,而卒不免於悔其已甚而有激也。[107]

可見朱熹雖不否認青苗法在執行上有所偏差，但認為其立法本意甚善。

宋代以前的備荒倉廩主要是常平倉和義倉，常平倉只設於州縣，並且自創設之日起即一直由國家經營管理；而義倉雖起初設於鄉社，由民間管理，但不久即逐漸歸屬官府，並移置於城市。北宋時期，常平倉、義倉得到進一步的發展成熟，同時也創設了廣惠倉、惠民倉等全國性的備荒倉，但都因設置於城市，農民不能得到實惠與救濟。朱熹採用青苗法借貸收息的方式，又改變了常平倉只設於城市的弊病，於鄉里創設社倉，由鄉里自行管理，縣官監督，使其扶助農民的功用得以切實發揮，也使王安石製定青苗法的立法精神得以實現。

四、結語

綜上所述，宋朝建立後在全國範圍內普遍設立了常平倉，形成了較為完善的制度，但宋仁宗以後，常平倉出現了各種弊端，影響了其功能的發揮。宋神宗時期任用王安石實行變法，推行青苗法，對常平倉制度進行了重要改革，常平倉的運營由原先的糴糶轉為借貸。常平倉制度的改革，不僅是一項重要的經濟改革，也是王安石用國家力量推行荒政，建立救荒長久之策的重要舉措。元祐以後，常平新法經歷了一定的反覆，是王安石變法的延續。南宋時期，青苗法被廢除，但新法的一些措施和精神原則卻得以保留。

從王安石推行青苗法到朱子社倉的建立，宋代備荒倉儲制度的發展一直貫穿著宋代士大夫「損有餘，補不足」「摧抑兼併」「振濟貧乏」等社會理想的努力與追求。北宋時期，王安石實行變法，推行青苗法，對弊端叢生的常平舊法進行改革，其目的即是要「散惠興利以為耕斂補助，裒多益寡而抑民豪奪」，[108] 將常平倉的救荒與摧抑兼併緊密結合起來。而摧抑兼併也成為王安石、宋神宗實行新法，乃至北宋中後期及南宋荒政的主要內容。[109]

南宋社倉的建立，彌補了常平倉、義倉不能惠及鄉村的弊端，在農村中建立起救災備荒、貧富相助的制度，這亦是士大夫「摧抑兼併」「損有餘補不足」理想的表達與追求。亦如李華瑞先生在《北宋荒政的發展與變化》一文中所指出的，王安石變法雖然遭到了否定和批判，但王安石變法所體現出

的儒家「損有餘，補不足」精神，在南宋得到繼承和發揚，不同只在於王安石是用國家的力量推行「荒政」，到南宋更多的則是朝野人士在地方和民間以自己的實際行動推演「荒政」，南宋朱熹「社倉法」，就是直接導源於王安石新法中的「青苗法」。[110] 因此，王安石製定青苗法「摧抑兼併」「振濟貧乏」的精神，至社倉的建立而得以真正實現。

20世紀80年代中國「價稅財聯動」方案的嘗試

劉偉 [111]

內容提要：價格雙軌製作為一種過渡時期的備選方案，儘管在推行初期產生了一定的正效應，但卻很難真正打動和完全征服對其持有異議的理論界人士，甚至決策層也從未明確表態要將其固化為一種成型的改革思路而無限期地推行下去。為使價格改革取得突破和進展，20世紀80年代，中國進行了「價稅財聯動」方案的嘗試和探索。

關鍵詞：價格改革　價稅財聯動　雙軌制

經濟體制改革是中國現代史的重要組成部分，而價格改革又是其中的重要一環。作為中國改革的總設計師，鄧小平為中國的改革戰略確定了若干最基本的方針原則。但是，在具體操作層面，改革的實際執行者不能不認真分析實際情況，尤其是充分「借鑑蘇聯、東歐的改革經驗以及西歐日本等國解除戰時統制經濟的經驗，參考新興市場經濟國家和地區的有效做法」，[112] 以制訂出科學的總體規劃和合理的實施方案。這在城市改革啟動時顯得尤為緊迫。於是，整體配套改革方案的出籠與價格雙軌制的產生錯綜複雜地「纠纏」在一起。

一、價稅財聯動方案的起落

1985年，中國曾有計劃地採用調放結合的辦法，進行了以調整農副產品價格體系為主的改革，初步理順了農副產品的價格關係。但由於這一年經濟總量失衡，放開的價格在總需求膨脹的拉動下引發了物價水平的迅速上升，而且物價上升與需求膨脹交互作用，導致國民經濟過熱運行和超常增長，因

而「這次價格改革未能繼續推開」。[113] 儘管價格雙軌制並非導致這次「價格改革」受阻的罪魁禍首，但仍催促人們開始反思其利弊及存廢問題。

鑒於價格雙軌制產生的經濟混亂的日益深重，以「放權讓利」為主要內容的企業改革進程受阻，為抑制國有部門改革滯後和雙軌體制並存帶來的消極後果，中國政府醞釀用價格、稅收和財政體制的配套改革消除「雙重體制膠著對峙」狀態，最終全面建立市場經濟體制。為此，從 1985 年開始，綜合配套改革方案的制定正式提上日程，1986 年又在更大規模上展開。

1986 年，在決策層的推動下，中國開始轉向進行全面改革的嘗試。這年初，根據 1984 年中共十二屆三中全會透過的《關於經濟體制改革的決定》和 1985 年中共全國代表會議透過的《關於制定第十個五年計劃的建議》，趙紫陽提出了以價格體制、稅收體制和財政體製為重點進行配套改革的設想。他宣布 1986 年中國中國國務院的工作方針是：在繼續加強和改善宏觀控制的條件下改善宏觀管理，在抑制需求的條件下改善供應，同時做好準備，使改革能在 1987 年邁出決定性的步伐，以期在 90 年代末建立起社會主義商品經濟的基本框架。接著，趙紫陽就改革形勢和「七五」（1986—1990 年）前期改革的要求多次發表講話。他在這些講話中指出，這種新舊體制膠著對峙，相互摩擦，衝突較多的局面不宜拖得太長。因此 1987 年和 1988 年需要採取比較重大的步驟，促使新的經濟體制能夠起主導作用。這就需要在市場體系和實現間接調控這兩個問題上步子邁大一點，為企業能夠真正自負盈虧，並在大體平等的條件下展開競爭創造外部條件。「具體說來，明年的改革可以從以下三個方面去設計、去研究：第一是價格，第二是稅收，第三是財政。這三個方面的改革是互相聯繫的」。「關鍵是價格體系的改革，其他的改革圍繞價格改革來進行」。[114]

這意味著以價格改革為中心，價稅財聯動的配套改革方案已納入中共中央的工作部署。

價稅財配套改革方案，是從理論測算開始的。不過，從測算一開始，就一直不順利。比如，鋼鐵產品一物多價，給經濟核算和價格管理帶來了一些麻煩。各部委和地方之間關於算帳問題爭得不可開交，財政難以平衡。中國

中國歷史上的經濟轉型與社會發展
制度史專題

國務院領導中，時任常務副總理的楊萬里一直主張城市改革應當學習農村經驗，從企業承包入手推動，而時任副總理的李鵬對這個大配套方案也有擔憂。[115] 價稅財等聯動的配套方案，理論上看似科學規整，但對政府實際操作部門而言，這僅僅是個工作常識而已。因為只要計劃價格這個「龍頭」一動，利益相關部門和地方必然受到影響，「牽一髮而動全身」也就勢所難免了。

為解決上述問題，1986年中國國務院責成國家物價局組織成立了生產資料價格改革辦公室，研究制定生產資料價格改革方案。價格改革辦公室從1986年2月開始工作，以煤、電、油、運、鋼五種生產資料價格聯動並與財政、稅收配套改革。1986年4月，中國國務院又成立了經濟改革方案研究領導小組，由中國國務院和中共中央財經領導小組直接領導，組長由田紀雲擔任，下設辦公室，簡稱「方案辦」，擬定了「七五」前期以價、稅、財、金、貿為重點的配套改革方案，其中價格改革，準備1987年1月從生產資料開始實施。準備採取類似於捷克斯洛伐克在1967—1968年改革的做法，用「先調後放」的辦法實施價格市場化：先根據計算，全面調整價格，然後用一至兩年時間將價格全面放開，實現並軌。在財稅體制方面的主要舉措，則是將當時實行的「分灶吃飯」體制（Revenue-Sharing System），改革為「分稅制」（Tax-Sharing System）以及引進增值稅（VAT）等，上述配套改革方案在1986年8月獲得中國國務院常務會議透過，決定從1987年1月1日起施行。[116] 此時，配套改革思路的推行，好似在「一馬平川」中暢通無阻。

但是，正如前面所言，在經濟改革方面，政府內部和學術界一直存在不同的意見。出於照顧各方利益的考慮，加上國家財政平衡難度太大等原因，且不說其他部委，就連當時主持國家體改委工作的副主任安志文也認為該方案牽涉面太大，實際上缺乏可操作性。到1986年6月，即早在北戴河會議前就已經從最初設想的煤、電、油、運、鋼的整體價格聯動（期間還設計了多種價格改革方案），最後逐漸集中到以鋼材價格改革為生產資料價格改革的突破點上。

作為突破口，鋼材價格改革方案的主要內容備受矚目：

將鋼材平均價格由每噸 630 元提高到 1000 元，並實行 10% 的浮動幅度；取消計劃內鋼材臨時價、寶鋼產品特定價等多種價格；取消計劃內進口鋼材財政補貼，實現進口鋼材、計劃內鋼材、計劃外鋼材達到同一價格水平；適時再放開全部鋼材價格，實行市場調節。[117]

之所以選擇從鋼材突破，當時主要是考慮到提高鋼材價格震動相對較小，而且可減少數十億元的進口鋼材財政補貼，解決計劃內鋼材多種價格問題，縮小計劃內外差價。因此，設想在短期的生產資料價格改革上邁出重要一步。還有一點考慮是，作為典型，石家莊市在改革物資管理體制、發展生產資料市場中，對鋼材採取「統一銷售、放開價格，對市場價與計劃價差額予以補償相結合」的辦法，形成了一定範圍內的、統一的鋼材等生產資料市場和有計劃的統一市場價格。所以，設計者預計，實施鋼材提價方案，可以在推動形成生產資料市場方面發揮重大作用。

當時計劃將鋼材平均價格從每噸 630 元提高到 1000 元，取消各種計劃價、補貼價，統一併軌，再實行 10% 的浮動幅度，然後視市場情況，適時放開全部鋼材價格，實行市場調節。但據華生回憶：

即便只是一個鋼材一步提價近 60%，作為骨乾品種對其他生產資料和消費品價格必然也會產生重大衝擊和連鎖反應，壓在中國國務院頭上的負擔和風險也是巨大的。[118]

巨大的壓力，使決策層始終難以下最後的決心徹底推行這種配套改革方案，而實際執行部門和地方及企業又因利益問題等複雜的原因，對此一直熱情不高。

實際情況也確實如此，價稅財聯動方案在部委、地方協調中大大縮水，修改後只剩一個重點產品，即鋼材調價的小方案在 1986 年 8 月得到中國國務院常務會議透過，經中共中央書記處討論同意後，仍因事關重大，當時主持中共中央財經領導小組的趙紫陽和姚依林、田紀雲及時任國家物價局局長的成致平，於 9 月 13 日又向鄧小平作專題匯報。匯報結束之後，鄧小平對這個方案未作任何直接評價，而是談及企業黨委的機構太大，人數太多，要

中國歷史上的經濟轉型與社會發展
制度史專題

搞廠長負責制,明確企業的一把手是廠長。廠長負責制不搞不行,不要只是試點。他指出:

> 改革的內容,首先是要黨政分開,解決黨如何善於領導的問題。這是關鍵,要放在第一位。第二個內容是權力要下放,解決中央和地方的關係,同時地方各級也都有一個權力下放的問題。第三個內容是精簡機構,這和權力下放有關。[119]

此時,在鄧小平看來,不放權讓利,不進行政企分離,改革根本不會成功。

這件事對當時的中國國務院領導觸動很大,認為鄧小平對這個方案持保留意見,是不主張的。就在中國國務院的領導們去鄧小平家匯報半個月後,即1986年9月28日,鄧小平預感當時社會上存在的一些思潮可能帶來問題,在中共十二屆六中全會上又強調了反對資產階級自由化、保證社會穩定和安定團結的問題。鄧小平對改革關注點的變動,讓主持一線經濟工作的相關人員再次確認,他對配套改革方案不支持。由於鄧小平不支持這個方案,中國國務院領導不敢擅自行動。[120] 此時,已經可以大體預見到配套改革方案的命運了。

其實,早在1986年6月,鄧小平在中共中央負責人去其住處匯報經濟工作時就強調,不搞體制改革不能適應形勢。他說,改革要精兵簡政,真正下放權力,調動基層群眾積極性。強調:「權力不下放,企業沒有自主權,也就沒有責任,搞得好壞都是上面負責。全部由上面包起來,怎麼能搞好工作,調動積極性?」[121] 就在1986年8月,中共中央政治局在北戴河開會討論價格方案的同時,鄧小平視察天津,並提出,「就是要搞改革,搞承包,分段、分級承包,實行責任制」。[122] 其後一段時間,鄧小平反覆論述放權和承包的重要性,強調農村改革的經驗,就是權力下放,城市改革也要權力下放,下放給企業,下放給基層。並明確指出,「權力下放、調動企業的積極性,不只是經濟改革,也是政治改革」。[123] 這樣,原定的生產資料價格改革思路被調整,即價格改革先動農副產品,以提高農民積極性,城市改革

以權力下放、分級承包和全面實行廠長負責製為主線,調動企業積極性。於是,以價格改革為中心的配套改革暫時讓位於企業改革已成必然。

在這些背景下,中國國務院領導最終決定轉向,放棄鋼材大調價。1986年11月,中國國務院在分析當時的形勢時認為,促進農業生產和增加工業企業活力問題是當時的緊迫任務,提高鋼材價格增加不了企業活力,而且各方面也承受不了。因此,決定鋼材調價方案推遲實施。於是,改革重點繼而轉向以國有企業改革為主線,並在1987年和1988年實行了「企業承包」「部門承包」「財政大包干」「外貿大包干」和「信貸切塊包干」五大「包干」制度。在吳敬璉看來,這就回到了維持市場經濟與命令經濟雙軌並存體制的老做法,並且由於喪失大步推進改革的時機,行政腐敗、通貨膨脹等問題愈演愈烈,最後以1988年的搶購風波告終。[124] 當然,配套改革方案假如當時順利推行,能否就一定能夠產生預期的效果或者避免嚴重的危機,值得商榷,但從某種程度上說,配套改革方案的擱淺,也不能不說是一種令人扼腕的無奈之舉。

另外,從「莫干山會議」價格雙軌制方案的提出到納入改革策略來推進,僅一年有餘,但由於「官倒」、尋租等一系列社會問題的發生,結果,從某種意義上講,價格雙軌製作為一個改革方案基本上也沒有得到執行。

二、配套改革方案擱淺的環境因素分析

處於轉型期的中國改革,囿於國內外環境的影響和自身經驗的不足,具有「摸著石頭過河」的典型特徵,因此政策的變動有時來得極為突然。1986年夏秋之際,中共中央就有兩個重大政策發生「突然轉向」:一是在2月底、3月初,突然改變了上一年9月召開的中共十二屆四中全會上決定的「從緊」宏觀政策,開始大規模放貸;二是在10月,突然放棄了8月份中國國務院常務會議和中共中央財經工作小組批準的整體配套改革方案,轉而以企業改革為主線。儘管在「走一步看一步」的改革歷程中,這種轉變不足為奇,但其間導致變化的一些動因仍值得我們去探究。

1985—1986年,中國零售物價總指數上升較多。1985年同上年相比上升8.8%,1986年同上年相比上升6%。物價上漲幅度較大的原因是:

中國歷史上的經濟轉型與社會發展
制度史專題

基本建設規模過大，消費基金增長過猛，貨幣投放過多，許多商品供不應求，造成物價上漲；價格結構性調整，改革的步子比較大，價格放開的商品品種多，影響面廣；農副產品價格大部分放開，計劃外工業生產資料價格上漲，推動了一部分消費品價格的過多上漲；一些大城市蔬菜價格放開後，具體工作沒有相應跟上，造成蔬菜價格大幅度上漲，大路菜的價格上漲影響更為突出；有些工商企業和個體商販，違反國家物價政策，亂漲價和變相漲價。[125]

在上述導致價格混亂的諸多因素中，貨幣投放過多是主要原因。再加上應對和處理複雜問題的經驗不足，在這一階段，中國的宏觀經濟政策也出現了反覆。

對此，吳敬璉回憶道：

按照中國政府的原定計劃，1986年經濟工作的方針是繼續穩定經濟，以便迎接1987年開始的「大步改革」，然而到了1986年年初，經濟增長出現下滑跡象，2月份還出現了GDP的零增長。這時，政府領導決定放鬆對銀行貸款的控制，結果從1986年第二季度開始，貨幣供應迅速擴張。[126]

他還回憶了一個細節：

2月下旬，中國國務院召開了一次改革工作討論會，中國國務院負責人坐下以後就說，現在增長速度降下來了，預報好像要降到零，是你們把貸款抽得太緊了。在座的中國人民銀行副行長劉鴻儒爭辯了幾句說，不是這個原因，根據調查，是煤電油的供應和運輸跟不上導致的。負責人不高興了，說，煤電油總是緊張的，為什麼速度降到這麼低呢？我看就是你們頭寸控制太緊了。這時，劉鴻儒走出會議室，過了一會兒回來，他報告說，我已經和陳慕華行長打過電話了，我們馬上發電報，放鬆貸款控制。[127]

按照這個描述，當時的中國國務院主管領導在對宏觀環境和條件的把握方面，確實存在不夠謹慎的地方。

薛暮橋對此也作了類似的回憶：

由於在1985年年底實施了信貸緊縮政策,到1986年第一季度,工業生產遇到困難。由於大量基建項目已經上馬並陸續完成,原材料、能源供應更趨緊張,同時信貸資金的大部分用於固定資產投資,企業流動資金變得奇缺,結果工業生產增長速度顯著下降。第一季度與上年同期比較只增長4.4%。許多地方和企業紛紛強烈要求放鬆信貸,叫得很厲害。同時有一些年輕學者大聲驚呼經濟「滑坡」了,說雙緊政策破壞了剛剛開始的經濟「起飛」。[128]

受此影響,決策層開始將調控力度「軟化」,改變了執行半年的從緊政策,從1986年初開始鬆動銀根,貨幣投放隨之逐漸加速和增多,經濟逐漸向「硬起飛」轉變。到1987年第四季度,剛剛被壓抑下去的通貨膨脹勢頭又捲土重來。

當時的一些經濟學家認為,速度下降本是抑制經濟過熱時出現的暫時現象,不必大驚小怪。對此,在1986年4月的中國全國人大會議上,薛暮橋發言說,資金緊缺的原因是大量的錢都投到固定資產上去了,流動資金不足,可透過發展銀行業務,把沉澱的貨幣吸收上來,就可促使投資結構和經濟結構的優化,從而使經濟正常運行,但是切不可放棄抑制通貨膨脹的政策。在信貸的閘門打開之後,整體配套改革方案的執行難度其實就已經加大,因此,1986年6月27日,薛暮橋又寫信給中國國務院負責人,提出「嚴格控制社會總需求的平衡是改革不合理的價格體系,從而理順經濟關係的成敗的關鍵」。但這種意見被當時的中國國務院領導認為是「陳舊的」,已經落伍,缺乏新意。於是,上述意見被棄之不用。

信貸突然放鬆,頓時出現「一放就亂」的景象。1986年全年的固定資產投資比上年猛增477億元,增發貨幣231億元,同比都增長了20%左右。1986年10月,吳敬璉在《分析當前經濟形勢,思考今後改革的路子》的分析報告中寫道:針對目前的局面,如果不是從體制改革的戰略改進上尋找出路,而是沿著所謂「投資增一點,銀根鬆一點,稅收減一點,獎金加一點」這種老路子走下去,對體制改革和經濟發展將產生極其不利的深遠影響。不過,這種聲音仍然未被採納。[129] 此時,決策層的思慮重點已經轉到如何能

中國歷史上的經濟轉型與社會發展
制度史專題

夠推動經濟的快速增長方面,至於是否協調和配套,能否達到平衡和均衡,不再被重點關注了。

整體性改革,勢必牽涉方方面面的利益調整,在過熱的經濟環境中,調整的難度不但空前陡增,甚至有「遏制經濟發展」的嫌疑。由於動作大,涉及廣,對不確定性的擔憂也大,已經習慣於承包確定的條件和環境的一些企業、部門、地方也提出反對意見。而更重要的是,「經濟運行環境再度趨緊,以放鬆直接控製為基調的綜合改革實施極有可能導致通脹失控。這些問題從一開始就預料到了,所以要求實施總量緊縮政策本身就是改革方案的一個組成部分,但是這個決心看起來很難下」。[130] 很多人原本認為,可以透過國家統一調價來理順價格體系,並且以價格為中心來進行配套改革。不過,這些人後來逐漸認識到,透過大面積、大幅度調價來改革價格體系,代價過大,風險太大。光靠調價,價格體系不僅無法理順,還必然會出現「按下葫蘆起來瓢」的現象。「我們要尋找一條代價較小、風險較小,但收效較大的路子,過好價格形成關」。[131] 另外,聯動改革中的大量補貼需要雄厚的財政支撐,但當時中央資金並不充裕,財政緊張,根本無力推行聯動方案。

在這種背景下,整體改革方案戛然而止,改革的主戰場轉向企業改革,在股份制試點受挫的情況下,中國國務院相繼提出五大包干制度。當時政府認為,推行各種形式的租賃、承包經營責任制,是深化企業改革的重要途徑。同時也指出,實行承包以後,不少企業調動了職工的積極性,促進了增收節支,經濟效益有明顯提高。但是,「也有些企業租賃承包後,擅自提價,變相漲價,撈取非法收入。這樣做,不僅會損害國家和消費者的利益,衝擊市場物價穩定,而且不利於企業經營機制改革的健康發展」。[132] 不久之後,企業改革又陷入重重困難,原因是價格、計劃、原材料供應都已「包不住」,在快速變動的環境下,以掛鉤指標不動為基礎的承包制已喪失嚴肅性。由此,「價格改革的話頭被再次提起,綜合配套改革方案的實施又現生機,然而宏觀政策始終沒有準備好」,[133] 綜合配套改革方案最終還是沒能在 20 世紀 80 年代付諸實施。

對此，有學者認為，在中國當時商品經濟還很不發達，物資匱乏，物資調撥、價格管制還沒有取消，市場尚未真正形成之際，是不可能人為地制訂出一套合理可行的比價體系的。價格改革要在商品供應充足、市場放開、價格放開的過程中逐步進行，這將是一個較長的過程，著急也不行。「鋼、煤、油、電、運聯動（調價），一次到位」的設想，勢必引起通貨膨脹，帶來混亂和嚴重損害。[134] 這種說法能否準確地解釋配套改革方案擱淺的原因，儘管值得探討，但其仍從一個側面反映了條件的充分與否，是影響改革成敗的關鍵因素之一。

當然，雙軌推進的方略究竟是中國雙重體制轉換過程中的必然表現，只要堅持下去就會勝利，還是如整體配套論者斷言的，持續下去必然會導致改革的夭折？當時還並無結論。這就意味著，關於價格雙軌制的爭論，不會到此為止，而將繼續下去。對此，20 世紀 80 年代及其後的中國現代史已經充分予以證明。

中國歷史上的經濟轉型與社會發展
金融史專題

金融史專題

試論金代的通貨膨脹：過程、程度及實質

王雷　趙少軍 [135]

內容提要：通貨膨脹問題是困擾金朝中後期的主要經濟問題，透過對金代通貨膨脹產生之前的相關貨幣政策進行梳理和分析可知，金代的通貨膨脹主要發生在紙幣的流通中，是由政府干預貨幣的發行和流通，違背經濟規律造成的，七年厘革之制和交鈔分路流通政策廢除為通貨膨脹產生埋下了伏筆，就金代通貨膨脹的本質而言，是紙幣的社會總供給大於社會總需求。另外，透過對通貨膨脹程度的定量分析可知，金代雖然面臨嚴重的通貨膨脹，但並未達到傳統觀念所認為的嚴重程度。

關鍵詞：金代　通貨膨脹　過程　程度　實質

通貨膨脹問題是困擾金朝中後期經濟的主要問題，本文在綜合學界研究的基礎上，試對金代通貨膨脹的過程、程度和實質等略作探討。不足之處，敬請各位方家指正。

一、金代通貨膨脹的過程

（一）廢除七年厘革之制和交鈔不限分路流通政策的施行

金代通貨膨脹問題的產生，首先要從章宗繼位伊始，廢除七年厘革之制和交鈔不限分路流通這兩個政策說起。

1. 七年厘革之制的制定與廢除

七年厘革之制是金朝政府在北宋交子之法實施的基礎上，在特定歷史階段實施的貨幣政策。同時，金朝政府透過設定交鈔納舊易新的期限，從國家層面對交鈔的流通和發行環節進行控制。金代交鈔在發行之初，即規定「與錢並行，以七年為限，納舊易新」。[136] 七年厘革之制在實施 30 多年後，出現了罷除鈔法的聲音，究其弊因，是「止因有厘革年限，不能無疑」，於是「遂

罷七年厘革之限，交鈔字昏方換」。[137] 之後，除交鈔因流透過久出現「字昏」情況，須於所在官府「納舊換新，或聽便支錢」外，交鈔開始不分界流通，實現了從有限期流通到無限期流通的跨越。取消厘革之限，對於取信於商民和促進貨幣流通具有積極意義，對於這一政策，彭信威、喬幼梅、穆鴻利等學者[138]都給予了高度評價，認為在中國紙幣發展史上具有劃時代意義。[139]

七年厘革之制廢除之後，新的弊端逐漸顯現。由於交鈔完全憑藉國家信用充當信用貨幣，七年厘革之制廢除之後，交鈔流通和發行，逐漸變得不可控，尤其是金朝政府為瞭解決財政危機，「收斂無術」，不斷增發交鈔的發行量，由於「出多入少，民浸輕之」，其後「其法屢更，而不能革」，[140] 政策的弊端開始逐漸凸顯出來，金朝政府在貨幣發行上失去了限制，造成通貨膨脹、交鈔貶值、經濟凋敝的嚴重後果。[141] 大量印發的交鈔不斷透支國家信用，造成交鈔持續貶值，為之後的惡性通貨膨脹埋下伏筆。

2. 交鈔分路流通政策的演變

金代交鈔在印造之初，雖然規定與銅錢並行，但原因卻是「蓋亦以銅少，權制之法也」。[142] 交鈔在流通中，流通範圍與金代政策有密切關係，南宋時曾使金的范成大已經認識到金政府推行的黃河以南用鈔、黃河以北用錢的幣制政策。[143] 金朝政府透過對交鈔流通區域的限定，從而避免銅錢外流，確保金朝貨幣市場對銅錢的需求，實質是宋金鬥爭在經濟領域的反映，透過爭奪銅錢保障其國內政治和經濟的穩定。限制交鈔流通區域的貨幣政策在章宗繼位以後才有所改觀。

儘管此前的大定十三年（1173年），金世宗東巡時，遼東只流通銅錢、不流通交鈔造成貨幣支付不便的問題已經暴露出來，但在政策層面沒有任何的變動。章宗繼位以後，不僅廢除了交鈔限界流通的政策，在交鈔的流通區域上，也逐步放開。章宗初年規定「聖旨印造逐路交鈔，於某處庫納錢換鈔，更許於某處庫納鈔換錢，官私同見錢流轉」。[144] 表明這一時期交鈔的流通區域有所擴大，交鈔雖可於諸路流通，但流通收換仍有地域之別。[145]

承安二年（1197年），對交鈔的流通區域進行了規定。[146] 承安四年（1199年），又規定，「令院務諸科名錢，除京師、河南、陝西銀鈔從便，

餘路並許收銀鈔各半，仍於鈔四分之一許納其本路。隨路所收交鈔，除本路者不復支發，餘通行者並循環用之」。[147] 這是交鈔分路流通之制的殘留，也是交鈔流通區域不穩定的表現。[148] 而章宗朝以後交鈔的流通政策，仍然帶有這種殘留，尤其是貞祐三年（1215年），為平抑物價，宣宗從開封府議，提出「若令寶券路各殊制，則不可復入河南，則河南金銀賤而穀自輕」，[149] 更是將貞祐寶券的流通路分重新加以限制。

可以說，金代限制交鈔流通區域的貨幣政策與通貨膨脹雖然沒有直接聯繫，但是，在早期實行這一政策之時，避免了大量銅錢外流，有效保障了金朝政府的銅錢保有量，有利於保持經濟穩定和相關經濟政策的實施，對於避免通貨膨脹發揮了間接的作用。章宗以後，由於限制交鈔流通區域的貨幣政策逐步取消，交鈔流通區域逐漸放開，金代統治範圍內市場的統一程度更高，因此，通貨膨脹出現以後，其在金境的蔓延不再受地域的限制。

（二）金代通貨膨脹的過程

對於金代通貨膨脹開始的時間，目前學術界大致有下列幾種看法：以彭信威[150]、穆鴻利[151]、吳劍華[152] 為代表，提出金代通貨膨脹開始於章宗繼位（1189年）之後；以喬幼梅[153] 為代表，提出自明昌元年（1190年）至金亡是金代貨幣制度的紊亂和崩潰階段，又分為明昌元年至承安五年（1190—1200）的危機形成期和泰和元年至金亡（1201—1234）的惡性發展期；以劉森[154]、張慧[155]、黃金東[156] 為代表，提出明昌四年（1193年）以後，由於交鈔發行量過多，出現了通貨膨脹問題；以王禹浪等[157] 為代表，提出金代從章宗時期交鈔開始膨脹，從衛紹王繼位（1209年）至金亡，是通貨的惡性膨脹時期；以裴鐵軍[158] 為代表，提出海陵王南遷侵宋的時期（1161年左右），金代就已經出現通脹現象。筆者認為，金代通貨膨脹的過程可以分為世宗朝及以前、章宗朝（含衛紹王）、宣宗朝及以後三個階段分別考察。

1. 世宗朝及以前

金代海陵到世宗時期，在七年釐革之制和分路流通政策雙重控制下，交鈔限界限境流通，通貨膨脹問題得到了很好的控制。七年釐革之制的廢除是金代通貨膨脹現象出現的原因之一，故《金史》提出大定二十九年（1189

年),「遂罷七年廂革之限,交鈔字昏方換。法自此始,而收斂無術,出多入少,民浸輕之。厥後其法屢更,而不能革,弊亦始於此焉」。[159] 大定二十九年(1189 年)之前,在七年廂革之制的限制下,金代交鈔發行比較有節制,所以交鈔具有相當的保值性能。因此,大定二十九年(1189 年)之前的金代社會可以看作是通貨膨脹率極低的社會。

2. 章宗朝(含衛紹王)

章宗朝是金代通貨膨脹現象開始出現的時期,也是抑制通貨膨脹措施頻繁實施的時期。章宗即位後實施了廢除七年廂革之制和廢除分路流通政策兩大政策,致使通貨膨脹局面開始加劇。[160] 章宗朝的通貨膨脹經歷了幾個節點:一是明昌四年(1193 年),局部出現通貨膨脹現象;二是承安三年(1198 年),全國性的通貨膨脹出現;三是泰和二年(1202 年),金代由盛轉衰,通貨膨脹逐步失去控制。

明昌四年(1193 年)之前,實際上是大定二十九年(1189 年)廢除七年廂革之制和廢除分路流通政策兩大政策後的發酵期,經過數年的交鈔不限界不限境流通,金朝政府嘗到了多發交鈔的甜頭,在利益驅使下,陝西路交鈔發行量過多,引發了民間自發的抵制行為,交鈔發行阻滯,這是金代通貨膨脹現像在局部地區出現,可以簡單認為,在金代交鈔發行數量多於金屬貨幣的時候,通貨膨脹現像已經事實上出現。對此章宗是有準備的,先於明昌三年(1192 年)下詔提出限制交鈔數量的要求。陝西交鈔阻滯的情況出現以後,章宗又要求權稅及諸名色錢、官兵俸祿等以交鈔支付,從而擴大交鈔的流通。其後,章宗朝再遇到交鈔阻滯時,屢次在貨幣支付環節將交鈔作為官方強制支付手段,並取得了一定的積極效果。明昌四年(1193 年)之後,各地交鈔阻滯現象日益嚴重,通貨膨脹現象從局部地區逐漸蔓延至金朝全境,且交鈔阻滯的現象反覆出現,這種現象正是民間對於交鈔貶值不滿情緒的反映。

承安三年(1198 年),全國範圍的通貨膨脹現象出現。由於交鈔阻滯的情況兩度出現,調控措施擴展到西京、北京、臨潢、遼東、山東、河北、河東等地,在貨幣發行、流通和支付環節都實施了相應措施,甚至一度嚴苛到

「有阻滯及輒減價者罪之」[161]的地步。系列措施取得了階段性成果，暫時穩定了章宗朝的貨幣經濟，但是並不能從根本上解決交鈔阻滯的問題。承安三年（1198年）之後一直到泰和二年（1202年），章宗朝一直在這種時阻時通的貨幣流通狀態中不斷實施相應的貨幣政策，使該期的貨幣經濟保持了基本的穩定。至少從表面上看，這些「卓有成效」的措施有效地抑制了通貨膨脹的加劇。

從泰和二年（1202年）開始，在國家經費支出的壓力下，金朝政府意識到「三合約交鈔」的流通為解決經費問題提供了新的渠道，便徹底拋開之前嚴控交鈔發行量的政策，轉而「專以交鈔愚百姓」，交鈔徹底淪為金朝政府謀取利益的工具。這一時期，儘管抑制通貨膨脹的政策仍在推出和施行，在眼前利益和長遠利益的抉擇中，金朝政府顯然選擇了前者，也將此前多年的調控努力化為灰燼，金代自此進入下降通道，「自是而後，國虛民貧，經用不足，專以交鈔愚百姓，而法又不常，世宗之業衰焉」。[162]

泰和七年（1207年）時，民間的不滿情緒進一步上升，「時民以貨幣屢變，往往怨嗟，聚語於市」，章宗諭旨御史臺，「自今都市敢有相聚論鈔法難行者，許人捕告，賞錢三百貫」。[163]企圖透過懲罰的手段來控制民間言論。直到章宗去世的泰和八年（1208年），金朝政府仍然不斷實施政策調控交鈔的阻滯和通貨膨脹，雖然無法從根本上改變衰亡的趨勢，但金代社會經濟總體上是穩定的。需要指出的是，由於調控並未觸及貨幣制度的根源，在掩蓋問題的同時也為之後的嚴重反彈埋下了伏筆。衛紹王在位時間短暫，基本上延續了章宗時期的政策，因此，衛紹王時期實施的政策實際上要追溯到泰和年間來考量，而這一時期嚴重的通貨膨脹正是章宗後期錯誤政策導向引發的惡果。

3. 宣宗朝及以後

自宣宗繼位開始，金朝就面臨著軍事、政治和經濟的三重壓力。由於國土日漸縮小，金朝政府的財政收入日益減少，而與蒙古和南宋的戰爭又面臨著龐大的軍費開支，誠如平章高琪所言，「軍興以來，用度不貲，惟賴寶券，然所入不敷所出，是以浸輕」，[164]由此引發的通貨膨脹問題也越來越嚴重。

中國歷史上的經濟轉型與社會發展
金融史專題

在這種內外交困的狀態下風雨飄搖的宣宗朝，在抑制通貨膨脹方面實施的政策，更像是為了滿足眼前需求的權宜之計。

從宣宗朝的貨幣政策來看，在貨幣的流通和支付等環節上，多數政策都是章宗朝政策的延續和發展，或在局部進行微調，例如在制定嚴苛的法令保障流通方面，元光元年（1222年）二月實行「撓法失糾舉法」規定，「失舉則御史降決，行部官降罰，集眾妄議難行者徒二年，告捕者賞錢三百貫」。[165]

此外，恢復「回易務」以及納入考核等，仍然是對前代政策的繼承和發揚，這些政策本身多有積極作用；也有一些政策是對之前政策的糾偏，例如限路分流通寶券，恰恰是對之前不限地域流通交鈔政策的否定和調整，對於將通貨膨脹限制在局部地區，避免向全國蔓延造成了積極作用；還有一些政策措施為宣宗朝自創，例如徵收桑皮故紙錢和軍需錢等，無非是巧立名目榨取百姓更多的血汗錢，自然也不受歡迎。以上種種，雖然方式多樣，卻並非宣宗朝的核心政策，很難真正有效地挽救金代經濟的頹勢。

宣宗朝最核心的貨幣政策是建立並維持以交鈔為本位的貨幣體系，在這個政策導向下，以銅錢為本位的貨幣體系讓位於以交鈔為本位的貨幣體系。在超量發行交鈔造成嚴重通貨膨脹的情況下，為了繼續維持以交鈔為本位的貨幣體系，採取了更換鈔名、更造新券等措施，實際上，新券與舊鈔在本質上是一樣的，無非是透過發行換了名目的紙幣繼續獲利。因此，宣宗時實行的更換鈔名的措施不但對抑制通貨膨脹於事無補，反而將金朝政府的眼光侷限在僅僅滿足於獲取眼前利益，解決燃眉之急，而不顧對經濟巨大危害的後果，這一政策措施無疑是非常失敗的，之後雖然屢次更換鈔名，通貨膨脹卻愈演愈烈，在以交鈔為本位的貨幣體系徹底崩潰後，金朝陷入嚴重通貨膨脹的泥沼中無法自拔。金亡前夕曾嘗試建立以銀為本位的貨幣體系，也不過是瀕死前的掙扎而已。

可以說，金代的通貨膨脹是政府行為強制干預的結果，而面對通貨膨脹，金朝政府相繼實施了方方面面的政策，企圖平抑物價，抑制通貨膨脹的蔓延，但由於未從根本上限制交鈔的發行量，**屢屢透過超發交鈔獲利**，甚至建立了

以交鈔為本位的貨幣體系，致使金代的通貨膨脹從最初的可控逐漸演變為完全失控，最終陷入嚴重的通貨膨脹之中。

二、有關通貨膨脹程度的探討

（一）關於考察通貨膨脹的幾點說明

金代通貨膨脹的程度，據《中國貨幣史》統計，貞祐二年之前的通貨膨脹率為 10 倍，貞祐二年以後的通貨膨脹率從 100 倍飆升到 6000 萬倍，達到了中國古代通貨膨脹的頂峰。[166] 筆者認為這一問題還有探討的空間，為方便分析金代通貨膨脹的真實程度，透過選取糧食價格進行比照和分析，以米價作為考察對象，並統一換算成斗米的銅錢價格來表示，重點考察米價上漲的倍數問題。這裡有幾點需要說明：

一是由於糧食價格在日常生活中最具典型性，本文選取糧食價格來分析通貨膨脹。在以農業經濟為基礎的中國古代社會，糧食價格與百姓日常生活息息相關，糧食價格的穩定對於古代社會的穩定意義非同尋常。因此，為保障糧食價格平穩，歷代都會採取系列手段進行調控。金代為了穩定糧食價格，保障糧食安全，還設置有常平倉。[167] 作為與民生息息相關的糧食價格，雖然不可避免會產生浮動，但在交鈔嚴重貶值的金代社會，民間會採取自動規避的方式，以白銀等充當等價物獲取糧食，這樣觀察到的通貨膨脹程度，才會更接近實際的數值。

二是選取銅錢，而非交鈔、白銀作為衡量糧食價格的貨幣。在金代，銅錢曾長期作為主幣，雖然面值低下，但保值性能良好。紙幣是由國家發行的、強制使用的貨幣符號，紙幣本身沒有價值，不具有價值尺度職能。白銀作為貴金屬，在金代大多數時間裡不作為法定貨幣使用，只是充當支付大宗貨物的輔幣，並未完全走上貨幣市場的前臺。就糧食價格而言，從各方面權衡，銅錢作為衡量其價格的貨幣是最合適的。

三是在考察金代後期的糧食價格時，假定銅錢一直行使貨幣職能。宣宗貞祐三年，由於濫發交鈔，鈔法大壞，交鈔陷於嚴重通貨膨脹的漩渦，而被打壓的銅錢仍然保持著堅挺的幣值，銅錢在貨幣市場上的信度要遠高於交鈔。

中國歷史上的經濟轉型與社會發展
金融史專題

為確保交鈔能正常流通,金宣宗採納胥鼎「權禁見錢」的建議,[168] 銅錢徹底退出了金代貨幣流通領域。但在計算糧食價格時,由於銅錢是最合適用以衡量的貨幣,為使金代通貨膨脹的情況更直觀,假定銅錢一直作為法定貨幣流通使用。

四是為方便計算,假定白銀和銅錢的比值是固定的。眾所周知,金代存在以八十為陌的短陌制度,[169] 在不增加鑄幣數量的前提下以實現更多的貨幣支付,是金代為緩解支付貨幣短缺的問題而施行的輔助性政策。有些學者往往在計算時,把短陌計算在通貨膨脹的倍數里,筆者認為由於短陌制度的存在,在金境任何地區進行支付時,只有支付貨幣數量的變化,而實際的社會總物價並無變化,因此無需把短陌計算進通貨膨脹。金代白銀與銅錢的比率,承安二年(1197年),承安寶貨「每兩折錢二貫」,[170] 承安四年(1199年),「銀每兩止折鈔兩貫」,[171] 故章宗時白銀與銅錢的兌換大致為「銀每兩折鈔兩貫」,鈔的票麵價值以銅錢來表示,白銀對銅錢比值為 1 比 2000。鑒於白銀和銅錢保值性能都極佳,兌換的比率比較穩定,為便於計算,假定白銀對銅錢比值一直穩定在 1 比 2000,即一兩白銀相當於 2000 文銅錢。

(二) 金代各時期通貨膨脹程度的探討

在上面幾點說明的基礎上,選取金代幾個時間節點,就斗米價格及其變化考察如下:

金代立國之初的米價,史料上缺乏記載,可參考《宋史》的記載。宣和四年(1122年),北宋政府的權貨務提到,「今米價石兩千五百至三千」,[172] 宋金兩國之間物價總體水平相差並不懸殊,宣和四年(1122年)為金太祖天輔六年,當時北宋米價石兩千五百至三千,即斗米二百五十至三百文。

金世宗大定年間的米價,據梁肅的上奏可知,「方今斗米三百,人已困餓,以錢難得故也」。[173] 當時已是大定末年,斗米的正常價格在三百文上下,與金初米價應基本持平,這種狀況也與金代早中期的政治經濟形勢符合。這也是文獻中關於金代米價最低的記載。

衛紹王大安二年（1210年），「是歲四月，山東、河北大旱，至六月，雨復不止，民間斗米至千餘錢」。[174] 崇慶元年（1212年）五月，「河東、陝西大饑，斗米錢數千，流殍滿野」。[175] 崇慶二年（1213年），「河東、陝西大旱，京兆斗米至八千錢」。[176] 同樣的記載還見於至寧元年（1213年）七月，「以河東、陝西諸處旱，遣工部尚書高朵剌祈雨於岳瀆，至是雨足。時斗米有至錢萬二千者」。[177]

衛紹王時期幾處米價的記載，斗米價在千餘錢至一萬二千文，米價相差近十倍，但根據記載可知，這幾次米價的抬升是由於大旱、大澇等天災原因造成的，應該不是正常的米價。

宣宗時，伴隨蒙金之間持續的戰爭，金朝的物價日益上漲，究其原因，貞祐三年（1215年）九月，御史臺的觀點頗具代表性，摘錄如下：

自多故以來，全藉交鈔以助軍需，然所入不及所出，則其價浸減，卒無法以禁，此必然之理也。近用「貞祐寶券」以革其弊，又慮既多而民輕，與舊鈔無異也，乃令民間市易悉從時估，嚴立罪賞，期於必行，遂使商旅不行，四方之物不敢入。夫京師百萬之眾，日費不貲，物價寧不日貴耶？且時估月再定之，而民間價旦暮不一，今有司強之，而市肆盡閉。復議搜括隱匿，必令如估鬻之，則京師之物指日盡，而百姓重困矣。臣等謂，惟官和買計贓之類可用時估，余宜從便。[178]

以時人的觀點來看，交鈔超發導致貨幣貶值，民間交易用「時估」，結果「商旅不行，四方之物不敢入」，而京師百萬人口，消費量又大，市場上的商品不能滿足需要。在以上因素的共同作用下，物價進入惡性上漲的通道。因此，在貞祐三年（1215年）年底，又出現近京郡縣多糴於京師的情況。

貞祐三年，十二月，上聞近京郡縣多糴於京師，穀價翔踴，令尚書省集戶部、講議所、開封府、轉運司，議所以制之者。戶部及講議所言，以五鬥出城者可闌糴其半，轉運司謂宜悉禁其出，上從開封府議，謂寶券初行時，民甚重之。但以河北、陝西諸路所支既多，人遂輕之。商賈爭收入京，以市金銀，銀價昂，穀亦隨之。若令寶券路各殊制，則不可復入河南，則河南金

中國歷史上的經濟轉型與社會發展
金融史專題

銀賤而穀自輕。若直閉京城粟不出,則外亦自守,不復入京,穀當益貴。宜諭郡縣小民,毋妄增價,官為定製,務從其便。[179]

在京師穀價翔踴的情況下,宣宗不得不採納開封府的建議,並採取官方定價的方式,保障糧食價格平穩。如果說京師的物價飛漲是多方面的原因,那麼,河東的物價上漲的原因則相對明朗,由於旱蝗,加上政府邀糴,出現了「物價踴貴,人民流亡」[180]的景象。這一時期,交鈔的流通日益滯塞,很難再有效行使貨幣職能,如翰林侍講學士趙秉文所言,「比者寶券滯塞,蓋朝廷初議更張,市肆已妄傳不用,因之抑遏,漸至廢絕」。[181]

在作為價值尺度的交鈔被民間拋棄,轉而採用白銀作為替代物的情況下,由於交鈔嚴重貶值,官方在司法量刑時也轉而用時銀價來衡量,這在《金史》中有相關的記載,貞祐三年(1215年),「有司輕罪議罰,率以鐵贖,而當罪不平,遂命贖銅計贓皆以銀價為準」。[182] 同年九月,御史臺針對「貞祐寶券」日益貶值的狀況提議,「惟官和買計贓之類可用時估,余宜從便」。[183]

而司法量刑時,由於交鈔貶值,加之計量方法不同,以交鈔還是白銀的價格定罪相差懸殊,典型的事例如:

貞祐三年十月,省臣奏:「向以物重錢輕,犯贓者計錢論罪則太重,於是以銀為則,每兩為錢二貫。有犯通寶之贓者直以通寶論,如因軍興調發,受通寶及三十貫者,已得死刑,準以金銀價,才為錢四百有奇,則當杖。輕重之間懸絕如此。」遂命準犯時銀價論罪。[184]

貞祐四年(1216年),還有贓汙故犯者輸銀的明確規定:

(貞祐)四年三月,參知政事李復亨言:「近制,犯通寶之贓者並以物價折銀定罪,每兩為錢二貫,而法當贖銅者,止納通寶見錢,亦乞令依上輸銀,既足以懲惡,又有補於官。」詔省臣議,遂命犯公錯過誤者止征通寶見錢,贓汙故犯者輸銀。[185]

宣宗時期見於記載的還有河北地區貞祐四年(1216年)的米價,河北行省侯摯提到及:

河北人相食,觀、滄等州斗米銀十餘兩。伏見沿河諸津許販粟北渡,然每石官糴其八,商人無利,誰肯為之。且河朔之民皆陛下赤子,既罹兵革,又坐視其死,臣恐弄兵之徒得以藉口而起也。願止其糴,縱民輸販為便。[186]

這時斗米價在十餘兩,換算成銅錢大概是兩萬多文,則是河北處於蒙金戰爭的前沿,糧草奇缺的結果。

元光年間,白銀由於其保值性能大受民間青睞,成為民間唯一信賴的硬通貨,金朝政府不得不強制規定用鈔。

(元光)二年五月,更造(興定寶泉),每貫當通寶五十,又以綾印製「元光珍貨」,同銀鈔及餘鈔行之。行之未久,銀價日貴,寶泉日賤,民但以銀論價。至元光二年,寶泉幾於不用,乃定法,銀一兩不得過寶泉三百貫,凡物可直銀三兩以下者不許用銀,以上者三分為率,一分用銀,二分用寶泉及珍貨、重寶。京師及州郡置平準務,以寶泉銀相易,其私易及違法而能告者罪賞有差。[187]

但這種強制規定並未取得成效,「是令既下,市肆晝閉,商旅不行」,[188]金朝政府又不得不趕緊廢除。

哀宗天興元年(1232 年),陳州「未幾,聚流亡數十萬口,米一斛直白金四兩,市肆喧哄如汴之闤闠,京城危困之民望而歸者不絕,遂指以為東南生路」。[189]而陳州斗米價貴至八千文的主要原因,在於蒙金戰爭導致陳州「聚流亡數十萬口」,隨著大量難民湧入,物價被哄抬至高位。同年十二月,由於蒙古大軍圍汴:

汴民以上親出師,日聽捷報,且以二相持重,幸以無事。俄聞軍敗衛州,蒼黃走歸德,民大恐,以為不救。時汴京內外不通,米升銀二兩。百姓糧盡,殍者相望,縉紳士女多行乞於市,至有自食其妻子者,至於諸皮器物皆煮食之,貴家第宅、市樓肆館皆撤以爨。[190]

在蒙古大軍的圍困下,汴京內外不通,糧食價格急劇上漲,達到升米二兩白銀,換算為銅錢,斗米價為四萬文。而造成米價上漲的原因,同樣是因

57

為戰爭，這已經是金代米價所記載的最高點了。關於這一點與《歸潛志》中的記載相同。[191]

天興二年（1233年），在蒙古軍隊強大的軍事壓力下，「時穀價日貴，斗米白金十兩」，[192] 這時斗米的正常價格大約為二萬文。之後，蔡州城破，金朝滅亡。

由於中世紀商品市場流通與貨幣關係的相對不發達，物價的變動受多方面非經濟因素的影響，物價的上升，可能是因為年景的豐歉，可能是因為季節性短缺，也可能是因為平準不及時，形成市場壟斷價格。[193] 而戰爭狀態下，物資奇缺，尤其是作為日常生活必需品的糧食，其價格更是急速飛漲，遠遠超過它的實際價值。由於流通不發達，同一時期，相同商品在不同地域物價相差懸殊。如北宋時期，慶歷三年，江浙之米，「石不下六七百文，足至一貫者」。[194] 宋代以七十七為陌，[195] 其一貫為七百七十錢，則江浙之斗米價格在六十七文至七十七文之間。而慶歷七年，河北路「芻粟之直，大約虛估居十之八，斗米七百，甚至千錢」，[196] 其斗米價格在七百到一千文之間，兩者時間相差無幾，因地域不同，價格相差近10倍。這種情況，在金代也是存在的。貞祐年間，宣差都提控完顏從坦指出，「河北職任雖除授不次，而人皆不願者，蓋以物價十倍河南，祿廩不給，饑寒且至。若實給俸粟之半，少足養廉，則可責其效力」。[197]

由於兩地物價相差懸殊，即使「河北職任雖除授不次」，也都不願意到河北做官。當然，物價產生這種懸殊的差別，與當時蒙金戰爭的進行有很大關係，同時也提示我們，糧食價格的變動是受多種因素影響的，除經濟因素外，還有很多非經濟的因素。我們姑且把這一切的因素都計算在內，以天興元年年末汴京的米價來算，在蒙古大軍圍城這種極端情況下，斗米價格達到四萬文的高點，與金代大定末年斗米價三百文的低點相比，也不過上漲一百三十餘倍。

（三）糧食消費與真實通脹程度

當時一個人每天消耗的糧食數量又是多少？透過張汝礪的話可以瞭解，「今河北軍戶徙河南者幾百萬口，人日給米一升，歲率三百六十萬石，半給

其直猶支粟三百萬石」。[198] 可以認為，一個人每天正常的糧食消耗量在一升左右。京南行三司石抹幹的話可做旁證，「京南、東、西三路，屯軍老幼四十萬口，歲費糧百四十餘萬石，皆坐食民租，甚非善計」。[199]

　　經過換算，亦基本折合每人日消耗米一升的量。還有關於燕賜官吏時發放米糧的記載，最多的親王可達一石，而最下層的正軍阿里喜、旗鼓吹笛司吏各一升，[200] 相差百倍。燕賜發放的米糧，最低的標準為一升，相當於一個人一天消耗米糧的基本量。按照這個基本量計算，在大定末年時，每人每天在糧食上的花費大約三十文。據程民生研究，同時期的宋代下層民戶一般每天收入一百文左右，北宋至南宋前期，維持一個人一天最低生活的費用約需二十文，普通居民全年所有花銷，每人每天平均一百文。[201] 由此來看，金代每人每天在糧食上的花費大約三十文還是比較合理的。而在天興元年（1232年）的汴京，則需多達四千文，這對於一般的百姓而言，物價抬高一百多倍，已非其所能承受了。倘若真實的通脹率如彭氏所言之六千萬倍，民間是斷不能有此購買力的。

　　那麼，彭氏所言之金代通脹六千萬倍從何而來？翻閱《中國貨幣史》一書，彭氏的推斷過程頗為詳細：貞祐通寶一貫當寶券一千貫，紙幣購買力跌成千分之一；發行通寶時，規定四貫值白銀一兩，折合成寶券，則一兩白銀值四千貫，寶券價值跌成二千分之一；興定五年（1221年），一兩白銀買通寶八百貫，通寶價值又跌成二百分之一，白銀對交鈔或寶券，價值又漲了四十幾萬倍；元光元年（1222年）發行興定寶泉，每貫當通寶四百貫，兩貫值白銀一兩，第二年又限制銀一兩不得超寶泉三百貫，這樣折合起來，銀價漲了六千萬倍。[202] 筆者認為，這是單純考慮了交鈔與白銀之間的比率以及交鈔與交鈔之間的兌換比率，單純以大面額的交鈔換算票麵價值。而我們看到，在貞祐年間以後，鈔名不斷更換，交鈔面額不斷擴大，而在實際的兌換中，卻又都和白銀掛鉤進行換算。而且，在金代後期商品的物價表示中，多數時候都是換算成白銀進行交易，白銀事實上取代交鈔承擔起價值尺度的職能，交鈔作為衡量價值尺度的功能已然失效，淪落為名義上的大額貨幣，並不具備相應的購買力。因此，單純以票麵價值來判定金代通脹率達到六千萬倍並不科學。

據此，筆者認為，金代的通貨膨脹是以交鈔的通貨膨脹為特點，由於金代以銅錢為本位的貨幣體系一直延續到宣宗朝初年，繼而以交鈔替代銅錢的主幣地位後，交鈔在貨幣流通中被民間集體抵制，並自發選擇以白銀作為民間交易中的實際貨幣，交鈔貶值並不能完全反映金代經濟通貨膨脹實際狀況。以前文的計算來看，極端情況下一百多倍的通脹率，已經足以導致「殍者相望」「人相食」了。因此，從物價上漲的角度來看，金代固然存在著嚴重的通貨膨脹，但並未達到傳統觀念所認為的嚴重程度，尤其是遠遠達不到通脹六千萬倍的地步。

三、金代通貨膨脹的實質

中國古代社會的通貨膨脹，雖然借用了西方有關通貨膨脹的定義，但只是相對適用，由於缺乏精準的數據記載，往往從某一類或幾類社會商品物價等方面的變化間接揭示通貨膨脹的存在，因此，對於通貨膨脹的研究，不能完全照搬西方有關通貨膨脹的定義，而應符合中國古代實際，有關金代通貨膨脹的研究亦然。

就金代的通貨膨脹而言，實際上是政府干預貨幣的發行和流通，違背經濟規律的結果。一般而言，在有金一代，由於金銀和銅錢等貴金屬或金屬貨幣作為一般等價物，一直比較堅挺，直到貞祐三年（1215年）之前，一直是以銅錢為本位的貨幣體系，即使銅錢本位的貨幣體系被終結，也是行政層面的強制規定，而非遵循經濟規律的結果，依靠國家強力推行第五次限錢法，人為干預了銅錢本位的貨幣體系。金代抑制通貨膨脹的相關貨幣政策與銅錢無關，主要是針對紙幣而言的，雖然錢鈔並行，銅錢和交鈔的地位並不相同，交鈔往往被認為是「同見錢」[203]，身為紙幣的交鈔只是由國家發行並強制流通的價值符號，本質是由金朝政府所開出的可以承兌的信用憑證。

中國改革開放以來，中國跨境投資與國際稅收實踐

戎梅 [204]

内容提要：中國中國改革開放以來，中國的跨境投資經歷了三個階段：一是中國改革開放初期，以引進外資為主；二是市場經濟條件下，外資「引進來」與中國國內企業「走出去」並重；三是金融危機以來，中國企業對外投資優勢凸顯。與跨境投資三個階段相對應的是不同的國際稅收政策，分別是：中國改革開放初期，對外資採取優惠財稅政策；市場經濟條件下，引導內外資企業公平競爭；金融危機以來，重視為「走出去」企業服務。其間國際稅收建設取得一定成效的同時，也呈現出若干不足。本文認為，未來應做如下改進：建設國際稅收制度；促進稅制向資本輸出國角色轉變；加快國際稅收相關理論研究。

關鍵詞：中國改革開放　跨境投資　國際稅收

1978 年，中共的十一屆三中全會拉開了對外開放的序幕，隨後中國政府積極採取多種方式引入外資，並制定了一系列引進和利用外資的政策，引進和利用外資成為促進中國經濟增長與發展的重要手段之一。隨著中國外經濟形勢的變化，中國對外開放的形式和內容也相應發生變化，從注重引進外資到「引進來」與「走出去」相結合，從外向型經濟轉向開放型經濟。[205] 近年來，發展開放型經濟逐漸提上日程，並被置於越來越重要的位置。

中國改革開放以來，以建立涉外稅收制度為突破口，中國進行了若干稅制改革，從重點為「引進來」服務逐步轉向為「走出去」提供支持，其間中國的國際稅收實踐工作取得了一定的成效，也發現了一些問題。本文擬對中國改革開放以來中國的跨境投資及國際稅收實踐進行回顧，在此基礎上總結中國國際稅制建設取得的成效及存在的問題，並提出今後完善國際稅制的改革方向。

中國歷史上的經濟轉型與社會發展
金融史專題

一、中國改革開放以來，中國跨境投資的幾個階段

得益於引進和利用外資的優惠政策，中國改革開放以來，中國吸引外資規模不斷擴大，逐漸成為吸引外資大國。在近 40 年的時間裡，中國吸引外資和利用外資的政策出現過幾次調整，外資大量流入的同時中國資本越來越多地走出國門。跨境投資由純粹的 IFDI（引進外商直接投資）轉向 OFDI（對外直接投資），概括起來經歷了以下三個階段。

（一）中國改革開放初期（1978—1992）：IFDI 為主

中國改革開放初期，中國經濟基礎薄弱，人均收入水平低下，居民儲蓄率較低，中國經濟面臨著發展資金緊缺、技術和管理水平落後的局面。中共的十一屆三中全會確立了引進和利用外資的開放政策，以「引進來」為主。1979 年 7 月，透過了中國第一部利用外資的法律——《中華人民共和國中外合資經營企業法》。同年 8 月，中國國務院設立外國投資管理委員會。同年 9 月，中國國務院發出《關於加強利用外資工作的指示》，強調利用外資、引進國外先進技術對加快國民經濟建設的重要意義，指出要把利用外資作為發展經濟的長期方針。彼時比較重視從外國政府和國際金融機構那裡獲取中長期貸款，同時也重視吸收外國直接投資，加快中國企業的技術改造。

這一階段是引進外資政策密集實施的時期，1986 年，實施了《中國國務院關於鼓勵外商投資的規定》，改善外商投資企業尤其是先進技術企業和產品出口企業的生產經營環境。透過實施優惠政策吸引外資的同時，政府還加緊相關法律法規的制定和修訂，如 1986 年頒布了《中華人民共和國外資企業法》，1988 年頒布了《中華人民共和國中外合作經營企業法》，1990 年修訂了《中華人民共和國中外合資經營企業法》。除了立法規定外商投資企業的經營行為，還制定了優惠的稅收政策。

在法規政策的積極引導下，中國的外商投資規模增長迅速。如圖 1 所示，1984 年，中國實際利用外資 28.7 億美元；到了 1988 年，實際利用外資額突破 100 億美元；而到 1992 年，這一數據已經達到 192 億美元。然而，同期 IFDI 占實際利用外資額的比重卻不高。1984 年，實際利用外商直接投

資 14.2 億美元，到 1991 年，實際利用外商直接投資額是 43.66 億美元，到 1992 年，才突破了 100 億美元。這一時期外商直接投資占實際利用外資額的比重較低的原因是，借款是利用外資的最主要形式。1979—1984 年，各年透過借款使用的外資為 130.41 億美元，是同期外商直接投資的近 3 倍；1985—1991 年，各年透過借款使用的外資幾乎是同期外商直接投資的 2 倍。[206] 儘管如此，中國的 IFDI 還是呈現出了快速上漲的勢頭，尤其是 1991 年之後。

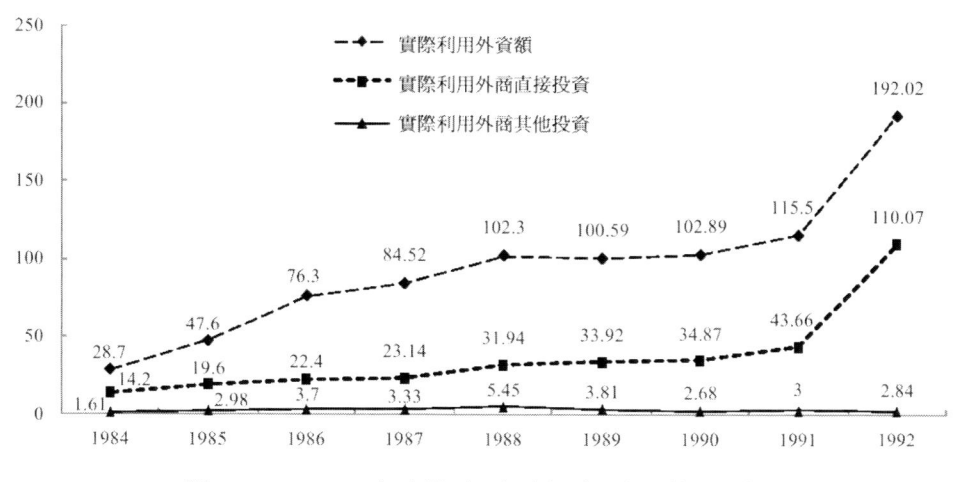

圖 1　1984-1992 年中國利用外資額（單位：億美元）

資料來源：根據國家統計局網站《年度數據》欄目中「實際利用外資」相關數據繪製（http：//data.stats.gov.cn/easyquery.htm?cn=C01）。

（二）市場經濟條件下（1993—2008）：IFDI 與 OFDI 並重

1992 年，鄧小平南行講話為中國改革開放掀開了新的篇章，隨即中共的十四屆三中全會加快了對外開放的步伐，將引進和利用外資帶入快車道。1993 年透過的《中共中央關於建立社會主義市場經濟體制若干問題的決定》（以下簡稱「決定」）提出，要「深化對外經濟體制改革，進一步擴大對外開放」。《決定》指出，要積極引進外來資金、技術、人才和管理經驗，改善投資環境和管理辦法，擴大引進規模，拓寬投資領域，進一步開放中國市場。這一階段，中國面臨的「雙缺口」已經逐步消失，隨之而來的是人才、

中國歷史上的經濟轉型與社會發展
金融史專題

技術和管理經驗方面的缺失。因此，在引進外資時不再以數量為唯一目標，同時注重外資質量和效益。《決定》還要求，要創造條件對外商投資企業實行國民待遇。「九五」計劃也提出對外商投資企業逐步實行國民待遇，逐步取消外商投資企業在土地使用、稅收、利潤分配、生產經營的其他條件等方面一直享受著的「超國民待遇」。

這一階段是利用外資規模急速擴大的時期，實際利用外資額從 1993 年的 389.55 億美元上升到 2008 年的 952.53 億美元。如圖 2 所示，除了 1998—2001 年受亞洲金融危機影響導致引資波動外，其餘年份實際利用外資額都呈現快速上漲勢頭。由圖 2 還可以發現一個顯著特徵，即外商直接投資額占實際利用外資的比重逐漸提高，二者在數額上越來越接近。1993 年，中國利用外資數額中有 275.1 億美元來自外商直接投資，占比約 70.6%；到了 2001 年，496.7 億美元的外資總額中有 468.78 億美元來自外商直接投資，比重已經提高到 94.4%；此後穩升不降，2008 年這一比例更是高達 97%。

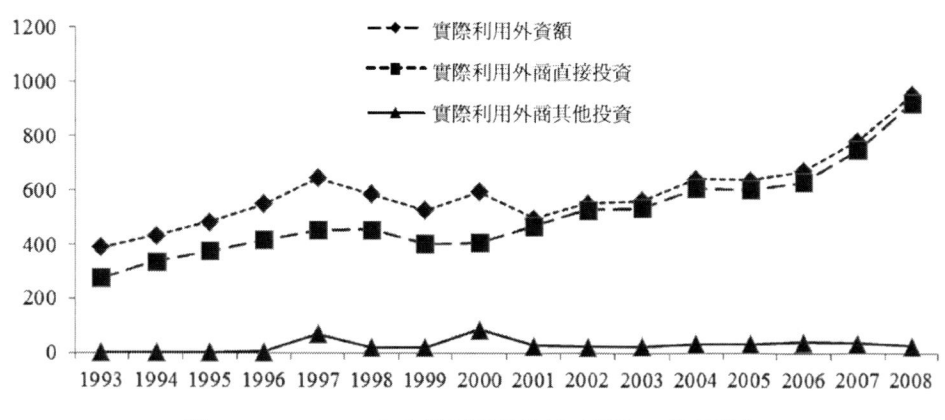

圖 2　1993-2008 年中國利用外資額（單位：億美元）

資料來源：根據國家統計局網站《年度數據》欄目中「實際利用外資」相關數據繪製（http://data.stats.gov.cn/easyquery.htm?cn=C01）。

這一階段同時也是中國企業「走出去」的發展時期。2005 年，《中共中央關於制定「十一五」規劃的建議》提出，要實施互利共贏的開放戰略，支持有條件的企業「走出去」。「引進來」和「走出去」成為中國對外開放

基本國策的兩個方面,缺一不可。2003 年,中國的 OFDI 為 28.5 億美元;2005 年,OFDI 達到 122.6 億美元;到 2008 年,則達到 559 億美元。中國企業走出去速度之快,顯而易見。

(三) 金融危機以來 (2008 年至今):OFDI 優勢盡顯

2008 年的國際金融危機爆發以來,國際資本流動出現新的特徵。聯合國貿易發展委員會發佈的《全球投資趨勢監測報告》數據顯示,2012 年全球 FDI 流入量下降約 20%;2013 年全球跨國投資總規模與 2012 年基本持平;2014 年全球外國直接投資較 2013 年下降 8%。[207] 在全球直接投資不景氣的大環境下,中國引進外資和對外投資卻呈現出別樣的氣候。尤其是對外直接投資,表現為兩位數的增長態勢。

商務部數據顯示:2010 年,中國境內投資者共對全球 129 個國家和地區的 3125 家境外企業進行了直接投資,累計實現非金融類對外直接投資 590 億美元。2013 年,中國境內投資者共對全球 156 個國家和地區的 5090 家境外企業進行了直接投資,累計實現非金融類直接投資 901.7 億美元,同比增長 16.8%。[208] 2014 年,中國共實現全行業對外投資 1160 億美元,如果加上第三地融資再投資,對外投資規模應該在 1400 億美元左右。這個數據大約高出中國利用外資 200 億美元,就是說 2014 年,中國的實際對外投資已經超過利用外資的規模了,中國已經成為資本的淨輸出國。[209] 圖 3 呈現了 2003 年以來中國的外商直接投資額和對外直接投資額。可以發現,金融危機以來,不管是利用外資還是對外投資,數額均在增長,但是對外直接投資顯然增長更加迅速。

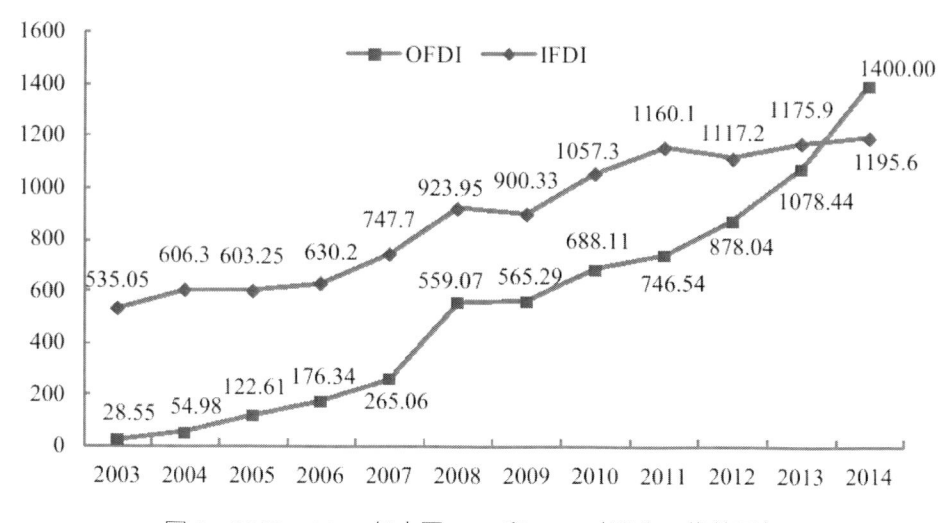

图 3 2003—2014 年中國 IFDI 和 OFDI（單位：億美元）

資料來源：根據國家統計局網站《年度數據》欄目中「按行業分外商直接投資額」和「按行業分對外直接投資額」相關數據繪製（http://data.stats.gov.cn/easyquery.htm?cn=C01）。

二、不同階段下的國際稅收政策

首先應該給出國際稅收的定義。國際稅收與涉外稅收有關，但二者並不相同。涉外稅收是指一國政府與其稅收管轄權下的涉外納稅人之間的稅收徵納關係。國際稅收含有雙重含義：一是各國政府與跨國納稅人之間的稅收徵納關係；二是由這種徵納關係引起的國家與國家之間的稅收分配關係。[210] 不同跨國投資階段對應著不同的涉外稅制或者國際稅制。

（一）中國改革開放初期（1978—1992）：對外資採取優惠財稅政策

中國改革開放初期，涉外稅制逐步建立和完善。十一屆三中全會後，為適應對外開放新形勢，在 1980 年和 1981 年，全國人大常委會分別透過並頒布了《中華人民共和國中外合資經營企業所得稅法》《中華人民共和國外國企業所得稅法》和《中華人民共和國個人所得稅法》，對三大涉外投資企業徵收企業所得稅適用不同稅率和不同稅法，形成了包括地方稅、流轉稅和所得稅等在內的一套涉外稅收法律體系。

涉外稅制自成體系，它的建立是為了區別於內稅，這與當時中國對外開放政策實施及經濟發展需要相適應。涉外稅制在擴大開放、引進外資和先進技術、吸收先進管理經驗方面發揮了重要作用。然而，這種傾斜的財稅政策本身存在以下幾點問題：首先，它造成外資企業和內資企業之間不公平的稅負。拿企業所得稅來說，外商投資企業不僅稅率比內資企業要低，還享受較寬的稅收優惠待遇，在土地使用、勞務費、生產經營的外部條件等方面享受著「超國民待遇」。個人所得稅方面，外籍人員的扣除額要高於本國公民，且稅率較低，減半徵收後稅負更低了。在流轉稅、地方稅方面也存在不同程度的不公平。其次，外資企業之間的稅負也不公平。企業所得稅方面，外國企業的稅負高於合營企業，但外資企業採用的是累進稅率，合營企業用的是比率稅率。稅收優惠方面，合營企業享受更加寬鬆的優惠待遇。歧視性的稅收待遇必然不利於公平競爭。

隨著外商投資形勢不斷變化，1991年4月9日，七屆人大四次會議透過並公佈、1991年7月1日起正式實施《中華人民共和國外商投資企業和外國企業所得稅法》，將稅率統一定為30%，地方所得稅率定為3%，統一了外商投資企業和外國企業的所得稅。

（二）市場經濟條件下（1993—2008）：從優惠走向公平競爭

1993年透過的《中共中央關於建立社會主義市場經濟體制若干問題的決定》提出，要進行經濟體制改革，建設社會主義市場經濟體制，並按照統一稅法、公平稅負、簡化稅制和合理分權的原則，改革和完善稅收制度。隨著建設市場經濟的目標確立，自成體系的涉外稅收政策已經難以適應經濟體制改革和經濟發展的要求，要逐步取消外資企業的「超國民待遇」，在市場經濟條件下與內資企業公平競爭，稅制統一勢在必行。

1994年開始的稅制改革，統一了外資企業與內資企業的流轉稅、外籍人員與本國居民的個人所得稅。企業所得稅方面，外商投資企業仍舊享受獨立的優惠制度。具體而言，流轉稅方面，1993年12月，第八屆中國人大常委會第五次會議透過了《中國人民代表大會常務委員會關於外商投資企業和外國企業適用增值稅、消費稅、營業稅等稅收暫行條例的決定》，規定外商投

資企業和外國企業自 1994 年 1 月 1 日起適用中國國務院發佈的增值稅暫行條例、消費稅暫行條例和營業稅暫行條例。個人所得稅方面，1993 年 10 月，第八屆中國人大常委會第五次會議透過了新的《中華人民共和國個人所得稅法》，新個稅法適用於外籍人員、華僑、港澳臺同胞和中國公民及個體工商戶。企業所得稅方面，1993 年 12 月頒布的《中華人民共和國企業所得稅暫行條例》統一了內資企業所得稅，而外商投資企業和外國企業繼續執行原所得稅法。

2003 年，中共的十六屆三中全會透過了《中共中央關於完善社會主義市場經濟體制若干問題的決定》，提出要統一各類企業稅收制度。隨著中國中國改革開放發展到新的階段，特別是加入世貿組織後，市場更加開放，各類市場主體要公平競爭，內外資企業分別實行不同的所得稅法顯然不符合形勢要求。因此，統一各類企業稅收法律制度，特別是內外資企業所得稅收法律制度迫在眉睫。2008 年 1 月 1 日開始施行的《中華人民共和國企業所得稅法》為各類市場主體創造了公平競爭的財稅環境。

（三）金融危機以來（2008 年至今）：重視為「走出去」企業服務

近年來，隨著中國對外直接投資迅速增長，國際稅收工作的重心一部分轉移到促進企業「走出去」上。為貫徹落實新的《中華人民共和國企業所得稅法》及其實施條例，規範和加強特別納稅調整管理，國家稅務總局制定了《特別納稅調整實施辦法（試行）》，2009 年，《財政部國家稅務總局關於企業境外所得稅收抵免有關問題的通知》規定間接抵免層次為三層，這為企業「走出去」提供了良好的條件。為具體明確境外稅收抵免的操作辦法，2010 年，國家稅務總局下發了《企業境外所得稅收抵免操作指南》，對有關問題作出具體規定。

2011 年，國家稅務總局印發的《「十二五」時期稅收發展規劃綱要》提出，在加強中國稅收管理的同時，加強國際稅收管理和反避稅工作，維護國家稅收權益。《綱要》還提出，要以保護境外投資企業和個人稅收權益、加強中國居民境外所得稅收管理為目的，完善「走出去」企業和個人的稅收服務與管理機制。

三、中國國際稅收實踐取得的成效和存在的問題

中國改革開放以來，中國涉外稅制從無到有，從服務於「引進來」的涉外稅收體系發展到「引進來」與「走出去」並重的國際稅收體系，其間取得了豐碩的成果，也發現了一些問題。

（一）進展和成效

首先，尊重市場經濟規律，實現互利共贏。中國改革開放初期，為解決中國經濟發展缺少資金和技術的困境，彌補「雙缺口」，採取優惠的措施來引進和利用外資。隨著 20 世紀 90 年代初中國建立社會主義市場經濟體制的目標確立，內外資企業公平競爭的機制逐漸建立。時至今日，中國在獨立自主、平等互利的原則下積極引入外資及先進技術和管理經驗，對於外資企業給予國民待遇，在中國市場上與中國企業公平競爭，享受平等的稅收待遇。在處理國際稅收關係時，按照對等協商的原則參與國際稅收談簽，既維護中國的稅收權益，也充分考慮對方國家的經濟利益。

其次，建立國際稅收管理模式，初見成效。先是於 1991 年取消 20 世紀 80 年代頒布的針對中外合營企業和外國企業的所得稅法，統一涉外企業稅率；再於 1994 年 1 月 1 日起統一內外資企業的流轉稅，使用中國國務院發佈的增值稅暫行條例、消費稅暫行條例和營業稅暫行條例；後於 2008 年統一了內外資企業所得稅。在新企業所得稅法頒布後，先後實施了特別納稅調整、非居民稅收管理、「走出去」企業稅收管理與服務等一系列政策規定和稅收制度安排。國際稅收管理方面，初步建立起符合中國特色的國際稅收管理體系，跨境稅源管理力度不斷增強，先後實施了《特別納稅調整實施辦法》及 11 個配套文件規定，反避稅取得顯著成效。

最後，積極參與國際合作與協調，參與全球經濟治理。近年來，中國加強了稅收協定的談簽和執行，並積極參與國際稅收多邊合作。2010 年中國正式加入了國際聯合反避稅訊息中心（JITSTC），全面參與 JITSTC 的各項工作，並承辦了 2013 年的 JITSTC 上海會議。2011 年，中國重點參與編寫聯合國《發展中國家轉讓定價手冊》，提出了市場溢價、成本節約、市場型無

形資產等維護發展中國家稅收利益的反避稅理念和操作方法。2012年下半年以來，中國積極參與了G20集團委託OECD組織的稅基侵蝕與利潤轉移（BEPS）行動計劃方案。2013年，中國在巴黎OECD總部簽署了《多邊稅收徵管互助公約》。透過參與國際稅收多邊合作，中國在世界稅收領域的影響力逐步增強。

（二）存在的不足

首先，缺少國家戰略層面的國際稅收制度設計。近年來，國家戰略層面不斷提高開放型經濟水平，並上升到體制建設的高度。2007年，中共的十七大報告中首次提出要「提高開放型經濟水平」；2012年，中共的十八大提出要「全面提高開放型經濟水平」；2013年，十八屆三中全會透過的《關於全面深化改革若干重大問題的決定》中提出，要「構建開放型經濟新體制」。今後的一個時期，中國要在更廣領域內、更高水平上推進開放，這對國際稅收管理提出了新的要求。

截至2013年，中國共簽署了1個多邊協作公約、99個雙邊稅收協定、2個稅收安排和10個情報交換協議，促進國際稅收管理現代化，為中國企業「走出去」爭取更好的國際環境。然而，國際稅收制度建設方面未能跟得上資本輸出的速度。嚴格意義上來說，中國尚未建立完善的國際稅收制度，只是在涉外稅制的基礎上增添了些支持企業「走出去」的稅收優惠安排，缺少從國家戰略高度進行審視和定位的國際稅收政策。

其次，缺少支持資本輸出的稅收策略。前述數據已經表明，當前中國引進外資進入平穩期，對外投資進入快速增長期。對外開放近40年來，前期以引進外資為主，與此相應，國際稅收工作以外資企業作為主要服務和管理對象，即涉外稅收。隨著國際中國經濟發展，對外開放格局發生了變化，中國企業「走出去」與外資引進來成為跨國投資的兩大主流，且中國企業「走出去」的優勢越來越明顯。這就要求稅收部門要服務於國家建設開放經濟體制的大局，主動適應資本輸出新形勢，調整工作目標和重點，全面做好國際稅收的各項工作。

再次，中國現有資本輸出相關政策缺乏全面系統性。稅收優惠政策的覆蓋面較窄，形式比較單一。現行境外投資的稅收優惠政策主要限於境外帶料加工裝配業務，加工貿易投資多為促進出口類型。一些對國家長遠發展具有戰略意義的境外投資類型，如資源尋求型、技術尋求型和市場尋求型等投資類型卻不在現有稅收支持範圍內。[211] 此外，稅收優惠手段也比較單一，國際上通用的加速折舊、投資準備金等措施未曾採用。

最後，缺少國際稅收理論支撐。在跨境投資如火如荼發展的大環境下，中國的國際稅收實踐正逐步與國際接軌。然而，相關的理論研究卻停滯不前。當前中國對以下問題缺少深入研究：一是其他國家國際稅收管理和國際稅制建設的經驗教訓，包括市場經濟發展初期、壟斷資本主義時期和全球化時代各國資本輸出稅制與稅收政策的演變，以及發達國家、新興市場國家的資本輸出稅制。二是關於跨境稅源監控、跨國公司稅基侵蝕和利潤轉移行為。三是關於轉讓定價、預約定價安排、成本分攤協議、資本弱化、一般反避稅等問題的深入研究。

四、政策建議

（一）頂層設計，建設國際稅收制度

建設開放型經濟新體制需要有規範的法治環境和開放有序的市場體系，對中國的國際稅制建設提出了新的要求。新的資本輸出格局下，國際稅收管理應主動適應形勢發展的要求，借鑑發達國家的經驗教訓，進一步優化稅收制度，從過去側重於吸引外資向有利於中國企業「走出去」的稅收政策轉變。考慮適時制定對外投資稅收法及相關政策措施，引導境外投資的產業導向和區域導向，配合國家經濟發展的大戰略。

進行頂層設計時應該遵守的一個原則是管促結合。一方面，稅務部門是制定國際稅收法律法規的重要參與者，同時是執法部門，既要透過完善稅收法律制度，使跨境納稅人有法可依，為其提供透明確定的稅收依據，又要透過依法行政，規範國際稅收管理，提高管理質量和效率。另一方面，稅收部

門要配合國家經濟開放戰略,鼓勵對外投資,推進開放,促進商品和生產要素跨境流動的自由化與便利化,推動形成開放有序的全球市場體系。

(二)稅制向資本輸出國角色轉變,促進中國企業「走出去」

如前所述,中國已經成為資本淨輸出國,迎來了對外投資的新時代。稅制應該主動適應對外開放的新形勢,調整已有政策制度,促進經濟從要素驅動型向創新驅動型轉變、從「世界工廠」向世界市場轉變。資本輸出規模不斷擴大,如何保持並提高中國企業在海外的競爭力,這對中國的國際稅收徵管及制度建設提出更高的要求。未來中國需要盡快轉變稅收協定處理方式,以適應由過去外資引進國向資本淨輸出國的轉變;還要重新審視轉讓定價政策,確保這些政策不但能夠有效解決對華投資中的轉讓定價問題,還能解決中國對外投資中的轉讓定價問題。

此外,應該堅持對稱的稅收饒讓。發展中國家為了引進外資,制定一些優惠政策,通常要求發達國家對跨境投資者給予稅收饒讓抵免待遇,這一政策在發達國家和發展中國家之間存在較大分歧。中國中國改革開放以來,也對外國投資者實行了稅收饒讓政策,為了讓外國投資者從中國的稅收優惠政策和對外簽訂的稅收協定中切實得到實惠,在對外談簽稅收協定時,中國一般都要求把稅收饒讓列入協議內容。未來中國對外投資大幅增長,中國企業在境外享受到的稅收優惠也應該可以饒讓抵免。

(三)加快國際稅收相關理論研究

國內外經濟發展和資本輸出的新形勢迫切需要相應的理論支撐。加緊理論研究,積極開展對國際稅收管理新形勢的研究和應對工作。1994年分稅制改革時應運而生的中國國際稅收研究會應該發揮更加重要的作用,圍繞國際稅收工作開展各類研究,推動國際稅收理論發展。此外,國際稅收研究會應加強與高校和科學研究機構的合作,優勢互補,總結各國國際稅收管理和國際稅制建設的經驗教訓,研究各國的稅收制度與徵管法規,對稅收風險提出預警等。

中國公路、鐵路投融資結構變遷分析[212]

肜新春[213]

　　內容提要：本文探討了中國公路、鐵路投融資體制的發展變化以及對經濟的影響。中國交通業投融資體制在中國改革開放前後有很大變化，產生了不一樣的發展績效。公路、鐵路的投融資體制由單一的財政投入逐步向以市場化為導向的多元化轉變。政府相繼進行了一系列鼓勵民資、外資等資金入場的多元化投融資政策改革，極大地促進了公路、鐵路尤其是高速公路、高速鐵路的發展，不過二者增速有別。2008年金融危機後，中國公路、鐵路（包括高速公路、高鐵）儘管投資額大增，但對經濟增長的拉動效應趨緩。從長時段來看，在從發展中國家邁向發達國家過程中，投融資結構的改善能夠很好地促進中國公路、鐵路的快速發展，其基礎性、先導性的作用仍然存在，對經濟發展的重要性依然不容忽視。

　　關鍵詞：投融資結構　變遷　鐵路　公路

　　中國改革開放以來，中國交通業的快速發展極大地改善了經濟發展的通道問題，瓶頸約束得到緩解。2015年，中國鐵路營業里程達到12.1萬公里，其中，高鐵營業里程超過1.9萬公里；公路總里程457.73萬公里，高速公路里程12.35萬公里，高速公路、高速鐵路通車里程均為世界第一。鐵路固定資產投資8238億元，公路建設投資16513.30億元，均處在歷史高位。交通業的快速發展得益於中國投融資體製麵向市場化的變遷——由單一的財政性投資向市場化的多元化轉變，不過透過數據分析可知，公路、鐵路兩個行業投融資結構同中有異，發展績效雖總體向好但不同步，對經濟的影響表現各異。

一、投融資結構影響交通業發展

　　關於鐵路、公路等基礎設施的重要性，經濟學家有過諸多論述：亞當·斯密等認為政府主導基礎設施建設。凱恩斯認為在私人投資不足時，政府要加大對基礎設施的投資。羅森斯坦·羅丹（Rosen Stan·Rodin）的「大推進理論」，赫希曼（Hector Seaman）的「不平衡增長理論」和羅斯托（Rostow）

從基礎設施投資與經濟增長的關係角度分析基礎設施投融資。海根（Ian Heggie）和維克爾（Piers Vickers）明確提出了道路融資問題。卡比爾汗（M. Fouzul Kabir Khan）和羅伯特·J. 帕拉（Robert J.Parra）全面系統介紹了超大型基礎設施項目中如何利用項目融資問題。在國外還有很多文獻集中研究了鐵路的自然壟斷屬性和準公共屬性。

在研究投融資模式方面，雷蒙特（Reymont）的PPP模式，拉弗（Laffer）、弗裡德曼（Freedman）、華萊士（Wallace）等的公共產品產權問題，高登莫娜（Garden Mona）、卡普夫（Kopff）、斯蒂文·L. 西瓦茲（Steven·L.Swartz）等的資產證券化問題，均對交通投融資問題產生一定影響。

中國在研究交通業投融資體制方面，針對鐵路存在的問題，有學者認為，中國鐵路投融資體制改革應對投資主體、債務性及權益性融資、投資管理和監督等問題予以關注。[214] 從投資主體多元化的角度，有學者分析了多元經營是企業普遍存在的問題，提出實施投資主體多元化策略。[215] 有學者透過借鑑國內外基礎產業的發展經驗，探索中國鐵路投融資制度的改革模式。[216] 有學者建議要構建多元化投資主體、拓寬多渠道資金來源、創新多樣化籌資方式，為大規模鐵路建設提供資金保證。[217] 針對投融資體制改革，有學者提出要著力解決投資主體、籌資渠道單一及融資方式和投資管理方式落後等問題。[218]

大多學者的研究表明，投融資結構的變化無疑會極大地影響交通業的發展，作為基礎性、先導性的產業，巨大的資金投入需要多元化的籌資渠道，這是關乎該國經濟起飛成功與否的重要因素。

二、中國公路、鐵路投融資體制的變化過程

（一）中國交通業投融資體制的變遷

1953年到改革初期的投融資體制是以計劃經濟為特徵的傳統投融資體制，投資主體比較單一。[219] 當時經濟發展水平低下，百廢待興，透過社會

主義改造運動，國有經濟占據主導地位，而基礎設施的巨量投入及規模效益相對滯後等特點，決定了中央財政主體投入只能是唯一選擇。

中國中國改革開放後，隨著中國政府放開市場，各種經濟形式開始成長，基礎設施投入方式也有了新的選項，該領域的一系列改革也應運而生：基本建設投資由 1984 年之前的全額撥款改為部分貸款；投資主體開始面向市場；多元化資金開始湧入；開始發行國債；徵收國家能源重點建設基金等。

「十五」計劃開始時，國家對投融資體制改革從政策層面進行設計：第一，將投資項目分為公益性、基礎性和競爭性三類。公益性項目由政府投資建設；基礎性項目以政府為主，並廣泛吸引企業和外資參與投資；競爭性項目由企業投資建設。第二，由項目資本金制度替代「撥改貸」。另外，由於中央政府與地方政府財政分權制度的確立，政府投資由原來的中央政府為主轉變為地方政府為主。[220]

基礎設施投融資改革開始向民間、社會資本放開，先後實施了相關政策。1993 年和 2004 年先後透過了《中共中央關於建立社會主義市場經濟體制若干問題的決定》《中國國務院關於投資體制改革的決定》。前者著眼於社會主義市場經濟體制問題，後者主要鼓勵社會投資，放寬社會資本以多種方式參與公益及基礎設施等投資領域。

這些措施極大地改善了中國公路、鐵路的投融資狀況，表 1 是 1993—2014 年的中國 GDP、固定資產投資、鐵路投資與公路投資情況。

表1 1993—2014年中國GDP、固定資產投資、鐵路投資與公路投資情況

單位：億元

年份	GDP	固定資產投資	鐵路投資	公路投資
1993	35524.3	13072.3	373.7	184.5
1994	48459.6	17042.1	537.8	302.7
1995	61129.8	20019.3	526.6	409.2
1996	71572.3	22913.5	558.3	560.9
1997	79429.5	24941.1	600.1	744.6
1998	84883.7	28406.2	729.5	1187.4
1999	90187.7	29854.7	782.1	1230.3
2000	99776.3	32917.7	770.7	1401.1
2001	110270.4	37213.5	786.6	1534.5
2002	121002.0	43499.9	838.3	1750.9
2003	136564.6	55566.6	705.7	3313.7
2004	160714.4	70477.4	846.3	4665.5
2005	185895.8	88773.6	1267.7	5581.4
2006	217656.6	109998.2	1966.5	6481.6
2007	268019.4	137323.9	2492.7	6926.6
2008	316751.7	172828.4	4073.2	7411.5
2009	345629.2	224598.8	6660.9	10577.6
2010	408903.0	251683.8	7622.2	12764.5
2011	484123.5	311485.1	5915.0	13856.4
2012	534123.0	374694.7	6128.8	17466.4
2013	588018.8	446294.1	6690.7	20502.9
2014	636138.7	512020.7	7707.2	24513.2

資料來源：根據《中國統計年鑒》1994—2015年相關數據整理。

由表1可以看出，在1993—1998年，鐵路、公路投資額度大致較為平均，1993—1995年的鐵路投資額度超過公路投資，從1996年開始，公路投資額遠遠領先於鐵路投資，並且成倍地增長，由此可以得出結論：鐵路相較於公

路來說，投融資渠道相對單一、滯後，公路尤其是高速公路投資由於機制靈活，更容易分區域進行各種融資業務，並且因為收費權轉讓更容易實現投資回報，因此取得了遠較於鐵路投資更多渠道的資金支持。

（二）中國公路投融資發展過程

新中國成立後，公路分國防公路和一般公路兩類，前者著眼於國防戰備，由中央財政主導；後者劃歸地方，由地方政府統籌解決。面對百廢待興的艱苦局面，地方政府只能按照中央要求實施重化工業優先發展戰略，公路投資只好放在發展的第二位。

中國中國改革開放之後，隨著國門的打開，中國經濟發展活躍，資金開始充裕，公路等基礎設施建設開始納入議事日程，拓寬資金來源渠道成為當務之急。

1980年，無償撥款變為有償貸款在一些領域逐步推開。1983年，開始徵收能源交通重點建設基金，擴大了公路養路費的徵收範圍。1985年，開始徵收汽車購置附加費作為公路建設資金來源。各省市自治區也加大了公路建設資金的投資力度。1984年，允許貸款或集資修路收取車輛通行費，各省開始了收費公路的改革實踐。1987年，《中華人民共和國公路管理條例》明確規定「公路主管部門對利用集資、貸款修建的高速公路、一級公路、二級公路和大型公路橋樑、隧道及輪渡碼頭可以向過往車輛收取通行費，用於償還集資款與貸款」。1988年頒布了《貸款修建高等級公路和大型公路橋樑、隧道收取車輛通行費規定》。[221] 收費公路政策的實施，明顯緩解了財政資金的壓力，促進了公路基礎設施建設的快速發展。隨後，中國先後實施了發展公路建設的相關政策，包括：1994年的《關於在公路上設置通行費收費站（點）的規定》，1996年的《公路經營權有償轉讓管理辦法》，1997年的《中華人民共和國公路法》，[222] 2004年的《收費公路管理條例》。在這期間，為了充分調動社會各界投身公路建設的積極性，國家對公路投融資進行了有效的改革，投資主體多元化體制開始確立。[223]

隨著國家政策的陸續實施與完善，收費公路政策穩步發展。2006年發佈了《關於進一步規範收費公路管理工作的通知》，界定了政府還貸收費公路

與經營性收費公路。2008年頒布了《收費公路權益轉讓辦法》，2009年進行了成品油稅費改革。為鼓勵收費公路的發展，國家還實施了一系列鼓勵民間資本進入公路基礎設施建設領域的政策。十八大報告強調更廣範圍內發揮市場在資源配置中的基礎性作用，這些政策促進了中國公路建設的跨越發展。

目前，中國公路建設基本上實現了投融資主體多元化，公路投融資方式包括：各級交通運輸主管部門，利用部分財政資金及貸款籌集資金，修建收費公路；各級政府集資修建收費公路；國內外各類經濟組織投資修建高等級公路；成立股份有限公司，發行股票和企業債券融資等。公路投資的資金來源主要有：車輛購置附加稅；銀行貸款；發行股票，股票市場融資是中國公路投資資金的重要補充；利用外資和其他新型融資方式籌集資金，外資主要包括國外政府貸款和國際金融組織貸款，創新型融資方式主要有BOT、信託、資產證券化等。[224] 表2和表3分別反映了2007—2012年公路、高速公路建設資金的構成情況。

表2　2007—2012年公路建設資金構成情況

單位：億元、%

年份	車輛購置稅以及預算內資金	國內貸款	利用外資	自籌及其他資金
2007	13.5	38	0.8	47.7
2008	14.3	36.4	1.0	48.3
2009	14.9	38.5	0.6	46.0
2010	15	39.9	0.4	44.7
2011	20.2	35.5	0.5	43.8
2012	18.5	36.4	0.4	44.7

資料來源：王譯：《收費公路對國民經濟的影響及持續發展策略研究》，博士學位論文，長安大學，2014年。

表 3　2009—2012 年高速公路項目投資完成額及資金來源結構

單位：億元、%

年份	年度投資	年度投資到位合計	中央預算內及國債	地方預算內及轉貸	車購稅	國內貸款	外資	地方自籌	企事業單位資金	其他資金
2009	5323.1	4633.5	20	70.7	312.9	2960.7	38.3	631.4	529.8	69.7
		100	0.4	1.5	6.8	63.9	0.8	13.6	11.5	1.5
2010	6862.2	5744.6	9.1	56	759.2	3350	37.4	849.1	628	55.7
		100	0.2	1	13.2	58.3	0.6	14.8	10.9	1
2011	7424.1	5971.3	9.3	38.6	954.6	3367	51.8	818.5	604.2	127.2
		100	0.2	0.6	16	56.4	0.9	13.7	10.1	2.1
2012	7238.3	6019.8	4.2	40.6	665.9	3728.4	41.7	858.8	559.1	121
		100	0.1	0.7	11	61.9	0.7	14.3	9.3	2

資料來源：中華人民共和國交通運輸部：《全國交通運輸統計資料彙編》，內部資料 2012 年版。

從表 2、表 3 可以看出，高速公路資金來源中，中國貸款和地方自籌占大頭，這幾年中國貸款占比一般在 60% 左右，地方自籌比例在 15% 左右，另外車購稅及企事業單位資金分別占 10% 左右，而中央預算內及國債、地方預算內及轉貸、外資、其他資金占比相對不高，各在 1% 上下。

表4　2009—2012年一般性公路項目投資完成額及資金來源結構

單位：億元、%

年份	年度投資	年度投資到位合計	中央預算內及國債	地方預算內及轉貸	車購稅	國內貸款	外資	地方自籌	企事業單位資金	其他資金
2009	3214.5	2905.2	42.2	102.6	176.1	1105.6	16.1	1056.1	336	70.5
		100	1.5	3.5	6.1	38.1	0.5	36.3	11.6	2.4
2010	3357.6	2836.1	12.3	68.9	157.9	1056.2	13.6	1078.6	406.5	42.1
		100	0.4	2.4	5.6	37.2	0.5	38	14.4	1.5
2011	4179.1	3521.6	11.2	54.4	530.3	936.2	8.7	1492.2	381.9	106.7
		100	0.3	1.5	15.1	26.6	0.3	42.4	10.8	3
2012	4103.6	3677.5	15.3	75.3	649.5	886.5	1.9	1616	373.2	59.8
		100	0.4	2.1	17.7	24.1	0.1	43.9	10.1	1.6

資料來源：中華人民共和國交通運輸部：《全國交通運輸統計資料彙編》，內部資料2012年版。

從表4可以看出，一般性公路資金來源中，中國貸款和地方自籌占大頭，這幾年中國貸款占比一般在38.1%—24.1%左右，地方自籌比例在36%—43%，該部分占比逐漸上升；另外車購稅及企事業單位資金分別占10%左右，而中央預算內及國債、地方預算內及轉貸、外資、其他資金占比相對不高，各在2%上下。

表 5　2009—2012 年農村公路項目投資完成額及資金來源結構

單位：億元、%

年份	年度投資	年度投資到位合計	中央預算內及國債	地方預算內及轉貸	車購稅	國內貸款	外資	地方自籌	企事業單位資金	其他資金
2009	2 132.9	1879.8	146.4	23.7	405.4	88.7	2.2	1153.7	33.56	26.2
		100	7.8	1.3	21.6	4.7	0.1	61.3	1.8	1.4
2010	1 923.8	1651.6	25.2	25.6	286.5	101	1.9	1163.8	14.3	33.2
		100	1.5	1.6	17.3	6.1	0.1	70.5	0.9	2
2011	2 010.1	1733	24.2	24	394	72	0.1	1169.2	24.6	24.9
		100	1.4	1.4	22.7	4.2	0	67.5	1.4	1.4
2012	2 145	1845.3	16.3	36.9	424.6	61.2		1258.7	17.3	30.2
		100	0.9	2	23	3.3	0	68.3	0.9	1.6

資料來源：中華人民共和國交通運輸部：《全國交通運輸統計資料彙編》，內部資料 2012 年版。

從表 5 可以看出，農村公路資金來源中，中國貸款和地方自籌占大頭，這幾年中國貸款占比一般在 5% 左右，地方自籌比例在 70% 左右，另外車購稅占比在 20% 左右，企事業單位資金占 1% 上下，而中央預算內及國債、地方預算內及轉貸、外資、其他資金占比相對不高，各在 1% 上下。可見農村公路資金來源渠道單一，重要推動力來自地方。這種局面迫切需要改善。

(三) 中國鐵路投融資情況

中國鐵路投資體制在 1978 年以前具有明顯的計劃經濟色彩。中央政府投資是絕對的主體，管理鐵路的投資與建設、運營與生產等一切領域。國家財政預算內撥款是唯一投資渠道。國內外信貸基金極少用於鐵路建設項目，其他資金難以進入鐵路建設。鐵路建設諸如項目決策、成本控制、物資分配、人員安排以及項目設計、項目施工等活動，都按國家指令性計劃行使。

中國中國改革開放以來，隨著國民經濟的快速發展，緊張的鐵路運力成了國民經濟發展的瓶頸。為了加快鐵路發展，鐵道主管部門進行了一系列投融資體制的改革與探索，實施了一系列相關的改革政策。包括：2005 年的《關

於鼓勵支持和引導非公有制經濟參與鐵路建設經營的實施意見》,2006年的《「十一五」鐵路投融資體制改革推進方案》,2009年的《關於2009年深化經濟體制改革工作的意見》,提出了改革過程中拓寬民間資本投資的領域和渠道,明確由國家發改委、工信部等共同負責,加快研究鼓勵民間資本進入石油、鐵路等重要領域的相關政策,帶動社會投資。

據統計,在國有基本建設投資中,各種資金來源所占比重分別為:國家財政性資金占12.3%,中國貸款占26.7%,股票債券資金15%,自籌資金42.6%,其他資金占10.1%。這五大資金來源渠道也就是鐵路建設項目的主要資金來源。[225] 表6、表7反映了1995—2010年鐵路投資比例及資金來源情況。

表6 1995—2010年鐵道部投資比例情況

單位:%

年份	鐵道部投資	地方政府及路外企業投資
1995	89.78	10.22
2000	89.59	10.41
2005	84.45	15.55
2010	78.28	21.72

資料來源:鐵道部統計中心:《全國鐵路統計摘要》,北京:中國鐵道出版社2014年版。

表7 1995—2010年鐵道部各項建設資金來源比例情況

單位:%

年份	合計	建設基金	財政預算內資金	債券	專項資金	資產變現資金	企事業單位自籌
1995	100	82.59	1.25	6.7	0.00	0.00	9.46
2000	100	64.80	16.84	0.00	0.00	0.00	18.36
2005	100	62.75	10.91	9.21	9.61	0.00	7.52
2010	100	23.70	5.00	36.33	15.18	16.62	3.17

資料來源:鐵道部統計中心:《全國鐵路統計摘要》,北京:中國鐵道出版社2014年版。

表 6、表 7 反映出，鐵道部投資比例在 2010 年前均占到 80% 以上，地方政府及路外企業投資占比在 20% 甚至以下，這是整體情況。細分鐵道部資金來源中，鐵路建設基金占大頭，但在 2010 年下降到 23.7%，財政預算內資金 2010 年占 5%，鐵路建設債券占比逐漸上升，2010 年達到 36.33%，專項資金、資產變現資金、企事業單位自籌資金也有了不同的變化，說明鐵路建設資金來源出現多元化的跡象，儘管市場化行為較少。

表 8　2008—2012 年鐵路投資構成情況

單位：%

年份	2008	2009	2010	2011	2012
國家財政	21.5	13.6	10.1	6.9	5.7
鐵路建設債券	19.1	15.9	13.3	18.9	30.6
國家開發銀行貸款	10.2	13.1	11.8	15.9	9.1
商業銀行貸款	23.6	43.5	53.9	52.4	50.1
國有鐵路企業自籌	10.7	3.1	2.3	1.6	0.8
地方及企業完成投資	14.6	10.7	8.5	4.2	3.6
其他（國家專項補助、水利專項基金返還）	0.3	0.1	0.1	0.1	0.1

資料來源：鐵道部統計中心：《全國鐵路統計摘要》，北京：中國鐵道出版社 2014 年版。

表 8 數據顯示，2010 年、2011 年和 2012 年，鐵道部負債分別為：18918 億元、24127 億元、27316 億元，負債率則分別為 57.44%、60.63%、61.13%，負債和負債率均呈逐年上漲之勢。2013 年 3 月原鐵道部撤銷，中國鐵路總公司成立之時，批覆的註冊資本金為 10360 億元，總資產為 43044 億元，總負債為 26607 億元，資產負債率為 61.81%。[226] 2014 年，鐵路總公司資產總負債率達 63.22%；2015 年，鐵路總公司負債合計約 4.09 萬億，資產總負債率達 66.41%。「十二五」完成固定資產投資 3.5 萬億元，是鐵路基礎設施建設投資最多的五年。中國鐵路總公司既管線路運營又負責鐵路建設，債務壓力甚大。「十三五」鐵路投資還會在高位運行，在投融資領域必須走多元化發展之路。[227]

（四）公路、鐵路投融資結構比較

從 2004—2014 年的投資構成來看，鐵路投資額以中央級投資為主，地方投資為輔，其中內資占絕對統治地位，差不多是九成以上；而同期公路投資額中，地方為主，中央為輔，當然內資處絕對支配地位。參見表 9、表 10。

表 9　2004—2014 年鐵路投資額分類

單位：億元

年份	投資額	中央	地方	內資
2004	846.3	752.7	93.6	846.3
2005	1267.7	1121.8	145.9	1267.2
2006	1966.5	1765.5	201.1	1965.6
2007	2492.7	2239.5	253.2	2491.4
2008	4073.2	3694.8	378.4	4058.7
2009	6660.9	6059.2	601.7	6641.7
2010	7622.2	6623.2	999.0	7587.2
2011	5915.0	5045.2	869.7	5890.0
2012	6128.8	5303.2	825.6	6118.1
2013	6690.7	5424.0	1266.7	6662.5
2014	7707.2	6278.4	1428.7	7684.7

資料來源：根據《中國統計年鑒》2002—2015 年中的相關數據計算整理。

表 10　2004—2014 年公路投資額分類

單位：億元

年分	投資額	中央	地方	內資
2004	4665.5	200.7	4464.8	4626.5
2005	5581.4	284.4	5297.0	5505.8
2006	6481.6	164.0	6317.7	6408.5
2007	6926.6	311.0	6615.6	6846.4
2008	7411.5	311.3	7100.2	7339.2
2009	10557.6	189.2	10368.4	10519.7
2010	12764.5	353.4	12411.1	12731.8
2011	13856.4	479.6	13376.7	13800.3
2012	17466.4	571.2	16895.2	17384.1
2013	20502.9	713.8	19789.1	20420.7
2014	24513.2	706.0	23807.1	24409.5

資料來源：根據《中國統計年鑑》2002—2015 年中的相關數據計算整理。

從表 11、表 12 反映的公路、鐵路投資來源的所有制屬性看，鐵路和公路這一時期的投資大部分屬於國有控股、集體控股補充，私人控股的資金只占很少一部分。二者在這一領域高度一致。

表 11　2004—2014 年鐵路投資額所有制屬性分類

單位：億元

年份	投資額	國有控股	集體控股	私人控股
2004	846.3	837.8	4.2	0.4
2005	1267.7	1244.5	9.9	0.5
2006	1966.5	1917.9	36.1	11.6
2007	2492.7	2450.1	23.8	18.5
2008	4073.2	4010.0	22.9	40.1
2009	6660.9	6539.8	65.5	55.4
2010	7622.2	7381.1	75.4	159.2
2011	5915.0	5760.0	26.4	110.9
2012	6128.8	5969.9	30.4	123.7
2013	6690.7	6479.6	53.2	138.0
2014	7707.2	7427.2	75.6	172.7

資料來源：根據《中國統計年鑒》2002—2015 年中的相關數據計算整理。

表 12　2004—2014 年公路投資額所有制屬性分類

單位：億元

年份	投資額	國有控股	集體控股	私人控股
2004	4665.5	4442.1	33.3	19.8
2005	5581.4	5203.1	42.1	42.2
2006	6481.6	6043.5	149.1	243.5
2007	6926.6	6357.4	193.7	309.3
2008	7411.5	6748.1	236.0	389.9
2009	10557.6	9704.6	281.8	545.0
2010	12764.5	11729.8	325.7	650.9
2011	13856.4	12404.3	456.0	784.7
2012	17466.4	15385.8	526.9	1124.6
2013	20502.9	17814.1	592.8	1482.8
2014	24513.2	20943.7	695.2	1879.6

資料來源：根據《中國統計年鑒》2002—2015 年中的相關數據計算整理。

從公路、鐵路投資規模看，公路投資十多年來占 GDP 的比例均在 3% 左右，基本滿足經濟發展的需求，保持這樣的增速是合適可行的；同一時期鐵路投資水平 GDP 占比往往不足 1%，很多時候在 0.5% 上下，顯然不能滿足經濟發展的需要，今後還需要加大鐵路的投資規模和水平，尤其是鐵路還承擔著「一帶一路」走出去的發展需要，這種相對單一的投融資渠道需要更多的多元化投資。

從公路、鐵路資金來源看，來自銀行貸款均在 50% 左右，其中全國高速公路的負債率、鐵路公司的負債率均在 60% 以上，儘管低於國有銀行 80% 的負債水平，但債務規模的相對高位以及在區域間的分配不均，也存在潛在的金融風險。比如西部地區的公路收費情況顯然比東部要差。客運量、貨運量的區域不均也是影響二者投融資在區域間不均衡的主要表現。

三、公路、鐵路發展狀況分析

透過分析公路、鐵路投融資體制、結構的發展情況,可以發現投融資結構的改善極大地促進了行業的快速發展,集中體現在通車里程、客運量、客運周轉量、貨運量、貨運周轉量的大幅度提升方面,但以2008年為界,受國際金融危機、中國調結構、經濟轉型等因素影響,公路、鐵路發展績效前後有所差異,與GDP增長相關性強弱有別,即基礎設施投資對GDP增長的貢獻率開始下降。之前交通業投資一直處於短缺、緊運行狀態,投資能夠顯著提升GDP、客/貨運量、客/貨運周轉率;2008年之後,交通業大規模投資對GDP、客/貨運量、客/貨運周轉率貢獻較以前並不顯著。

(一)公路方面

表13　2001—2015年公路投資及與GDP占比情況

單位:億元、%

年份	公路投資額	GDP	公路投資額與GDP占比	年份	公路投資額	GDP	公路投資額與GDP占比
2001	2670	95933	2.78	2009	9668.45	335353	2.88
2002	3211.7	102398	3.14	2010	11482.28	397983	2.89
2003	3714.9	116694	3.18	2011	12596.36	471564	2.67
2004	4702.28	136515	3.44	2012	12713.95	519322	2.45
2005	6231.05	209407	2.98	2013	13692.2	588018.8	2.33
2006	1542.20	209407	0.74	2014	15460.94	636138.7	2.43
2007	6489.91	246619	2.44	2015	16513.30	676708	2.44
2008	6645	300670	2.21				

資料來源:根據《中國統計年鑒》2002—2015年中的相關數據計算整理,2015年數據來自2015年交通運輸行業發展統計公報。

由表13可以看出,在2001年到2015年間,公路投資額與GDP占比除了2006年之外,均保持在2%—3.5%,在2008年之後,2010年投資總額

突破一萬億關口，2015年達到16513.3億元，為公路的快速發展提供了充裕的資金支持，中國公路、高速公路由此取得長足進展。

表14 2001—2015年公路發展情況

年份	里程（萬公里）	其中高速公路（萬公里）	客運量（萬人）	客運周轉量（億人公里）	貨運量（萬噸）	貨運周轉量（億噸公里）
2001	169.80	1.94	1402798	7207.08	1056312	6330.44
2002	176.52	2.51	1475257	7805.77	1116324	6782.46
2003	180.98	2.97	1464335	7695.60	1159957	7099.48
2004	187.07	3.43	1624526	8748.38	1244990	7840.86
2005	193.05	4.10	1697381	9292.08	1341778	8693.19
2006	345.70	4.53	1860487	10130.85	1466347	9754.25
2007	358.37	5.39	2050680	11506.77	1639432	11354.69
2008	373.02	6.03	2682114	12476.11	1916759	32868.19
2009	386.08	6.51	2779081	13511.44	2127834	37188.82
2010	400.82	7.41	3052738	15020.81	2448052	43389.67
2011	410.64	8.49	3286220	16760.25	2820100	51374.74
2012	423.75	9.62	3557010	18467.55	3188475	59534.86
2013	435.62	10.44	1853463	11250.94	3076648	55738.08
2014	446.39	11.19	1908198	12084.10	3332838	61017.00
2015	457.73	12.35	1619100	10742.66	3150000	57955.72

資料來源：根據《中國統計年鑒》2002—2015年中的相關數據計算整理，2015年數據來自2015年交通運輸行業發展統計公報。

表14反映了中國公路、高速公路的發展態勢，營業里程分別從2001年的169.8萬公里、1.94萬公里發展到2015年的457.73萬公里、12.35萬公里，增長2.69倍、6.37倍；客運周轉量、貨運周轉量分別從2001年的7207.08億人公里、6330.44億噸公里發展到2015年的10742.66億人公里、57955.72億噸公里，增長1.49倍、9.16倍。可見，公路投資帶來了巨大的發展績效。

（二）鐵路方面

表 15　2001—2015 年鐵路投資及與 GDP 占比情況

單位：億元、%

年份	鐵路投資額	GDP	鐵路投資額與GDP占比	年份	鐵路投資額	GDP	鐵路投資額與GDP占比
2001	515.67	95933	0.54	2009	6006.00	335353	1.79
2002	623.53	102398	0.61	2010	7091.00	397983	1.78
2003	528.64	116694	0.45	2011	4611.00	471564	0.98
2004	531.55	136515	0.39	2012	5185.10	519322	0.99
2005	880.18	182321	0.48	2013	5327.70	588018.8	0.90
2006	1542.20	209407	0.74	2014	6623.00	636138.7	1.04
2007	1789.99	246619	0.73	2015	8238	676 708	1.22
2008	3375.54	300670	1.12				

資料來源：根據《中國統計年鑒》2002—2015 年中的相關數據計算整理，2015 年數據來自 2015 年交通運輸行業發展統計公報。

由表 15 可以看出，在 2001 年到 2015 年間，鐵路投資額與 GDP 占比在 2008 年之後達到 1% 左右的高位，之前均不超過 1%，最高不過 0.74%。2015 年達到 8238 億元，是 2001 年的 15.98 倍。巨額資金投入，使得中國鐵路發展突飛猛進，高鐵技術躍上世界舞臺。

表 16　2001—2015 年鐵路發展情況

年份	營業里程（萬公里）	客運量（萬人）	客運周轉量（億人公里）	貨運量（萬噸）	貨運周轉量（億噸公里）
2001	7.01	105155	4766.82	193189	14694.10
2002	7.19	105606	4969.38	204956	15658.40

2003	7.30	97260	4788.61	224248	17246.70
2004	7.44	111764	5712.17	249017	19288.80
2005	7.54	115583	6061.96	269296	20726.00
2006	7.71	125656	6622.12	288224	21954.40
2007	7.80	135670	7216.31	314237	23797.00
2008	7.97	146193	7778.60	330354	25106.30
2009	8.55	152451	7878.89	333348	25239.20
2010	9.12	167609	8762.18	364271	27644.10
2011	9.32	186226	9612.29	393263	29465.80
2012	9.76	189337	9812.33	390438	29187.10
2013	10.31	210597	10595.62	396697	29173.90
2014	11.18	235704	11604.80	381334	27530.00
2015	12.10	253500	11960.60	335800	23754.31

資料來源：根據《中國統計年鑑》2002—2015年中的相關數據計算整理，2015年數據來自2015年交通運輸行業發展統計公報。

表16反映了鐵路投資對該行業發展的巨大推動作用，營業里程分別從2001年的7.01萬公里發展到2015年的12.1萬公里，增長1.73倍；客運周轉量、貨運周轉量分別從2001年的4766.82億人公里、14694.1億噸公里發展到2015年的11960.6億人公里、23754.31億噸公里，增長2.51倍、1.62倍。可見，鐵路投資為客運、貨運帶來了巨大的發展動力。

以上是從投資角度為公路、鐵路帶來的一些變化做了簡單分析，從長期來看，將來中國交通運輸總需求與國民經濟增長之間的彈性係數會逐步下降，但仍會保持較快的增長。

表 17　1980—2010 年分階段中國客 / 貨運輸需求增長彈性係數

年份	旅客周轉量彈性係數	客運量彈性係數	貨物周轉量彈性係數	貨運量彈性係數
1980—1990	1.02	0.92	0.87	0.64
1990—2000	0.78	0.64	0.52	0.33
2000—2010	0.82	0.79	1.18	0.87
1980—2010	0.86	0.78	0.85	0.61

資料來源：羅仁堅等：《交通基礎設施投融資體制改革》，北京：人民交通出版社股份有限公司 2014 年版，第 58 頁。

表 17 反映出，1980—2010 年 30 年間，中國客運量增長速度與 GDP 增長速度之間的彈性係數為 0.78，貨運量彈性係數為 0.61。隨著經濟結構調整和發展方式的轉變、產業轉型升級，未來貨運需求的彈性係數會逐步降低。據預測，未來十年貨運量彈性係數仍會保持在 0.5 的水平之上；客運量彈性係數隨著城鎮化加快、城際交通和都市圈交通的快速增長，仍會達到 0.7 左右的水平。

四、餘論：中國公路、鐵路投融資前瞻

總體來看，中國公路、鐵路投融資結構改善極大地促進了行業發展，對國民經濟發展的制約因素逐步緩解，成為拉動 GDP 高位運行的重要貢獻者。2008 年受國際金融危機影響，中國面臨著發展方式的轉變，調結構、促轉型，傳統發展模式向新型經濟轉變，諸多不利因素疊加造成中國經濟增速回落，儘管投資效率下滑，但中國公路、鐵路還有巨大的資金缺口，其基礎性、先導性作用還沒有完全釋放，在「十三五」「十四五」期間交通業仍然是投資的重要陣地，依據交通業《中長期發展規劃》及高鐵「八縱八橫」規劃，據測算，「十三五」「十四五」期間，公路投資總需求大約在 5 萬億—6 萬億、4 萬億—5 萬億規模，公路總里程及高速公路總里程分別在 480 萬公里—490 萬公里、510 萬公里及 14 萬公里—14.2 萬公里、15.5 萬公里—15.8 萬公里；同期鐵路投資總需求大約在 2.5 萬億—3 萬億、2 萬億—2.5 萬億規模，鐵路總里程及客運專線分別在 14.5 萬公里、16 萬公里及 6 萬公里、7 萬公里。[228]

促進行業發展還需要進行投融資體制多元化改革,這是中國跨越「中等收入陷阱」、實現「一帶一路」戰略、實現全面小康、邁向中等發達國家的重要保障。

為了建立可持續發展的交通投融資體制,今後公路、鐵路的發展應該遵循以下原則:

首先,鑒於「十三五」及以後很長一段時間,公路、鐵路仍是中國在交通領域的主要發展方向,必須建立符合改革發展的頂層設計和總體發展目標。交通行業具有基礎性、先導性作用,按照適度超前的原則進行合理設計規劃,全盤考慮綜合因素影響,使得交通業中長期規劃合理有效推進。

其次,構建分類投資體系,充分發揮政府和市場的重要性。鐵路、高速公路、一般性公路、農村公路各有自己的要素結構,不可一視同仁對待,只有創新投資模式,才能推進綜合性交通體系的發展。對於準公益性、公益性項目,政府要建立投資和運營補償制度,鼓勵和吸引民間資本進行投資,從而解決政府投資資金不足問題。要除去行業中有礙公平競爭的政策法規,規範投資準入門檻,創造公平競爭、平等準入的市場環境,使各類投資者收入預期明確,權益得到保障。

最後,加強市場化運作,提高政府資金的作用和投資效益。要按照政府和市場的職能分工,充分發揮市場配置資源的決定性作用,使投資模式由「政府全面主導」向「政府引導、分類投資、經營性項目全面市場化」的方向轉變,減少政府投資對社會資本的擠出效應,發揮好政府資金的導向價值。必須保障鐵路、公路建設投資平穩發展規劃的落實,這對中國工業化的發展舉足輕重。發達國家也是靠連續性的投入和規劃,才實現了交通保障體系的完善。

中國歷史上的經濟轉型與社會發展
市場史專題

市場史專題

乾隆時期江西省米穀流通與市場整合 [229]

趙偉洪 [230]

內容提要：本文採用文獻分析結合計量分析方法，考察了乾隆時期江西省的米穀市場整合情況。透過文獻考察得到，江西米穀由贛江連接長江水系的大宗米穀輸出構成江西省最大宗糧食流通運道；江西與相鄰的福建、廣東、湖廣、浙西、徽州等省區之間也形成多條糧食流通運道。計量分析表明，贛江流域與鄱陽湖南康、九江府等構成了整合的米穀市場；贛州與南安府構成整合市場；上述市場區域與乾隆時期江西米穀流通的主要運道具有較高的一致性。江西與鄰省間的米穀流通對地區市場格局也造成深遠影響，贛東北部與閩浙、徽州建立了聯繫密切的市場圈，袁江—贛江下游地區與湖南長沙府也構成了整合市場。研究表明，結合米穀流通運道的梳理有助於辨識乾隆時期江西省市場整合情況。

關鍵詞：乾隆　江西　米價　米穀流通　市場整合

江西省自宋代以來即為全國最重要的糧食輸出省，清代時仍與湖廣並稱天下糧倉，考察其糧食市場發展對於認識清代江西經濟具有重要意義。20世紀50年代，安部健夫即指出，雍正時期江西是江浙閩粵地區重要糧食供應者之一，其糧價受到外部採買影響而容易導致價格暴漲。[231]20世紀80年代以來，明清商品經濟與農村市場研究方興未艾，然而對江西省糧食市場的研究進展緩慢。[232]詹小洪考察了明清江西省的農村市場，分析了江西糧食交易市場與糧食流通。[233]徐曉望認為，伴隨清代江西手工業發展與經濟作物種植面積的增大，部分地區由產糧區變為缺糧區，糧食供應對市場的依賴性增強。[234]黃志繁、廖聲豐、饒偉新等對贛南山區的研究則指出，清代贛南因經濟作物大面積種植造成贛南地區糧食供應的不穩定。[235]任放考察了清代長江中游糧食貿易專業市鎮。[236]

以上研究主要依賴文獻資料進行定性分析。自20世紀70年代，全漢昇開創了以糧價入手考察清代市場的研究範式。[237] 此後，王業鍵將統計分析方法大量引入糧價研究。[238] 經過40餘年的積累，區域市場整合研究成果已較為豐富。[239] 相較於歷史學的文獻分析，利用糧價的定量分析在考察區域糧食市場機制與效率方面表現出獨特的優勢。[240] 江西省的糧價研究也略有進展。曾學優利用《康熙硃批奏摺》中的米價與氣候資料，橫向探討康熙後期南方十省米價變動，指出米價變動主要受到氣候變化、糧食運輸的影響；江西米價高於湖廣而低於其他省份，這種米價高低分佈與各省農業佈局、交通條件密切相關。[241] 陳東有利用康熙後期湖廣、江西與下游蘇州、揚州等地的米價，探討了分時、分地的米穀差價與商人行為。[242] 鄭生芬利用相關係數考察了18世紀贛南的米價，認為構成了整合。[243] 總體而言，江西省的糧食市場研究明顯薄弱，整體研究尤其不足。

另一方面，對清代江西糧食流通的考察取得了一定成果。陳支平對清代江西各府糧食餘缺、糧食運銷線路做了實證考察。[244] 許檀考察了九江、大庾等重要商鎮的糧食流通，指出糧食是清代前期九江關轉運的最大宗商貨。[245] 葛文清、周雪香、周琍等分別考察了贛閩粵邊區鹽糧流通對城鄉市場的促進作用。[246] 曹國慶探討了徽商在江西的糧食經營。[247] 李琳琦考察了徽商在江楚地區與徽州、蘇浙等地區的糧食長途販運與轉運貿易，其糧食經營往往與食鹽、棉布經營相結合。[248] 此外，海內外學者從宏觀層面考察糧食流通時對江西省亦給予了一定關注。全漢昇分析了江西與江蘇、浙江、福建、廣東等省的貿易關係。[249] 蔣建平指出江西省際直接米穀貿易關係較多，而湖廣米穀也經江西中轉或消費。[250] 王業鍵、鄧亦兵梳理了江西米穀運往江蘇、廣東、福建、浙江、徽州等地的運輸路線。[251] 關於清代江西糧食輸出量的估計有較大差異，較低者在500萬石，[252] 較高者在800—900萬石。[253] 在長江沿線糧食流通總量中，江西米糧所占比例可達1/4。[254]

基於前人研究成果，本文採用文獻分析與米價的量化分析相結合，對乾隆時期江西省是否構成統一米穀市場展開考察，並嘗試從商路角度對區域整合市場的特點進行辨識。

一、乾隆時期江西省內的米價變動

自乾隆初年形成了完善系統的糧價陳報制度,由此保留了乾隆至宣統年間一系列連續的月度糧價數據。據已有的研究表明,乾隆朝糧價資料可信度最高。[255] 就江西省而言,乾隆時期中米價格數據自乾隆元年至三年上半年以及乾隆末年全部缺失,寧都州至乾隆二十年始有連續米價數據(乾隆十九年,自贛州府析出寧都直隸州)。故本文選取乾隆四年至五十九年間(1739—1794)江西省所轄 13 府州中米價格數據,考察江西省米價變化的時空特徵。[256] 江西省中米高價與低價兩列數據長期趨勢與週期波動基本保持同步,故而可取兩種價格作平均,得到中米平均價格,以便作進一步的數據分析。

(一) 米價的長期趨勢與週期波動

首先就時間變動來看,乾隆四年至五十九年(1739—1794)56 年間,江西省中米平均價格在持續波動中保持上漲趨勢。乾隆四年,米價為 1.022 兩/石,乾隆五十九年,米價為 1.403 兩/石,增長 0.381 兩/石,漲幅 37.28%。各階段米價變動中,以乾隆前期漲幅最大。乾隆四年至二十年,平均米價為 1.253 兩/石,較乾隆四年增長 0.231 兩/石,漲幅 22.6%;中期 20 年,平均米價為 1.401 兩/石,較前期增長 0.148 兩/石,漲幅 11.81%;乾隆二十一年至五十九年,平均米價為 1.54 兩/石,較中期增長 0.139 兩/石,漲幅 9.92%。

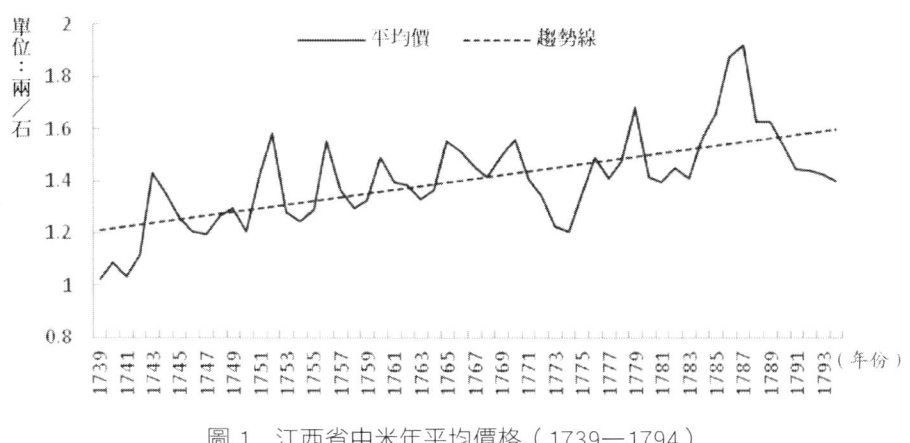

圖 1 江西省中米年平均價格(1739—1794)

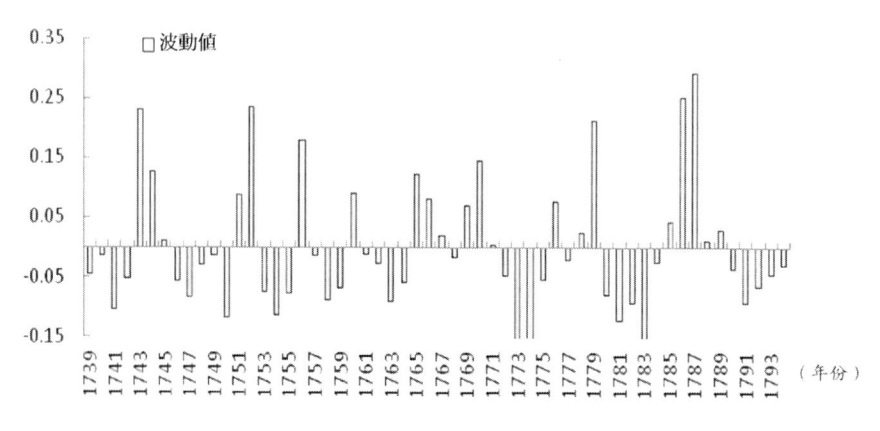

圖2　江西省中米年平均價格波動圖（1739—1794）

採用濾波法得到江西米價波動值，發現江西省米價在乾隆前、後期皆波動劇烈，波幅在 0.2 兩 / 石以上；中期波動幅度相對較小，波幅在 0.1 兩 / 石上下。乾隆八年（1743 年）、乾隆十七年（1752 年）、乾隆四十四年（1779 年）、乾隆五十二年（1787 年）為顯著峰值年。此外，乾隆三十九年（1774 年）為波動低穀年（圖2）。

在幾次米貴事件中，氣候災荒與外需擴大構成江西省米價上漲之主要因素。乾隆六、七兩年，長江下游出現大範圍水災，江西省米穀源源不斷地被搬運至下游，引起省內價格上漲。乾隆八年，因江西省內遭遇亢旱，江西省糧食供求緊張關係加劇，推升了江西米價高漲。「（乾隆）八年正月苦雨，穀價昂貴，人或掘土為食，巡撫陳宏謀乞糴川省，存活甚眾」。[257] 乾隆十六年，情況與之類似，然而江西省所遇旱災面積較前次擴大，導致米價在次年顯著攀升。「早稻未收之前，廣、饒、撫三府屬市價，自一兩七八錢至二兩三四五六錢不等，其餘各屬亦有自一兩七八錢至二兩者」。[258] 幸好當年其他府州早、晚二稻有八分收成，糧食逐漸充裕。然而大宗米糧向省外輸出，使本省下半年米價也難以平減。「今歲鄰省糧價俱屬昂貴，客商販運者，即今早稻登場，而贛州府屬閩、粵商販絡繹，上江之徽州府用文知會採買，而袁、臨等府亦多販運出境，是以本省之價總未能平，即將來秋收豐稔，價仍不能大減」。[259] 乾隆四十四年、五十一年兩次米貴事件，則顯然是外部市場主導的米價上漲。江西省雖獲豐收，[260] 但兩湖、安徽等省因旱災致使歉

收米貴，大量米糧輸往湖北、安徽，遂使本省米價亦高漲。並且，中游糧食供應的緊張導致向長江下游的大宗米穀販運隨即停止。乾隆五十一年，滸墅關稅收僅 281620.976 兩，為乾隆時期稅收最低值。[261] 直到次年氣候、收成恢復正常，長江中游米價逐漸平減，外販又重新活躍。

按照地形與開發先後，江西省可以劃分為鄱陽湖區（九江、南康、南昌、饒州府西部），贛中丘陵區（臨江、撫州、吉安、瑞州、袁州），贛南山區（南安、贛州、寧都）以及贛東北山區（建昌、廣信、饒州府東部）。江西省在宋元時期已經開發成熟，但贛南、贛北地區經過元明戰爭後一片蕭條，經過明中期後的重新開發，贛南山區則在明代後期成為新的產米區。與此同時，贛中、鄱陽湖區則逐漸加強圩田的開發。

透過濾波法得到各區域米價變動趨勢圖（圖 3）。

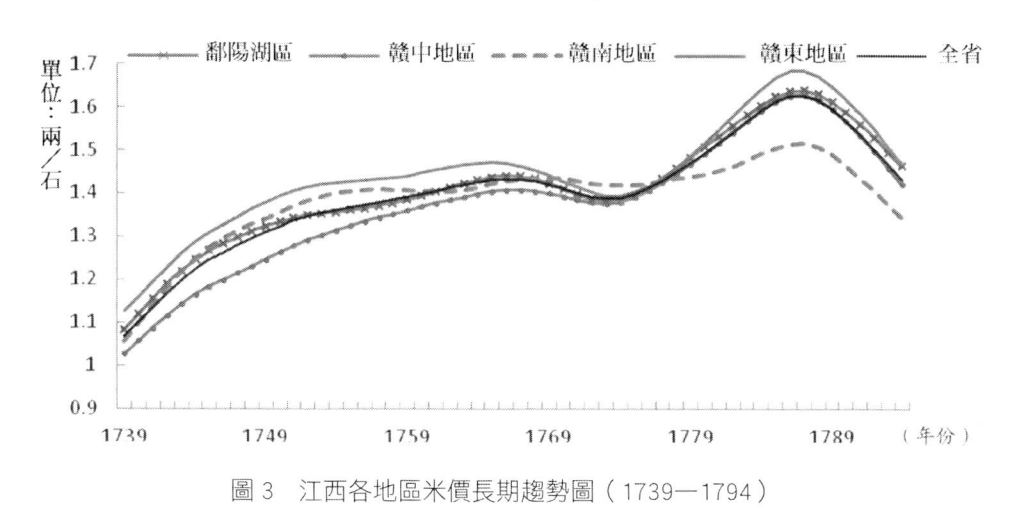

圖 3　江西各地區米價長期趨勢圖（1739—1794）

乾隆時期，除個別年份以外，贛東北地區米價一直居全省最高位。贛南米價在乾隆前期僅次於贛東北地區，其後被贛中、鄱陽湖地區超越，乾隆後期已是全省米價最低地區。鄱陽湖與贛中地區米價上漲幅度最大。鄱陽湖區米價由 1.022 兩/石漲至 1.43 兩/石，增長 0.408 兩/石；贛中地區米價由 0.995 兩/石漲至 1.399 兩/石，增長 0.404 兩/石；兩地區漲幅皆達到 40%。贛南米價由 1.002 兩/石漲至 1.324 兩/石，增長 0.322 兩/石；贛東北地區米

中國歷史上的經濟轉型與社會發展
市場史專題

價由 1.081 兩 / 石漲至 1.434 兩 / 石，增長 0.353 兩 / 石；贛南、贛東北山區米價漲幅皆在 32% 左右。

進一步考察各區域 20 年期平均價格。乾隆前期，四區域皆有較大幅度價格上漲，以贛南地區漲幅最大。乾隆前期，贛南平均米價為 1.282 兩 / 石，較乾隆四年高出 0.28 兩 / 石，漲幅為 28%；鄱陽湖區、贛中、贛東北地區米價也皆有 0.2 兩以上的增長量，漲幅在 20%—24% 之間。乾隆中期，贛中漲幅最大，米價為 1.379 兩 / 石，較前期增長 0.181 兩 / 石，漲幅為 15.2%。其他地區也都有 0.1 兩以上的增長量，漲幅在 10% 上下。乾隆後期，鄱陽湖區與贛中地區較前期增長 0.16 兩 / 石，漲幅為 11%。贛東北上漲稍弱，米價較前期增長 0.143 兩 / 石，漲幅 10%；贛南地區價格最為穩定，米價較前期只增長 0.046 兩 / 石，漲幅為 3.28%。

再由分區域價格波動圖（圖 4）來看，各區域在前、中、後期皆有明顯的價格波動。乾隆前、後兩期震盪幅度較大，波幅在 -0.2—0.4 兩 / 石之間。乾隆中期波幅相對小些，波幅在 -0.2—0.2 兩 / 石之間。

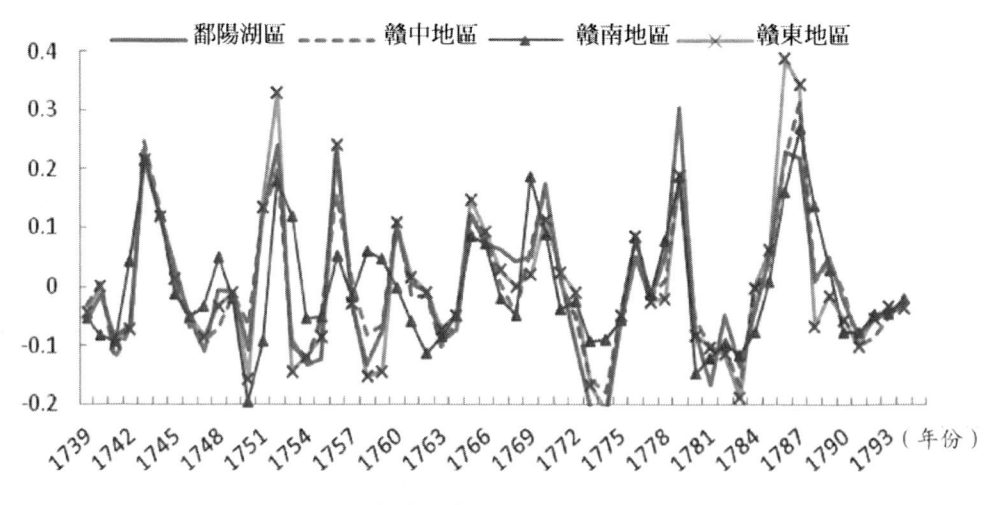

圖 4　江西各地區米價波動圖（1739—1794）

綜合分地區米價趨勢圖與波動圖，可見四個地區的曲線走勢與輪廓極為接近，這與江西省開發時間早、開發程度高、市場相對更成熟不無關係。

二、江西省米穀流通的運道

江西介於長江中下游之間，西部緊鄰產米區湘鄂二省，東部接壤缺糧的閩浙、皖南地區，為中上游米穀輸往江浙閩皖等省的必經之路。清代前期，省內南昌、袁州、臨江、撫州、廣信、南安、贛州諸府皆稱產米區，且有較大米穀集散市場。雍正元年（1723年）十月，繆沆赴江西採買，調查了贛省產米區情況：

> 查江西產米地方有南昌府之市汊、吳城，袁州府之瀘溪，臨江府之（清江縣）樟樹鎮、（新淦縣）沙湖、龍渦、河埠，撫州府之上墩渡，廣信府之小洋渡、河口，各有耆坊碾戶，乃屯集米穀之處。[262]

關於江西省糧食流通，王業鍵、陳支平、鄧亦兵等學者先後進行了梳理，下文在此基礎上，結合宮中檔案對江西省內米穀流通的水陸運道作進一步整理。（圖5）。

（一）主要運道

1. 贛江流域

贛江是江西省內最主要河流，自南而北連接贛州、吉安、臨江，自南昌府吳城鎮入鄱陽湖，出九江與長江交匯，沿途產米區米糧向下游聚集。贛州府「如南昌、臨、吉諸郡告急時，時輸兩關粟濟之下流」。「秋冬巨艘銜尾蔽江而下，果腹在鄰封矣」。[263] 各縣米穀由貢水向府城集中。「十一邑產穀之區，連舫建瓴下於贛郡，郡與省會旁郡盱吉，頗仰資南流而下者，兼達於閩廣之汀潮，而汀潮盱吉之穀不復轉給贛」。[264]

吉安府安福等產米區米穀順支河達於郡治廬陵縣，匯入贛江。廬陵縣「南通黔南，西通湖湘，北通撫、建、臨江，四方負販集」。[265] 瀕江之南關商品交易尤其活躍，乾隆時有米巷、布絹巷、絨線巷等57條巷。[266] 臨江府地居贛、袁二水合流處，清江縣的樟樹鎮在明代已是「通八省之利」的藥材巨鎮，也是省內一較大的糧食集散地。米穀「西仰袁（州），東仰虔（贛州）、吉（安）」，[267] 贛江中上游與袁江流域米穀即匯聚於此。本地的糧食貿易亦很活躍，「一朝穀賤不值錢，賣與商人舟百斛」。[268] 南昌府為江西省會，

豐城、南昌二縣產米頗多，修江上游米穀則順流而下集於吳城鎮；同時吸納贛江中上游以及錦江、袁江流域米糧，市汊、吳城鎮為重要米穀集散地。「米粟半仰河西，半恃他郡，每日為市，糧無隔宿」。[269]乾隆十六年，「因上年贛州、吉安、臨江等府晚禾稍歉，米石不能運省出售，湖廣上江米船到省亦少，是以省城糧價稍昂」。[270]

2. 撫河流域

撫州府為江西省內另一著名產米區，米穀自支河聚集於府治臨川。如產米區崇仁縣，「南鄰樂安，常年運穀入崇糶賣。東界宜黃，人夫販糶，去穀無多。惟北通府治，舟楫絡繹往來，每年秋熟，沿河商賈販賣，可以朝發夕至……每年宜黃搬運及裝載往郡者，總計極不過二三十萬石」。「自左港至白鷺渡，商賈搬運，往外糶賣者，亦復不少」。撫州與南昌之間時常進行米穀交換。「蓋崇（仁）西接豐城，彼此盈縮，可以相濟」。[271]大宗米穀則由臨川縣上頓渡向外運銷，經撫河下游於鄱陽湖出九江。

3. 鄱陽湖區

九江為江西省最大米市。九江府地處長江中下游之交，扼鄱陽湖與長江之交匯處，為江西省米穀輸出之總門戶，又為長江中上游米穀輸往下游之必經關口，地理位置十分重要，明清時期政府皆於此處設立九江關。因上游川廣地區以及本省出口糧食皆經此出口，故而九江關過關糧食流通量非常大，為最大宗商品之一。乾隆五十年十一月初九日，江西廣饒九南道穆克登奏：

> 查自八月二十一日起，至本月初八日止，自江西販往湖北米船一千五百四十一隻，約裝米十八萬四千九百石。自江西販往安徽、江蘇米船一千五百九十一隻，約裝米四十二萬一千八百九十六石。[272]

計77天內，江西省內經九江關輸出米60萬餘石。

（二）其他運道之米穀流通

除大宗米穀經長江輸出以外，江西與周邊福建、廣東、湖南、湖北以及浙西、徽州府之間的米穀交流也非常活躍。如乾隆十六年，江西巡撫舒輅所奏：

今歲鄰省糧價俱屬昂貴，客商販運者多。即今早稻登場，而贛州府屬閩、粵商販絡繹，上江之徽州府用文知會採買，而袁、臨等府亦多販運出境。[273]

下文對各條運道分別論述。

贛南米穀運往廣東、福建。贛州東部、南部毗鄰的廣東潮州、嘉應州以及福建汀州皆屬於缺糧區，因此有相當一部分贛米輸往閩粵。江西與閩廣商品流通主要有以下三條運道：「出（廣東）惠州、南雄者，則以南安大庾嶺為出入；由（廣東）潮州者，則以會昌筠門嶺為出入；由福建汀州者，則以瑞金隘嶺為出入。」[274]三條路上皆有活躍的米穀輸出。

大庾嶺一路，贛州米穀自贛縣匯聚，經章水船運至南安府大庾縣，轉陸運過梅嶺，進入廣東南雄、韶州。雍正四年，江西向廣東韶州「運去米穀甚多」。[275]乾隆二十九年，大庾縣因廣東「商民多來販買」，使米價「不無騰貴」。[276]與廣東連壤之龍南縣，「歉則望信豐以下之糴，豐亦虞粵東諸邑之搬」。[277]運往福建長汀以及廣東潮州的贛米，主要經貢水向東至省界轉陸運；一部分經會昌自湘水逆流而上至筠門嶺抵福建武平，再由水運至廣東潮州。「邑之東南與閩粵界連，彼地（潮州）稍稍不熟，即千百為群，絡繹於湘鄉筠門嶺之間。載米舟楫，銜尾而至」。[278]「雍正五年丁未，潮州米貴，每日千餘人在筠門嶺及周田墟搬運」，致使會昌米貴。[279]另一部分運抵貢水上游瑞金，再過隘嶺抵達福建長汀，或繼續向南進入福建上杭、永定以及廣東潮州、嘉應州。直到光緒時期，該運道上米穀流通仍源源不絕。「江販之米近日運至下壩、羅塘、新鋪一帶河道，直達嘉應大埔，每日千餘擔或數百擔不等」。[280]據王業鍵、鄧亦兵的估算，每年經貢水運入福建以及經章水進入廣東省的贛米各有十萬石。[281]

撫州、建昌米穀運往福建、浙江。贛東建昌府新城、瀘溪、廣昌等縣與福建邵武、建寧一帶接壤，民間常有肩挑負販私鹽易米，往來其間。建昌米穀輸入福建有兩條路線：其一，由五福鎮過杉關運至光澤、邵武；其二，由新城進入福建建寧、泰寧、寧化一帶。但乾隆時期，建昌已是缺糧區。府治南城縣，在雍正以前主要依賴南部廣昌與寧都、石城三縣稻米自盱江運入接濟，乾隆時則轉而仰賴盱江下游撫州府的米糧。「三邑之穀不至盱者數十年，

中國歷史上的經濟轉型與社會發展
市場史專題

惟見紛紛於新穀方升之際，走撫州各處採買，船裝排運。昔日之順流而下者，今則溯流而上」。[282] 因故，建昌、邵武一帶流通的米穀有絕大一部分來自撫州府。

鄱陽湖東部米穀運往徽州府。江西北部饒州府與徽州府接壤，其間亦有水道連結。昌江自祁門來，樂安江自婺源來，二水經饒州府於鄱陽縣交匯入湖，是為饒河。饒州府在清代屬於富庶之區，而浮梁縣景德鎮在宋代已是著名瓷都。清代唐英《陶冶圖編次》載，乾隆時「工匠人夫不下數十餘萬，靡不藉瓷資生」。[283] 因而浮梁、鄱陽、樂平等產米區米糧自昌江逆流而上大量運往景德鎮，其中又有一部分運往徽州府。徽州府休寧、祁門、婺源、黟縣四縣缺糧嚴重，明代即仰賴鄰境浙江、江西之米。徽州入境之米，「取道有二，一從饒州鄱、浮，一從浙省杭、嚴。皆壤地相鄰，溪流一線，小舟如葉，魚貫尾銜，晝夜不息」。[284]

江西與兩湖之間也存在米穀交流。乾隆時期，湖北省糧食供應已日趨緊張，「偶歉則取資於江西、湖南等處」。漢口米貴之時，亦往江西糴米。乾隆五十年秋，曾經九江關販米十八萬四千九百石往湖北。[285] 湖南糧食也經常運往江西。袁州府與湖南醴陵縣接壤，彼此有淥水、袁江相連接，溝通湘江、贛江兩條水運動脈。這是湘贛之間一條重要的商品流通運道，在清後期其地位又有所提升。萍鄉、醴陵二縣米穀經由該運道互相挹注。「（嘉慶）十三年閏五月饑，（萍鄉）穀價昂……新穀登乃已。先年本歲稔，本年米貴，以東西兩河搬運大甚故也」。[286] 西河即指袁州府與湖南醴陵溝通之水道。

透過文獻分析，得以勾勒出乾隆時期江西省米穀流通的主要輪廓：贛江是江西省內大宗米穀主要運道，贛州、吉安、臨江、袁州、瑞州、南昌等府州的米穀各自順贛江、袁江、錦江等河流向下游集中，再合併撫河下游撫州府的米穀，於九江出口，進入長江。此外，贛州米穀經章、貢二水運往廣東、福建，撫、建二府米穀運往福建，饒州府米穀輸往徽州府，袁州府經淥水與湖南醴陵縣有米穀交流；以上各條線路透過水陸接運的方式構成江西省向外輸出的其他運道。

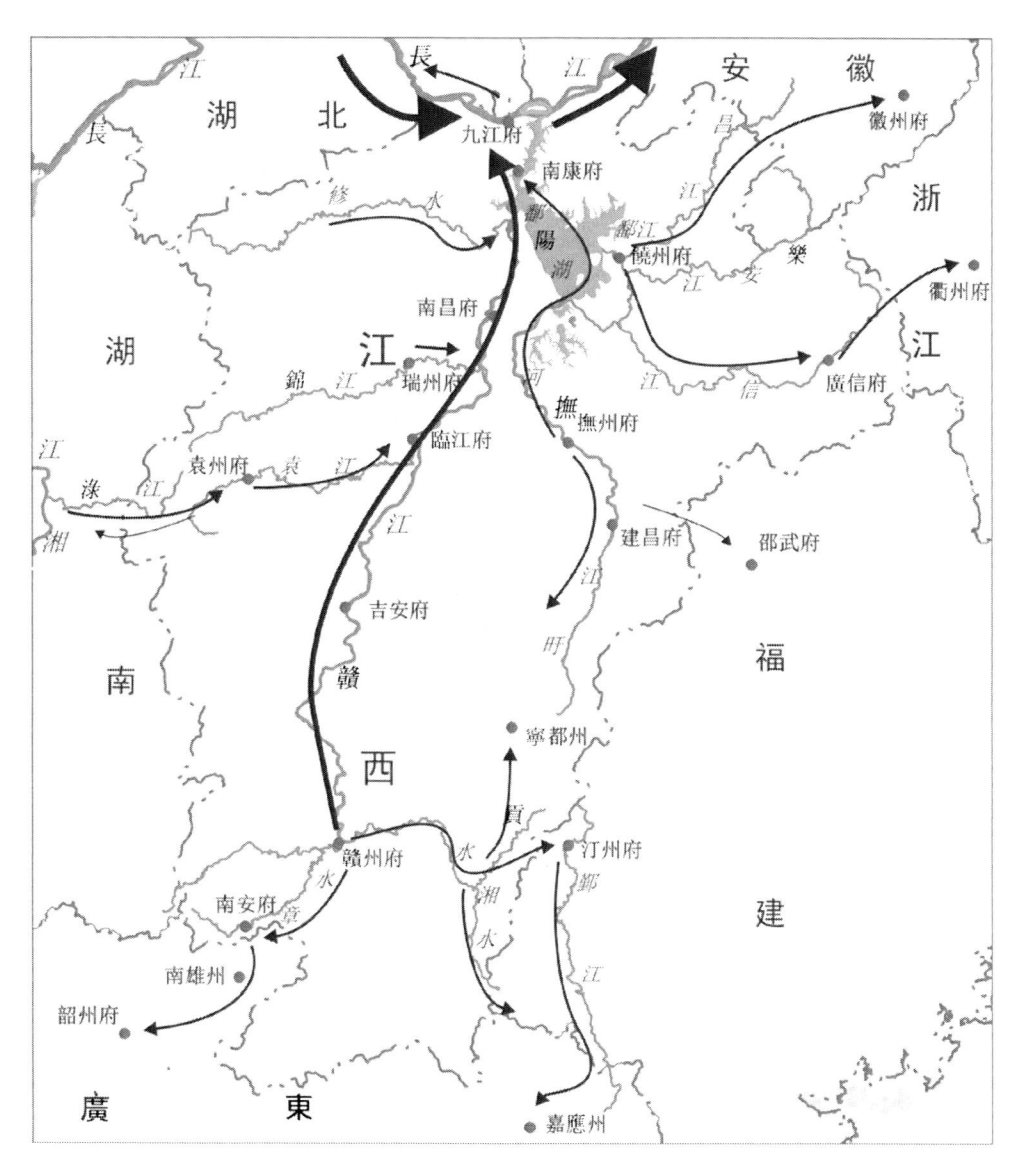

圖 5　清代江西省米穀流通運道

三、乾隆時期江西省的市場整合

　　透過文獻分析可見，乾隆時期江西省內已經形成了一個以輸出長江為主導、兼顧鄰省的米穀流通結構。本部分採用計量方法進一步考察乾隆時期江

中國歷史上的經濟轉型與社會發展
市場史專題

西省米穀市場的佈局與整合度。首先，借助價格差相關分析可得到糧食市場整合程度及範圍的初步印象，再利用協整分析進一步剔除偽相關，得到具有較高可靠性的市場關係。透過多種分析方法的結合使用，以期得到較為穩健的檢驗結果。

寧都州自乾隆二十年（1756 年）後始有米價數據，故而先對江西省內 13 府進行價格差相關分析與協整分析，再加入寧都州進行討論。對乾隆四年至五十九年（1739—1794）間江西省 13 府中米平均價作價格差相關分析，得到如下共 78 對關係：

共 40 對價格差相關係數在 0.8 以上，其中南昌與南康、饒州二府，臨江與建昌、撫州二府相關性達到 0.9 以上。其分佈，沿水系有鄱陽湖區九江、南康、饒州與信江廣信府四府之間；九江、南康與贛江中下游南昌、臨江、瑞州、袁州四府間；贛江流域南昌、臨江、吉安與瑞州諸府間；撫河流域內部建昌與撫州。跨水系有撫州與南昌、瑞州、臨江等府；撫州、建昌與廣、饒二府間；廣、饒二府與吉安、臨江、瑞州三府，建昌與臨江，構成了較強相關性。

共 23 對價格差相關係數在 0.6—0.79 之間，其分佈，沿水系有贛江流域南安、贛州、吉安、袁州諸府間，袁州與臨江、南昌、瑞州府；九江與贛州、南安、吉安、撫州等府；南康與吉安、撫州二府。跨水系有建昌與九江、瑞州、南安、袁州、吉安、贛州六府；袁州與廣、饒二府，構成稍弱相關性。

其餘 15 對價格差相關係數在 0.59 以下，不構成價格差相關，其分佈，贛州、南安與九江、吉安、建昌、袁州四府以外地區，皆不構成明顯的價格相關。

再對各府與寧都州中米均價作價格差相關分析，發現：寧都州與贛州、南安、袁州三府的相關係數在 0.6—0.79 之間，呈稍弱的相關性；寧都州與其他 10 府係數皆在 0.59 以下，不構成明顯的相關性。

經上述價格差相關分析得到，鄱陽湖區內部，鄱陽湖與贛江中上游地區，贛東北撫河、饒河、信江流域間，贛東北與贛江中下游地區間，分別構成了

較強價格差相關。贛南地區形成了稍弱的價格差相關,但與其他大部分地區的關係較為疏離,不構成明顯相關性。

表1 江西省中米價格差相關係數表(1739—1794)

	九江	南昌	南康	饒州	廣信	臨江	吉安	贛州	袁州	撫州	瑞州	建昌	南安
九江	1												
南昌	0.83	1											
南康	0.82	0.91	1										
饒州	0.8	0.93	0.85	1									
廣信	0.81	0.88	0.83	0.89	1								
臨江	0.81	0.88	0.83	0.89	0.88	1							
吉安	0.78	0.84	0.76	0.86	0.81	0.86	1						
贛州	0.64	0.52	0.5	0.51	0.49	0.57	0.66	1					
袁州	0.81	0.77	0.82	0.77	0.76	0.78	0.79	0.63	1				
撫州	0.77	0.82	0.79	0.86	0.86	0.9	0.81	0.54	0.75	1			
瑞州	0.82	0.84	0.85	0.8	0.84	0.88	0.84	0.46	0.79	0.81	1		
建昌	0.76	0.89	0.83	0.89	0.86	0.91	0.79	0.62	0.74	0.89	0.79	1	
南安	0.71	0.57	0.59	0.57	0.55	0.59	0.67	0.74	0.68	0.56	0.53	0.57	1
寧都州	0.55	0.47	0.57	0.41	0.45	0.5	0.57	0.64	0.71	0.44	0.59	0.48	0.65

說明:以上數值皆在 1% 水平顯著。

再進一步利用協整分析進行檢測,得到:

共28對關係呈現顯著價格協整。其分佈,沿水系,贛江流域臨江與袁州、瑞州、吉安等府,南昌與袁州二府,九江與南昌、臨江、吉安等府,南康與瑞州、袁州、臨江,南安與贛州府;鄱陽湖東岸與饒、信、撫河交匯處,建昌、撫州、南康、饒州、廣信首尾相接,構成顯著協整關係。跨水系,饒州、撫州與袁州,南安府與袁州、九江、撫州、建昌、廣信等府,皆構成顯著價格協整。

共60對關係僅具有長期價格協整,而缺乏顯著的正向短期關係。其分佈,沿水系,贛江南昌與吉安、臨江府,南昌與瑞州、南康府,南安、贛州

中國歷史上的經濟轉型與社會發展
市場史專題

與吉安、臨江、南昌；鄱陽湖東岸九、南、廣、饒、撫、建等府間。跨水系，寧都州與南贛以外各府，南贛與鄱湖及贛東北諸府，南昌與廣、饒、撫、建等府。

共 3 對關係未構成協整。瑞州與南安府未整合，寧都州與南安、贛州未整合。

表2　江西省協整檢驗殘差項 ADF 值（1739—1794）

	南昌	九江	南康	饒州	廣信	瑞州	臨江	袁州	吉安	南安	贛州	撫州	建昌
南昌	1												
九江	-4.43**	1											
南康	-4.55***	-4.54***	1										
饒州	-4.61***	-4.98***	-4.74***	1									
廣信	-5.7***	-5.39***	-4.57***	-5.97***	1								
瑞州	-5.57***	-5.21***	-5.31***	-4.84***	-4.1**	1							
臨江	-4.89***	-3.59*	-4.97***	-3.75**	-5.11***	-3.61*	1						
袁州	-4.34***	-5***	-4.46***	-3.43*	-5.7***	-4.27***	-4.37***	1					
吉安	-4.3**	-3.36*	-3.75**	-3.46*	-4.49***	-3.74**	-3.7**	-3.75**	1				
南安	-4.5***	-3.39*	-4.4***	-4.42***	-4.82***	-2.88	-5.1***	-4.38***	-5.1***	1			
贛州	-4.21**	-4.45***	-7.5***	-6.44***	-6.25***	-4.43***	-6.55***	-6.43***	-3.79**	-4.456***	1		
撫州	-4.78***	-3.51**	-4.64***	-4.17**	-4.51***	-3.73**	-3.94**	-3.997**	-3.38*	-5.41***	-6.52***	1	
建昌	-5.07***	-6.97***	-4.37***	-4.73***	-5.48***	-4.44***	-4.2**	-5.43***	-3.85**	-4.23**	-5.69***	-3.85**	1
寧都州	-5.26***	-4.73	-3.71**	-5.68***	-5.37***	-4.29***	-4.92***	-4.81***	-4.44***	斜率遠離1	-2.81	-4.28***	-6.92***

說明：1. 殘差 ADF 值顯著性水平：1% 水平顯著：***，5% 水平顯著：**，10% 水平顯著：*。

2. 根據一價定律,如果兩地米價構成市場整合關係,其回歸式斜率應該接近 1,否則便認為兩地市場尚未完成整合,標註「斜率遠離 1」。

結合上述分析,江西中部、北部多數府州彼此間皆建立了較為密切的市場聯繫,而贛南地區與之稍顯疏遠。具體而言,贛江中下游吉安、臨江、南昌等府,連接袁州、瑞州,與九江構成了整合市場;贛江上游南、贛二府構成整合市場,與吉安府建立了稍弱的市場聯繫;撫河流域內,撫州與建昌二府構成整合市場;贛東、贛北地區,南康、饒州、廣信、建昌、撫州等府間形成了整合市場。

以上,基本構成江西省整合市場的主體。很顯然,贛江流域內,以九江為最重要的出口市場,沿途所有產米區皆與九江構成顯著整合關係,西部袁、錦、修等支河米穀同樣匯入贛江向外輸出。另外,透過對湘贛之間的流通運道上各府米價的協整分析發現,乾隆時期,湖南長沙府與江西袁州、臨江、南昌府米價皆構成了顯著的價格協整。由此推知,乾隆時期,湖南與江西的糧食交流已對市場格局構成顯著影響,在適當價格差存在的情況下,可能有大量湘米進入贛江,由九江輸出。

然而,鄱陽湖區饒州、廣信二府與九江、南昌府缺乏短期的價格同步關係。聯繫贛東北地區來看,撫河流域內部形成了市場整合,並且撫州、建昌、廣信、饒州與南康府建立了一個首尾相接的整合市場圈。透過對流通運道的分析可知,這一區域與閩、浙、徽州聯繫密切。下文將對這一區域市場再作分析。

撫河上游建昌府在乾隆時期已是省內嚴重缺糧區,主要依靠撫州府米穀支持,由此構成兩府間市場整合。加以毗連福建缺糧區,兩地間平時常有米鹽交換,偶爾也有大量糧食入閩的情況,如雍正時曾運十五萬石江西米供應福建平糶。[287] 乾隆五十二年,兩湖協濟閩米二十萬石,「渡鄱陽湖,抵吳城鎮換船」,「俱在江西五福地方挽運入閩」。[288]

廣信府河口、玉山二縣在明代已是重要造紙工業區。[289] 清前期,廣豐、玉山等又發展為重要的煙草種植、加工區域,於是廣信府成為省內新的缺糧區,饒州米穀便運往信江流域。乾隆《廣信府志》載:「郡境多山,產穀止

中國歷史上的經濟轉型與社會發展
市場史專題

敷本地民食,弋陽號稱米鄉,大半由饒之樂平、萬年販運,弋特聚集處耳。」[290] 此外,信江上游經玉山縣轉陸路可達浙江常山,接入錢塘江水系。乾隆三年,江浙米貴。「浙、閩、江南之採買,自五月至今絡繹不絕,其民販船隻由江西東自玉山縣內河一路直達浙江杭州」。[291] 浙江產米之江山縣的米穀亦運往玉山。「田間小民當今農隙之時,南運浦城,西運永玉,負載相望」。[292] 玉山縣成為浙贛交界的糧食集散地,南昌、饒州、撫州等地米穀也經由此路進入缺糧的杭州府。

南康與饒州而非南昌構成顯著的市場整合,可能與贛北地區的瓷業經濟密切相關。景德鎮制瓷業在雍乾時期達到頂峰,其「窯戶、陶工、傭工多出(鄱陽、都昌)二邑」。[293] 明代即有大量都昌人口往景德鎮傭工。明末清初,都昌人已在景德鎮建立都昌會館,形成景德鎮最早的行幫組織,稱都幫。雍乾時期,都幫與徽幫、雜幫呈三足鼎立之勢。都幫控制了景德鎮的瓷業,徽幫則掌控了陶土、瓷器、糧食及日用百貨的流通以及錢業。[294] 而徽州為嚴重缺糧區,米價常較饒州府高出四五錢,饒州府乃至鄱陽湖區糧食有不少被徽商轉運回當地售賣。黟縣、婺源的商人,還專門在吳城、饒州等地設立米號。[295] 以故,南康、饒州與徽州可能透過瓷器、糧食等商品的對流構建了區域性的整合市場。

結合上述分析,清代前期,贛東北地區的手工業發展與經濟作物的發展導致建昌、廣信等府轉化為缺糧區,吸納饒州、撫州等產米區米糧;加之閩浙徽州的糧食需求及彼此密切的經濟交流,從而構建了贛東北的區域性市場,並對鄱陽湖區糧食市場結構造成顯著影響。

最後,南安與贛州構成了顯著價格整合,但贛南與其他地區的量化分析結果似有差異。南安府與其他6府構成了顯著協整關係,但因南安與相鄰的吉安府未構成顯著整合,以上關係難以成立。文獻顯示,寧都州依賴贛州米穀,但兩地米價未能構成協整。或許贛米經貢水運往南安、廣東,或透過贛江運往下游這兩條主要線路,是造成兩地米價在量化分析中關係不顯著的原因。而寧都州與其他地區的密切關係則可排除。

四、結語

　　由文獻分析得到，江西米穀沿贛江彙集，經鄱陽湖輸出長江，構成江西省最大宗糧食流通運道。此外，撫河流域向上游建昌府及福建輸出，贛南向廣東、福建二省輸出，饒州府向徽州府輸出，贛東北地區經信江向廣信府及浙江輸出，構成贛米輸出鄰省之運道。計量分析顯示，贛江流域及袁、錦、修等支流區域與鄱陽湖南康、九江府之間構成了整合的米穀市場；贛南地區內部構成整合市場，與贛江中下游構成稍弱市場關係；贛東北部構成了一個與閩浙贛皖聯繫密切的整合市場圈。贛米輸出運道與江西省市場整合格局基本對應。

　　湖南與江西也保持著密切的米穀流通，湖南米穀可經袁江進入贛江下游，贛米也可由此運道輸入湖南。協整分析顯示長沙與贛江中下游地區也構成顯著市場整合，證明了乾隆時期這一運道已開始發揮重要作用，這是以往研究所未曾留意到的情況。本文透過對乾隆朝江西省米穀市場的考察說明，結合商品流通運道的梳理，可以更為明晰地辨識區域市場整合情況。

表3　江西省基於協整的誤差修正模型參數值

	南昌	九江	南康	饒州	廣信	瑞州	臨江	袁州	吉安	南安	贛州	撫州	建昌
九江	-0.4418+	1											
南康	-0.5515-	-0.3932+	1										
饒州	-0.49912-	-0.6591-	-0.5948+	1									
廣信	-0.8851-	-0.8361-	-0.3916-	-0.5610+	1								
瑞州	-0.681 滯後項不顯著	-0.6491-	-0.628+	-0.7611-	-0.41613-	1							
臨江	-0.80612-	-0.2722+	-0.54417+	-0.4183-	-0.32412-	-0.351+	1						
袁州	-0.637+	-0.6371-	-0.57116+	-0.477+	-0.7261-	-0.3685+	-0.45114+	1					
吉安	-0.522 滯後項不顯著	-0.27710+	-0.4252-	-0.33912-	-0.57810-	-0.3932-	-0.2552+	-0.4792-	1				
南安	-0.3285-	-0.3492-	-0.47493+	-0.4366-	-0.4783+	未整合	-0.5168+	-0.3975+	-0.5056-	1			
贛州	-0.4866-	-0.5266-	-0.6486-	-0.871-	-0.7386-	-0.3932-	-0.8721-	-0.607 滯後項不顯著	-0.3926-	-0.4152+	1		
撫州	-0.6113-	-0.402 滯後項不顯著	-0.458+	-0.48315-	-0.18252-	-0.41114+	-0.3622-	-0.2969+	-0.3513-	-0.3359+	-0.5211-	1	
建昌	-0.5922+	-1.2221-	-0.5456-	-0.536-	-0.4728+	-0.447-	-0.47516-	-0.4546-	-0.3928+	-0.3951-	-0.6495+	-0.2761-	1
寧都州	-0.4661-	-0.661-	-0.3361-	0.4071-	-0.8411-	-0.1569-	-0.8551-	-0.4211-	-0.4111-	未整合	未整合	-0.571-	-0.7561-

說明：1.誤差修正模型設計為：$dlnP1_t = \sum_{t-i}^{t-1}\alpha_i \cdot dlnP1_{t-i} + \sum_{t-i}^{t-1}\beta_i \cdot dlnP2_{t-i} + \gamma \cdot E_{t-1} + v_t$。式中 lnP1、lnP2 表示兩地物價取自然對數，d 表示一階差分，E_{t-1} 表示對兩地價格取自然對數作協整回歸所得殘差項的一階滯後項。

2.表格上方為當 E t-1 顯著時係數 γ 的值。γ 一般為負值，其絕對值越大，代表協整強度越高。

3. 表格下方為具有顯著性的 dlnP2ⁱ 滯後期數 i，+/- 符號代表係數 βⁱ 的符號。（當 dlnP2ⁱ 有多項呈顯著性時，僅標註最近一期滯後項符號。）如果 dlnP2ⁱ 顯著且 βⁱ 為正值，說明兩地價格具有顯著正向短期關係。

4. 當協整回歸式中殘差 E 的 ADF 估計值低於臨界值，即視為拒絕協整，標註「未整合」。

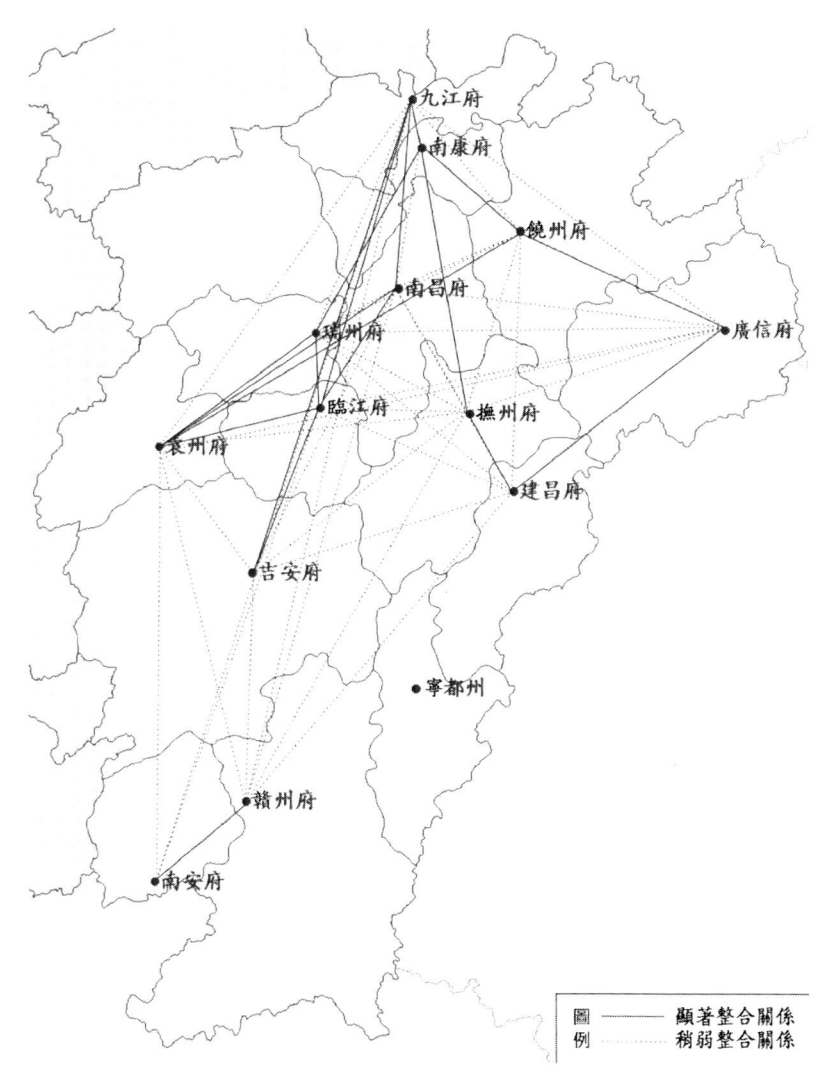

圖6　乾隆時期江西省米穀市場整合關係

中國歷史上的經濟轉型與社會發展
市場史專題

18—19 世紀美國對華貿易結構變遷的歷史研究

許曉冬　王詢 [296]

内容提要：18—19 世紀，中國與西方貿易結構發生了巨大的調整，其中中美紡織品貿易結構的變遷最具代表性。以兩次鴉片戰爭為界，中美貿易結構的調整分為三個時期，中國土布、紡織品的出口從繁榮、調整走向衰落。美國從到處搜尋中國感興趣的商品以便於交換土布、絲織品的被動買家變成了市場的主宰者，中國逐漸從傳統商品的出口市場變成了進口市場，中國的生產與銷售逐漸由美國的工業資本與需求所控制。中美貿易結構與貿易平衡在經濟全球化制衡中被打破。

關鍵詞：中美　土布　紡織品　貿易結構

1784 年，美國第一艘商船來華，名為「中國皇后」號，自此打通了北美洲與亞洲古老國家的商業往來。美國一直以來作為英國的殖民地國家，對外交往受制於人，在獨立後的第二年，便開拓了東方的航線，並陸續增加與中國的商業往來。19 世紀初，美國對華貿易的總額已經超越了大多數歐洲國家，僅次於英國。雖然貿易總額在逐年攀升，但大量的貿易逆差讓美國不得不考慮進出口商品結構的調整。綜合而言，18—19 世紀，美國對華貿易結構經歷了三個階段：第一階段，美國是土布、絲織品的主要買家；第二階段，中國成為美國紡織品最重要的市場；第三階段，中國成為美國紡織品的出口市場。

一、美國是土布、絲織品的主要買家

（一）土布

土布是廣州中西貿易的重要商品，在 19 世紀早期貿易中占有重要地位。中國出口的土布也稱為「南京布」（Nankeens，即紫花布），雖然冠以「南京」兩字，但實際上在中國很多地區都有生產。在江南地區的松江府、蘇州府、太倉州、海門廳、通州等處歷史地形成了全國最大的土布集中產區，蘇松一帶的棉布成為「衣被天下」的名品。這種布分為白色、棕色、藍色三種。由於價格低廉、經久耐用，為歐洲和英國的任何棉布所不及。這種面料在英

國曾經風靡一時，今天在倫敦博物院看到的 19 世紀 30 年代英國紳士的時髦服裝，正是來自中國的杭綢襯衫與紫花布的褲子。

中國土布的外銷歷史悠久，早在 16 世紀後期，中國土布就遠銷南洋群島、日本等。18 世紀 30 年代，中國土布首次由英國東印度公司遠銷英國。18 世紀 50 年代以後，西班牙、荷蘭、法國、瑞典、丹麥等歐洲國家也開始行銷中國土布。北美大陸在美國獨立之前就有土布的輸入，到了 19 世紀，初美國已經成為中國土布在國外的最大主顧。當時有一個美國資產階級學者曾說過，「18 世紀乃至 19 世紀 20 年代，中國棉布的對外貿易，正和其後的情形相反。土布從中國流向西方，供給我們祖先以衣料」。[297] 美國商人不僅將土布行銷到美國，而且也運銷到中、南美洲乃至西歐。英國東印度公司曾記錄「美國人用現款大量購買土布，公開在歐洲南部出賣，並非法地在西印度群島銷售，無疑是有利可圖的，否則他們就會停止這種貿易了」。[298]

19 世紀 20 年代以前，美國紡織工業弱小，只能以棉花來交換質地堅牢的中國土布。1826 年以前，美國是中國土布的頭號買主。[299] 1784—1840 年，美國進口中國棉布最多的年份是 1819 年，土布的進口額為 133 萬餘元，占總進口的 16.3%，其餘各年均在 10% 左右（見表 1）。而據英國東印度公司記載，英、美、丹麥、荷蘭、瑞典、法國、西班牙等國在 19 世紀前 30 年間從廣州運出的土布年均達 100 萬匹以上，最高峰同樣出現在 1819 年，出口總量為 330 多萬匹。在廣州對歐美海上貿易的統計中，土布在茶葉、生絲與絲綢之後，位居第三。

中國歷史上的經濟轉型與社會發展
市場史專題

表1　輸美絲織品、土布在輸美貿易中的比重（1784—1840）

單位：銀圓、%

年份	輸美絲綢、生絲（A）	輸美土布（B）	輸美商品總額（M）	A/M	B/M	年份	輸美絲綢、生絲（A）	輸美土布（B）	輸美商品總額（M）	A/M	B/M
1784	3472	503	98453	3.53	0.51	1830	1061375	176739	3878141	27.37	4.56
1792	96528	19028	440653	21.91	4.32	1831	1382463	87184	3083205	44.84	2.83
1817	722000+	500000	5703000	12.66	8.77	1832	1166130	95072	5344907	21.82	1.78
1819	3228570	1334060	8182015	39.46	16.3	1833	1387064	30339	7541570	18.39	0.4
1821	1317846	298079	3111951	42.35	9.58	1834	1088864	46845	7892327	13.8	0.59
1822	2389210+	758371	5212536	45.84	14.55	1835	930677	6443	5987187	15.54	0.11
1823	3126845	595684	6511425	48.02	9.15	1836	241800	32586	7324816	3.3	0.44
1824	2430865+	117015	5618502	43.27	2.08	1837	2203515	35990	8965337	24.58	0.4
1825	2801261	500950	8752562	31.01	5.72	1838	981274	27049	4764536	20.6	0.57
1826	2932830	274970	7422186	39.51	3.7	1839	978183+	2379	3678500	26.59	0.06
1827	1434740	172668	3617183	39.66	4.77	1840	922000	2000	6642000	13.88	0.03
1828	2241990	304674	5339108	41.99	5.71	1841	453000		3985000	11.37	
1829	1718489	452873	4680847	36.71	9.68	1845	927227	1064	7285914	12.73	0.01

資料來源：汪熙：《中美關係史論叢》，上海：復旦大學出版社1985年版；（美）馬士著，區宗華等譯：《東印度公司對華貿易編年史（1635—1834）》，廣州：中山大學出版社1991年版，第1—5卷相關數據整理所得。有「+」號者僅為絲綢的金額。

　　美國雖然在購買茶葉和生絲方面落後於英國，但它對土布的購買（除個別年份外）卻超出英國。對於已經與中國貿易百年的英國來說，美國後來者居上。自1786年至1833年，有4年採購的土布超過百萬匹，分別是1798年153萬匹，1804年123.5萬匹，1819年293.2萬匹，1821年132.4萬匹，分別是同年英國進口量的4.6倍、3倍、6.8倍、2.4倍。美國占總量的58.4%，英國占34.7%，而其他國家僅占6.9%的出口比重。美國與英國幾乎壟斷了中國土布的出口貿易（見表2）。

表2　廣州土布出口統計（1786—1833）

單位：匹

年份	美國	英國	其他國家	總計
1786	33920	42000	296100	372020
1792	69600	74500	258100	402200
1794	220000	207000	171000	598000
1796	475000	144200	201000	820200
1798	1530000	332300	262700	2125000
1800	6366	7422	925	14713
1802	750500	204500	95000	1050000
1804	1235000	400000	85000	1720000
1806	525000	260000	75000	860000
1808	300000	475000		775000
1810	6391	3981		10372
1812	107000	311400		418400
1814	547	7088		7635
1816		4410		4410
1817	586000	643000		1229000
1819	2932000	427000		3359000
1821	1324000	552000		1876000
1823	250000	860000		1110000
1825	721000	496000		1217000
1827	619000	761500		1380500
1829	350000	705000		1055000
1831	122285	316500		438785
1833	30600			30600
總計	12194209	7234801	1444825	20873835
占比	58.40%	34.70%	6.90%	100%

資料來源：（美）馬士著，區宗華等譯：《東印度公司對華貿易編年史（1635—1834）》，廣州：中山大學出版社1991年版，第1—5卷相關數據整理所得。

隨著歐洲工業革命的完成，大機器對手工業的替代，美國紡織業興起，1833年後，中國輸出的土布大量減少，出口到美國的不足1%。在鴉片戰爭

中國歷史上的經濟轉型與社會發展
市場史專題

期間,出口到美國的土布僅占0.01%;1845年,出口美國的土布僅有1064元,幾乎可以忽略不計。相比紡織工業發達的英國來說,中國土布出口的困境早在19世紀初就已經出現了。1812年,據東印度公司記載,「委託試銷的印花布價值4774鎊,沒有銷路——花樣不適合市場需求,而質量不值得公司推薦」。「公司購入這種貨物是上等的,而且常常是預付貨款,但銷售的結果是不能令人滿意的」。[300]1825年後,英國東印度公司支出的土布已經減少,並在1830年代停止了。

1831年之前,中國在棉紡織品貿易中始終保持出超的位置,只是出超量在與日俱減,直到1831年變為入超。這種入超在之後變成了一種常態。這是因為19世紀20年代後期,英國的棉布生產普遍使用機器,曼徹斯特的棉布終於在中國站穩了腳跟,英制的棉花布在廣州成為有利可圖的商品。風水輪流轉,到鴉片戰爭時期,已經不再是中國土布出口到歐美國家,而是歐美的洋布輸華了。

在封建社會的後期,中國的棉紡織業遭受到了來自歐美機器製造業帶來的摧折,從而改變了封建手工業發展的原有路徑。那麼在封建經濟制度下,中國如何保證生產相當數量並品質上乘、價格低廉的棉織品呢？鴉片戰爭前的中國社會是傳統的農業社會,農業生產主要以家庭為單位。小農經濟下,自給自足的生產方式對於傳統中國來說是一種集約的生產方式。福鈞（Robert Fortune）1844年在上海曾看到如下的情景:「各小農戶,各鄉居人家,都保留自家田地所產棉花的一部分以備家用。古時所習見而今日已被機器所代替的紡車和小手織機,遍佈此地各鄉村,隨處可見。此等織機,都由妻女操作,有時不能做田野工作的老夫幼童也幫助工作。如果家庭人口多,且善於生產,除自家使用外,還能餘布很多,便將剩餘布匹送至上海或近郊市鎮出售。」[301]「其售價之高出原料成本者,亦微乎其微」。[302]在這種耕織相結合的小農經濟體中,手工棉紡織事業是在農戶家內部完成其全部生產工序的,從紡紗到織布,甚至連種棉、軋花、彈花,乃至各種生產工具的製造也包括在內,這一串生產工作全部由家庭成員來完成。這裡沒有勞動報酬,沒有僱主與傭工,各種工具、消費的原料、成品及工作場所全部是生產者所有,不須依賴外人。正如馬克思曾引述的一段話描述福建農家的工業

生產布匹的情況，指出這種農家手工業生產的「生產者所用的成本只有原材料的價值」，「他生產這樣的布匹，除原料的成本外，簡直不費分文。他是在自己的家裡與自己的妻女一同生產這種布匹，既不要額外的勞力，也不費時間」。[303] 中國家庭內部的分工協作關係並不排斥商品的流通，而且從其內部就產生了商品化的必然性。這種生產模式已經形成了抗衡規模經濟的一種制度安排，這種制度安排下產品的生產成本遠小於具有誘惑力的洋布。中國小農經濟與家庭製造業的聯合、農民與手工業者一體的生產方式形成了對資本主義機器生產的有力抵抗。

（二）絲織品

中國的蠶絲事業發展歷史悠久，宋代江南地區成為全國絲綢的重要產區，絲綢業在國民經濟中的地位舉足輕重。明清時期，絲織業發展迅速，全國形成了多個著名的蠶絲生產基地。其中太湖流域是絲與絲綢的重要產區，尤以浙江的杭州、嘉興府、太湖為中心。除浙江外，江蘇蘇州和南京（江寧）等地的蠶絲生產和絲織業也相當發達。蘇州出產的「綾、錦、絲、紗、羅、絹……比戶皆工織作，轉貿四方」，「商賈載之遍天下」。[304] 此外，珠江三角洲成為僅次於長江三角洲的蠶絲生產基地，這為廣州的生絲與絲綢的出口提供了充足的貨源，並使廣州在一口通商後成為絲綢出口最大的地區。明清時期，外銷的絲織品種類很多，主要分為綢、緞、綾、紗、絹、羅、絲、絨 8 大類，近 60 個品種。

絲綢是中國古代著名的外銷產品，精緻的絲織品早在漢代就已經蜚聲海外。自 16 世紀 60 年代，生絲就已經作為原料外銷了，菲律賓的西班牙人從中國把生絲運到南美的秘魯、墨西哥，再轉到歐洲。隨著歐美商人進入中國，中國生絲開始銷往歐洲及美洲各殖民地。至 17 世紀初，中國生絲在歐洲市場上的行情極負盛名。販運中國絲織品的利潤至少為 100%，西方殖民者競相從中國購買生絲、絲綢，販運歐洲獲取巨額財富。之後的幾百年間，中國的生絲以其絲質華麗、色白成為中國對海外輸出的主要商品之一。

19 世紀 20 年代之前的個別年份，絲與絲綢的出口是占據首位的，它的重要性也超過了茶葉，成為美國輸入本國的首要商品。1824 年之後，絲與

中國歷史上的經濟轉型與社會發展
市場史專題

絲綢的出口始終低於茶葉，但一直是重要的出口商品。中國出口生絲與絲織品主要以英國與美國為主。至道光十年（1830年），廣州出口的生絲達到70.83萬斤，其中南京絲33.73萬斤、廣東絲36.8萬斤。生絲的出口中，英國東印度公司占第一位。自1785年至1799年，每年平均出口生絲2169擔，而美國同時期僅為年均115擔。進入19世紀，美國生絲的採購量也遠低於英國，1823年至1832年的10年中，美國平均每年的生絲採購量為240擔，是英國的1/25（見表3）。英國生絲進口遠超美國的原因在於本國產業革命對絲織原材料的需求旺盛，以至於英國首相邁爾本說：「沒有生絲，我們這一門極重要的、迅速增長著的製造業將大大地癱瘓了。」[305]這使得生絲對英國的出口特別重要，而成品的出口則相對少很多。

相比生絲進口的落後局面，美國在絲織品採購中獨領風騷。1819年至1835年，生絲與絲綢年均進口額占美國進口總額的35%（見表1）。在1819年、1822年、1823年這幾年中，生絲與絲綢的進口超過茶葉，在美國進口的商品目錄中占第一位。在之後的幾年中，美國在中國訂購的絲織品都遠超英國（見表3）。但在1830年後，由於美國紡織工業的興起以及日本生絲的競爭，美國市場中的中國絲綢優勢逐漸喪失。1836年，輸美的絲織品僅占美國進口總額的3.3%，其後的十餘年，平均比重在16%以下。19世紀中期後，除了荷蘭東印度公司還維持著對中國絲、絲綢的傳統貿易外，歐美國家已基本上停止了進口中國的絲與絲織品。

表 3　美國與英國生絲、絲織品進口的比較

年份	美國 生絲 擔	美國 生絲 金額（元）	美國 絲織品 匹	美國 絲織品 金額（元）	英國 生絲 擔	英國 生絲 金額（元）	英國 絲織品 匹	英國 絲織品 金額（元）
1823	—		350000	1828094	3211	1369151	21000	168793
1824	95	38950	573552	2968854	3597	846070	38500	325758
1825	545	250700	619614	2550561	6985	2068250	33712	269694
1826	260	98800	303885	1638677	4186	1064920	60000	156140
1827	267	67510	420494	1957350	3570	1145220	40000	200925
1828	328	144320	211310	1053107	7248	2529289	90000	460702
1829	374	138700	186653	991135	5990	1879880	80000	439675
1830	285	85500	262107	1644952	6668	1567920	93000	465195
1831	109	40330	268677	1668382	8451	2654688	49500	247861
1832	144	50400	215219	1258596	6651	2082151	54683	319785
1833	—	—	—	—	9920			

資料來源：（美）馬士著，區宗華等譯：《東印度公司對華貿易編年史（1635—1834）》，廣州：中山大學出版社 1991 年版，第 1—5 卷相關數據整理所得。

二、中國成為美國紡織品最重要的市場

19 世紀 50 年代，在美國本國產品對華出口中，棉織品所占的位置遠遠超過了其他商品。如表 4 所示，在 1850—1853 年間，輸華棉布占美國輸華總額的近 90%，並且占美國對所有國家輸出棉布疋總額的 1/3，其數量僅次於鴉片的輸入。[306] 中國成為美國紡織品出口最主要的市場。1858 年，美國棉布疋對華出口量為 17780700 碼，1859 年就快速增長到 30264900 碼。1860 年，美國對中國出口的布疋（包括描繪的、印花的和染色的）值 591185 美元，白布與麻布值 262424 美元，還有其他棉織品值 3043753 美元，所有棉織品總值是 3897362 美元，占當年對華出口比重的 54%（見表 5）。從這時期起，美國棉織品在中國市場一直呈上升趨勢，直到 20 世紀初才被

日本所取代。棉織品對中國出口的增加除了中美兩國技術與生產方式的差距外，還受到《望廈條約》後新關稅政策的影響，更重要的一點就是支付手段上的考慮。美國商人即使不能在棉布銷售中獲得利益，也要比開倫敦匯票作為支付中國茶葉的手段來得便宜，因此，美國棉織品對華輸出的增加是顯著的。

表4　美國輸華棉布統計表（1850—1853）

年份	美國棉布輸出總額（千美元）	輸華棉布總額（千美元）	輸華棉占美國棉布輸出比例(%)	輸華棉布占美國輸華總額比例(%)
1850	3774	1203	32	81
1851	5572	1894	34	80
1852	6139	2202	36	89
1853	6926	2801	40	87

資料來源：卿汝楫：《美國侵華史》第1卷，北京：人民出版社1962年版，第117頁。

表5　1860年美國國內對華商品輸出項目

單位：美元

商品種類	出口總額	商品種類	出口總額
棉織品	3897362	花旗參	295766
肉食、奶製品以及其他食品	269032	鋼鐵製造品	87731
麵粉	302304	菸草	97957
煤	117969	金銀與錢幣	1545914
醫藥用品	51010	其他貨幣	508043
總計	7173088		

資料來源：姚賢鎬：《中國近代對外貿易史資料（1840—1895）》，北京：中華書局1962年版，第653頁。

十九世紀二三十年代，美國對華出口的項目中主要包括毛織品、棉製品、五金、毛皮、棉花、鴉片、胡椒、錫、檀香木、白銀等。到了19世紀60年代，商品的出口結構出現了較大的調整，除了棉製品、五金、金銀等傳統項目還保留外，其他商品已經由肉食、麵粉、醫藥、煤、煙草等生活消費品所

替代。十九世紀五六十年代美國對華出口商品結構是對早期出口結構的革命性調整,它顛覆了此前中美貿易的傳統結構,開創了美國本國商品對華出口的最大比例,既是工業革命的結果,也是遵循對華貿易客觀規律的結果。這一商品結構也是未來 50 年美國對華商品出口結構的過渡。

三、中國成為美國紡織品的出口市場

這一時期,中美商品結構發生了重要的變化,許多在今後成為雙邊貿易主要品種的商品陸續出現。茶與生絲作為傳統商品,依然在美國從中國進口的名單中出現,但茶葉的地位已經大不如前,數量與進口額已經大大減少,而一些新的商品,如帽子材料、化工產品、植物油、羊毛、糖等一個接一個地進入名單中。在美國向中國出口的名單中除了棉製品外,還增加了煙草與礦物油。中國的進出口商品日益由美國資本的需要來決定,中國逐漸成為美國商品的銷售市場和原料供應地。從表 6 反映的商品結構的變化可知,這個階段是中美貿易經歷百年後的過渡。

表6 美國對華貿易主要商品結構（1870—1890）

單位：千美元

商品名稱	1870年	1875年	1880年	1885年	1890年
中國向美國出口					
茶葉	9796	8746	9995	8039	6858
生絲和絹絲	477	682	6937	3787	4466
麻藥、染料和鴉片	650	540	1089	346	407
帽子材料	216	446	829	980	892
植物油	95	200	162	189	140
大麻、黃麻	375	409	529	37	5
米、米粉	520	931	980	730	603
香料、糖、水果	859	574	311	181	150
生皮			70	380	130
毛皮				222	292
羊毛				103	814
羊毛服裝、棉布	75	80	77	156	86
其他	1566	872	1620	1142	1417
美國進口合計	14629	13480	21770	16292	16260
美國向中國出口					
棉製品	626	553	339	3443	1231
煤炭	620	53	10	3	1
鋼鐵製品	114	134	41	802	74
礦物油	142	411	366	1455	1301
香菸	39	11	5	14	41
小麥和麵粉	839	35	66	46	59
其他	667	268	274	743	243
美國出口合計	3047	1466	1101	6396	2944

資料來源：潘序倫著，李湖生譯：《美國對華貿易史（1784—1923）》，上海：立信會計出版社2013年版，第24頁。

美國的輸華商品中，工業品增長很快，其中最重要的就是棉布和煤油。棉布主要是以粗棉布與斜紋布居首位。主要市場是牛莊、天津、南京。美國的這些斜紋布似乎特別適合中國人的需要，在中下層民眾中銷量非常大。這

種布較厚實,是以較粗的棉紗織成的,對於多數從事農業、手工業的勞動階層家庭來說,耐用性強。儘管在 1870 年前,美國棉布向中國出口的數量是不穩定的,但在 1870 年後的 20 餘年中,美國向中國出口的棉布逐年增加。19 世紀 80 年代,美國向中國出口的粗棉布和粗斜紋布幾乎占到中國全部進口洋布的 2/3。如斜紋布,1876 年出口數量為 290460 疋,1877 年為 425552 疋,1878 年降至 185385 疋,至 1879 年再度上升為 299364 疋,1880 年為 486059 疋。[307] 美國布疋在中國市場上日益增強的競爭力,使得英國棉布處於岌岌可危的境地。表 7 統計了 1881—1894 年間英國與美國粗布、粗斜紋布、細斜紋布三種商品的數據,美國粗布在 1891 年創出最高出口量 200 萬疋,是 1880 年前的 4 倍,最高時占中國進口粗布的 70%(見表 8)。英國的粗布量遠不及美國,但 1887 年有所突增,可能的原因是英國最大的紡織品工業基地蘭開夏也轉而生產美國粗布,並使得 1888 年的產量增至約 104 萬疋。但由於中國市場進口量實際上已經過多,引起了 1889 年的嚴重反應,導致了英美粗布的對華出口均大量減少,但直到 19 世紀末,棉布在中國的出口還是以增長為主態勢。

中國歷史上的經濟轉型與社會發展
市場史專題

表 7　美國、英國粗布、粗斜紋布、細斜紋布的對華輸出量（1881—1894）

年份	美國 粗布（疋）	美國 粗斜紋布（疋）	美國 細斜紋（疋）	英國 粗布（疋）	英國 粗斜紋布（疋）	英國 細斜紋（疋）
1881	599000	488000		175000	643000	
1884	1300000	303000		231000	137000	
1885	1323000	471000		308000	264000	
1886	1356538	620803	55620	239143	416699	128354
1887	1368114	465674	40486	662960	288781	228002
1888	1557830	496096	8412	1039642	542826	106342
1889	875568	621743	9533	407779	262668	107880
1890	1201791	597903	38090	744079	231437	195313
1891	2008455	861591	17317	890017	235766	145811
1892	1326406	644532	20101	686528	102057	123960
1893	903334	426804	24360	797763	403213	93052
1894	1275744	705031	26008	399837	208455	177292

資料來源：姚賢鎬：《中國近代對外貿易史資料（1840—1895）》，北京：中華書局1962年版，第1145—1153頁。

表 8　美國、英國等三種棉布出口比重（1890—1893）

單位：%

年份	粗布 美	粗布 英	粗斜紋布 美	粗斜紋布 英	粗斜紋布 荷	細斜紋布 美	細斜紋布 英	細斜紋布 荷
1890	61.8	38.2	69.8	27.0	3.2	14.8	76.0	9.2
1891	69.3	30.7	75.5	21.0	2.5	8.2	69.2	22.6
1892	65.9	34.1	82.5	13.1	4.4	12.6	77.3	10.1
1893	53.1	46.9	47.8	45.1	7.1	16.9	64.6	18.5

資料來源：彭澤益：《中國近代手工業史資料（1840—1949）》第2卷，北京：生活·讀書·新知三聯書店1957年版，第201頁。

除了粗棉布外，美國在粗斜紋布的銷售中也很從容地占據了優勢，1892年，美國的粗斜紋布占總量的82.5%。新興的工業國美國為何能在棉製品領域超越英國，甚至於美國在斜紋棉布的價格高於英國同類商品40%的條件下，依然可將英國的棉布排擠出市場，有幾個原因值得思考。

第一，美國的棉製品在質量上優於英國同行。美國棉布在純淨、耐久及保暖等方面，都是優於英國棉布的，其質量得到了中國消費者的讚許，在售價上略高於英國布。而英國棉布比美國棉布和中國土布要便宜得多，但因質量惡劣，結果很不受歡迎。英國棉布之所以質量低劣，則是因為在生產過程中過度上漿。一般上漿的程度是全部重量的30%，而英國粗斜紋布的上漿占到總重量的40%，「英國14磅粗斜紋布的質量已逐漸下降，在許多場合已降低到破布那樣的程度」。[308] 而美國的粗斜紋布完全沒有摻入雜質。英國製造商的漿料先是用澱粉，或者用類似的植物質料，後來發現這些東西在布匹裡面會寄生象鼻蟲及其他類似的害蟲，於是改用一種白黏土，雖不生蟲，但腐蝕布匹。中國人對所謂品質低劣的曼徹斯特的喜愛是完全可以理解的——英國布匹供喪葬之用、被面、棉衣裡面或需要大量的布匹作臨時之用。隨著不上漿棉布的推廣，英國也在適應這一趨勢，從19世紀最後幾年的數據看，英國有趕上美國的趨勢。

第二，美國在粗棉布方面與英國競爭獲勝的理由應該從人工與原材料兩方面考慮。生產棉製品，最重要的成本是人工與原材料，因為原材料產於美國，在原材料多於人工的布匹生產中，美國的成本是低廉的。一般認為每疋重12磅的棉布是競爭的分界線，重量12磅以上的棉布，美國的製造商能夠勝過英國，勞動力比起原料來，比重較小。但英國蘭開夏的情況正相反，生產效率高，但原材料價格昂貴。而12磅以下的棉布，美國就不可能與英國競爭。這也就可以解釋為何美國在粗布及粗斜紋布方面的出口優於英國，而細斜紋布的出口中所占比重較小。

第三，傳統偏好讓市場選擇了美國。中國人之所以一貫喜愛美國的斜紋布和粗布，也許與此類貨物在市場上有悠久的歷史有關係，質量可靠並且品牌與商標也已馳名中外，相對較保守又傳統的中國人很忠誠於美國棉布，他

們情願出較高的價錢買它,也不買一個新牌子,看來僅僅價格低廉並非在任何情況下都是最重要的優點。

四、總結

「中國皇后」號來華奠定了 1840 年之前中美貿易發展的基調:民間平等的商務關係。這一時期中美貿易發展最顯著的特點是中國商品對美國人的吸引力遠遠超過美國貨對中國的吸引力,反映在商品結構上便是中國傳統商品:茶葉、生絲、土布的大量出口及大量順差。對於美國而言,工業化尚未成熟,對中國的出口商品的變動頻率非常強,有價值的本國商品有限,美國不得不透過三角貿易獲得大量白銀抵銷進口,直到鴉片逐漸替代白銀為止。這一時期,美國對華貿易的結構較為被動。鴉片戰爭後,中美商品結構發生了重要的變化,許多在今後成為雙邊貿易主要品種的商品陸續出現。土布、生絲、絲綢等作為傳統商品,依然在美國從中國進口的名單中出現,但數量與進口額已經大大減少,這種衰落的趨勢一直延續到 19 世紀末,中國從紡織品的賣方轉變為買方。中美貿易結構出現的本質變化與中國的經濟、政治形勢有著緊密的聯繫,它是封建制度妥協於資本主義制度最好的例證,也是重商主義向自由市場競爭條件下貿易結構的最優安排。

▎資源依賴與地區產業結構的單一化——以明清時期蘇北發展模式為例

林盼 [309]

內容提要:本文試圖從「資源詛咒」(Curse of Recourses)的視角出發,對清代後期蘇北地區出現的經濟衰退狀況進行解釋。本文的核心觀點是:明清時期,國家修建運河以獲取地方資源,維持國家機器的運行,並形成了以運河為中心的各種上下游產業,財富的增長與運河資源密切相關,而這種繁榮又會導致政府或個人對資源的開發進行更多的投資,吸引大量勞動力投身「運河經濟」,由此形成產業的單一性與脆弱性。一旦運河資源不復存在,又失去國家權力的庇護,地區經濟的衰退將會是不可避免的結果。本文擬從

三個方面對「資源詛咒」命題的影響機制進行說明：一是資源如何造成產業的單一化；二是國家如何對資源影響群體進行扶助；三是這種「扶助性發展」如何導致經濟生態的脆弱無力。

關鍵詞：資源詛咒　蘇北地區　漕運

一、問題的提出

中國中國改革開放之後，江蘇省作為全國經濟增長最快的省份之一，以占全國 1.16% 的面積創造了占全國 10.24% 的地區生產總值和 13.18% 的外貿進出口總額（2007 年數據）。[310] 而在經濟快速增長的同時，地區之間的發展差異現象也日益受到人們的關注。事實上，江蘇省內地區之間經濟差異的現象，並不是中國改革開放之後的產物。清代末年，蘇南、蘇北經濟發展的差距就已經顯現出來。韓起瀾發現，在 20 世紀初，「由於經濟發展水平之不可等量齊觀，人們便放肆地試圖區別對待江蘇南北兩地區……江南以富聞名，一如江北以窮聞名」。[311] 將蘇南、蘇北區別對待的觀點和做法，也是從清末開始出現的。1909 年，江蘇被分成兩個單獨的行署區，一個涵蓋長江以南地區，另一個涵蓋長江以北地區，當時的報紙對蘇南、蘇北的評價是兩地「風氣迥不相侔，既財力之貧富亦大相懸殊」。[312]

清末民初，一江之隔的江蘇南北經濟發展情況出現極大差距的原因，傳統上有三種觀點：

一是「自然條件說」，如韓起瀾認為，1853 年黃河改道，不再流入洪澤湖，橫穿蘇北入海，而是從開封流向東北方向，再穿越山東。淮河流入洪澤湖，但再無流出通道，從而成為喜怒無常的洪水泛濫的淵藪。[313] 但一些歷史地理學者對此觀點進行批駁，認為早在黃河改道之前，蘇北就已經是自然災害頻發的地區。黃河的改道並沒有使自然環境更加惡化。[314]

二是戰亂影響論，認為 1860 年前後發生在江浙一帶的太平天國運動，極大地影響了蘇北地區的經濟發展。太平天國運動之後，捻軍的存在，同樣導致這一地區經濟發展遲緩。[315] 這種觀點也有問題。太平天國運動真正摧殘的是蘇南地區經濟，但這一地區的經濟並沒有因此而一蹶不振，而是很快

中國歷史上的經濟轉型與社會發展
市場史專題

實現了復興。相反，戰亂影響並不嚴重的蘇北地區，倒是出現了大量的人口外遷。可見，從戰亂的角度解釋清末蘇北經濟的衰退，並不具有說服力。

三是政策調整論，認為1853年後所進行的兩種政策上的調整，極大地改變了蘇北地區的經濟格局。一項是河運逐步被海運所取代。這一政策的實施，主要是由於黃河的改道導致運河的壅塞，河道狀況的惡劣使得漕運無法再沿大運河北上。河運改為海運的結果是，蘇北多數沿運河而興的城鎮失去了其作為交通和商業中心的重要性。[316] 另一項政策的調整，則是在清末時期，由於對沿海地區的重視，國家不再承擔地區相應的賑濟救災和水利治理任務，地方又由於政治經濟的種種壓力難以顧及的情況下，清末民初的蘇北成為「三不管」地區，「由於中國國家特別明顯的放任政策，導致異常廣泛的貧困」。[317]

從目前掌握的歷史資料來看，第三種觀點說服力很強，難以進行批駁。但是，這種觀點並沒有具體說明政策的調整為何會對地區經濟發展造成如此顯著的影響。一些歷史學者的研究，有助於我們接近歷史真實情況。馬俊亞、汪漢忠等學者發現，清代後期蘇北的經濟結構出現了「有耕無織」的另類自然經濟模式，對自然的依賴性最強，承受災害能力最差，抗災能力也最弱。[318] 馬俊亞進而發現，蘇北地區不僅手工業衰落不堪，農業生產也處於普遍性的凋敝狀態。[319] 這種描述在史料上也能得到一些支持。清末民初，江蘇南北經濟發展的不平衡局面，最直接的體現是勞動力的跨地區流動。數以百萬計的蘇北人南下到蘇南謀生。這是因為蘇北已經沒有可供謀生的低技術工作。那麼，蘇北能夠吸納大量勞動力的農業、手工業去哪裡了？為什麼河運轉為海運、國家將地方管理的權力讓渡出來之後，蘇北經濟的自我修復能力消失了？明清時期，國家在蘇北經濟發展的過程中究竟扮演著怎樣的角色？這是本文所要關注的核心問題。

本文試圖從「資源詛咒」（Curse of Recourses）的視角出發，對上述問題作出初步解答。本文的核心觀點是：明清時期，國家修建運河以獲取地方資源，維持國家機器的運行，並形成了以運河為中心的各種上下游產業，財富的增長與運河資源密切相關，而這種繁榮又會導致政府或個人對資源的

開發進行更多的投資，吸引大量勞動力投身「運河經濟」，由此形成產業的單一性與脆弱性。一旦運河資源不復存在，又失去國家權力的庇護，地區經濟的衰退將會是不可避免的結果。本文擬從三個方面對「資源詛咒」命題的影響機制進行說明：一是資源如何造成產業的單一化；二是國家如何對資源影響群體進行扶助；三是這種「扶助性發展」如何導致經濟生態的脆弱無力。

二、資源詛咒與國家之手

所謂「資源詛咒」，通常而言是指資源要素無法得到持續有效的利用，尤其是那些生產力最高的產業因無法持續有效地利用生產要素而導致的低增長。關於「資源詛咒」的概念，最早是由美國學者奧蒂（Auty）所提出。在研究產礦國經濟發展的問題時，其含義是指自然資源對經濟增長產生了限製作用，資源豐裕的經濟體的增長速度往往慢於資源貧乏的經濟體。[320] 中國學者如徐康寧、王劍的研究認為，近25年來中國能源資源豐裕的地區經濟增長速度普遍要比能源資源貧窮的地區慢許多。[321] 趙奉軍指出，所謂「資源詛咒」主要是指豐富的自然資源往往與一系列有害於經濟和社會發展的現象聯繫在一起。[322]

「資源詛咒」的發生，制度問題占據了相當重要的地位。經濟學家諾斯認為，國家是一個有規模經濟性質的暴力組織，並由此成為產權界定的主體，因此，國家的存在是經濟增長的關鍵，然而國家又是人為經濟衰退的根源。如何設計國家制度，發揮國家在經濟生活中的作用，就陷入了一種兩難的境地之中。[323] 分析國家在經濟活動中的影響主要有三種思路，即無為之手、扶持之手和掠奪之手。這「三隻手」都有其理論基礎，如無為之手建立在亞當·斯密自由競爭理論基礎之上，扶持之手建立在福利經濟學基礎之上，而掠奪之手建立在公共選擇學派和制度經濟學基礎上。[324]

以上文獻對於經濟發展過程中國家所扮演的角色作出了深入分析，但是並沒有明確說明國家作用和地區資源之間的關係。本文認為，在討論國家在地區經濟發展過程中的作用時，不能單純採用「掠奪」「扶持」或「無為」的概念來對國家的政策制定進行簡單劃分。在同一事件中，國家可能同時採取掠奪、扶持和無為三種政策，如對於某些產業進行剝削，某些產業進行保

護，某些產業則視而不見。即使對某些產業透過外部供血的方式進行扶助，使之保持相對穩定的發展態勢，但從長遠來看，這種扶助反而會成為一種阻礙，導致相關產業遲遲處於「襁褓」狀態。一旦國家政策調整，抽身而去，這種因扶持而勉強維持的產業將會迅速衰退，失去繼續發展的能力。也就是說，「扶助」有時不一定帶來福音，也有可能是「詛咒」的一部分。

在研究方法上，以往對於「資源詛咒」的研究，多從數據角度進行討論，缺少更為豐富深入的案例分析；多從現實層面展開論述，幾乎沒有對歷史經驗進行探討的研究成果。本文認為，僅僅討論數據，很難發現國家獲取資源的動機，更無法呈現國家干預是如何影響到地方的產業和資源配置。同時，對現實問題的討論，由於距今太近，許多前因後果尚未得到深入揭示，「資源詛咒」究竟如何產生、地區經濟如何受到資源「之累」等問題，現實層面的研究很難給出答案。這是本文以明清時期蘇北地區為例，對相關命題深入分析的重要原因。

三、漕運業的重要性及其原因

透過對蘇北地區歷史資料的分析可以看到，明清時期，國家對於這一地區的經濟活動高度關注，其原因在於明代之後，國家的政治中心和經濟中心是分開的，京城中官員的糧食及其他消費品均需從南方經大運河運輸。蘇北正位於運河所經之地，1451年，明廷設漕運總督於淮安，這一局面直至清末。而在15世紀末，隨著黃河全面奪淮，運河、黃河、淮河匯合一地，導致運河的通行環境迅速惡化，蘇北地區長期面臨「保運河」還是「保民生」的「蹺蹺板」問題。作為相對較易管理的集中型資源，運河成為明清兩代中央政府重點關注的對象，為保運河暢通，中央政府長期採用「北堵南疏，抑河南行」的治河方法，蘇北多數地區成為「保運河」政策的犧牲品，屢次遭受洪澇災害，土地質量嚴重下降。由於以豐富自然資源為背景的經濟部門的邊際收益遠大於農業、手工業，致使勞動力從後兩者流向資源部門，當地農業、手工業趨於萎縮。對此問題，國家除了外部供血以保證當地糧食和衣物供應之外，並無發展農業、手工業的意願，而這種產業的落後狀況，又會加劇各項資源向以運河為中心的經濟部門集中的趨勢，進而陷入一個惡性循環的怪圈。當

運河因為自然環境的變遷而中斷之後，資源地區將失去帶動經濟增長的主導產業，經濟停滯不前，陷入發展困境。

對於中央政府來說，漕運業為何如此重要？本文認為，漕運牽涉到國家命運的原因，在於明清兩代看似中央集權的國家，卻是一個「受到抑制的」（Inhibited）的政治力量，無法將其組織化的能力擴展到有限的空間以外，大量的經濟活動難以介入。[325] 漕運沿運河一路北上，在成本控制和資源獲取方面相對較為容易，國家的參與程度非常深入。換言之，「錢糧事務莫大於漕運、鹽法」，「中國財政大半仰給於此」現象的出現，既是漕運活動本身的特點所致，也與國家對地方基層的控制力不足有關。

社會學家周雪光一直關注中國自古以來多元文化和地域間不平衡發展的問題，他認為這種現象加重了規模之累效應和治理困難。他將這一困難表述為「權威體制與有效治理」間的矛盾，即「號令自中央出」的中央集權體制與遼闊國土上地方性差異間的矛盾。由於央地之間的時空距離極為遙遠，因此中央政府的日常運作非常乏力。[326] 這種提法讓我們聯想到費孝通等人業已提及的「傳統中國的政治雙軌制」概念：傳統中國社會的治理是透過兩條平行的軌道進行的：一條是自上而下的中央集權的專制體制的軌道，它以皇帝（君主）為中心建立一整套的官僚體系，由官員與知識分子來實施具體的治理，最後可以到達縣這一層；另一條是基層組織自治的軌道，它由鄉紳等鄉村精英進行治理，紳士階層是鄉村社會的實際「統治階級」，而宗族是士紳進行鄉村治理的組織基礎。[327]

已有學者關注到相關問題，即為瞭解決「權威體制與有效治理」的矛盾，國家採取了一系列辦法，「象徵性權力」與「實質性權力」的存在，就是一種規避風險的主要手段。周雪光對此現象給出的解釋是：因為委託—代理關係特別是訊息不對稱性引起的交易成本，中央政府與地方政府間無力制定嚴密完全的合約；即使完全合約可以制定，但事後監管的成本昂貴，無法有效實施。因此，地方政府在執行過程中的實際權力很大，即剩餘控制權更多地放在地方政府手中。在上述情況下，有關訊息、監督、考核的交易成本急劇上升，實際控制權不得不更多地轉向有訊息的一方，即地方政府。這意味著，

中國歷史上的經濟轉型與社會發展
市場史專題

帝國體制中同時存在兩種權力，即正式（象徵性）權力與實際權力（實際控制權）。[328]

由於帝國面積過於龐大，由此造成的訊息障礙，使得統治者無法對官僚體制的責任與權利範圍進行明確劃分，因而難以對其績效作出正確測量和評價。因此，對於國家來說，漕運既是可以較好地進行控制，並能夠維持國家機器運作的經濟活動，同時還是可以對地方官的績效進行測量評價的重要指標，由此既可以加強社會控制，還可以管束地方官員，降低管理成本，解決一部分因監督不足所導致的問題。此外，漕運活動雖然成本高、損耗大，但可以讓相當數量的官員，透過分享租金的方式，提高地方官員對統治者的忠誠度，自覺維持體制的運轉。從明清兩代的實例可以發現，以漕運業為中心的上下游產業蓬勃發展，各級官員和商人投身其中，活躍異常。

四、以漕運業為中心的產業發展和勞動力的轉移

早在明朝建立之初，國家即制定政策，充分利用水道（主要是運河）調運糧食（主要是公糧），漕運即是指將徵自田賦的部分糧食經水路解往京師或其他指定地點的運輸方式。根據統計，在明代的常規年份中，每年一般有400餘萬石漕糧沿運河北上。以「十人駕一船，一船載米三百石」[329]計算，則每年有1.2萬餘艘漕船經過蘇北，漕軍總數達10萬以上，所謂「永樂年間開設裡河漕運以來，定撥湖廣、江西、浙江、南京、江南、江北並中都留守司衛所官軍一十二萬七千八百餘名」。[330]清初，由於北方長期戰亂，糧食積儲不足，因此需要大量南方漕糧北運，順治、康熙年間的漕米數量長期保持在額定的400萬石上下，漕船數量也在1萬艘以上。雍正、乾隆時期，隨著社會趨於穩定，京通二倉所儲藏的漕米數量遠多於需求，因此清代中期之後的漕船數量顯著減少。乾隆後期，漕船數量下降至3000—5000艘。為了保證漕運的正常進行，明清中央政府採取了一系列措施，設置了不少相關行業，調動了數以萬計的勞動力資源，使得蘇北地區形成了以漕運業為中心的各種經濟部門，如運河挽運業、河道挑浚業、以飲食為主的服務業等。還出現了如私鹽販運之類的非法行業。

以私鹽販運業的興起為例。蘇北地區所在的兩淮鹽場,明清兩代是重要的鹽產區。由於官鹽的價格過於昂貴,一般老百姓無力消費,兩淮鹽場每斤鹽不足十文錢,轉銷至湖廣一帶竟上漲數十倍,人們苦不堪言,不得不購買私鹽,消費市場的需求很大。同時,以鹽為生的灶戶,冀望能透過販賣食鹽聊以餬口,養活全家。但鹽商在配引足額之後,一般不再收買餘鹽,以至於灶戶有鹽難售,坐待饑寒。為了謀生,灶戶甘冒風險,尋求將私鹽販賣給鹽梟。[331] 鹽梟與灶戶結成了利害關係,互相進退。利用漕運進行私鹽販運,即所謂「漕私」是最常見的販私行為,「販賣私鹽之弊,在糧船為尤甚……各幫皆然,而江廣幫為尤甚……私販日多,官引日滯」。[332] 根據道光時期兩江總督陶澍的奏摺,每艘漕船攜帶私鹽「約計千餘石」,[333] 按運河之上4000艘漕船數量計算,私鹽總數達到400萬石以上。

對於漕私愈演愈烈的局面,清廷也無可奈何。首先,漕船數量數以千計,多與私鹽有染,因此運軍之間往往結成利益同盟。一旦檢查前船,後船即迅速跟上,占住江面與官軍對峙,以致河道壅塞,周圍船隻無法透過,久之易引發社會動亂。道光元年,兩江總督孫玉庭、兩淮鹽政廷豐奏報,「查每年江廣回空糧船……若恃臨時搜查,既於歸次之期,恐多羈阻,且舵工水手率多凶頑之徒,動輒倚眾拒捕,易釀事端」。[334] 因此查驗官吏寧願息事寧人,「地方文武雖均有緝私之責,孰敢攖漕船之鋒?只冀其安靜過境完事」。[335] 其次,漕運乃「天庾正供」,漕糧能否及時運到京城,漕船能否及時回空以準備下一年的漕運,是明清朝廷最關心的問題。在保證漕運暢通的前提下,寧可對私鹽販運的行為視而不見。

明清時期蘇北的經濟發展,與「靠水吃水」緊密相關。但水資源帶來的不完全是福音,也有可能造成惡果。有學者已經發現,對自然資源的開發,往往會加大生態環境的壓力,環境問題突出,汙染治理水平較差。脆弱的自然環境狀況不僅阻礙了地區潛在優勢的發揮,而且成為經濟發展的主要障礙。[336] 水資源同樣會成為這種「雙刃劍」。隨著弘治年間黃河奪淮,運河的通行能力出現了嚴重障礙,「保運河」還是「保民生」,成為擺在國家面前的重要問題。

中國歷史上的經濟轉型與社會發展
市場史專題

　　黃河奪淮，對於蘇北地區自然條件產生了巨大的影響。黃河奪淮之前，蘇北地區尚能保持運河暢通和農業發展「兩手硬」的局面。黃河奪淮之後，運河和農業就成為無法兼顧的一對矛盾。地方官員甚至將運河暢通和農業發展對立起來，一旦出現為了疏通運河影響農業的狀況，官員的表示往往是「一隅之利，全局之禍也；一時之利，百世之禍也」，「運船牽挽無路，則數百萬糧，何由而達京師……數百萬糧稅，誰為供輸乎」？為保運河暢通，明清兩代統治者長期採用「北堵南疏，抑河南行」的治河方法，束水攻沙、蓄淮刷黃。而黃河每年從上游帶來大量泥沙，沉積在黃淮交界之處，河床逐年提高，到了清代，則因淮不敵黃，濁流倒灌，「以致運河年久淤墊，水高於城，而沿堤城社勢若居於釜底，甚屬危險」。[337]

　　為了維持運河航道的暢通，每年在漕運開始前和進行時，均要閉閘蓄水，而此時上游淮水支幹各河來量極大，無法宣泄，使得整個淮河中游成為滯洪區，只能任其淹沒洪澤湖以西的鳳陽、泗州、潁州等地區。維持運道，對淮北自然生態的破壞無以復加，「千載以上，淮東水利，利盡陂塘，綱舉而目張。吾江北水道之完備，甲於天下，有聲於歷史……（運河貫通之後）運與淮有兩不併立之勢……曾幾何時，河盛擯淮，全淮流徙，河壞之後，故道填淤，淮不復故，幽於沼澤，直喪失其獨流之資格。而運河一線，蜿蜒迤邐，操縱蓄泄」。所謂「民田與運道，勢不兩立，兼旬不雨，民欲啟涵洞以溉田，官必閉涵洞以養船；迨運河水溢，官又開閘壩以保堤，堤下民田，立成巨浸」。可以說，由於「但知治漕，不顧淹民」[338] 的治水思路的存在，使得淮北地區的農耕條件、水利優勢已不復存在，反而變成不斷淹沒田廬的不利條件。[339]

　　由於土質較差，災害頻發，蘇北地區的農業自明代中期開始，陷入了破壞—恢復—再破壞—再恢復的怪圈。在經受水旱災害摧折之後，當地農業好不容易恢復了一些元氣，一般少則一兩年，多則三四年之後，又會有新一撥災害襲來，將之前農民的努力毀於一旦。民眾往往無奈又悲痛地面臨「豐收在望，顆粒無收」的局面。在這樣反覆的惡性循環之後，當地農業生產的基礎十分脆弱，「多歉少收」。[340] 從清代中期蘇南蘇北漕糧征額數量可見，像淮安這樣的蘇北重鎮，漕糧征額已從明代中期的10.4萬石下降到清初的2.5

萬石,清中期的6856石,實征漕米數量僅是江寧府的零頭,相較蘇州府、松江府更是不可以道裡計,真所謂「三吳賦稅之重甲於天下,一縣可敵江北一大郡」。[341] 賦稅高低從一個側面反映了農業生產和地方實力的高下懸殊。

勞動力的遷移是理性的經濟行為,它取決於部門之間預期工資的差異。也就是說,如果從農業部門難以獲得所需要的資源,民眾會選擇「用腳投票」的方式,前往利潤率更高的部門謀生。不少人在運河沿岸紮根,從事貨物搬運、船艘挽運、私鹽販運、運河挑浚等工作。明清運河水道通暢的時候,蘇北多地「春夏有糧艘之載挽,秋冬有鹽引之經通,河防草土之事,四時之中無日休息。貧民失業,力食致飽,或白手空游,而得厚實」。[342]「淮揚之間,民耳不聞蠶桑之宜,目不睹紡織之勤,婦子終日遨嬉,仰一人而食」。[343] 換言之,在沿運河的一些縣城中,家庭只要有一個人投身以上行業,不僅能夠自給自足,還能養活一定數量的家人。

與運河相關行業的快速發展和農業的快速衰退,在明清兩代蘇北地區顯著體現出來。這種資源依賴型產業格局能夠維持下去,必須要得到政府的「托底」。否則,一旦農業衰退造成糧食供應短缺,民眾出現動亂,必然影響到漕運活動的開展。清廷專門規定,若有災情需外地商米接濟,權關須免收米稅,以平糶米價,「米穀為民食所資,與百貨不同,若不分別豐歉,概行徵收,恐歉歲省分,致增米價,有妨民食。嗣後舊征米稅船料各關,除豐登之年,遵照舊例按則徵收外,倘地方偶遇旱澇,其附近省分各關,令該督撫即將被災情形具奏,請旨寬免。凡米穀船一到,即便放行。俟該地方秋收成熟方準按照舊例徵收」。[344]

五、小結

綜上所述,明清時期,由於對地方資源的獲取缺少有效的辦法,漕運成為少數幾個維持國家機器運作的手段。為了漕運活動能夠順利開展,國家採取了一系列措施,尤其是在「保運河」還是「保民生」的問題上,更是完全倒向以自然資源為核心的部門。圍繞運河而展開的各項產業蓬勃發展,吸引大量因自然災害而失去土地的農民投身其中。可見,如果政府部門的收益大於產業部門的收益,政府干預就會具有自我強化的趨勢,必然會吸引勞動力、

中國歷史上的經濟轉型與社會發展
市場史專題

資金等生產要素從產業部門流向政府部門。而資源部門的擴張，又會進一步將農業、手工業等部門「擠出」，社會發展的基礎就會嚴重受損。最終形成的格局是，蘇北地區除了與運河有關的產業之外，農業、手工業近乎完全消失，不少區域僅靠著政府「托底」而勉強維持。一旦資源消失，資源和非資源型產業就會同時遭到重創，給經濟增長和社會發展帶來毀滅性打擊。這就是清末運河壅塞、漕運改道之後，蘇北地區經濟一落千丈的主要原因。

這種單一的資源型經濟結構，導致資源豐裕地區缺乏人力資本積累的內在動力，這是因為資源型產業與加工製造業相比，不管是對於人力資本的需求，還是人力資本的投資報酬率，都存在著較大的差異。人力資本的投入無法得到額外的收入補償，人們接受教育的意願普遍降低，大量具有較高知識水平和技能素質的勞動力流出，知識創新缺乏機會，人力資源開發滯後。單一經濟部門所形成的結構極為脆弱，民眾的人力資本積累情況又嚴重不足，使得蘇北地區經濟發展極不穩定，容易受到時局動盪、政策變化的影響。在制度和生產技術的雙重約束下，資源型產業結構具有高度剛性，往往會形成所謂「產業鎖定」的狀況。一旦因資源枯竭，導致資源型企業的不景氣，必然造成「多米諾骨牌效應」：城市往往面臨著接替產業幾乎癱瘓、產業轉型基礎薄弱、失業人口數量龐大等難題；而對資源的過度開掘，也使得城市面臨嚴重的「生態赤字」和災害隱患。這些問題都讓資源型產業的轉型非常艱難，甚至在短時間之內經濟形勢一落千丈。

這一歷史事實提供給我們的寶貴經驗是，在資源型產業發展相對良好、政策扶持力度較大的情況下，國家和地方政府必須要有前瞻性的視野，未雨綢繆，依託資源優勢，努力促成各行業的均衡發展，以避免資源型產業的枯竭所可能出現的接替產業的缺失。

城市史專題

馬達征服血汗——民國時期南京人力車與公共汽車博弈論 [345]

李沛霖 [346]

內容提要：民國以降至抗戰前，隨著南京空間擴展和人口遞增，交通需求隨之變化，城市公共交通結構由人畜力工具逐漸向機械交通方式轉變。其中，作為機械交通的典型代表——公共汽車的蔚然興起，形成對人力車的持續超越，從而使兩者的博弈從未間斷。雖當局對身處劣勢的人力車業加以幫撫，但因公共汽車具有的獨特優勢，使之在博弈中最終勝出，終而彰顯機械交通取代人力工具的城市化歷史時勢。

關鍵詞：民國　南京　人力車　公共汽車　博弈

博弈論是指兩個或更多的參與者，在像市場這樣的競技場上相互作用，選擇對每一方都產生共同影響的行動或策略。[347] 城市社會學家豪默·霍伊特指出，城市發展形態在很大程度上受城市主要發展階段占主導地位的交通工具的影響。[348] 而民國肇始至1937年抗戰爆發前，中國「水陸交通情形為之丕變，用石油、電氣以為交通工具之原動力，於是電車、汽車絡繹於途」，[349] 斯時南京已「為首都所在，輪軌交通、縞轂南北，水陸空交通相當發達，為中國重要交通中心之一」。[350] 而作為彼時南京城市公共交通主流工具的公共汽車和人力車，競相馳騁且博弈角逐，從而使城市交通進步和城市化進程賡續推演。然迄至現時，檢視以往成果，似覺尚有探討可能。[351] 因之，對此作一簡略論述，雖一孔之見，旨在此為之做出綿薄貢獻。

一、機械交通對人力工具的超越

一般而論，交通因需求產生，有需求就必然有供給，交通工具是為滿足一定交通需求而產生的。[352] 可以發現，近代中國城市交通工具多由西方導入，「惟人力車為東方都市交通工具之一，此類工具原發軔於日本東京，故

中國歷史上的經濟轉型與社會發展
城市史專題

又名東洋車」，後逐漸普遍於「北平、上海、漢口、廣州、南京等市，人力車皆成為重要交通工具，其他較小都市，人力車亦所在多有」。[353] 譬如1910年南洋勸業會在南京開幕，人力車始為大眾服務，出租營業用以載客。那以後，因城市空間湫隘（城牆內面積40.804平方公里）、人口稀少（1912年26.9萬人），[354] 加之「城內道路歷久失修，類多凸凹不平，道路甚狹，竟有不能過兩車者」，從而「馬車、人力車絡繹不絕」。[355] 斯時，「南京人力車大抵近路貴，遠路反可略賤；往冷靜地方貴，往熱鬧地方賤；夏時及雨天貴，冬季及晴天賤；車多時賤，車少時貴」。車價講鐘點計，約每點鐘小洋1角5分至2角；[356] 因之，「城內除小火車與馬車、人力車而外，直無較為迅捷之代步」。[357]

嗣後，1920年南京人口已近40萬（39.2萬人）[358]，加之當時「長途（公共，以下同）汽車簡捷經濟，世人殆莫不知。兩年來各省提倡之聲響，鄂湘浙粵猛進頗著成效，而逐漸放行者尤不可勝數」[359] 的影響，市民已感「交通不便，自城南至下關相距二十餘裡，雖有人力車及馬車，費時既多，經濟亦不見甚省，城內居人感覺有創設長途汽車之必要」，即「按近年南京人口日繁，此項交通實不可緩」。[360] 由是，作為城市機械交通的代表——公共汽車應時而生。如1924年4月，寧垣公司開行公共汽車6輛，「起下關車站至夫子廟附近的門簾橋」，途設三牌樓、鼓樓、東南大學、大行宮等8站，「旅客票價每站大洋五分（銅圓五枚），全線小洋四角」；[361] 雖「車資較人力車價略昂」，但「該公司乃應需要而創設」。[362] 但不可否認，其時全市公共汽車僅6輛，且「城內小火車機車損壞僅開單班，供不應求」，因而「人力車（仍）居本市車輛數目之最大多數，亦為市民交通之最重要工具」。[363]

自1927年4月國民政府定都後，南京區域逐而擴張。如定都初，暫「以江寧城廂內外及江浦縣屬之浦口為其區域」，面積157平方公里。1935年「省市劃界」，則「四郊之地盡入南京市區」，全市面積達465平方公里，並劃11區。[364] 彼時，「南京市面積居全國各市第一位，為世界有數之大城」，比明代其外廓擴大50%；[365] 全市人口由1927年36萬人，增至1933年72.6萬人、1936年100.6萬人、戰前達101.8萬人，[366] 儼然成為具有相當規模和地理空間的大都市。並且，「隨著城市規模日益擴大，導致人們出

行距離逐步超出可使用非機動交通方式的範圍，交通需求迅速增長，（機動）公共交通成為多數人必選的交通方式」。[367] 由此在「本市繁榮日甚，人口增多，公共交通設備需要日切」[368] 的背景下，1927 年南京市府以「公共汽車影響市民生活巨大，應由政府設立監督機關嚴密查勘，務使其能便利全市人民為主旨」，即「為提倡交通及便利市民起見，多方規劃公共汽車，促其實現」，8月設公共汽車管理處，9月向全市招商承辦。[369] 嗣後，關廟、振裕等公共汽車得以穿流行駛。至 1934 年，江南汽車公司行駛市區四路及陵園一路（起訖點見表1），興華汽車公司行駛二路（起點自夫子廟、中華門，均訖下關京滬車站）；兩公司共行車 108 輛，「市內每五分鐘開車一次，實行於夫子廟、中華門、國府路、下關江邊等處，行旅稱便」。[370] 翌年，因「本市合燕路沿途工廠、學校甚多，每日往來人數平均當在千人以上」，國民黨中央政治學校附設蒙藏學校函請市府和江南公司通行公共汽車。[371]1935—1936 年，江南是全市唯一的公共汽車公司，市區設 131 站、行車 100 輛，全年乘客 1842 萬餘人（見表1），此承載數已為同期全市人口 18 倍強。再「至南京淪陷前夕，（其）市區計有六路及陵園、西郊二路」，市區路線 80 餘公里、日行車 120—140 輛，「每日乘客人數達十二萬人。當時南京人口約為百萬，即每日有十分之一以上之市民與公司保持接觸」。[372]

表1　江南汽車公司市區運營概況（1935 年 7 月至 1936 年 6 月）

路線名稱	起訖點	路線長度（公里）	全年乘客數（人）	站數	車輛數
一 路	夫子廟—下關京滬車站	12.00		28	25
二 路	夫子廟—和平門	11.00		25	15
三 路	中華門—黃埔路	8.00	7176365	20	26
四 路	中華門—下關江邊澄平碼頭	13.50		33	25
陵 園	新街口—靈谷寺	10.38	960232	18	6
西 郊	新街口—上新河	7.14	287506	7	3

資料來源：南京市政府秘書處統計室：《南京市政府行政統計報告（民國二十四年度）》，南京：胡開明印刷所 1937 年印行，第 303 頁。

中國歷史上的經濟轉型與社會發展
城市史專題

從表 1 數據易於看出，當時公共汽車已成為南京城市交通主幹，對市民生活的影響至深至巨。如全市 1931 年移入 336047 人、移出 259327 人，[373]1936 年遷入 568122 人、徙出 574656 人，[374]人口流動量均超同期總人口 1/2 強。這一情形，如沒有載客眾、迅捷的機械交通予以承負，顯然無法實現。從更廣視角考察，戰前南京面積持續擴張、城市移民不斷增加，人口流動必然頻密；而傳統的緩慢的人力工具顯然難以適應市民較長距離的交通需求，才會對快速、廉價的現代公共交通方式產生迫切需要。譬如 1927—1936 年，南京人力車數分別為 5337、7352、9097、8407、9856、9026、10158、10544、10962、11180 輛（其中營業人力車 1929 年、1934 年、1936 年、1937 年分別為 7000、8628、9799、9676 輛）。[375]而同期（1928—1936 年）全市汽車（含公共）則由 144 輛增至 2119 輛。[376]期間，汽車增長 12.7 倍，人力車僅增 0.5 倍，且 1936 年後營業人力車已呈遞減之勢。推其總因，此亦與「南京建設國都以來，市政日趨發達，汽車業適以社會之需要」及「下關、城內往來者有公共汽車之便利，誰僱人力車往來，以犧牲其寶貴之光陰者」等現實情事息息相關。[377]由是看來，交通方式是居民根據自身需求和愛好而選擇的交通工具，如某種交通工具能更好地滿足，那麼其被選擇的概率就必然會增加，就能生存並不斷發展。[378]所以然者，抗戰前南京城市雖呈現公共交通運行的混合模式，但市民仍對容量大、迅捷的機械交通更為青睞。從而隨著公共汽車的蔚然興起及對人力車的不斷超越，兩者間此消彼長，或日益繁盛，或逐漸窳敗。

二、人力工具與機械交通的博弈

博弈論的基本方法是，從競爭對手的角度出發，考慮什麼才是其所關心的利益，然後根據這種估計來選擇能使自己利益最大化的決策。[379]其時，南京城市公共交通工具的核心訴求，即生存與發展。但在市場競技中，因公共汽車的性能和前景較人力車更具優勢，使人力車的生存空間被擠壓、生計被威脅，本能的反感與畏懼讓兩者之間的博弈和衝突從未間斷。

風起於青萍之末。定都前，關於公共汽車與人力車的爭議，不絕如縷。誠如時人指出，「南京人力車極端發達，苦人靠此苦力生活者殆近萬人，汽

車暢行，伊等生機半絕」。「金陵五方雜處，勞力尤多，以拉人力車資生者，就月繳車捐核計約在萬人之數。若汽車通行，勢必侵奪彼等利益，以此等勞力之人與之爭利而使頓失生機，似非仁人所忍出」。「即使官廳強為批準，何足以杜車業之口，而服勞動人民之心」。[380]但亦有論者不能苟同，認為「南京自下關至城內一段路廣人稀，改乘人力車與馬車，則四野荒涼又有暴客之戒，是故下關與城內，儼若秦與越商業之不興蓋有由來也」。「顧於此，群眾鼓吹聲中，南京方面乃有反對長途汽車之說，斯誠異矣……且傷害生命只可視為非常之事，不可藉此反對也」。[381]也因此，南京1918年即有「金陵長途汽車公司之籌設」；[382]然歷6年之久，公共汽車才得通行，這與人力車業的抗爭不無關係。如1923年12月6日，寧垣公司公共汽車籌備完成際，市人力車同業公所「以汽車通行後與人力車營業大受影響」為由召集同業開會，決議換購車捐執照「前十日收車進廠，停止營業以示反對」。而警察廳「恐一經停業，此萬餘苦力難免不發生暴動。即飭派長警至各車行通知不許停業，有何問題盡可商議並召集再次開會」。[383]嗣後，「各車業公所召集同業開會，討論結果仍照前議，一致停業並散發通告，大有無可調停之勢」。[384]至此，車捐局和汽車公司負責人於開會次日前往公所，應允其所提條件，主要有「向地方公會士紳承諾，汽車公司須嚴格考求駕駛人才；不得駛於所定路線以外，得各方諒解」等。[385]

事態沒有戛然而止。1924年3月寧垣汽車將通行際，人力車業公所「對於反對之運動，大有再接再厲之勢，非達到取消該公司之營業執照不可」。即「因該公司車輛業已運到，不日即將行駛。車業公所特開會討論，當場議決：倘長途汽車一旦上街行駛，即由公所派人前往阻止開行，如不遵從，即將車輛扣留」。江蘇省長恐生衝突，「又飭令警廳妥為防範，免滋事端」。警廳「令其（汽車）暫緩行駛，一面委派專員向車業公所關切疏通，俾免衝突。惟車業公所因維持生活之故，反對甚為堅持，苟官廳許其行駛，則全城車輛預備一律罷工，並從長途汽車開行日起，一律不購捐票以示抵制」。[386]雖情事愈加緊迫，然公共汽車發起人「內部仍進行未懈，此年來路政發達之證驗」。[387]嗣經諸多波折，次月公共汽車終駛於南京。但翌年，人力車伕

再為抗議公共汽車通行而罷工,「並阻礙全市四千餘馬車、汽車之交通」。[388] 不難發現,其時人力車與公共汽車的衝突持續顯現。

值得強調的是,定都後南京「首都斯奠,中外具瞻」,[389] 當局已不能無視公共交通業的無序,進而作出管控。如定都初「因南京車輛價目極不一致,人民感受痛苦至深」,市工務局規定「出租各種車輛之價目應為劃一,(並)以當下生活情形重行規定價目」,1927年9月1日正式施行。[390] 翌年8月,因「市府前增訂各項車輛價目,惟去年情形已與現在不同,最近市工務局復提出車輛雇駛價目提案,經第九次市政府會議透過,即日由工務局頒布施行,亦旅行之指南也」。[391] 如表2所示,彼時人力車乘價實行一日、半日和一點鐘的計價標準,並可以里程計。推而言之,該業的一點鐘乘價較定都前有所提升,但較斯時公共汽車每站定價5分而言,並無明顯優勢。

表2　南京特別市政府工務局規定各項車輛價目表(1928年8月)

車輛類別	一日	半日	一點鐘	備註
出租汽車	18元	9元	3元	一日、半日以12、6小時計;一小時後每增一小時分別加2元、5角;不滿半小時以半小時計,過半小時作一小時計
馬車	5元	3元	8角	
人力車	24角(小洋)	12角(小洋)	3角	每里小洋5分,不足一里者以一里計
公共汽車				每小站小洋5分,不足一站者以一站計

資料來源:《改定車輛價目》,南京特別市市政府秘書處編譯股:《市政公報》1928年第19期。

至1933年,當局再將人力車乘價釐定:一華里銅圓20枚(作者註:每公里40枚)。[392] 是年11月,江南公司將市區票價定為每公里銅圓6枚且2站起售,但僅行一日已引紛爭。如南京市人力車、馬車同業公會聯合向首都警察廳和市長「乞增高江南價目,俾免糾紛」。即「竊屬會等據各方報告,謂江南汽車公司減低價目,影響馬車、人力車等營業實非淺鮮,已人人危懼、個個寒心……人力車伕皆屬各地逃荒來京就食之貧民,彼為生計必當必重受其害。如其不加入減價競爭則無生計,即加入競爭亦難求一飽,而家口更無法維持,更何來車租以交車主……倘照以上所得之結果,而發生更重大之恐

慌者,即此失業之十數萬人生計更何法維持,其影響全市之治安秩序至如何程度則不忍言矣」。[393] 嗣後,市府第283次市政會議議決,自當月27日起公共汽車票價改每公里銅圓7枚且2站起售,由夫子廟至下關票價均定70枚,以資一律,「並飭工務局分別通知江南與興華兩汽車公司,遵照辦理」。[394]

　　面對人力車咄咄進逼的氣勢,公共汽車則處於防禦地位,而當局為維護社會穩定,要求其再度妥協。如1934年6月,南京市長交議「本市人力車伕因公共汽車發達後,營業衰落、生計困窘,殊堪軫念」。擬將江南、興華公司汽車原定最低票價銅圓14枚改為21枚(三站起售),「以資救濟人力車伕」。此議經市政會議透過,自7月16日起實行並由「工務局飭兩公司遵照辦理」。然江南公司不想坐以待斃,向市長呈文,「惟於限制票價一事,市長念及人力車伕生計起見,自不得不恪遵辦理,擬請試行半個月,以覘效果……公司營業關係司機售票員之數百人生計,望市長一視同仁,當不致視人力車伕為重而以公司員司為輕也」。至16日,該公司按規定實行的票價已較人力車為昂,導致營業日頹。如7月上、下半月乘客分別為377667人、285984人,日均減7303人;市區票款分別為21790元、21154元,日均減130餘元。且「四路車下半月行駛較上半月日均增四輛,否則減少數將更巨」。由此,其申明「長此以往,不特公共汽車交通無從發展,即欲勉維現狀實屬不易。垂餘公共汽車關係全市民行,賜予妥籌救濟辦法,俾維久遠而利交通」。然市政會議終議決,「礙難照準,令仰照此」。[395] 9月,工務局正式通令全市公共汽車,改每站銅圓7枚計3站起售,起價21枚。[396] 雖此後江南幾度力爭請求改回,然市府均不應允。直至1935年11月,因銅圓市價漸漲,當局才飭令公共汽車改每站6枚,但仍規定3站起售,其後按站遞加6枚。[397] 然僅實行一月,人力車伕再為公共汽車減價而影響生計,發起鬥爭;而後汽車擴展市區新路線時,車伕又麇集市府請願,哀求制止。[398]

　　具如上述,如無當局外力的楔入,人力車與公共汽車之博弈已無優勢。此情主要是由於戰前「南京公共汽車在國內官辦商營事業中比較尚為獨廉」,[399] 且「全市公共汽車票價為京滬區各地汽車票價中之最低者」。[400] 雖政府慮及人力車伕生計,對「公共汽車票價一再變更,(江南)公司及乘客均感不便」;但其仍「營業昌盛,盈利頗豐」,如開業首日營收120元,戰前每

日達五六千元；1933 年、1935 年和 1937 年度分別盈餘 4.8 萬元、8.4 萬元和 41.2 萬元。[401] 即儘管存在政府干預，也僅使得數年內人力車未被汰除，但仍無法阻滯其衰落之宿命。

三、博弈引致的生計和生存危機

民國時期，「中國是處處都落後的國家，（東）洋車不但未曾遭受天演淘汰，而且還異樣、普遍地發展起來」。[402] 如戰前人力車曾是南京重要的交通工具，但其意義絕不僅限於此，在社會不靖和農村凋敝的背景下，本應作為城市交通補充並逐步退出歷史舞臺的人力車已不僅是一種工具，某種程度上成為貧困和失業民眾的謀生途徑。譬如「南京人力車伕拉車前職業，以種田者為最多，此可見農村經濟之衰落、破產程度之深刻。農民徒以破產又乏熟練技能，生活驅使率遷往都市，遂不得不以拉車為謀生途徑。都市人口增加之所以迅速，此蓋一因也」。[403] 且由於人力車「甲等造價略高，約百元上下，乙等造價約六七十元之間」，多數人無力購車，便向車行車主租用，所以「人力車主有設行者，有一人置備一輛或數輛出租以牟利者」，而「車伕多來自農村逃荒來寧謀生的貧苦農民，車主乘機覬利，愈加制以供其求」。[404] 如南京人力車行 1920 年僅 90 家；1936 年達 2000 餘家，其中大車行約 167 家，每家 20—50 輛不等；小車行居全市 7/10，每家 3—4 輛。[405] 1936 年，全市人力車伕為 19598 人，「車伕有攜家眷者有獨身者，令姑以三分之二車伕有家眷計算，本市直接間接依靠人力車為生之人，其數當在五萬人以上」。[406]

而博弈論的基本準則是把自己的戰略建立在假定對手會按其最佳利益行動的基礎上。[407] 由是，公共汽車的開行，不可能不對人力車產生影響。長期觀，這是一個逐步取代的進程；短期看，則表現為人力車伕的生計更加困窘。譬如其時南京人力車伕每日須納 5—6 角租金與車主，多數分上下兩班、「二人合租一輛，輪流日夜營業」，少數則拖一班。[408] 據 1933 年對南京市 1350 位人力車伕的調查顯示，車伕每月淨收入 5—19 元的占總數的 65%（見表 3）；家庭中，他人無收入者 747 家，占總數的 55%，即「家庭大部分專賴一人收入維持全家生活，其負擔之重可以概見」。且家庭支出 10—29 元

的占總數的72%，如將最大占比的收支等級相較，已收不抵支。同時「人力車伕家中，食品費實為重要一項」，每月5—14元食品支出的家庭已超總數的70%；[409] 以「恩格爾係數」[410] 分析，南京人力車伕家庭狀況為「貧困」。因而，車伕常需借債度日，家中負債者547家，已占總數的40%；家庭全年改進費「無」者占71%；即「以南京生活費昂貴，車伕收入低微，衣食住等費用負擔已屬不小，若望再有餘錢改進其生活，實難得也」。[411] 以此推之，「車伕為社會勞工中最苦工作，終日奔波流盡血汗。其所得代價除繳納車租外，僅能維持最低限度之生活，如有疾病危困或遇天氣變化，則連最低限度生活亦將不能維持」。[412] 誠如甘聖哲《南京人力車伕調查報告》中所雲，「南京人力車伕以牛馬式勞動代價之所得，其收入之數幾不足以活命養家，工作之苦、生活程度之低，幾非吾人所能想像」。[413]

表3　市人力車伕每月淨收入表（1933年1月調查）

收入組（元）	人數	百分比	收入組（元）	人數	百分比
5元以下	159	11.78	25—29	13	0.96
5—9	183	13.56	30元及以上	9	0.67
10—14	482	35.78	不明	24	1.76
15—19	212	15.71	無	161	11.93
20—24	107	7.93	合計	1350	100.00
備註	無淨收入者，或因恐調查有其他用意而故意少報之。				

資料來源：言心哲：《南京人力車伕生活的分析》，南京：國立中央大學1935年版，第28—29頁。

應當承認，公共汽車與人力車的博弈是引致後者生計困窘的主因。如1934年，「近自公共汽車行駛以來，人力車業日形衰落，目下車伕之生活狀況更非昔比。如過去京市人力車最發達時期達一萬輛以上，車工共二萬人。自江南與興華兩公司公共汽車加增行駛後，於城南至下關各處沿途設站，該業大受打擊，向政府數度請求救濟。至現時全市人力車受馬達淘汰，僅剩九千輛，但事實上僅五千輛上市服務，各車行擱置共達四千輛竟乏人承租。至各車行共達三百餘家，因車工減少、捐稅加重，現下車輛多停頓不能出租，

故對業務前途，莫不深抱悲觀」。同年，人力車伕每日勞動所得僅小洋 6 角（過去可獲 1 元），除應給車行捐款 4 角外，剩餘 2 角充作本人及家屬養活之資。由是，「南京近自公共汽車行駛後，人力車業確受其影響。京市車伕無不告以生意冷淡，營業情形迥非昔比。其每日之所得遠不及一二年以前，而車租仍須照付，家庭負擔依然，其困苦情形可想見矣」。[414] 至 1936 年，人力車同業公會已表示，「入夏以來，大小車行生意一落千丈，較往年生意僅有十分之三四成，其根本原因即江南汽車車價便宜，以致人力車不能發達，上屆營業實有天淵之別也，請求設法救濟」。[415] 翌年，「王維記」人力車行再呈「人力車業自通行江南汽車即告苦萬狀，營業頹敗。今十三輛實口食難度，無力購買車捐……」。[416]

　　進一步言，生計困窘必然導致生存危機。此已不僅是簡單的博弈，引申到實質則為政府須關注的社會問題。誠如時人論，「人力車伕問題如上海、北平、天津、南京等處，直接與間接依此為生者，多至數十萬人，少亦數萬人，在數量上已占各大都市社會生活重要的一角……其收入低微，生活困苦，工作不合衛生等，凡此種種，不僅減少車伕個人精力，且妨害民族前途之健康，其成為中國都市社會問題之一，亟待研究與解決者也」。[417] 鑒此，當局須對車伕幫扶及安置，否則大量失業將引發社會革命。如 1929 年《首都計劃》已預留人力車的生存空間，「南京原有道路不放寬者將概改為內街，作為人力車及步行道路」，「所有幹道穿過城垣處皆築兩旁拱門，備人力車及人行之用」。[418] 1936 年 7 月，南京市府再基於「本市人力車伕及靠車伕為生之人，約占全市人口三十分之一，車伕問題俱占社會問題中之重要地位，所以改進車伕生活、增進車伕福利，均為極應舉辦之要政，實為刻不容緩之圖」，進而「籌設人力車伕福利會或俱樂部。擬將上海、南京二市人力車伕先行組織，切實辦理，如有成績再行推及全國」；並制定《人力車伕合作社組織計劃》《人力車伕救濟會組織與實行計劃》，具體規定車伕的疾病和喪亡救濟、嫁娶貸款、浴池理髮、診所食堂、平民住宅、俱樂部等事項，以求「人力車伕生活當可日漸改善……社會問題無形中解決一部分了」。[419] 至 1937 年 1 月，市人力車伕合作社正式成立，社員 73 人；經多次向銀行借款購車分給各社員使用，各員每日繳該購車費 2 角 6 分至 8 分間，「此雖類似車租，實則完全

不同,該社各社員按日所繳之款即為購車之款」。開辦至戰前已繳足210天,得車1輛者34人,「將來推而廣之,務使全市人力車伕,皆能達到拉者有其車之目的」。[420]

依前而述,人力車伕對於公共汽車的牴觸,很大意義上是有感於與其博弈所引致的生計和生存危機。雖有當局關注和社會同情,但交通工具的更迭演替是城市化必然趨勢,從而其癥結不在技術層面,而在於政府如何安置這些被逐步淘汰的舊式交通工具的勞動者。

四、餘論:馬達征服血汗

史實證明,「交通工具隨人類智識文化之進步而發展」。[421]即交通方式間的「優勝劣汰」機制是人工選擇:能滿足人類社會經濟發展需要或愛好的交通方式能得到生存和繼續發展,而那些不符合的交通方式逐步會被淘汰。[422]不可否認,抗戰前「人力車為現今都市重要交通工具之一種,所以人力車伕亦為維持都市交通重要之一員」。[423]因而,時人認為「以南京目前事實論,在新式交通設備尚未完成前,失業問題方興未艾際,人力車亦不能遽即廢止。吾人對此問題應取態度首當顧全事實,新式交通工具固應提倡,而此成千累萬之人力車伕生計問題,豈容置之不顧?人力車伕多為善良人民,吾人即不譽之為神聖勞工,然較之一般游民乞丐、寄生社會以苟活匪盜之流,徒賴偷竊以生存為害國家擾亂社會治安者,又不啻天壤之別」。既如此,「吾人對此問題應具同情心理與拯救熱忱,謀所妥善解決之道,此固為政府當局應盡責任,抑亦社會一般人士所當共同努力者也」。[424]

然前已述及,公共汽車的日益猛進和人力車之逐而衰落,為既成事實。機械交通替代人力工具已成為歷史趨勢,前者暫時退縮並不能為後者提供永續保障。誠如所論,「人力車不僅在歐美各國無之,即在人力車發軔之地——東京亦漸歸淘汰。日本因應用機械代替人力,現在東京之人力車已不復認為該處一種交通工具,並預料不久有行將絕跡之可能」。即「文明進步的今日,機械如此發達,殘酷勞動如拉人力車者,按理想而言根本應行廢除。不獨公共汽車在南京交通方面應盡力提倡,即電車及其他新式工具亦當竭力籌設,

夫如是，人力車方有消滅之一日」。[425] 由是，「南京載客之人力車，自公共汽車設備後，亦只內街小巷尚有需要，將必受天然之淘汰」。[426]

問題之實質在於，當局對人力車業僅行安扶之策，無發展圖景。如1930年，首都警察廳、市工務局《南京市陸上交通管理規則》第三十四條中即明確規定，人力車、馬車不能在公共汽車設站地違章載客、停放車輛，「如違應予重懲」，並「請首都警察廳分飭各局協助執行」。[427] 1936年，當局再向全市宣告，「人力車以一萬輛為限，過此即不發牌照，以資限制」。[428] 易於看出，當局對人力車遲早汰除的意識清晰，但因畏懼取締後可能引發的社會動盪，故取權宜之計。如「人力車費時多而勞工苦，歐美各國均不採用，吾國生產事業不發達，以此為調劑失業平民，原屬權宜之計」。[429] 面對囿限和失意，人力工具與機械交通的博弈終局，犖犖大端。如彼時的《中央日報》所述，「京市交通自公共汽車增加行駛以來，人力車伕叫苦連天，車伕失業而達萬餘人。一般用血汗與馬達競爭之人力車工，日漸處於被征服之境地。迄至現時，行駛市面之人力車輛較前銳減，直接間接影響之貧苦勞工家屬共達六萬之多……」[430] 嚴格地講，在城市交通近代化進程中，人力工具已被推到歷史的悲劇地位，「一面是人力與牲畜運輸競爭的結果，一面又在抵抗機械運輸的應用之中掙紮著」。即無論人力車伕如何抗爭，「機械運輸依舊隨時在將人力車伕拋到失業的苦海中」。[431]

通觀而言，近代「自通商以後，變舊式之交通為新式之交通」；[432] 由此「中國交通事業蒸蒸日上，各處交通機關大多採用新式運輸利器，舊式舟車漸趨淘汰」。[433] 具言之，自民國以降至抗戰前，人力車雖在南京城市公共交通中占有重要地位，且當局的外力楔入及安撫，但仍無法避循機械交通替代人力工具的歷史時勢。換言之，城市交通從人畜力向機械工具遞嬗的階段中，人力車與公共汽車的衝突雖無有寧時，幾乎伴隨後者產生、發展與壯大的整個過程，但兩者間的博弈終局，仍是機械戰勝人力、「馬達征服血汗」；而博弈所引致的此消彼長，使得公共汽車最終成為城市交通的力源中心。推廣其意，本文不僅是以民國時期南京城市公共交通工具之博弈為基本預設，更希望從中管窺其自近代向現代嬗變的掠影。

中國近代城市史研究的問題、路線和方法

李歡 [434]

內容提要：本文從近代化和區域市場兩個視角，對中國近代城市史研究的核心問題、理論支撐和具體研究進行系統歸納，明確近代城市史研究的邏輯線索。在對現有學術成果進行統計、歸納、總結的基礎上，對近代化標誌和近代化特徵進行辯證分析，將理論成果與具體研究成果相結合，闡釋當前從近代化標誌到特徵、從個案到區域再到國家的研究趨勢，為近代城市史研究的不斷深化提供借鑑和參考。

關鍵詞：城市　近代化　區域市場

近年來理論界對城市化問題及與其相關的城市史學日益關注。20 世紀 60 年代，城市史學成為歷史學的一門正式分支學科在美國逐漸興起。羅伯特·E. 帕克曾說：「城市乃是文明人類的自然生息地。正因如此，任何一個文化地區便都有其特有的文化類型。」世界史就是人類的城市時代史。[435]

中國近代城市史研究肇始於 20 世紀 70 年代，學術界從不同角度對近代城市發展問題進行了較為深入的研究。中國近代社會處於政治經濟文化的轉型時期，這一時期的中國，傳統與現代交織、封閉與開放並存，呈現出開埠城市近代化快速發展與腹地城市傳統勢力因循的特徵，且過渡邊界十分明顯，城市也體現出近代與傳統並存的二元性。這一複雜的城市化現象，引起了中外學者的廣泛關注，成為史學界研究的熱點問題之一。

進入 21 世紀，學者們開始對這一研究領域進行系統總結，力圖從城市化和近代化的視角，構建起中國近代城市史研究的理論框架。然而，這些對城市史研究成果的總結，並沒有解決城市史研究本身存在的問題，大多在近代化標誌問題上徘徊，而沒有看到學術界對城市近代化研究的重點已從近代化標誌轉而向探究近代化特徵的過渡。這一轉化並非僅僅是表述上的技巧，而是刻意忽略了「標誌」的非此即彼的關係，更加強調城市向近代轉化的過程；同時，也有些總結模糊了近代城市化和城市近代化的界限。事實上，城市化與近代化之間的邏輯關係並不密切，城市化強調的是量的積累，而近代

化則更注重城市性質發生的改變。因此，進一步歸納總結中國近代城市史研究的成果，能夠為中國近代城市史研究理論的構建提供有益的借鑒。

一、近代城市史問題的提出

縱觀中國城市發展進程，近代無疑是城市發生巨大變革的時期，不僅體現在近代工業的湧現，更重要的是城市職能的質變以及由此造成不同城市類型的出現。近代生產方式的根本性變革導致了人與人之間的關係也發生了變化，表現為政治上日趨民主和法制、城市化和市場化趨勢增強、社會結構和文化習俗變遷等一系列問題。與作為政治中心的古代城市不同，近代城市經濟職能日益凸顯，政府職能也由統治向服務轉變。從某種意義上說，城市是近代化（或者說是早期現代化或前現代化）[436]的開端，為其提供了氛圍和條件。因此，近代化不可避免地成為城市史研究的核心問題。

另一方面，城市不是孤立的存在，隨著大機器生產的引入與發展，近代城市對勞動力、原材料以及生活必需品的需求不斷擴大，勢必會對城市周邊地區產生影響。儘管城鄉二元結構問題依然存在，但對於近代城市而言，鄉村的職能也發生了變化，不僅僅體現在為城市提供糧食等生活必需品，還要為城市工業提供原材料、勞動力，並成為城市工業產品的銷售市場。這種人員和物資流動所引發的城鄉關係的變化，體現出區域市場的逐步形成；城市周邊鄉鎮產業的專門化程度，以及由此產生的區域市場的擴大和升級，亦是近代城市的一個重要特徵。

因此，我們將近代城市發展歸結為圍繞近代化和區域市場化所發生的一系列政治、經濟、文化等方面的變革，二者相互獨立又相互交叉，構成了中國近代城市史研究的兩個基本問題。事實上，目前中國近代城市史的研究成果基本都是圍繞這兩個核心問題展開的，以近代城市的性質和分類為開端，對近代化標誌和特徵的相關內容進行研究，或究其一隅，或鳥瞰全貌；以施堅雅的區域市場理論為基礎進行研究，或擴展其內容，或辯證其理論。在具體研究中，學者們從不同的角度和路線出發，根據研究對象和內容，運用不同的方法，考察了近代不同城市的發展、停滯和倒退。

二、近代城市研究的理論路線

城市史研究是多學科綜合體，由於影響因素較多，在研究中對不同城市或城市不同領域的研究不能一概而論，學者們在紛繁複雜的內容中，抽取不同線索進行研究。或以近代化理論為支撐，探討城市發展問題，認為城市是中國近代化的縮影；或以區域市場理論為依託，考察近代城市在區域中的地位和作用，城市功能轉向市場服務。

（一）中國近代城市的界定：從性質到分類

關於近代城市的性質，傳統觀點是以毛澤東「社會性質是一切革命的根據」[437]為依據，認為中國近代社會是半封建半殖民地性質，因而城市也必然帶有這一性質。

近年來，隨著學術界將關注焦點轉向對生產力的研究，對近代城市性質出現了新的解釋。雖然這些解釋沒有完全擺脫社會性質論的影響，但不再單一強調半封建半殖民地所帶來的政治、經濟受到的控制以及失去的自主權，而是看到了逐漸開始的近代化步伐，政治上向著民主和法治變革，經濟上近代工業、商業、金融業相繼誕生，思想上崇尚維新、自由、民主。[438]近代城市是在內生和外生因素下，兩種勢力相互鬥爭的結果，民族發展力量和殖民阻撓力量此消彼長、相互牽制、時而促進時而阻礙，左右了社會政治經濟文化的變遷，造成近代城市波瀾曲折，緩慢發展。正如隗瀛濤所說：「中國城市化是以有工業化背景的商業化為動力形成的，是中國獨立的城市化和西方城市化的接軌。」[439]

在對近代城市性質界定及對中國近代化起源問題逐步認同的基礎上，學者們對城市類別進行了歸納。將內生本國力量主導的視為傳統城市，外生別國力量主導的視為開放城市。朱慶葆將城市劃分為條約開放城市和非條約開放城市，認為條約開放城市是外因推動下的近代化，而非條約開放城市則是在傳統經濟基礎上的內生近代化。據此認為，非條約開放城市更能代表中國城市自身發展的趨勢和特點。[440]隗瀛濤將傳統城市分為傳統行政中心城市、工礦業城市和工商業城市。開埠城市分為約開商埠和自開商埠。[441]趙永革、

中國歷史上的經濟轉型與社會發展
城市史專題

王亞男則以發展動因為依據，將近代城市分為因外國資本輸入而興起的、傳統封建城市自行轉化的、近代工業發展造就的以及近代交通帶動的四個類型，來區分中國近代城市的類別。[442]

中國地域遼闊，不同地區城市發展條件和水平不同，發展路徑也不盡相同，明確中國近代城市的性質和分類，有利於對不同城市因地制宜、因勢利導地進行分析，奠定了近代城市史研究的基礎。

（二）城市近代化研究：從標誌到特徵

城市是近代化的窗口，近代城市研究必然會與國家近代化進程相關聯。起初，學者們試圖對近代化形成相對統一的標誌性認識，形成了以「衝擊—反應」模式和資本主義萌芽論為代表的生產關係說、以日本學者濱下武志為代表的工業化程度說以及以吳承明為代表的市場經濟說。這些理論也成為近代城市史研究的主要依據。然而，近代化是指在傳統向現代、農業文明向工業文明轉化過程中，政治上的民主化、法制化，經濟上的工業化、商品化，思想上的理性化、科學化，以及社會上的開放化、自由化等一系列既相互關聯又不斷變化發展的事件。單一的標準難以完整表述城市近代化的全部進程，隨著研究的不斷深入，學者們開始逐步將視角轉移到對近代化特徵的描述上來。

20世紀50年代，美國學者費正清提出了「衝擊—反應」模式，之後中國出現「資本主義萌芽論」與之相對立，客觀上承認了近代化即資本主義化，從制度或生產關係角度定義了近代化的標誌。借此觀點，有學者認為沿海沿江城市由於資本主義發展較快，是「中國近代化的先行地區」。[443]實際上，近代化是任何國家都必然會經歷的階段，而資本主義階段卻並不是必然的，[444]中國的近代化仍在延續，而資本主義早已消亡，故此西化觀點並不適用於中國。

鑒於西方近代經濟史是「人類社會從工業革命以來所經歷的一場急劇變革」，[445]近代工業也往往被看作城市近代化的標誌加以研究。日本學者濱下武志在考察近代亞洲市場時也認為近代化即工業化。[446]工廠的建設及其發展條件、生產規模、產品結構、經營狀況、工人階級等內容出現在近代城

市研究當中。[447] 然而中國近代工業機械化水平和科技含量低,影響範圍有限,遠不及西方工業化對整個社會變遷的影響力,把工業化在西方的地位加之於中國是不符合實際的。

20 世紀 80 年代,對近代化標誌問題的討論逐漸拓展到了以市場經濟形成和發展為主的流通領域。吳承明先生以明清和近代中國市場的研究為基礎,明確提出經濟現代化即市場化的論斷,認為自然經濟向市場經濟轉變是傳統經濟向近代經濟過渡中最根本的特徵。[448] 之後越來越多的學者將研究重點轉移到市場發展上來,傅衣凌、陳忠平、許檀等學者都對中國市場結構進行過研究。[449] 在城市史研究方面,張利民也認為對外開放是近代化的開端,市場化和工業化是城市近代化的標誌,考察了商品市場、流通網絡的發展過程,並在此基礎上研究工業和金融業的發展。[450] 王玉茹在《城市批發物價變動與近代中國經濟增長》中用加權平均的方法推算出中國近代城市批發物價指數,分析其變動趨勢和影響因素,以考察市場變動,衡量城市經濟發展。[451]

近代化是在市場擴大的前提基礎上發展起來的,自由的市場經濟成為廣泛需求和專業化生產的誘致因素,需求擴大和生產專業化又為技術創新提供了必要性和可能性。然而中國的市場經濟服從於世界市場體系的需要,而非中國國民經濟發展的需要,市場無法形成對生產力提高和社會進步產生根本影響的誘致因素。故單純市場推動下的近代化無法推動中國社會經濟的協調發展,市場化不過是為近代化創造了前提條件。

在近代化標誌問題無法得到統一的情況下,學術界模糊掉這個非此即彼的概念,繼而研究內涵較為寬泛的近代化特徵問題。受新年鑑學派的影響,國外研究多集中在社會結構變遷方面,尤其是殖民者與本土市民、社會精英與普通大眾這兩對階層。[452] 中國研究涉及了婦女地位的提高、工人運動、市政運作、城市結構、媒體娛樂等具有現代化特徵的社會現象。巫仁恕將這些現象定義為「現代性」,即「文明為面對時代的變化(無論這些是來自外部或內部),所做的自我調整」。[453]

以娛樂為代表的城市第三產業發展，不僅有影院、戲院、酒店等，還出現了回力球等體育項目，第三產業在城市經濟中的比重提高，成為城市化發展的後續動力。[454]借此，婦女不僅踏足公共娛樂空間，還出現女子職業、女子教育，婦女「性別空間」得以拓展。[455]女性也成為勞動力進入工廠工作，參與到工人運動當中。[456]工人人數的增多和罷工運動的出現是近代生產關係中矛盾激化的表現。[457]

為適應近代經濟的發展，銀行金融業也逐漸出現，成為政府控制經濟的有力手段。[458]近代市政以政治民主化、政府職能服務化為趨勢，開展市政、公共事業等建設。[459]基礎設施的完善是城市服務功能的體現，市坊分界的弱化、城牆的消失、租借區的出現更是城市建設服務於經濟職能的體現。[460]另外，近代交通的建設，促進了人員流動和物資集散，推動了市場經濟發展。[461]

這些近代化特徵或現代性被王笛概括為：民主化、法制化、工業化、都市化、均富化、福利化、社會階層流動化、宗教世俗化、教育普及化、知識科學化、訊息傳播化、人口控制化。[462]認為這些特徵的出現就是近代化過程，而不再使用近代化標誌來研究近代化問題。

近代化的標誌主要侷限在經濟近代化領域討論，而「現代性」特徵則涉及城市的各個方面。這些特徵曾經在「大傳統」的習慣方法下被忽視，淹沒在對「近代化根本性問題」的眾多研究成果之中，近年來才開始受到關注。看似表象的特徵實為近代化引起的、社會功能隨之契合的產物。忻平引入自然科學中的「全息」概念，認為要考察「全息體」，也要注重其組成部分「全息元」，即全面地看問題和抓住事物本質並重的歷史觀。[463]這種觀點與新年鑒學派的地理時間、社會時間和個人時間組成的全面的、整體的、關聯的歷史觀相吻合。

（三）城市區域市場研究：市場和空間理論

近代中國被迫納入世界市場後，耕織結構被打破，商品化率不斷提高，原先自給自足的民眾被捲入市場之中，跨地區的市場交易成為必然；工業的興起使規模效益加大，經濟的空間集中化增強，工業和貿易中心城鎮增多、

規模和輻射範圍擴大，促進了區域市場化發展。「近代化即市場化」正是這一論斷逆推而得出的結論。

區域市場是指在一定區域範圍內，可以實現帶有一定相似性特點的商品和勞務的便利流通。施堅雅以宏觀區域說為起點，利用數理統計、比較研究和 GIS 訊息系統等研究方法，提出了層級市場、六邊形市場模型、「等級—規模」等市場理論。認為中國城市不構成單一的一體化城市體系，不同地區城市發展存在時間和空間差異。[464]

基於這一理論體系，以區域內城市體系、城市群體為研究對象成為一種新的發展趨勢，隗瀛濤、周俊旗、萬靈等學者將中國特色的區域城市史研究概括為區域內城市體系發育演變歷史、區域城市化的歷史道路和發展水平、區域內城鄉關係三個主要內容。[465] 羅澍偉認為城市是區域經濟網絡上的節點，是區域瞭解外部的窗口，也是人口彙集中心和新事物發源地，中國大城市在近代的爆炸式增長則是寄生於腹地的畸形增長。[466] 與約翰·弗裡德曼的「城市—區域」發展模式理論[467]相類，戴一峰提出了區域內向性與外向性視野的城市史研究方法。[468] 朱軍獻運用「核心—邊緣」這一概念，研究開封與鄭州「核心—邊緣」反向運動與其政治關係的重構。[469]

在城市的空間結構方面，中國近代隨著新型工商業職能的契入，城鎮形態也在傳統城市職能的基礎上向近代化轉變，城市的空間結構得以重新分佈和積聚。施堅雅運用 GIS 訊息系統開發了中國空間結構模型，描述中心城市的空間層次和空間隸屬關係。隨後中國學者也運用同樣方法對近代城市結構進行了重構。李國等構建了民國廣州的三維模型，對城市景觀進行模擬，進而分析建築的功能佈局及變化；[470] 姚燕華、陳清的研究認為政策、經貿、社會結構、多元文化和規劃控制是影響城市形態的因素，即城市形態是為了適應城市功能而變化的。[471] 受西洋文化影響出現了城市環線、洋房、公園等建築形態，城市內分工的加劇則使得行政中心、居民區、工業區和商業區逐漸分明。

三、近代城市的具體研究方法

在近代城市史研究過程中,學者們圍繞近代化和區域市場化這兩個問題進行了理論探索。在具體研究中,則根據研究對象的區域和範圍不同,所關注的問題、具體研究的路線和方法也不盡相同。

(一) 個案研究

近代以來,隨著通商口岸的陸續開放,國外透過這些窗口與中國展開了大規模的國際貿易。外國資本、商品和文化瞬間湧入開埠口岸,一方面對這些城市原有的社會經濟結構造成衝擊,另一方面從外部逼迫其轉變,推動商埠城市近代化變革。由於這些城市近代化開始較早、水平較高,一些學者認為研究這些城市「意味著綜合考察中國各城市所具有的特性」。[472]

國外學者作為中國歷史的旁觀者,將視野集中在中國對外開放程度較深的開放城市,認為這些城市所展現出的就是近代中國城市的全貌。因此,對上海等國際化都市,凝聚了較多的研究成果。在此之後,海外對揚州、蘇州等江南城市以及漢口、成都等長江內陸口岸的研究也初露端倪。但總體而言,海外研究較少,不夠深入。

中國的相關研究則輻射範圍較廣,不僅關注口岸城市、工礦城市,還有一些中小城市,研究內容涉及政治、經濟、社會、文化和城市建設等方面。但總體而言,都沒有脫離歷史學和社會學的視角,鮮有真正將其作為城市經濟問題研究其經濟發展水平和結構,或政治問題研究其政府職能和關係的成果。現捃摭研究精要,臚列於表1。

表1 近代城市個案研究成果

城市	研究領域		代表性研究成果事例
上海	政治	立法	《上海銀行公會與二十世紀二三十年代的票據立法》
		政治運動	《上海工人運動史》《上海海員工人運動史》
		公共事業	《近代上海公共租界工部局的水費監管及特徵分析》《近代上海公共租界中的電費調整及監管分析（1930—1942）》《從華界垃圾治理看上海城市的近代化（1927—1937）》《近代上海與長江三角洲的郵電通訊》《近代上海民間時疫救治》《上海公共租界電氣事業產權變遷評析》《論近代上海公園開放》《近代上海的公共と國家》
	經濟	工業	*Economic Shanghai: Hostage to Politics, 1937-1941*、《試論近代上海民營企業的對外技術選擇》《上海機器織布局的創辦及意義》
		貿易	《對外貿易與上海經濟的早期現代化》《上海近代百貨商業史》《民國時期上海市場的對外聯繫：以1921—1937年貿易和物價指數為中心的分析》《從小眾奢侈品到大眾傳媒：近代上海收音機市場研究》《法租界西區：花園洋房—20世紀前期上海城市消費文化的象徵》
		金融	《近代上海金融市場》《上海銀行公會與近代中國銀行信用制度的演進》
上海	社會	女性地位	《女性消費與消費女性：以近代上海百貨公司為中心》《空間、角色與權力：女性與上海城市空間研究（1843—1911）》《白領麗人：近代上海的女職員》《危險的愉悅：20世紀上海的娼妓問題與現代性》
		社會階層	《1905—1914年上海的士紳民主》《近代上海黑社會研究》《近代上海城市「權力的文化網路」中的文化精英（1900—1937年）》《妙應時變：危機交織下近代上海甬商的應對與抗爭》《近代上海人力車夫群體的形象》《近代上海商業精英與扶輪社》《上海城市社會生活史：近代上海城市公共空間（1843—1949）》《行小善：近代商人與城市街區慈善公益事業—以上海馬路商界聯合會為討論中心》
		體育	《民國時期上海的回力球賽》
		生活	《晚清上海社會的變遷：生活與倫理的近代化》
	文化	思想	《商業革命中的文化變遷：近代上海商人與「海派」文化》《雙城記：上海、紐約都市文化》
		傳媒	《從〈申報〉看晚清上海人的娛樂生活及其特徵（1872—1911）》
		教育	《上海近代教育史（1843—1949）》
	城市建設		《河道、風水、移民：近代上海城周聚落的解體與棚戶區的產生》《上海的公共租界》《近代上海城市規劃史論》《城市節奏的演進與近代上海公共交通的結構變遷》《晚清上海租界的地價表現》
	綜合		《上海：現代中國的鑰匙》《近代上海城市研究》

中國歷史上的經濟轉型與社會發展
城市史專題

天津	政治	政治運動	《「中國北部政治運動的中心」：辛亥革命時期的天津》
		公共事業	《近代天津的慈善與社會救濟》《近代天津「警區」的形成》
	經濟	貿易	*Trust in Troubled Times: Money、Banks and State-Society Relations in Republican Tianjin*，1916—1937、《近代商會研究新視角：商會網路運行機制—以清末民初天津商會網路為個案》《論商會在市場化進程中的作用：以近代天津為例》
		金融	《在國家、社會與當鋪之間：近代天津當息的博弈史》《近代天津金融業研究（1861—1936）》
		消費	《近代天津居民飲食消費變動及影響探究：以英斂之日記為中心》
	社會		《近代華北自然災害與天津邊緣化的貧民階層》《民國天津社會生活史》《空間與社會：近代天津城市的演變》
	綜合		《近代天津城市史》《引領近代文明：百年中國看天津》《近代天津城市的塑形》
北京	政治	立法	《試論民國北京政府的慈善立法》
		政治變革	《辛亥革命與民初北京市政建設》《清末民初北京的政治風雲》《北京民國政府的議會政治》《1912—1916年北京政府統治研究》
		公共事業	《「利益」與「公益」的困惑：自來水與近代北京城市衛生近代化》《清末北京城市發展與巡警制度的創立》
	經濟	金融	《近代北京價格與工資的變遷：19世紀初至20世紀初》《西交民巷地區與近代北京華資銀行業的發展》《民國時期北京的小本借貸》
	社會	生活	《近代北京的市民生活》《北京近百年生活變遷（1840—1949）》
		娛樂	《「危險的愉悅」：淺析近代北京的娼妓業 以1912—1927年為範圍》《清末民初的北京體育近代化變革》
		階層 女性地位	《北京近現代婦女運動史》
	文化	思想	《清末民初無政府派的文化思想》《北京對外文化交流史》
	綜合		《民國北京》

城市	類別	子類	文獻
重慶	經濟	貿易經濟	《重慶開埠與四川近代對外貿易》《重慶開埠史》《抗戰時期重慶的經濟》《近代重慶》《重慶開埠與城市近代化》
		金融	《近代重慶金融市場的特徵與作用》
		工業	《抗戰時期重慶的兵器工業》
	社會		《淺析二十世紀三四十年代重慶碼頭工人生存狀況》
	文化	新聞傳媒	《抗戰時期重慶的新聞業》《近代重慶報業史研究現狀綜述》《近代重慶商業文化對大眾傳媒的影響》
		文化	《抗戰時期重慶的文化》《近代重慶優勢文化資源的開發與傳承》
		教育	《抗戰時期重慶的教育》《重慶抗戰文化史》《近代重慶教會學校教育之初步研究（1886—1952）》
	綜合		《重慶城市近代化遲滯原因探析》《論近代城市建設發展研究的多維因子：以近代重慶城市爲例》
廣州	政治	政治變革	《論民初軍閥戰亂對廣州社會經濟的影響》
		公共事業	《20世紀30年代廣州的食品安全問題研究》《清末民初廣州城市的環衛制度與環境整治》
	經濟	貿易	《廣州商業文化的近代化及其特點》《廣州城市經濟的轉型與發展》《競爭與共生：對外貿易與廣州的建設發展》
	社會	社會階層	《階級意識與行會理念——廣州正式政府成立前後的勞資關係變動》
	文化	娛樂	《民國時期廣州戲院行業發展概述》《廣東近代體育事業的發展》《豎姬的命運：民國年間廣州世風丕變的一個縮影》
		報刊媒體	《十九世紀初廣州傳播生態與近代報刊的產生》
	城市建設		《近代廣州城市形態特徵及其演化機制》《民國時期廣州城區主體建築的三維模擬及其空間特徵》《中國城市貧困階層聚居區的變遷、分類和特徵》《近代廣州僑資房地產業與城市空間結構的變遷》
	綜合		《晚清民國時期廣州城市近代化略論》
成都	綜合		《街頭文化：成都公共空間、基層民眾與地方政治（1870—1930）》
揚州	文化		《話說揚州》
杭州	社會		《從城市史看杭州城市文化的發展》
武漢	經濟		《漢口：一個中國城市的商業和社會（1796—1889）》
	政治		《辛亥革命與近代漢口市政體制轉型》《近代漢口市政發展與城市形象的變化》
	綜合		《近代武漢城市史》
蘇州	城市建設		《天堂與現代性之間：建設蘇州（1895—1937）》《近代蘇北市鎮工業興起及對市鎮發展的影響》
成都	社會		《近代成都城市發展滯後的原因分析》
南通	文化		《營造政治文化：以南通爲例（1849—1930）》

中國歷史上的經濟轉型與社會發展
城市史專題

寧波	城市建設	《寧波近代城市居民的特徵探析——以江北區戴祠巷和德記巷近代居民為例》
	貿易	《寧波及其腹地》
南京	經濟	《南京工業近代化的歷史道路》
濟南	經濟	*Social Problems and Social Engineering in Nationalist Nanjing, 1927—1937*,《近代南京城市社會空間結構：基於1936年南京城市人口調查資料的分析》
	社會工業	《論近代濟南城市工業的興遷及其特點（1904—1937）》
瀋陽	經濟	《近代瀋陽城市建設的歷史變遷》《瀋陽近代城市發展歷程初探（1898—1945年）》《瀋陽近代城市轉變及規劃特點（1898—19445年）》
大連	城市建設	《近代大連城市經濟研究》
吉林	經濟	《近現代吉林市的工業發展與城市化進程（1881—1980）》
	城市建設	《吉林市近現代城市形態演變研究》
長春		《長春近代城市規劃解析》《長春人口發展與城市變遷研究（1800—1945）》

　　如表1所示，當前近代城市史的研究對象包括：華北的北京、天津，東北的瀋陽、大連等，華東的上海、杭州、蘇州等，西南的重慶、成都等，還有華中的武漢和華南的廣州等。在研究內容上涵蓋了中國城市的近代化特徵：在政治方面涉及立法、政治運動、政治變革、公共事業，經濟上有貿易、金融、消費、工業，社會方面有社會階層、娛樂、生活，文化上有傳媒、教育、思想。

　　根據不同城市的特點，相關研究也各具特色。以對上海的研究最為豐富，涉及城市近代化諸方面，尤以社會生活和公共事業建設為突出，表現出上海「世界性與地方性並存、摩登性與傳統性並存、先進性與落後性並存、殖民性與愛國性並存」[473] 的社會特徵。對廣州的研究除貿易外，還涉及娛樂業和城市建設中的產業集聚，並開始關注貧民區、房地產等問題。天津是一座充分地體現出傳統與現代結合的「自然發展的、開放型的無城垣城市」，[474] 其坐擁華北、東北、內蒙古等大片腹地，貿易中心地位顯著，是研究的重點。重慶因曾為陪都，相關研究多集中在工業、貿易和新聞、教育等方面，且常帶有「重慶精神」或革命精神的時代色彩。此外，長江沿線的成都、杭州、

武漢等城市以及東北的瀋陽、大連,也有關於城市某一個側面的相關研究。對大同、鎮江等中小型城市的研究則仍限於介紹性論述,未形成研究趨勢。縱觀中國近代城市發展所體現出的多元化特徵,開放城市、工礦城市只是中國近代城市的特殊類型,而不像一些學者認為的「最為切近的中國縮影」。[475] 首先,儘管這些城市的近代化走在了中國前列,但城市化水平並不高,城市文明普及程度不高,輻射範圍有限,難以帶動區域內城鎮發展。其次,發展模式並不具有普適性。這些城市的近代化受世界市場影響和操控,具有外向性發展特徵,缺乏自主性。而內陸城市、非沿江城市接觸世界市場受限,外向發展條件缺失,無法效仿開埠城市的發展路徑,仍以傳統方式進行著緩慢過渡。最後,這些城市是外國人完全或部分統治的城市,內陸城市大多是在中央集權和地方割據勢力的雙重統治下緩慢發展的。因此,口岸城市並不能涵蓋中國近代所有城市的發展模式與特點,故不具普遍性和全面性。

(二)區域研究

近年來,學者們為了擴大研究視野和研究範圍,對區域城市系統進行了積極的探索,其成果幾乎涵蓋了全國各個地區,既有東南沿海[476]、長江中下游[477]、華北[478]、環渤海[479]、東北[480]等近代交通和工商業發展較早的區域;也有長江上游[481]、西北[482]、西南[483]等相對落後的內陸地區。[484] 中外學者對近代區域城市進行研究,主要有兩個關注重點。區域市場方面的研究成果集中在市鎮腹地和流通網絡[485]以及近代交通尤其是鐵道路網的發展等方面。[486] 張利民研究近代環渤海地區的經濟與社會後,認為,環渤海地區的遼寧、華北和山東三個經濟區域的發展時序、供求關係和價格機制趨於同步和一致,區域市場經濟呈現一體化趨勢,促進了城鎮發展和社會變遷。[487] 他又進一步研究了華北商品市場的近代化演進、商業發展規模和商業主體的演變、中級和專業市場的出現以及商品流通網絡的重構等問題,深入瞭解華北區域與世界市場接軌後的經濟發展。[488]

區域城鎮近代化變革方面的研究強調,近代以來不僅區域城鎮數量和人口有所變化,近代化水平也有所提高。隨著區域市場的發展,中心城市的輻射範圍擴大,力度增強,周邊中小城鎮也開始近代化進程。包偉民的《江南

市鎮及其近代命運》一書考察了近代化的經濟發展及其非經濟環境，以及區域文化背景下向現代化社會轉型的共同特徵。[489] 張仲禮的《東南沿海城市與中國近代化》一書涵蓋了區域商業、金融業、房地產、工業和交通運輸業的發展，近代化過程中的城鄉問題、國貨運動、市政管理、城市功能變遷、人口增長、教育和西學等專題研究成果。[490] 曲曉範對1861—1948年間東北地區城市建設，及東北鐵路公路對城市化的影響進行了論述。[491] 王笛從長江上游長時間段的自然環境、生態及交通條件入手，重點研究中時間段的人地矛盾和農業發展、區域市場、工業變遷以及地方秩序等，並著重對教育、社會組織、社會階層、文化進步等社會問題進行了探討。[492]

區域市場研究方法將區域作為近代城市史研究對象，有利於宏觀考察區域城市系統，考察區域內城市地位、作用及相關聯繫以及區域間人員、商貿流動和文化交流，成為近代城市史研究的重要組成部分，代表了近代城市研究的新趨勢。

（三）宏觀研究

近年來，隨著近代城市史研究體系的建立和完善、新方法的運用、新史料的發掘，以及大量城市個案研究成果的出現和區域城市史的興起，將近代中國城市整體作為研究對象的學術成果陸續出現，實現了從單體到區域再到整體的過渡，研究層次不斷提高，綜合性、概括性加強。

早期的研究中，顧朝林從長時段角度研究了中國城鎮體系的形成，並從職能組合結構、等級規模結構、地域空間結構三方面分析了近代城市的發展，認為近代城市具有政治和經濟雙重職能、大城市和小城鎮兩極分化、沿海內陸發展不平衡的特點，形成了一個以沿海沿江城市為主軸、區域中心城市擴散的現代城鎮體系。[493] 趙永革在《百年城市變遷》一書中描述了近代城市的狀況，尤其是發展的不平均現象。這種不平均不僅表現在口岸城市和內陸城市之間，還表現在城市中租界區的繁華和舊城區特別是貧民區的破亂之間，以及市民階層中奢侈的洋人、買辦、官僚、資本家和貧窮的人民大眾之間。[494] 曹洪濤的《中國近現代城市的發展》一文綜合敘述了中國近現代社會經濟和

城市的概況，將全國 45 個城市收錄在內，並分別敘述了這些城市的發展，力圖「比較全面、具體地認識近現代時期半殖民地半封建社會的舊中國」。[495]

這些早期著作大多僅以敘述描寫為主，而沒能對其變化作深入探究，研究廣泛而深度不足。直至 1998 年隗瀛濤教授的《中國近代不同類型城市綜合研究》一書，透過對近代不同類型城市的興衰、發展、動因、相互關係等進行研究，從宏觀領域分析城市的分佈、地位等級、社會經濟、人口密度、相關因素的聯繫等問題，闡述了中國近代城市的發展規律和特點。「標誌著中國近代城市研究從單體城市研究、區域城市研究進入整合性、綜合性的宏觀研究，對於中國近代城市史研究造成了重要的推動作用」。[496] 2004 年，何一民的《近代中國城市發展與社會變遷（1840—1949 年）》一書，運用多學科方法綜合、宏觀和微觀綜合、整體和局部綜合的方法，從城市發展演變、城市管理、社會結構變遷、城鄉關係以及城市居民生活、家庭、婚姻變遷等方面來論述近代城市，並提出了中國城市農業時代的政治中心城市、工業時代的經濟中心城市的「優先發展規律」，具有「承前啟後的開拓性意義」。[497] 何一民的《近代中國衰落城市研究》一書，則著眼於落後城市，總結其停滯的原因、特點及規律，並將其分為「絕對性衰落」和「相對性衰落」，借此歸納「城市發展的週期性規律」，填補了城市史研究的空白。[498]

綜上所述，對近代城市的概括性研究基本具有完整性，大體上涵蓋了近代城市的發展歷程，總結了城市發展所需要的政治經濟環境。但多數研究成果仍為現象的還原和描述，廣度尚有而深度不足，缺乏中國近代城市發展的權威性理論體系。尤其是中國研究，存在就事論事、就城市論城市、就近代論近代的單純記錄整合研究，缺乏概括性、本質性、抽象性研究。另外對城鄉之間、城市之間的相互作用關係研究較少，也鮮有將近代歷史放在長時段的宏觀研究，中國近代城市的整體性研究仍有待發展。

四、結語

當前近代城市史的研究成果，針對近代化和區域市場化兩個核心問題，不斷修正理論路線，在研究內容和研究方法上都有所創新。研究內容由普遍向特殊再向普遍、研究對象由單個到區域再到整體、研究方法由描述統計向

中國歷史上的經濟轉型與社會發展
城市史專題

分析推理不斷發展。然而在學科發展的同時，一些缺陷和問題也隨之顯露。總體而言，當前中國近代城市史研究具有以下幾個特點：

首先，研究方法有所創新，但應用不足。對近代城市的研究仍以史學方法和社會學方法為主，以描述社會現象、還原歷史真相為研究目的，較少深究現象背後的規律。經濟學、政治學、城市學、地理學等研究方法雖有成果，但應用的廣度和深度不足。城市史是多學科的綜合體，年鑒學派在二戰後提出的心態史學和計量史學，使研究方法朝著交叉化與綜合化方向發展。而真正能綜合運用各種方法的研究成果並不多見，在中國運用學科交叉的則更為稀少。

其次，宏觀研究面大但不深，微觀研究有待發展；生產和交換領域研究集中，而消費環節缺失。在研究領域上注重歷史事件、政治變革、近代工業發展和先進文化的研究，認為這些對歷史起決定性作用，而缺乏對城市中數量最多、成分最大的民眾生活變化的研究，缺乏對單個經濟體（家庭、企業等）實際發展狀況的研究。在宏觀研究中，對工業化和市場化這兩個現代化標誌問題研究較多，而從切實反映人民生活水平的消費入手進行的研究寥寥無幾。對整體水平和趨勢的研究，不能體現中國近代發展的不平衡性，無法認清二元經濟結構帶來的社會問題。

最後，在地域範圍上，多集中在沿海沿江開放城市以及工業發達的東北城市，缺乏對傳統城市的研究。中國近代城市是一個整體的概念，而在整體之內的個體是否都符合近代化的標準呢？上述研究熱點城市從不同程度、不同領域開始了近代化進程，而廣大的內陸城市、未開放城市是以何種曲折道路經歷著近代化發展，發展程度如何，這些問題在具體城市研究中並未得到重視。學術界仍致力於發展較快的城市，研究其領先性，而未意識到欠發達地區的不發展或發展緩慢問題才是研究近代化缺陷的根本途徑。

城市史這一學科在中國方興未艾，發展空間亟待拓展，需要持續進行深度挖掘和廣泛比較，有分有合，使抽象理論與具體研究相得益彰。分不同地區進行區域市場研究，分不同類型進行相似比較研究，分不同時間進行發展路徑研究。研究視角進行多學科綜合，從交叉領域擴展視野；研究內容宏觀

和微觀綜合，使二者互為支撐；研究對象全面和重點相結合，全面審視不同發展程度的城市特點，重點研究某一發展程度的代表城市。總體趨勢向市民的城市、區域的城市拓展，重視欠發達地區和內陸地區的城市發展，進而將近代中國城市史置於整個國家社會歷史的廣闊背景下貫通融會。

中國歷史上的經濟轉型與社會發展
企業史專題

企業史專題

家族財產繼承與近代工商企業關係研究 [499]

楊在軍 [500]

內容提要：近代以來，家族財產繼承方式與工商企業關係的論述存在明顯空間差異。傳統以集中繼承為主的西方，理論和實踐卻均傾向於分散繼承；傳統以分散繼承製為典型的中國，理論界卻對分散繼承更多持否定態度。本文透過對近代以來中外工商業家族財產繼承史實的梳理髮現，工商業家族普遍傾向於分散繼承。因此，對分散繼承與工商企業發展持消極態度的傳統觀點值得進一步商榷。

關鍵詞：近代　家產繼承　工商企業　理論與實踐

近代以來，就家族財產繼承方式與工商企業發展關係而言，西歐理論和實踐均摒棄了西方傳統的集中繼承，肯定分散繼承對工商企業發展的積極作用；中國理論界卻一直否定本土長期存在的分散繼承，而偏愛於西方傳統的集中繼承。[501] 這就產生了疑問：中國繼承者與被繼承者是否均缺乏「經濟理性」？東西方理論界分散、集中繼承方式的明顯分歧是否與東西方情境差異有關？本文擬梳理近代以來的中外典型財產繼承方式與工商企業發展關係思想，以及工商業家族繼承史實。

一、學術界的明顯分歧

（一）以西方為對象的研究者：多否定集中傳承，肯定分散繼承

可能受西方中心論的影響，中國一些學者強調西方集中繼承的優越性。到 21 世紀，尚有一些學者認為西方古代的集中繼承是基於其不斷擴張的貨幣商品經濟與個體私有制的產物，旨在保證財產的繼承與增值。[502] 還有學者指出，西方以長子繼承製為主的土地集中繼承，主要是基於其與封建王權、政治、司法、軍事、頭銜與名號的關係，經濟因素反而顯得次要，且動態變化。[503] 與此形成對比的是，現代西方學者視野中的近代歐洲繼承方式是多元的，

中國歷史上的經濟轉型與社會發展
企業史專題

集中繼承只是眾多方式中的一種，其依據是習慣，並沒有考慮效率因素。[504]在歐洲，集中繼承從封建社會後期就受到社會各界批評，如作為西方早期集中繼承制典型的英國，學術界的爭議濫觴於 16 世紀上半期，紅衣主教波爾與勒普西特之間的對話。[505]

近代對集中繼承的批判，除了人類學家、歷史學家、社會學家外，以哲學家和經濟學家穆勒的研究最為系統。他極不贊成長子繼承，認為強制分散繼承雖有不足但是當時最好的選擇。強調分散繼承並不等於絕對平均化，他建議將英國當時遺贈自由基礎上的動產均分（主要是工商業）拓展到所有財產。[506] 遺憾的是，東方分散繼承批判論者並沒有注意到穆勒早年的研究，而西方對集中繼承的批判在穆勒思想中基本得到體現，故下面對其觀點作較詳細介紹。

穆勒駁斥了長子繼承支持論者的兩個基本論點。第一個由約翰生率先提出，認為長子繼承製下其他子女不得不自創家業，從而刺激他們勤奮並樹立雄心。穆勒一針見血地指出，即便約翰生也只是慶幸長子繼承「使一個家庭只出一個白痴」，即只有長子會意志消沉，精神萎靡，其他兒子會更有進取心。此外，麥克庫洛赫等還提出長子繼承會讓長子財富與其他子女形成鮮明對比，從而激發其他子女的幹勁和活力，並普遍提高人們的努力程度，因此會使社會各階級更加勤勞，增加社會財富總額並提高享樂水平。穆勒則認為約翰生、麥克庫洛赫等人的觀點「不包含任何真理成分」。靠勞動可以更好地達到目的，勞動不僅會樹立勤勞榜樣，還會樹立遠慮與節儉的榜樣。[507]長子繼承製對貧窮階級未必產生有利影響，反而可能產生意志薄弱、虛榮者醉心「大地主的奢華」等負面效應。穆勒強調一旦走上工業道路，[508]財富不但會給人帶來好處，而且會成為才能與成就的衡量尺度，追求財富自然會成為人的內在需求，這也與其功利主義思想一脈相承。他還以沒有世襲財產傳統的美國當時毫不遜色的工業幹勁和資本積累熱情加以佐證。總之，穆勒認為工業時代理想的財產繼承方式是人人獲得適量財產，古代、中世紀之所以盛行集中繼承是因為當時以軍事活動為主，而他所處時代實行大地產的國家和地區主要是出於政治目的，而不是正義或經濟需要。

穆勒駁斥的第二個論點是均等化繼承會導致土地分割並細碎化，不利經營，這實際上也是認為分散繼承不利於企業和市場經濟發展者的普遍看法。其實，這種觀點在穆勒之前已經遭到詰難，穆勒進一步指出其糟糕之處在於，假定「人類的所作所為一般總是損害其眼前明顯的物質利益」。一方面，分散繼承並不一定意味著分割；另一方面，長子繼承表面能避免大地產分散，但由於繼承者不是唯一受益人，結果會使地主成為貧窮階級，土地資源得不到合理配置。實際上，因為通常需負擔每代其餘子女生活費，以及自身奢靡支出，往往導致大地產者過度負債。長子繼承製保持家族榮耀的傳統會導致地主不願出售部分土地擺脫債務，結果地主表面資產多於實際資產，從而導致過度支出成為本能。因此，當時少數實行大地產制的國家，無一例外地絕大多數地產均被抵押。大地主非但沒有多餘資本改良土地，反而只能依賴國家財富和人口迅速增加而帶來的土地增值使自己免於貧困。

當然，穆勒的觀點也有一些侷限性，如高等貴族的集中繼承並不一定完全對國家經濟活力起反作用。比如，19世紀中葉開始，高等貴族就曾向其所擁護的事業和金融資本的其他部門投資，他們在資本主義最早的企業，如礦山，也曾起過積極作用。[509]

（二）以中國為對象的研究者：多否定分散繼承、肯定集中繼承

近代對中國家產繼承的關注者普遍認為，以中國諸子均分為代表的分散繼承不利於市場經濟發展，較有代表性的學者有梁漱溟[510]和日本學者稻葉君山[511]。梁漱溟與稻葉君山均認為諸子均分的有效性體現在農業社會，而非近代工商業社會。梁漱溟的研究本身基於鄉村建設，稻葉君山則主要針對中國文化傳統。他們的研究結論均表明以分散繼承為主要內容的中國家族制度將中國鎖定在農業社會，是中國近代工商業、資本主義得不到發展的罪魁禍首。

稻葉君山則指出近代中國的民法承認遺產繼承有嫡庶之別，[512]但庶子間的繼承是完全平等的，這是中國家族制度的特色。稻葉君山還指出日本家督繼承制在沒有父親遺言，或者長子主動表示的情況下一般不會分財，其重視家督相傳的制度「不能說是進步的習慣」。與此相應的是，家督獨立償還

中國歷史上的經濟轉型與社會發展
企業史專題

父親遺留的債務負擔「也不能算為合理的」。與日本相反，中國的財產和債務均是多個兒子，甚至女子繼承，他認為這是中國家族制度能夠長期存續的「一個理由，或者全然因為有這樣的組織」。稻葉君山還指出，中國民族能作無限量的發展，可能很大程度上得益於中國的遺產分配製以及家與宗並存的血緣義務組織。從這裡可以看出，稻葉君山並不完全否定中國分散繼承的效率。不過，稻葉君山認為中國家族制度只適用於農業社會，其中分散繼承不但會引起「資力」平均，進而「勞資關係不生」，而且還會導致資本積聚困難。

梁漱溟、稻葉君山的思想基本延續至今，後人還將中國的富不過三代等現象也簡單歸因於分散繼承，忽視了富不過三代的普遍性。法國年鑒學派布羅代爾等人的研究表明，西方前工業化時期的商業家族也往往只能延續兩三代而已；現代管理學之父德魯克也認為，只有在企業發展不充分的前兩三代能夠控制企業，第四代以後家族企業的所有權與經營權往往會向社會讓渡；其實西方國家富過三代只是鳳毛麟角，「一代創業，二代守成，三代衰敗」是東西方工商業家族的共性。[513]

當代大陸學者雖然較普遍地注意到中國歷史上工商業家族財產傳承往往不是簡單的諸子均分，而多採取分而不割的方式，但對中國諸子均分仍持否定態度。李卓將中國諸子均分與日本的家督繼承下的「一子繼承」比較後，發現諸子均分是中國「貧困落後的根源」，這是全盤否定諸子均分近代意義的典型看法。[514] 他認為諸子均分在三個方面不利於工商業發展，首先，由於諸子均分形成的「分戶析產—財產積累—再分戶析產」，導致工商資本流失，嚴重制約商品經濟的發展，是中國資本主義生產關係難以得到發展的強有力制約因素。其次，諸子均分有助於社會穩定的同時，使人們不願離開家，難以為工業化提供可僱傭的勞動力。最後，諸子均分決定人的終身的家庭的定向型人才成長模式，難以培養和造就適應資本主義工業化所需的人才。

此外，邢鐵對明清時期商舖字號的研究發現，很多學者詬病的諸子均分導致企業資產分割並不具有普遍性，普遍存在的是分而不割，而且後者不僅是工商業家族行為，還得到當時行會和政府的普遍支持。不過，邢鐵認為這

種分家方式會強化商業的家庭所有觀念，限制人才選擇，進而會束縛工商業發展，他的這個觀點有待商榷。[515] 在大陸，經濟管理學科就家產繼承對工商業發展的影響採取了「拿來主義」，諸如不利於資本積累、容易產生家族矛盾等。

20世紀中期開始，國外學者注意到中國分散繼承與現代經濟、企業發展的關係。弗裡德曼研究中國東南宗族史發現，「普通家庭」[516]兄弟間的農業財產競爭固然會導致家庭分裂，[517]但「生意財富」更具「向心力」。[518]白吉爾指出中國近代資產階級黃金時代雖有兄弟間財產紛爭個案，但最有效的企業經營方式還是兄弟間的合作，家族制度為中國企業家提供了可以不必打破社會傳統就能夠真正適應現代經濟環境的可能，這顯然與分散繼承有關。白吉爾的研究還表明中國的情況似乎也適用於法國。[519]

德魯克雖未直接論及華人企業的財產繼承與經濟發展關係，但他所肯定的給華人經濟帶來巨大成功的、家族關係內在的相互信任與相互承擔的義務，[520]很大程度上應得益於中國傳統的諸子均分制度。而英國學者雷丁雖然認識到海外華人家族企業的強關係、弱組織具有強大的生命力，但仍然指出家產平均分配既會使經營權分散進而弱化目標，導致潛在的商業巨頭消失，又會因資產分割導致企業規模偏小，也許與其研究華人過程中不自覺地陷入自我否定的「華人情境」有關。[521]

由於傳統家族文化保留相對連續與完整，以及市場經濟自近代以來沒有明顯中斷，港臺學者對分散繼承與經濟發展關係的研究最為深入。陳其南指實施灣家族企業秉承重系譜關係、輕家戶經濟體價值的分家分房原則，家族「細胞分裂」導致小資本經營，對企業發展不但沒有好處，反而會給企業製造種種困難。與之相對，陳其南更認可重家業傳承的日本企業的凝聚力、持久性，這也是典型的分散繼承否定論者的邏輯。[522]20世紀90年代中期開始，港臺學者以現代臺灣、香港企業為研究對象，對分散繼承與企業發展關係的研究進一步深化。孫治本以臺灣企業為例，反駁諸子均分導致大企業逐代萎縮的觀點。[523]他認為，一方面，中國人分家是天經地義的，子女一般不會有獨佔家族遺產的念頭，這客觀上降低了企業世代交替衝突的可能。因此，

中國歷史上的經濟轉型與社會發展
企業史專題

諸子均分容易引發家族後代衝突的觀點站不住腳。另一方面，分家導致企業規模逐代萎縮的觀點忽略了企業成長性，其根源是將企業資產等同於土地。

對分散繼承與企業發展關係較為系統的研究出自鄭宏泰、黃紹倫，他們構建了「中國家族企業發展系統」模型，並以當代香港多個企業個案加以驗證。[524] 在中國家族企業發展系統中，他們提出了文化系統、家庭系統和商業系統三個相對具有普適性的次系統，認為分散繼承以其特有的方式促進了經濟發展。楊在軍在鄭宏泰、黃紹倫研究的基礎上，發現就財產繼承、家族企業、經營權三個子系統及現代企業發展所需的三種主要資本（人力、金融、社會網絡資本）對企業的作用而言，分散繼承會促進家族資本主義形態企業的發展，集中繼承會促進經理資本主義形態企業的發展，兩種基本繼承方式對企業發展各有千秋。[525]

二、近代西方工商家族財產繼承實踐

自近代以來，西方學者批評集中繼承的同時，對長期盛行分散繼承的中國缺乏深入研究，以中國為研究對象的分散繼承批判論者，對西方早期的繼承事實同樣語焉不詳。因此下面分別就近代西方、東方的中國和日本工商業家族的財產繼承方式進行梳理，以期釐清歷史事實。本文所說的「近代」是指由封建社會向市場經濟（資本主義）轉型的企業濫觴階段，由於各個國家和地區發展的階段性差異，並不是一個固定的時間界限，西歐大致是文藝復興到工業化時期，日本是幕府後期到明治維新前後，中國則是明清資本主義萌芽到 20 世紀初。

（一）西方整體狀況描述

封建時代，歐洲貴族領主權和政治權力往往不能區分開來，因此上層領主盛行集中繼承，但這些領主卻鼓勵其領地上的人們集體繼承，以保證有親屬關係的各家庭能夠共同償還賦稅。值得注意的是，許多小領主由於相對缺乏政治權力，選擇往往不同，特別是法國中部和義大利托斯坎尼地區的小領主，像農民一樣共同使用其公共遺產，共同居住在祖傳城堡，共同保衛城堡，成為「衣衫襤褸的共同繼承人」。[526] 上述觀點得到了馬克垚的驗證，馬克

垚研究發現歐洲封建時代的集中繼承更多強調的是，封土製下封土附著的權利義務客觀上要求完整地繼承下來。英國的長子繼承製原則最為鞏固，法國和德國則主要對大的公爵領、伯爵領等，12世紀大致確立了長子繼承製，但對其他封土仍然存在分散繼承的習慣。[527] 但隨著近代的臨近，高等貴族的集中繼承逐漸陷入困境，而財產分割卻並不一定總是迫使貴族衰落，比如在德國的黑森—卡塞爾，遵循平均分配的貴族直到19世紀中葉還能保持其地位及基本地產，而且他們沒有限制結婚或生育，也沒有委託遺贈。[528] 關於西歐中世紀農村繼承的情況，古迪等有較為詳細的論述。[529] 無論是東方還是西方對家產傳承的關注，都忽視了農業社會向工業社會過渡期的情況，而豪厄爾就中世紀晚期到近代早期這一過渡期的研究彌補了這一缺陷。[530]

歷史上集中繼承的典型是西歐，中世紀歐洲的普遍情況是除土地通常不分散繼承外，動產和現金財產不僅分散繼承，甚至有時均分。土地之所以集中繼承主要是因為國家授地制之下的土地所有權與使用權分離從根本上限制了可能導致分割的分散繼承，[531] 且多限於貴族階層。麥克法蘭甚至認為英國是中世紀西歐唯一在社會中下層實行長子繼承製的國家，[532] 而當時的工商業家族顯然屬於社會中下層。

早期西歐的財產繼承雖有重男傾向，但對女性也不完全排斥，且重男傾向的產生根源與市場經濟無關。西歐重男意識主要基於兩點：一是男性在農耕社會地位較女性重要；二是西歐中世紀社會，特別是貴族社會的財產繼承與軍事義務相聯繫，男性是軍事義務的主要承擔者。但中世紀中期起，軍事義務同財產繼承分離，婦女在有人替其承擔軍事義務時，也有財產繼承資格。沒有子嗣的平民家庭，則更進一步發展到婦女繼承家產不再有附加條件。[533]

英國之所以最早發生產業革命，可能與較早確立分散繼承有關。早在16世紀之初，英國長子繼承製就受到上層貴族和社會其他階層的質疑和批判，1536年習慣法禁止剝奪幼子、幼女任何遺產份額，[534] 19世紀中期還確立了動產均分原則，並最終於1925年廢除長子和男性優先原則，從此集中繼承在英國失去了法律支持。法國19世紀已規定各種遺產必須平分，甚而連遺贈亦不例外。[535]

中國歷史上的經濟轉型與社會發展
企業史專題

美國是集中繼承支持者普遍迴避之地，即使不迴避，也認為其家產繼承受英國影響。但是美國殖民地時代的基本情況則是「大多數移民相信財產權和個人自由是神聖不可侵犯的，他們反對封建的、閉關自守式的社會和歐洲盛行的嚴格等級制度」。[536] 這決定了英國長子繼承製不可能在美國紮根，獨立戰爭則使長子繼承在美國徹底喪失了生存土壤。

（二）工商業群體及個案

就工商業群體而言，歐洲最早的職業化群體——猶太商人的繼承與中世紀經典的集中繼承背道而馳。雖然猶太教法典規定長子雙份，壓縮女兒份額，但由於商業風險普遍存在，猶太商人缺乏穩定財產，階層沒有固化，平等精神衝擊著法典，普及了平均繼承的觀念。也有許多不成文的解決辦法，比如，獨生女與兄弟之間對半分、假借穆斯林的名義以利於女兒繼承財產等。因此，就猶太商人而言，不但兒子間平均繼承，而且女兒也享有部分或全部直接繼承權，不再侷限於嫁妝。[537]

歐洲其他重商民族的經驗亦表明，近代早期的工商家族更傾向於分散繼承，至少不是完全集中傳承。17 世紀，「荷蘭資產者雖然也在所有的子女中分配遺產，卻並未因此而產生任何障礙商業經營繁榮和持續的後果」；「倫敦大商人本來傳統上是遵循三三制的倫敦習慣法的（將遺產分成三份，三分之一給遺孀，三分之一在子女中平均分配，三分之一留給立遺囑人自由選擇）……」[538] 雖然 17 世紀末，倫敦大商人出於家族向上流動等動機，頻繁採用貴族式的土地限制性繼承規定，但主流還是分散繼承。這客觀上說明商人世界並不盛行傳統貴族規則。羅森堡、小伯澤爾指出：「中世紀的企業也是一種家庭企業，就好像家庭農戶一樣，是以家庭的財產為資本建立起來的，重要的管理職能和技術技能都限於家庭和血緣紐帶範圍之內。」[539] 既然是血緣範圍內的合夥與合營，又以家庭財產為基礎，理應以分散繼承為依託。

就個案而言，《劍橋歐洲經濟史》第 3 卷《中世紀的經濟組織和經濟政策》所論及的，當時的工商家族有多個兒子時並沒有出現集中繼承的情況，只有直接或間接的分散繼承證據。1298 年破產的邦西尼奧裡公司創辦者邦西尼奧裡的四個兒子均是合夥人。[540] 阿爾伯蒂公司「從 1304 年到 1307 年，

股東——三個兄弟——平分了純利潤,即每人三分之一。1310 年,三位兄弟每人只得到十分之三,而另外十分之一歸其中一個已被允許成為股東的兒子。這個體系一直生效,直到 1315 年,配額再次發生變化,以照顧進入家族生意的更多的兒子們。」[541]這說明阿爾伯蒂公司的所有者的家族同輩成員間具有平等繼承權(從收益權推斷),並適度體現了家族成員對企業的貢獻。1372 年,盧卡最大的圭尼吉公司家族有七個合夥人,[542]考慮當時人均壽命等因素,能夠在一線經營家族商號的員工最多跨越四代,若是經典的排他性集中繼承,則不會出現七個家族成員合夥的情況,因此也可以推斷是分散繼承。此外,英國塞利兄弟在父親去世後合股經營,[543]既然能合股,說明兄弟間是平等的,合股資本應源於分散繼承的結果。

三、近代中日工商家族財產繼承實踐

(一)日本的歷史

由於同處儒家文化圈,以及近代日本崛起與中國衰落的巨大反差,大陸學術界往往將中國與日本對比,認為就對工商業、市場經濟發展的作用而言,日本家督繼承製比中國諸子均分的分散繼承要高明得多。但考察日本家族繼承史,發現家督繼承製在工商業界存續時間相當短暫,家督也並不享有對其他家族成員和族產的絕對支配權。

古代日本受中國影響,曾長期奉行「二元主義」繼承製度,即繼嗣和財產繼承並存,這是分散繼承的制度基礎。古代日本不僅實行諸子不等分的分產繼承製,還有男女均享傾向。古代日本盛行原始平等思想,加上婦女是生產主力,故擁有穩定的財產繼承權,妻子可以繼承與嫡子相同的份額,到鐮倉時代(1185—1333),女子繼承份額還相當於次子的一半。[544]

其實,日本家督制直到江戶時期才在武士階層中出現,對平民影響有限。「農民和商人階層中的家族組織不服從諸如此類的規定:家長自由選擇繼承人,在某種程度上,擁有的土地也可以分。與武士相反,農民享有永久所有權,但地方當局或村落當局不完全反對任何移轉,只是限制轉讓給繼承人以外之他人的土地份額……在農民或商人家庭中,長子繼承從未像在武士階層

中國歷史上的經濟轉型與社會發展
企業史專題

中那樣具有普遍規律性。」[545] 江戶時期排他性的父系繼承只是武家社會的固有習俗，農家和商家甚至都沒有繼承人必須是男子的規定。[546]

及至近代工商界，家督繼承制基本存在於大家族，尤其是政商階層，這主要是因為他們與上層意識形態更為相容。其實，家督繼承制下的家督在家族企業的所有權往往不占絕對優勢。高度褒揚家督制的大陸學者李卓所舉之三井家族兩次利潤分配比例，均未出現她所說的總領家始終占絕對優勢的情況，1722 年，三井家法《宗竺遺訓》規定，總領家為百分之二十八，五個本家各占百分之十左右，五個連家均為百分之三左右。1900 年，總領家比例進一步下降為百分之二十三，其他分支比例相應上升。[547] 因此，李卓認為三井從創業到戰後被解散三百多年間的發展，實行嚴格長子繼承制是其重要原因之觀點有待商榷。

家督制下本家與分家的關係名義上可以世代延續，但現實卻往往在二三代後弱化。近代日本工商界的分家如果成功開創了新家業，分家即可脫離原來的本家，而成為新事業的本家。[548] 這說明本家與分家不是絕對支配與被支配的關係，分家具有人身和財產的相對自主權。對此，日本經濟史學界有如此評判：「德川時代以來，『家』的所有並未給予家長和家族成員全權處理財產的權利，他們不過是被指定的家產『輪班』保管人。因此，家長和家族成員的所有權和經營權較小。」[549] 一些學者所強調的以住友集團為典型的、日本近世家族企業長期盛行的單子及婿養子的傳承，其實更多的是家族財產的經營權，是「家主」的繼承，而非對財產所有權的絕對支配權力，否則就不會出現 18 世紀後期長達 30 年的叔侄紛爭，並進而訴諸政府調停的情況。[550]

1898 年，明治民法典確立家督繼承制以前，歐美以平等為基礎的公司思想已輸入日本，並促進了日本相關法制的建設。[551] 這就意味著即使政商階層也不得不變通，進一步削弱了家督制的影響。1877 年，大阪商人鴻池家的第十三國立銀行設立之初，分家、別家及僕人共三十三人向本家鴻池善右衛門遞交誓約書，約定只由本家投資，其他三十三人只是名義上的股東。但 1879 年，家族就廢除了分家、別家制度，股份也析分給分家、別家。既然家族主

動要求廢除家督制度,又得到法律確認,分家、別家與本家間的經濟和人身關係自然由主從關係轉化為對等關係,這一現實挑戰了傳統家督制。[552]1889年,新商法典頒布確立公司法後,同族間的平等化更進一步發展。到1900年前,不僅小型企業,即使三菱、三井、藤田、大倉和鴻池家等大財閥也採取了合資、合名公司的方式。「在這一時期,財閥將各種事業變更為合名、合資形式的法人組織,這已為人們所熟知」。[553]

(二) 中國工商業家族繼承史實

進入21世紀,尚有大陸學者認為中國的分散繼承基於祖先崇拜、倫理導向,目的是為了保證家族的生存與繁衍,與西方基於貨幣商品經濟與私有制、保護私有財產,旨在保證財產的繼承與增值有質的不同,完全漠視了中國分散繼承最初的經濟淵源。[554] 還有人認為,中國諸子均分家產制度從戰國之後就被一貫推行。[555] 但即便不考慮動態性,中國的諸子均分也不是絕對分散,而是靈活多樣。其實,中國歷史上繼承常用的「析分」「分析」等術語[556]並不完全意味著分割繼承,工商界也不例外。下面僅就徽商、晉商、中華老藥鋪以及自貢井鹽業等典型家族財產繼承情況進行分析。

先看徽商,企業主家族往往在分家時以諸子均分為基礎,又竭力兼顧家族經營行業的特點,保持家族工商業各地、各店產權的集中與完整,以充分發揮家族工商業價值。明清徽州分家闡書與民間繼承方式的事實表明,伴隨財產的分散繼承,常見的是家族各後代的眾存共業,法權雖「分析」但不另立戶籍。此外,徽州民間還存在女承父業和諸女均分家產等形式。[557] 徽州典商多採取的分產不分業方式,被當代學者視作徽商經營激勵機制創新之一,認為其促進了商人經營的多樣化。[558] 影響頗大的胡開文墨業的兩次分家闡書表明,胡家雖子孫眾多,均分了其他財產,但為保名牌,仍對老店單傳,堅持「分家不分店,分店不起桌,起桌要更名」的原則。[559] 同樣《崇禎二年休寧程虛宇立分書》顯示程家實行嚴格的以起點均等為基礎的諸子均分,再考慮兒子能力的量力授本、考慮諸子貢獻的量績授本等靈活方式,頗有現代經營理念。[560]

中國歷史上的經濟轉型與社會發展
企業史專題

　　以社會化經營為典型的晉商，家族財產繼承同樣形式靈活。這非但沒有帶來不動產經營的普遍分割，有的甚至分割繼承後重新合作創辦新的商號。鼎盛時期的晉商八大票號家族：平遙李家、毛家，介休侯家、冀家，榆次王家、常家，祁縣渠家、喬家竟然無一例外。[561] 有的隨著家族後代增加，工商業資產分而不割，如平遙李家；有的家族內部雖有產權析分，但更多針對收益權，如介休侯家、平遙毛家；有的家族核心企業仍然共有，其他店鋪析分，但因為有多店，各店仍屬於家族的單一分支，如介休冀家；有的家族產業大致均分，但因產業眾多，不同的分支分別繼承不同的行業，如榆次王家。此外，著名的太穀曹氏始祖曹三喜，讓七子自立門戶，財產分成七份，但商業仍要求合資經營，組成總管理處，稱「曹七合」，後因一子帶財產外出承嗣，遂改為「六德公」。[562]

　　再看「中華百年老藥鋪」[563] 的情況。限於篇幅，這裡只考察老藥鋪字號中帶「同仁」二字的六家（包括有「南方同仁堂」之稱的回春藥店），即北京同仁堂、溫州葉同仁堂、回春藥店、武漢金同仁、開封同仁堂藥店、成都陳同仁堂。六家「同仁」老藥鋪分佈於不同地區，創建於不同年代，經營品類不同，基本能夠反映老藥鋪的一般情況。這些老藥鋪多為長期家有家營，雖然其間也不乏產權糾葛、產業拓展，但基本長期被單個家族控制，在家族人力資源允許的情況下採取了分散繼承、統一經營方式，參見表1。

表1　六家「同仁」老藥鋪概況及其所屬家族財產繼承情況簡表

老藥鋪名稱	家族經濟概況	家族財產傳承
北京同仁堂	自1669年創辦到1954年長期屬於樂家。即使樂家不能經營的招商承辦階段也不例外	同仁堂樂家早年人丁不旺，基本單傳，傳承到第六代樂平泉開始人丁興旺，其妻許氏過世後一直由其子輩所屬四房共管，共享收益，並延續到公私合營
溫州葉同仁堂	康熙年間葉心培創辦，直到1956年公私合營，均屬葉家	葉心培傳給獨子葉錫鳳，葉錫鳳六個兒子不均分紅，此後產業和家廟均共管，均享收益
回春藥店	1790年張氏創辦，後張姓第二代失蹤，吳姓由代管而接管	張氏時期父創子守，吳姓經營時所有權統一，家族人丁不旺，但在多子時也並不分割，集中經營
武漢金同仁藥店	1889年金次屏創辦，家族經營直到1955年公私合營	金家人丁興旺，雖曾經營其他產業，但整個家業並未分割，一直集體繼承
開封同仁堂藥店	1840年左右，郝家與任家共創，郝家經營，任家分享百分之四十利潤，民國初任家六後裔抽資	無論郝家還是任家，都是以諸子均分為基礎的整體繼承，但經營權長期屬郝家，成年男性多時共管
成都陳同仁堂	1740年陳發光創辦，生前將財產繼承和店鋪管理作出安排，在家族後代得到延續	陳發光將財產折現均分給十一個兒子（後剩十房），各房只准取息，不准動本。隨後裔增多股權稀釋，房以下可析分，再後來股權可在族內轉讓

資料來源：安冠英、韓淑芳、潘惜晨：《中華百年老藥鋪》，北京：中國文史出版社1993年版，第9—35、269—279、321—330、376—382、439—442、501—513頁。

此外，早期具有企業性質的經濟體，往往工商不分，商業性更強，但也有個別行業工業化特徵較強。在中國，資本需要量大、技術複雜、高投資、高風險、高收益的自貢井鹽業就有了近代工業性質，因此有必要加以討論。整體而言，自貢井鹽業王、李、胡、顏家構成的「老四大家族」平常採用了分散繼承、集中經營，只在家業不振、難以為繼時才分割產業，詳見表2。

表2　自貢井鹽業老四大家族經營及其傳承概況表

堂名	家族經營概況	家族傳承概況
王三畏堂	王朗雲倡議父輩的三房分產分居，提留祖遺集中經營管理，並逐漸發展壯大	創業前整體繼承，收益權均分。經營者由家族公推，家族財產按房大致均分
李四友堂	道光年間李維基創建李四友堂，自任總辦，此後一直家族經營	四友堂興旺或有起色時基本堅持均享收益制度，衰敗時財務管理相當混亂
胡慎怡堂	胡家早年創辦布店，再與人合夥經營鹽業，後獨資經營。慎怡堂分爲五房，經營仍沿用慎怡堂	胡家「祖字輩」兄弟五權均攤前家族所有、家族整體經營。後來總堂衰敗破產，各堂也因衰敗而分家
顏桂馨堂	桂馨堂顏家自流井，先輩半耕半讀，仕途無望後轉而營商，後靠家族的深井、探鹵製鹽技術發達	創建者顏呂英平均分給五個兒子，但未分割，後代各房平均分配收益，不分割家產，家族推舉經營者

資料來源：自貢市政協文史資料委員會：《自流井鹽業世家》，成都：四川人民出版社1995年版；王群華：《王三畏堂＆李陶淑堂家族史》，香港：天馬出版有限公司2007年版；余明：《自貢鹽業資本家經營綜論》，《鹽業史研究》1989年第4期。

四、結論

　　本文第一部分對繼承方式與工商企業、市場經濟發展的關係的回顧發現，近代以來中外對分散繼承與集中繼承的態度截然相反，國外理論界自近代就開始否定傳統的集中繼承對市場經濟和企業的推動作用，並逐漸在全社會確立了分散繼承的制度。東方學者自近代開始否定以中國為代表的分散繼承，並一直延續至今，雖然其間經歷了完全否定，到部分承認其有利於市場經濟、工商企業發展，但直到當代仍不乏否定者，甚至有人認為分散繼承是中國當代經濟、企業發展相對不足的根源。

　　第二部分對西方繼承史實進行梳理髮現，集中繼承並不是西方中世紀乃至近現代工商業的主要形式，自中世紀開始，分散繼承已成為西方工商業界的普遍選擇。

　　第三部分對日本和中國的情況進行研究發現，日本相對集中的家督繼承製在江戶時期才開始出現在武家社會，在整個日本歷史上存在的時空極為有

限，在工商界也只在大的政商家族較為普遍，並在 19 世紀末西方公司思想等的衝擊下逐漸變通；中國歷史上晉商、徽商、中華老藥鋪以及自貢井鹽業老四大家族歷史表明，中國資本主義萌芽時期的成功工商業家族，或者工商業家族成功階段盛行分而不割，而衰落時則有分割。雖然分散繼承是早期工商業界的普遍選擇，但並不意味著絕對平均，而是靈活多變，可以說是公平與效率的兼顧。

中國傳統的分散繼承不利於市場經濟、工商企業發展的觀點大多缺乏基本事實支撐。近代以來，分散繼承之所以成為世界的普遍選擇，就宏觀而言，可能主要是因為市場經濟的基本精神是公平、競爭，比之於集中繼承，分散繼承天生更匹配現代微觀經濟載體——企業所需的市場環境，而近代股份公司、有限責任制的崛起則從微觀層面支持了分散繼承。

此外，工商業家族的財產繼承與等級社會的繼承有所區別，但仍符合財產繼承一般規律。家產繼承受多重因素影響，但公平合理是一貫原則，各種繼承習慣只是公平與家產延續均衡的結果，排他性的集中繼承是對環境的適應性選擇，尤其是對等級、特權等的適應，[564] 並極力以金錢、教育費用、責任與權利等補償。[565] 當代繼承法規在平等基礎上普遍考慮是否損害財產價值，是否有利生產、生活等因素就是這種規律的客觀反映。[566]

試論晚清蘇經、蘇綸公司的資本結構與產權分合

邱曉磊 [567]

內容提要：晚清蘇經、蘇綸公司的資本主要由息借商款轉作的股本與「積穀」、水利等政府貸款構成；官督商辦體制的確立和政府貸款的介入，使企業產權出現分化，包括公司股權、企業經營權、決策權等在內的企業產權歸屬於公司股東、紳商與商務局等多個行為主體，並隨著企業經營體制的變化而變化。地方政府也多半憑藉其債權人的身份掌控企業主導權，這與企業股東與政府之間權責錯位現象的出現不無關聯。蘇經、蘇綸公司在經歷由官督商辦向商辦的轉化歷程的同時，企業產權也經歷了由分散到聚合的轉變過程。當然，這也恰好體現了晚清官督商辦企業資本與產權的邏輯關係。

中國歷史上的經濟轉型與社會發展
企業史專題

關鍵詞：蘇經、蘇綸公司　資本　產權　官督商辦

作為晚清華資民用企業的一種經營形式，「官督商辦」曾在中國近代經濟史研究中占有重要地位。以往論者多將關注重點放在「官督商辦」企業的性質、管理效益、經營模式、官商關係、人物和企業個案等諸多方面，[568]但甚少從資本與產權關係的視角來探討「官督商辦」企業的具體運行及其變化。[569] 筆者以晚清蘇經、蘇綸公司[570]為例，進一步探討其在官督商辦向商辦轉化的過程中公司的資本結構與產權之間的變動關係，以深化這一領域的研究。

一、從政府債券到企業股本：晚清蘇經、蘇綸公司的股本來源及其流變

鑒於晚清息借商款與蘇經、蘇綸公司資本之間的密切聯繫，筆者認為有必要先對息借商款作一簡要梳理。1894年，甲午中日戰爭導致清政府「海防吃緊，需餉浩繁」，財政支絀，此乃息借商款孕育而生的直接原因；而另一方面，由於之前清政府舉借外債用以解決財政危機的措施須折算匯率，「折耗實多」。因此，為扭轉危局，戶部遂呈《酌擬息借商款章程折》，向商賈「息借」，月息七厘。此外，奏摺中規定以兩年半為期限，以六個月為一期，共分五期，還清所有款項，具體償還方式為「第一期還利不還本，自第二期起本利並還，每期還本四分之一，已還本銀若干，利即遞減」，[571]這正是被後人稱作「中國近代內債的濫觴」的息借商款。[572]由此「借戶」與清政府便形成了事實上的債權與債務關係。目前有關此次息借商款的研究，多注重考察其實際效用，[573]甚少關注息借款的償還方式，特別是部分息借款轉作公司股本導致資金性質的變化，筆者將在後文予以詳述。

蘇經、蘇綸公司資本結構的形成，是地方督撫、州縣官員與各地紳民多方數次協商與妥協的結果。19世紀90年代，中國棉紗市場「紗布大利，歲漏數千萬」，盛宣懷「因之招成六廠，歲可收利千萬，英人忌甚」，因而他極力反對英商怡和公司進口紡織機件，以防洋紗傾銷，「深恐各國傚尤，難與力爭」，「如不拒止，華商必被傾軋虧折」，故而盛宣懷以「各國洋商販運機器有礙華民生計」為由，致函張之洞繼續堅持不準外商進口機器的主張。

[574] 但是，《馬關條約》中關於允許外國人在通商口岸從事「商業、工藝製造」條款[575]的簽署生效，致使洋紗、洋布對中國市場的傾銷壓力更趨增大。在聽聞中日和議條約之後，張之洞立即致函總署，稱「蘇、杭織絲綢，川、楚織紗布，則各國亦必傚尤，改造土貨，中國工商生計，從此盡矣」，[576] 字裡行間流露出對絲、紗兩業發展前景的擔憂。清政府不久便作出回應，令張籌議招商，「多設織布、織綢等局」，[577] 張之洞隨即著手在江蘇興辦近代紡織企業，蘇經、蘇綸公司的籌辦便由此提上議事日程。

在籌辦商務伊始，江蘇遇缺題奏道朱之榛便向署理兩江總督張之洞提議振興之法，但張認為朱所擬「借洋款大舉商務」的建議，實施難度較大，予以否決。唯有利用江蘇省二百萬息借商款，以開商務局一策尚可與各「官紳籌商」。[578] 張之洞與江蘇巡撫趙舒翹進行初步商討之後，贊成將此項息借商款「與紳富婉商留為商本，分十年歸還，其息銀仍按期給領」，並強調「官紳合局開辦，事易於成，再陸續集股」，然而當地商人「刁難觀望，（商股）亦不易集」。[579] 在這種背景下，張之洞又「夙夜焦思，邀集官紳商董反覆籌議」，同時還遍訪蘇滬商股、洋人，眾人均一致認為，此事須「官助以本，方易急事」，但是此時官款又無從籌借。於是，張之洞最終決定將此筆息借銀移作「開辦商務局之用」。具體辦法為按期將息借「利銀」仍給借戶，息借「本銀」則轉借與商務局，再由紳商在有錢莊、典當商號提供資金擔保的前提下，向商務局承領。凡是「願開辦機器、仿製洋貨者」均可申請貸款，每人以10萬兩為限。[580] 顯然，受形勢所迫，最初張之洞的確曾打算將此筆款項以政府貸款的形式貸予地方紳商，用以振興地方商務。

甲午戰後，洋紗傾銷的形勢愈演愈烈，張之洞認為「若廣設機器繅絲紡紗廠」，以「巨款大舉，即可盡收利權」，如此則日本「雖欲設機紡紗，固已無路可銷，不獨東洋計沮，且西洋之紗亦必不來」。[581] 然而，張之洞對於振興地方商務的形勢估計顯然過於樂觀，上述建議不久便引起「借戶」的反對。雙方矛盾的焦點，其一是款項分配問題，蘇州地區紳商主張「蘇屬借款百萬，專撥歸蘇用」，張之洞則認為「若蘇款歸蘇，滬款歸滬，必致各府亦分畛域」，「安能大舉」，因而主張振興商務應「通力合作，厚集其力」；[582] 另一方面，在款項轉借商務局的問題上，借戶則更是「不願者紛紛」。平心

中國歷史上的經濟轉型與社會發展
企業史專題

而論，張之洞的方案雖未使清政府與借戶之間的債權與債務關係發生變更，但無疑仍違背了《酌擬息借商款章程折》的制度預設和借戶借款的初衷，同時還將會對息借商款的資金安全造成潛在威脅，因而遭到反對亦是意料之中之事。

為提高資金的使用率和可靠性，蘇州商務局陸元鼎、朱之臻遂聯名致電張之洞，建議將「息借歸還以作股本，立可舉辦」，至於息借款中所含之積穀款則仍作公款處置。[583] 如此一來，清政府不僅將商業投資風險成功轉嫁給公司股東，甚至還一舉解決了息借商款的還款付息等一系列的繁雜問題。對於這一建議，江蘇巡撫趙舒翹雖然也認為，「商務不以息借款作股本，以私作公，人皆不願」，但是他更直言不諱地表示，「蘇州局勢散，陸、朱二道恐拂尊意，不敢上告，其情形甚為難」，息借商款「欲作為公款」，則「窒礙難行」，而「使作股本」，則「於私事較易」，且「作股本與作公款同為興商務，於公原電奏亦無不合」，以致於趙曾質疑張的用意，稱「如欲借公款名目分餘利」，則恐「利未收而害先至」。[584]

張之洞首先對陸、朱二人「息借款改作股本」的建議予以肯定，同時面對趙的質疑，又澄清道「公款者，紳富借戶之公款，非官款也」；為避免混淆，張還進一步表示「只言局款，以明其與官無涉」，並明確指出，此「於商務局總辦毫無利益，局用亦不準開支本案之款」，「既無官本，又何能分餘利乎」？[585] 由此可見，張之洞明確認識到了息借商款轉作公司股本將會帶來資金性質的變化，即該筆款項將由政府債券向具有投資性質的商人股本轉化。實際上，張之洞這種認識上的轉變也可以從隨後的事例中得到印證。1895年底，張之洞在致電上海道臺黃遵憲時，甚至力圖將「息借商款轉作公司股本」的方式在上海地區推廣，稱在這種體制之下，企業資金的籌集「以借本之多寡為股份之等差，各就所還本銀全數匯齊」，「不入官本，不摻他商」，「官議以後，由商自辦，官不過問商務局，但經理將還款轉手」，但絕不干預「其開廠貿易等事」；「如有需官力護持者」，再由政府「體恤保護」，「此系欽遵諭旨振興商務，意在眾擎易舉，早得觀成，多開一製造之廠，即多塞一漏卮，逐漸擴充以保華民生計，於官絕無所利」。張之洞還特別強調「息借商款留為製造等廠之用，此為助商，並非利官」。[586]

筆者查閱 1896 年 2 月由張之洞所擬《蘇州商務公司繅絲紡紗兩廠開辦章程》（以下簡稱「開辦章程」）之後發現，《開辦章程》已明確規定「蘇款六十餘萬兩改為商務股本，借戶即作股東」，對於「蘇屬息款既作股本不作公款」一事，江蘇巡撫趙舒翹也明確表態將遵飭辦理。[587] 據有關資料顯示，「紳富捐及息借兩款」確由政府發還，再由蘇州紳商陸潤庠「擅專移入蘇州商務局」，用以籌辦蘇經、蘇綸兩廠。[588]《開辦章程》還特別強調，「此次商務」與一般公司集股的最大不同是，除了作為股本的六十萬兩息借款以外，公司資金來源中還包括三十八萬兩「積穀銀」。其中息借商款原定須於「（光緒）二十一年十一月，二十二年五月、十一月，二十三年五月為期」，分四次還本，但是考慮到公司股本「款目繁多，鉤稽不易，將來官利亦難核算」，於是透過多次籌議之後，張之洞遂決定將息借款中二百兩以下仍歸息借，二百兩及以上者均以息借票改換絲紗廠股票，以一百兩為一股，因而該公司的股本數額為漕平銀五十五萬七千六百兩，且均為商股。[589] 除此之外，《開辦章程》還規定息借款「統歸絲紗兩廠，作為商股盈虧，止可統算」。[590] 換句話說，這筆息借商款作為蘇經、蘇綸公司的原始股份，企業在日常經營中自負盈虧。

由於蘇經、蘇綸公司乃息借商款轉作股本而設，因而，息借商款的利率與企業股息率應當保持一致，「息借之款統於領到之日起按照每月七厘起息」，[591] 即年息八十四厘，這遠遠高於當時年息的平均水平，[592] 顯然，這對於企業的融資能力是一巨大的考驗。與此同時，由於息借商款的資金是以分期償付的方式進行返還，很大程度上又影響到了蘇經、蘇綸公司資金的籌措和周轉，於是張之洞遂提議將湖北原訂的紗機移撥蘇州商務局，以「官商合辦」的方式，達到「既省巨款，又可早成」的效果。[593] 不過，這一設想因當地紳商的反對而作罷。

在企業資本結構的問題上，劉坤一在回任兩江總督之後，繼續沿襲了張之洞的做法，認為息借「各戶永為股東，亦與歸還無異」，對於紳民撤資的各種訴求應「立予批駁」。[594] 由此可見，儘管存在「借戶多有自願領回，不願附股」的現象，[595] 但在張之洞、劉坤一等地方督撫的強勢推動下，「息借商款」最終完成了由政府債券向企業股本的轉變，也造成了「息借戶」由

中國歷史上的經濟轉型與社會發展
企業史專題

債權人轉變為公司股東的既成事實，公司股權也理應為股東所有，這也為此後企業產權的長期分離埋下了伏筆。

二、政府貸款的介入與蘇經、蘇綸公司產權結構的分化

現代公司制度中，股東將企業的經營權讓渡予經營者，實現所有權與經營權的分離。股東的所有權轉換為公司股權，其內容主要包括資產受益權、重大決策權和選擇經營者的權利；企業經營權則交由股東所選擇的經營者掌握，為了保證股東利益，股東有權對經營者進行監督、制約，從而使兩權的分離不至於損害股東利益。不過，在1904年公司律實施以前，近代中國企業，特別是官督商辦企業亦多呈現出產權分化的現象。那麼究竟蘇經、蘇綸公司的產權結構呈現出什麼樣的特點呢？又出現了什麼樣的變化呢？這是筆者下文重點探討的問題。

蘇經、蘇綸公司運營初期實施的是「紳為主持，官為保護」的經營體制，[596]「紳」負責在遵照市場交易原則的前提下主持公司日常經營，而「官」則主要造成督導和保護的作用。

在這一體制之下，企業產權出現分離，其中股權歸屬於企業股東所有，經營權則暫由代表商務局利益的紳商把持，而這一格局還隨著政府貸款的強勢介入逐漸得以固化和加強。

由於在蘇經、蘇綸公司籌備與初期經營過程中，「附和者少，指摘者多」，商股籌集成效未彰，劉坤一擔心資金短絀，「恐無以善其後」，出現資金周轉緊張的局面。[597]於是，他便奏請清廷「將息借款內應還積穀公款分別借給，以濟其急」，並獲得批準。劉坤一的意見在解決企業資金周轉困難的同時，也正好說明了積穀款的性質是借款而非股本；至於款項的償還方式，劉坤一則認為該款項「業已動用，商股未集，勢難歸還」。[598]換言之，這筆借款的償還須由商股籌集的多寡與企業經營業績的好壞而定。政府貸款的介入，也使得蘇經、蘇綸公司逐漸呈現出「作為出資人的股權所有者往往並不具有對企業的控制權」，而擁有「企業債權的官府以及代理人卻可以實現對企業

的實際控制」的現象,[599] 而這也是晚清官督商辦企業在產權制度上的一大特色。

到1897年底,由於「招徠商股,迄無應者,以至活本缺乏,難於周轉」,紳商陸潤庠雖也曾「具呈請款濟用」,但是政府款項亦「正值萬難之際,未能籌撥」,使企業幾乎陷於「停工待款」的困境,與此同時,陸潤庠則在丁憂期結束之後,轉而要求入京復職。於是各方迭次函請盛宣懷前來主持,但經盛核實,「嗣以商務自開辦後所支藩庫及善後局銀兩尚未繳還」,各股東官利也未曾繳付,總計約高達「一百萬金」。[600] 而且在公司經營的利益分配問題上,蘇州商務局與盛宣懷亦存在分歧,於是盛藉故推辭不就,原有企業經營體制亟待調整。

為了維持企業的正常運轉,蘇州商務局採納了盛宣懷所提的部分意見,制定《蘇經、蘇綸絲紗兩廠包辦股息章程》,實施「承租包辦」的經營體制,「儘先老股中人」包辦,「如老股無人接手」,則再招新股。「承租包辦」主要是指企業承租人須繳納每月七厘,即每年約四萬二千八百九十四兩的官利,其中擬給各股每月五厘,即每年兩萬七千八百八十兩的官利,剩餘數額則「另儲生息五年」,所得之銀用以彌補之前企業的虧損。企業日常的經營資金須租辦人自籌,企業之盈虧「均與官、紳、老股無涉」。此外公司經營倘有盈餘,應提取一定數額以繳還積穀官款。[601] 至於機器廠房的保險費、保養與修理等方面的費用,亦均歸租辦人負擔。[602] 至於政府貸款仍須按月息七厘給付利息。顯而易見,隨著企業經營體制的變化,企業產權的分屬亦更加精細化,正如陳映芳在研究中所指出的那樣,蘇經、蘇綸公司出租後,企業官督商辦的形式實際演變成了一組「官局收租、租商經營、股商取息」的多邊關係。[603] 蘇經、蘇綸公司先後由紳商祝承桂和商人費承蔭「承租包辦」,在此期間蘇州商務公司總董事務由前署廣東潮州府知府、紳士吳景萱接任,翰林院編修費念慈、內閣中書潘祖謙二人任副董,「紳董為樞紐,以通上下之情」,使租辦人得以專心經理。[604] 由此可見,在「承租包辦」的經營體制之下,商務局對企業擁有督導權,負責企業承租方的選擇、考核與股東官利的分配;商務局無意介入「廠中用人」與企業盈虧,亦不參與利潤分紅,[605] 租商則須在繳納企業運營費用的基礎上自主經營,自負盈虧;企業股東則依

中國歷史上的經濟轉型與社會發展
企業史專題

舊憑藉所握股權而坐享官利，亦即享有資產受益權，但對於企業「營業盈虧始終未嘗過問」。由此可見，一方面，租商在一定程度上扮演著陸潤庠的角色，填補了陸離職後所遺留的一部分職能空缺；而另一方面，租商的介入也促進了公司產權的進一步分化。

那麼企業產權為什麼會長期出現分離的現象呢？首先，由上文所述可知，蘇經、蘇綸公司股本源於息借商款，在公司籌辦過程中更多體現為督撫意志而非股東意願，因而在「紳為主持，官為保護」的經營體制之下，公司的經營權掌握在商務局和紳商手中，這便造成了公司股權與經營權的分離。此後，隨著政府貸款的介入，也使得清政府轉變為蘇經、蘇綸公司的債權人，也正是出於保障資金安全的考慮，商務局「官督」的角色得以進一步強化。其次，筆者認為高額的官利則是使企業產權長期處於分離狀態的原因之一。高額的官利使得股東既可規避投資風險，又可坐享官利。據祝承桂稱，從1898年「包辦日起」至1900年「兵險止」的兩年多時間裡，便已支付官利高達十五萬兩，[606] 甚至於到1908年股東正式收回企業產權之後，大多數股東依舊「皆謂此項投資非為營業，實為息借，但願年收股息，不願與共盈虧」。[607] 由此便可理解，為何長期以來擁有股權的企業股東甘願將一部分公司產權——確切說是公司的經營權讓渡與商務局。最後，過分分散的股權結構是公司產權長期分離的又一原因。根據筆者對現存企業股東發息清冊的考察，發現公司股東主要來自蘇、松、常、鎮、太五個地區，[608] 平均股本數額僅五百餘兩，而且股東中還包括有相當數量的善堂、公所、家族產業等在內的非營利性資本的存在。[609] 由此可見，股權結構的過分分散使得該公司缺乏大股東的聚合與領導作用，是公司產權的分化長期得以維持的重要因素。

三、由分散到聚合：晚清蘇經、蘇綸公司產權的紛爭與平息

企業經營效益的好壞與獲取利潤的多寡始終是企業原有產權結構保持基本穩定的基礎和前提，蘇經、蘇綸公司特有的多邊產權結構當然也不例外，換句話說，一旦企業利潤下滑，甚至於無法負擔企業經營的成本，使得股東收益無法得到保障，或者商務局與股東就企業利潤分配問題產生分歧，均有可能打破這一多邊關係的平衡，進而出現股東對企業產權聲索的局面。

根據費承蔭與商務局訂立的租約，租商費承蔭每年分四季向商務局繳納總額為五萬兩的租金，「先繳後辦」。[610] 與此同時，「藩憲」和商務局還對這筆款項擁有支配權，而且費承蔭對於老股官利、積穀款利息和「提還公款」等項目的分配比例問題均無權過問。[611] 由於祝承桂在承租期間虧欠包括商股官利、政府貸款及其利息在內的公私款項共計三十一萬兩之巨。[612] 因此，或許正是出於保障政府放貸的資金安全的慎重考量和對蘇經、蘇綸公司盈利前景的悲觀預期，商務局決定在費承蔭租賃期間，大幅降低股東官利的分配比例，將費商每年所繳納的租銀分別用於撥繳積穀公款本銀兩萬一千六百零八兩七分；撥繳水利公款本銀一千四百二十八兩；支付紗廠保險費銀兩千八百餘兩；向「司庫」提存七千四百三十兩。除此之外，剩餘之數才用來給發老股息銀。[613] 這種優先償還政府貸款的利潤分配方案，使老股官利僅每年三厘，與原有的每年八十四厘相差甚巨，導致股東「眾情沮喪，嘖有煩言」。[614] 更何況，1905 年棉紗市場狀況大為改善，紗廠利潤豐厚，公司股東所獲官利反而劇減，因此股東認為上述四項開支「名為費商繳租，實則全由剝削老股息銀以充其數」。[615] 商務局對企業收益分配方案的調整嚴重損害了公司股東的利益，激化了官商矛盾，最終促使公司股東作出收回企業經營權的決定。

　　在各方的協調過程中，蘇省督撫表示「費承蔭向商務局訂立租約，以五年為期，此時若失信商人，於理未合」。[616] 不過，張履謙等蘇州紳商均不以為然，蘇州商會更明確表示，上述租約「僅具條款，並無各執一紙之合約」，[617] 因此質疑其租約的法律效力。張履謙等人透過蘇州商務總會向商部遞交稟文，詳述個中緣由及解決方案，稱「費承蔭向商務局租辦，職未蒙照會，並未會商。二三年來，致費商獨斷獨行，老股息銀則減為常年三厘」，甚至還在未得到商務局議準的前提下，私自增添機器，擴大生產規模，「引擎、廠屋勢必易於損壞，貽害大局」。於是公司的老股紳商聚會妥議「老股接辦條款」，在該條款中除了包括保持原有公司收益分配方案不變外，還包括須負責墊繳祝承桂所欠的藩庫借款，每年撥付學堂經費一萬兩，並按時繳納地租和棉花捐稅等方面的條款。[618] 與此同時，費承蔭也向商部遞交呈文，稱「租期未滿，廠務稍有起色，群起攘奪」，因此懇請商部予以立案，「飭行保護，以昭大信」。[619] 如此一來，倘若企業「竟與老股收回，不足折費商之心，

若仍準費商租滿五年,亦無以杜老股之口」,[620] 股東與租商間的紛爭遂陷入僵持。就筆者看來,股東與租商紛爭的核心實際上是對公司產權的爭奪,具體來說,股東寄望於從商務局奪得公司收益的分配權,以使股東官利得到有效保障;而出於企業盈利的考量,租商則更傾向於繼續執行合約,維持紗廠經營;而作為維繫這一多邊關係的核心和紐帶,商務局的態度與角色對調解股東與租商的利益紛爭造成了至關重要的作用,但商務局卻並不支持股東收回自辦,筆者認為這很有可能與公司收益及其分配關係密切。根據上文所述可知,在費承蔭承租包辦期間,商務局不僅能保證公司獲得穩定的收益,而且其收益中近一半的資金均屬繳還積穀、水利等公款,因此商務局並不會輕易打破這一收益分配格局。

公司產權紛爭的加劇也使得股東、租商與商務局三者之間的關係變得更加微妙。一方面,租商費承蔭與公司股東之間的矛盾因公司經營權的糾紛變得難以調和。另一方面,實際上商務局與蘇經、蘇綸公司在一定意義上屬於債權人與債務人間的關係——這也是後來阻礙公司股東擺脫「官權」束縛的關鍵因素,因此身為債權人的商務局要求公司償還貸款的行為亦無可厚非。由此可見,公司收益分配比例的分歧是公司股東與商務局爭論的焦點,也是公司產權由分裂到聚合的重要原因。

由於蘇經、蘇綸企業規模頗大,「創始不易,未便聽其繆轕宕延」,因此商部遂指派道員陸樹藩勸令費承蔭,接受張履謙所列條件,待合約期滿歸老股接收,至於費承蔭所添新機應「即令其撤去,另行安置」,「如費商再堅執不允」,便由老股接收。[621] 不過,由於費承蔭所購新機乃向德國瑞生洋行購買,雙方簽訂的合約規定,所有購買的機器費用須「試用一年後方可照收」。因此,瑞生洋行反對拆卸新機。[622] 這也為費張之爭增添了新的變數。雖然商務局曾令費承蔭立刻撤去新添紗錠,不過,由於先前蘇州巡撫已經明確要求費商向瑞生洋行支付因新機拆卸所應承擔的所有費用,[623] 因此對於拆機指令,費承蔭故意延宕而不行,使此令猶如「片紙空催」。企業老股東對此非常不滿,要求收回自辦,如若不然,「唯有辭退股東,仍作借戶」,函請清政府發還息借銀兩,否則「誠恐數千餘戶終多繆轕,茫無底止」。[624] 面對股東如此決絕的態度,商部迭次電飭商務局迅速「秉公斷結」。費商權

衡再三，決定接受股東接辦條例的規定，「將款繳解司庫，並增老股息二厘」。[625] 至於費商添機問題，經檢驗新添機器的運轉並未對廠屋和馬力產生不良影響，從而打消股東的顧慮，股東與租商關於公司經營權的紛爭暫時得以緩和。

由於蘇綸棉紗「銷場均在蘇屬及南通州」，通州所產土布則主要行銷於東北，時至 1908 年，日本機制布開始搶占東北市場，並對通州土布產生巨大競爭壓力，「通布交易盡為所奪」，此外新市場的開拓又相對滯後，最終導致「廠紗銷路頓形窒塞」，價賤滯銷，蘇綸廠全年產量較之上年減產超過一半，因此營業大受賠累。[626] 市場環境的惡化，使得老股接辦事宜再起波瀾。費商租期將屆，蘇經、蘇綸股東與租商費承蔭之間的磋商仍在繼續，「廠租、繳款已經老股逐項承認，大端已定」，現雙方爭議的焦點主要集中在「歸還新機墊本」，即購買新機的費用及其歸屬問題。關於這一問題費承蔭絲毫不肯讓步，老股也始終「不允清付」，雙方一直相持不下，「解決無期」。雖經多輪磋商，但雙方的分歧仍舊未能彌合。[627] 經過雙方數月的協商，1908 年 9 月，在蘇州農工商務局蘇品仁、陳其壽和商會會員王同俞的聯合斡旋下，雙方各自作出一定程度的讓步，股東同意承受租商自添新機及其添蓋之廠房，租商則在價格方面作出妥協，同意在原農工商局所開漕平銀六萬兩千五百五十二兩的基礎上摺作九成，即由老股以五萬六千二百九十八兩的價格，在接廠三個月後以現銀一期付清。[628] 股東與租商間圍繞經營權的紛爭終告平息。

與此同時，在企業接收的問題上，蘇州農工商務局與股東亦存在分歧。張履謙等人認為，股東接辦與租商情形不同，「請先接管再行定章」，商務局則表示，先前股商接辦條款系由張紳自行呈擬，並未得到商部批準，因而在「公款未清以前，斷難置租辦成案於不問」，必須繳清官款，「始可交廠接辦，先接後議」，除此之外，「費商自置新機亦應遵照院批，由接辦之商如數繳還，全歸承受」，方可準股商接收。[629] 商務局的態度也很明確，須先清償政府貸款，方可向股東讓渡企業經營權，這顯然與股東的訴求相悖。1908 年 7 月，張履謙等股東率先採取行動，召集股東會議，宣布按照農工商部頒布的公司律，成立「商辦蘇經、蘇綸絲紗兩廠有限公司」。此外，在交

接完成之後，江蘇布政使瑞澂曾照會股東周廷弼，稱「廠租一層係指租商而言，今既收回自辦，自假廠租名目，應交積穀及學堂經費業已照案解繳」，「其廠租字樣，原指租商而言」，「既收回自辦，無庸再用廠租名目，應即改為廠繳公款，應與租辦有別」。[630] 瑞澂的照會無疑是政府承認股東對企業擁有包括公司股權、決策權、企業經營權在內的產權的一力證。另一方面，瑞澂此言的目的還在於保證包括「積穀」、水利等政府貸款的資金安全，即確保政府債權不至於在企業經營方式由官督商辦向商辦轉化和公司產權由分裂到聚合轉變的兩大過程中遭受損失。

綜上所述，在清季公司法頒布之前，由於缺乏必要的制度環境和法律條款的形塑與制約，各類官督商辦企業的產權大多分散且歸屬不同的行為主體，地方政府則多半憑藉其債權人的身份，掌控企業主導權，這與企業股東與政府之間權責錯位現象的出現不無關聯，蘇經、蘇綸公司在經歷由官督商辦向商辦的轉化歷程的同時，企業產權也經歷了由分散到聚合的轉變過程，當然，這也恰好體現了晚清官督商辦企業資本與產權的邏輯關係。

▍清末船政的現代化轉型與績效分析——以福州船政局、江南製造局為例

肜新春 [631]

內容提要：世界經濟史發展表明，造船業以及航運業的發達成就幾大帝國的先後崛起，完整的工業體系及先進的海洋意識發揮了重要作用。清末，經歷了兩次鴉片戰爭的失利，王朝上下被迫開始了從封閉的陸權國向開放的海權國過渡，西方堅船利炮的震撼使得清廷大員注重器物層面的革新，福州船政局、江南製造局就是開始現代化船政的重要嘗試。作為國家戰略的一項重要舉措，清末的船政改革雖然開啟了現代化的探索，但礙於完整工業體系的缺陷、中國外局勢的險惡以及資本主義緩慢發展的影響，船政改革並沒有取得預期的強國固本效果，不過，其寶貴的歷史遺產為中國造船及海運業發展奠定了技術、人才及觀念基礎。

關鍵詞：福州船政局　江南製造局　船政　現代化轉型

應該說，清末船政是在洋務運動中產生的。19世紀中葉，在世界主要資本主義國家先後完成工業革命，構建全球性的商業網絡之時，清帝國還在享受著農業文明的餘蔭，資本主義尚處在萌芽狀態，根本談不上形成完整的工業體系。因此，按照西方標準籌建的福州船政局、江南製造局打出生就顯得先天不足，不過慘淡經營下來，發起者、建設者篳路藍縷，探索之功大有價值，並且留下了寶貴的歷史遺產，影響於將來。

一、發達國家進入航海時代

西方海權論學者馬漢悉心研究世界發展史後得出「所有國家的興衰，其決定因素在於是否控制了海洋」，建立了海權強大—貿易發達—國家富強的發展戰略模式，深刻地揭示了海洋問題的本質是經濟利益。在中國，明末的航海家鄭和認為，「欲國家富強，不可置海洋於不顧。財富取之海，危險亦來自海上」。[632]20世紀初，清朝政界和學術界也提出了早期的海權觀念，如：「凡一國之盛衰，在於制海權之得失」；「能主管海上貿易，即能主管世界之富源」；[633]孫中山也曾認為，「世界大勢變遷，國力之盛衰強弱，常在海而不在陸，其海上權力優勝者，其國力常占優勝」。[634]

自18世紀英國工業革命後，海運大國的興衰更多依賴於「世界工廠」地位的形成和位置更替。正如馬克思所說，「蒸汽和機器引起了工業生產的革命」。[635]在18世紀的後20年中，英國幾乎60%的新增工業產量用於出口。1870年，英國在世界貿易總額中占到36%，成為世界上最大的殖民帝國和世界工廠。[636]

15世紀末，新大陸的發現和東方航線的開通，揭開了海洋時代的序幕。16世紀，葡萄牙、西班牙、荷蘭等西方殖民者已經西越印度洋，延及大西洋，東通太平洋彼岸的美洲新大陸，初步形成世界性的海洋貿易圈。如果說16世紀是世界性海洋貿易圈形成的時代，那麼18世紀則是全球化商業擴張的時代，是一個商業競爭趨向激烈的時代。

從英國1700—1800年間的出口商船噸數、輸入額和輸出額成倍地增加中，可以看到產業革命帶來的後果——工業產品對市場需求的迫切性。據統

中國歷史上的經濟轉型與社會發展
企業史專題

計，離開英國港口的商船噸數，1700年為31萬多噸，1800年增至192萬多噸，增加了5倍多；商品輸出額，18世紀的首10年，為600—700萬磅，1800年卻達到4187萬多磅，增了約6倍；商品輸入額，18世紀初為400萬磅，18世紀末已增至約3000萬磅，增加了6倍多。如果置於坐標圖上，可以看出，這三項指標都在扶搖向上，18世紀末的20年間更是幾乎直線上升。[637]因此「建立世界市場是19世紀英國工業發展的一個主要部分。在用機器生產的大規模工業的發展中，出口商人和製造業者是同樣的角色，但工業革命的歷史家卻專心研究工藝技術和組織的內部變革，有把這一事實弄得隱而不彰的趨勢」。[638]

再看一下清政府對於海洋時代的認識和舉措。

從順治十二年（1655年）降至康熙十七年（1678年），清朝雖屢次頒布禁海令或遷海令，但海外貿易卻未被扼殺。特別是康熙二十三年（1684年）開海之後，海外貿易更是飛速發展。據學者統計，從崇禎十四年（1641年）至康熙二十二年（1683年）中國駛往日本的商船共1711艘，年均10.7艘左右。從康熙二十三年（1684年）至乾隆二十二年（1757年），中國駛往日本的商船共3017艘，年均41.1艘。[639]明末清初，中國到東南亞商船年均91艘左右。[640]從康熙二十四年（1685年）到乾隆二十二年（1757年），到中國貿易的英美商船有312艘，其中英國商船最多，乾隆五十四年（1789年）為58艘。進口商船數量增多，意味著進口貿易額增加。據黃啟臣先生研究，萬曆二十二年（1594年）全國海外貿易總值約為100萬兩。乾隆十年（1745年）粵、閩、江、浙四港貿易總值高達3657萬兩餘，而南宋海外貿易總量值不過500萬兩。[641]

康熙二十三年（1684年）開海之前，浙江有雙嶼等港口，福建有漳州月港、晉江安平港、詔安梅嶺港，廣東有澳門和南澳港，臺灣有澎湖、大員和雞籠、淡水港等，是為海上私人貿易港口。康熙二十三年（1684年）海禁取消，北起遼寧南至廣東，大小港口計有一百多處，它吸引著世界各國商船赴華貿易。「幾乎所有亞洲、歐洲、美洲的主要國家都與中國發生了直接貿易的關係」。[642]

19世紀中葉，西方資本主義國家相繼開始了工業革命，先進的生產力造就了工業製成品的大量產出，迫切需要打開海外市場。產業資本家憑藉先進的技術和資金，不惜以武力來實現這一目的，從而改變世界格局。與此同時，清王朝正步入封建社會由盛轉衰的歷史循環過程中，中國矛盾日益尖銳，但還沒有發展到危及皇權統治的地步，嘉慶、道光、咸豐、同治仍然能夠從穩固的統治中安享太平，在中國被動進入世界市場參與商戰時，沒有合理利用比較優勢，「重農抑商」政策沒有得到改弦更張，使得原有的農產品優勢在工業品和鴉片的威逼下步步退縮，中外貿易逐漸由出超變為入超。

　　兩次鴉片戰爭，兩次失敗，兩次喪權辱國。清政府切身感受到資本主義列強的厲害，感到自己的衰弱，從而感到有必要學習外國，講求軍政，「師夷」才被提上議事日程。「夷夏之防」的觀念開始被突破，辦洋務才普遍被認為是「急務」「時務」「要政」。應該說，洋務運動之所以能夠發動，顯然是中央和地方實力派全力推動、最後清政府以上諭的形式在全國發動的。其企業發展路徑走過了官辦—官督商辦—商辦的軌跡，啟動了中國的近代工業化。

二、籌辦船政應時之需

　　從鴉片戰爭開始，來自西方的工業文明作為一種整體水平已經超前的文明形態，以入侵者的面貌出現，摧垮了中國的尊嚴和傳統文明。

　　不過，中華民族從來都不缺睜眼看世界的先賢。鴉片戰爭導致農耕文明優勝地位的歷史性終結，這對一向以「聲明文物之邦」自居的中國人是一個難以接受卻又無可迴避的現實。而首先正視這一現實的，是道咸間的經世派士人，包括經世官員（如林則徐、徐繼畬、姚瑩等）和經世學者（如魏源、包世臣、梁廷枏等）。他們的優秀代表林則徐、魏源，被譽為是「睜眼看世界」的先驅。

　　在同英國人以及其他歐洲人直接打交道的過程中，林則徐深感「不諳夷情」之苦。他令人翻譯英國人慕瑞（Murray）的《世界地理大全》，編成《四洲志》，概述世界五大洲三十餘國的地理、歷史，重點為英、美、法、俄諸國情形。還編譯鴉片戰爭前夕西洋人對中國的時事評論，成《華事夷言》，

中國歷史上的經濟轉型與社會發展
企業史專題

介紹西洋人對中國的火藥、繪畫、歌舞、藥材、服飾、宗教、海防、人口、財政、貿易、文學等方面的述評，[643] 從而瞭解洋人的「中華觀」，以增進對敵我雙方的認識。

魏源在《四洲志》基礎上又編撰了《海國圖志》，介紹東西洋國家情況，為長期閉塞的中國推開了一扇眺望世界的窗口。魏源認識到，要使中國像西方一樣有「船堅炮利」，則需要發展自己民族的工業，「置造船廠一，火器局一，行取佛蘭西、彌利堅二國各來一二人，分攜西洋工匠至粵，司造船械。並延西洋柁師，司教行船演炮之法，如欽天監夷官之例，而選閩粵巧匠精兵以習之。工匠習其鑄造，精兵習其駕駛攻擊」。另外，「武試增設水師一科，有能造西洋戰艦、火輪舟、飛炮、火箭、水雷奇器者為科甲出身」。提出「沿海商民，有自願仿設廠局以選機械或自用或出售者，聽之」。魏源目睹西方列強利用堅船在海上霸道，認識到發展航海運輸，無論對國家經濟、軍事和民生都有重大意義。他曾經輔佐江蘇巡撫陶澍，針對當時漕糧官運、運河堵塞的情況，建議改官運漕糧由海商運輸。這件事在當時對突破海禁、破除官運漕糧壟斷、發展海運具有重要意義。

在鎮壓太平天國運動中，在同外國勢力的接觸中，洋務派官員親自感受到西方「輪船之速，洋炮之遠」，思想上受到極大震動，意識到外國列強是一個比太平天國更加難以對付的敵人。胡林翼視師安慶期間曾馳馬江邊，見外國輪船「迅如奔馬，疾如飄風」，因此「變色不語，勒馬回營，中途嘔血，幾至墜馬」。[644] 1861 年 8 月曾國藩呈折向清廷提出「購買外洋船炮，則今日救時之第一要務」，認為「若能陸續購買，據為己物，在中華則見慣而不驚，在英法漸失其所恃」，並計劃「購成之後，訪募覃思之士、智巧之匠，始而演習，繼而試造」，這樣「不過一二年，火輪船必為中外官民通行之物，可以剿發逆，可以勤遠略」。正是在這樣的思想指導下，他在攻破安慶之後即在那裡設內軍械所，募用「覃思之士、智巧之匠」試制新式船炮。1862 年他寫信給李鴻章，希望他「以忠剛懾泰西之魄，而以精思竊製器之術，國恥足興」，[645] 並與之聯手發起以「竊製器之術」為主要內容，以自強雪恥為基本宗旨的洋務運動。李鴻章也認為：「臣軍到滬以來，隨時購買外洋槍炮，設局鑄造開花砲彈，以資攻剿甚是得力。」[646]「此次克復湖州等城，破敵摧

堅，頗得開花砲彈之力」。[647] 軍事實踐使他們感到如仍用「弓箭刀矛抬鳥槍舊法，斷不足以制洋人，並不足以滅土寇」。[648] 自 1866 年，太平天國都城天京陷落後的第三年，鎮壓太平軍的地方大員左宗棠也深有感觸地指出：

中國前此兵力制土匪不足，何況制各國夷兵；前此槍炮製發逆不足，何能敵彼中機器；今則將士之磨煉日久，槍炮之製造日精，不但土匪應手殲除，即十數年滔天巨寇亦已掃除淨盡。[649]

清政府內部興起了一股以學習西方為手段，以自強、求富為目的的洋務運動，運動期間，先後創立了安慶內軍械所、江南製造局、福州船政局等軍事工業以及輪船招商局、漢陽鐵廠等民用工業。1865 年，徐壽、華蘅芳造出了中國第一艘蒸汽動力的現代化輪船，此後，江南製造局、福州船政局也開始了現代化造船的嘗試。

1865 年 9 月，由兩江總督李鴻章稟報朝廷，成立江南製造局。

1866 年，鎮壓了太平軍餘部以後，左宗棠即著手籌建船廠。他在《試造輪船先陳大概情形折》中寫道：

自海上用兵以來，泰西各國火輪、兵船直達天津，藩籬竟成虛設；自洋船載百貨行銷各口，江浙大商以海船（指木帆船）為業者，費重運遲，虧折貨本，正歇其舊業……是非設局急造輪船不為功……欲防海之害而收其利，非整理水師不可。欲整理水師，非設局監造輪船不可。輪船成，則漕政興，軍政舉，商民之困紓，海關之稅旺。一時之費，數世之利也。

他建議在福建馬尾一帶設廠，較之江、浙、粵更宜於造船。在左宗棠的呼籲下，六月，清朝廷批準左宗棠在閩省擇地設局造船的建議，「茲局之設，所重在學造西洋機器以成輪船，俾中國得轉相授受，為永遠之利，非如雇買輪船之徒取濟一時可比」，[650]「購買機器、募雇洋匠、試造火輪船隻，實系當今應辦急務」。清朝廷在批準左宗棠與日意格、德克碑所議訂「保約」「合約規約」等船政章程和藝局章程的上諭中還指出「創立船政，實為自強之計……自當堅定辦理」。[651] 諭示：「所需經費即著在閩海關稅內酌量提用。

所陳各條，均著照議辦理。」於是，當年就提出閩海關結款 40 萬兩為開辦費，以後每月撥銀 5 萬兩為經常費。

三、福州船政局、江南製造局比較

作為清政府開展新興船務的官辦企業，福州船政局、江南製造局不僅先後成立，而且在具體運作和發展方面，也有不少相類之處，但在發展軌跡方面也有大不同。

1. 造船

1866 年，江南製造局造出了中國近代的第一艘機器動力兵船，長 185 尺，寬 29.2 尺，馬力 392 匹，載重 600 噸；船身由堅木製成，內部機器系國外的舊機器修整後使用，而汽爐和船殼則是由總局自己製造。不久李鴻章發現，自造一艘船的成本及消耗燃料太高，造船不如買船。加之甲午海戰後，江南製造局因經費短缺無力造船、修船。自 1885 年起的 20 年間，只造了 5 艘小鐵殼船和 2 艘小木船，致使船塢長期荒廢。

1904 年冬，兩江總督周馥奉清廷之命到江南製造局考察，針對「近年以來商船裹足不前，兵輪反入洋塢修理」的不景氣局面，奏請清廷批準將造修船部分從江南製造局劃分出來，船塢單獨建制，實行商務化經營，史稱「局塢分家」。1905 年夏，江南船塢成立，隸屬海軍，由 R.B.Mauchan（前英商和豐造船廠經理）負責經營。1905—1911 年短短 6 年間，江南船塢造船 136 艘，並在開辦當年就把借支的 20 萬兩開辦費全部還清。民國成立後，江南船塢更名江南造船所，開始迎來長達 25 年的黃金歲月。1912—1926 年間，造船所共造船 369 艘，總排水量 14.4 萬噸，平均每年造 24.6 艘，9600 噸，年造船量居上海造船業之首。

福州船政局由閩浙總督左宗棠創辦，後在繼任船政大臣沈葆楨的經營下，成為與江南製造局並駕齊驅的近代工廠，而且在當時的遠東也是首屈一指。福建船政局經歷了輝煌的發展歷程，但後來衰落下來。1884 年中法戰爭中，福州船政局遭法軍嚴重破壞。

同治八年（1869年）六月，福州船政局製造的第一艘輪船「萬年清」號下水，九月試航成功，十月該輪由馬尾直接駛往天津候驗。[652] 其次，當推輪船招商局開闢閩海航線。輪船招商局是清朝洋務派在「洋務運動」的高潮中興辦起來的。1871年，福州船政局建造輪船「先後造成下水者六號，具報開工者三號」。[653] 該局固定資產有近百萬英鎊，在漢陽鐵廠興起之前的20多年間，在規模上與其相比肩的工業企業只有江南製造總局一家。從1866年開始建廠造船到1907年，40年間共製造了大小兵商輪船44艘。船政局規模之大，設備之完善，工人人數之多，是當時中國首屈一指的，就是19世紀60年代日本的橫濱、橫須賀船廠，也無法與之相比。從數量上看，它製造的兵商輪船總噸位達47964噸，所造軍艦在民國後仍在海軍中占重要地位。1866—1946年，共培養了駕駛和製造的專門人才1131人。派出的留學生遍及英、法、德、美、比、日等國，總計241人。[654] 迄1883年中法馬尾海戰前的17年，共計造出大小船艦24艘，總計噸位27448噸，其中兵艦有19艘（千噸以上的13艘，都是鐵脅木質的船體）；運輸輪船4艘和練習船1艘。以上船艦出廠後，分別編入福建水師14艘、北洋水師5艘、南洋水師5艘。馬尾船廠在中法馬尾之戰後，造船艦16艘，再加上戰前17年所造的24艘，則前後39年共造艦船40艘。

2. 經費

江南製造局，包括其前身上海鐵廠，其初期經費來源大致分成兩個部分，槍炮生產的經費劃撥自淮軍軍餉，輪船製造的經費來自江海關的洋稅。江海關二成洋稅成為江南製造局穩定充足的財政來源，這種情況一直延續到光緒二十七年（1901年）。[655]

江南製造局作為洋務企業得到了政府各方面的支持，即使按照數額最低的製造局內部帳冊，到了19世紀80年代後，其經費常可達70萬兩以上，到了1900年後，更是多達100萬兩以上。這樣的經費額遠遠超過了全國其他的軍工企業。

至 1905 年，福建馬尾船廠已「油盡燈枯」，終止造船，改鑄銅圓，以維持職工生計。至此歷時 39 年的福州船政局，耗資 1069 萬銀兩，遂付諸東流。

3. 人才培養

附設「船政學堂」，以適應海軍建設的需求，這是福州船政局的一大特色。左宗棠早在奏請創辦福州船政局時，就提到自辦學堂的規劃，繼任的船政大臣沈葆楨也強調「船政的根本在學堂」。1866—1913 年間，學堂共培養 629 人，其中前學堂造船班 8 屆，計 178 人；後學堂駕駛班 19 屆，計 241 人；輪管班 14 屆，計 210 人。1877—1936 年間，學堂挑選優秀畢業生 110 人，分 4 批赴歐美各國深造。這些留學生不僅學習輪船製造技術和駕駛技術，而且還學習煉鋼及製造槍炮、彈藥、魚雷等技術。他們學成回國後，成為船政重要的技術骨幹。其中較廣為人知的有：鄧世昌、林永升、嚴復、詹天佑、劉步蟾、劉冠雄、薩鎮冰等。甲午黃海大戰中，中國出戰的 10 艘軍艦的管帶（即艦長），有 7 人出身於後學堂。

李鴻章認為：

西洋製造之精，實源本於測算、格致之學，奇才迭出，月異日新。即如造船一事，近時輪機鐵脅一變前模，船身愈堅，用煤愈省，而駛行愈速。中國仿造皆其初時舊式，良由師資不廣，見聞不多，官廠藝徒雖已放手自製，止能循規蹈矩，不能繼長增高。即使訪詢新式，孜孜傚法，數年而後，西人別出新奇，中國又成故步，所謂隨人作計，終後人也。若不前赴西廠觀摩考索，終難探製作之源。至如駕駛之法，近日華員亦能自行管駕，涉歷風濤；惟測量天文、沙線，遇風保險等事，仍未得其深際。其駕駛鐵甲兵船於大洋狂風巨浪中，佈陣應敵，離合變化之奇，華員皆未經見。自非目接身親，斷難窺其秘鑰。[656]

左宗棠亦論道：

今幸閩廠工匠能製造，學生日能精進，茲事可望有成。再議遣人赴泰西遊歷各處，藉資學習，互相考證，精益求精，不致廢棄。則彼之聰明有盡，我之神智日開，以防外侮，以利民用，綽有餘裕矣。[657]

福州船政創辦初期，各工種生產工人多達3000餘人，占當時全國產業工人總量的1/4。附設於船政學堂內的中國第一所電報專業學校，於1876年3月開學，開辦兩屆，至1882年共培育電訊專業人員140人。1877年，中國開始選送歐洲學習的留學生，先後派遣船政留學生4批110人，在歐洲各國學習造船、海軍、機械製造等專業，還選讀政治、法律等社會學科。1907年，閩局的船廠雖然停辦，但船廠中的技術人員、技術工人使機器製造的工藝繼續發揚光大。光緒二十四年（1898年），閩浙總督許應騤奏道：

福建工藝通西洋最早，蓋緣船政設局曆數十年，凡攻金攻木等工，雖洋匠董其成，實華人分其事，平日耳濡目染，諳汽學電學者頗不乏人。[658]

李鴻章堅持江南製造局局務自主的原則，警惕洋人對局務的影響。正是因為對局務自主權的重視，也使得李鴻章認識到「製器之人」的培養是達到局務自主的重要一環。他說：

鴻章以為中國欲自強，則莫如學習外國利器；欲學習外國利器，則莫如覓製器之器，師其法而不必盡用其人。欲覓製器之器與製器之人，則或專設一科取士，士終身懸以為富貴功名之鵠，則業可成，藝可精，而才亦可集。[659]

作為解決人才的第一步，李鴻章早在擔任江蘇巡撫之時就按照幕僚馮桂芬的建議，在上海設立同文館（廣方言館），不僅培養「精熟西文」的翻譯之人，而且學習西方自然科學和製造技術。李鴻章認為：

彼西人所擅長者，測算之學，格物之理，製器尚象之法，無不專精務實，泐有成書，經譯者十才一二，必能盡閱其未譯之書，方可探頤索隱。[660]

同治八年（1869年），上海廣方言館併入江南製造總局，招收15—20歲的學生入學，學習漢文、英文、法文、算學、輿地等課程，4年畢業。

同治六年（1867年），李鴻章會同曾國藩、丁日昌在江南製造局附設翻譯館，聘請英國人傅蘭雅、偉烈亞力，美國人金楷理、林樂知、瑪高溫等從

事翻譯，由局員徐壽、華蘅芳、徐建寅等協同。截至光緒元年（1875年），翻譯館已譯出「算學、化學、汽機、火藥、炮法」及「行船、防海、練軍、採煤、開礦」之類西書40餘種，刊印24種。

江南製造局在這一時期設翻譯館、譯刊西方科技書籍和開始從事外語及理科教育，應當說都同李鴻章培養中國科技人才的主張有關。

4. 江南製造局業務廣泛

江南製造局是洋務運動中最先進、最完備的資本主義近代化工業之一，「不但創辦早，而且規模大，在中國近代史上具有很高的歷史地位、重要的意義和重大的作用」。[661]

該局製造了大量的機器。計有車床138臺，製造母機型機器117臺，起重機84臺，汽爐機32臺，汽爐15座，抽水機77臺，軋鋼機5臺，其他機器135臺，機器零件及工具110餘萬件。[662] 這些機器既有自用者，亦有賣給或調給其他機器局和民用工業廠家者。「在中國機器製造完全是一張白紙情況下，應該承認它對於技術發展是造成相當作用的」。[663]

製造局起初造的是舊式前膛槍，後膛槍興起後，即於1871年開始試造。1893年又開始試造德國的新毛瑟槍和奧匈帝國的曼利夏槍。[664] 該局1867—1894年間，所生產的主要軍火數如下：各種槍支51285支，各種炮585尊，各種水雷563具，銅引4411023支，砲彈1201894發。軍火供應的範圍遍及全國各單位。[665]

造船。自第一艘輪船「惠吉」（初名「恬吉」）下水後，又陸續製造了「操江」「測海」「威靖」「海安」「馭遠」等8艘兵輪。還製造了7艘小型船隻，其中5艘是雙暗輪小鐵殼船。[666]

製造局在製造槍炮過程中，出於自給自足的考慮，建立了第一個「洋式煉鋼爐」。製造局於1890年籌建煉鋼廠，在向英國購買15噸的煉鋼爐後，即於1891年煉出第一爐鋼。初期所產鋼材為數不多，「大部分留局自用，小部分供應其他軍事工廠。後來產量增加，自用有餘，便以一部分供應上海市場」。[667]

四、結語：未竟的現代化探索

　　江南製造局和福州船政局都是在洋務運動中產生的，雖結局略有不同，但都為中國的現代化船政事業留下了豐厚的遺產。

　　從福州船政局歷屆「總辦」的人員變動，也可以看出該局每況愈下。1874年，沈葆楨上調總理各國事務衙門，協助李鴻章籌建北洋水師，後又出任兩江總督。1875年，調丁日昌來福州船政局接替總辦。以後該局的繼任者都是巡撫以下無所作為的官員。而江南製造局作為晚清時期最大的兵工廠，對李鴻章集團最直接的支持是為其淮軍和北洋海軍提供武器供給。因此，該集團對其著力經營、發展壯大也是必然的了。

　　福州船政局的資金來源於閩海關的固定撥款，無法進行近代工業的擴大再生產，從根本上導致了船政局的衰敗。沒有將利潤轉化為資本積累，當然無法進行擴大再生產，這就決定了船政局的船廠性質是官營的非營利性軍事工業。近代機器大生產需要不斷擴大生產規模以獲得規模效益，該局沒有在對外開放中借鑑西方的經驗，及時變革過時的經營理念和經營方式，因此無法進行近代工業的擴大再生產，從根本上導致了船政局的衰敗。

　　江南製造局的創辦在中國近代化過程中確實造成了帶頭作用。它不僅直接帶動了一大批近代軍事工廠在中國的興起，而且在科技傳播、人才培養上也居於領先地位，它促使機器生產和先進的科學技術在中國社會更廣泛的領域裡得以運用，並為傳播西學和培養中國的科技人才作了最初的努力。[668]

　　儘管這時期二局所屬船廠的造船技術已有了相當水平，1884年的馬尾海戰的失利讓清政府還是走上了幾乎全靠外購軍艦組建海軍的急功近利之路。這其中固然有外來勢力壓迫日甚，清政府只得靠此迅速建成海軍的因素，恩格斯在1877年回顧歐洲艦船發展歷史時指出：「現代的軍艦不僅是現代大工業的產物，而且同時還是現代大工業的縮影。」近代機器大工業是一個聯繫緊密的系統，無論是材料加工技術，還是能源動力開發以及製造運輸等，都存在互相依存、互相制約的關係。日本的造船技術是在建造軍艦的過程中累積起來的，在「二戰」結束後可以迅速轉為民用，並在1955年就超越英國，

中國歷史上的經濟轉型與社會發展
企業史專題

成為世界第一造船大國。僅僅是購買軍艦而不強化造船技術的發展，這樣的現代化顯然無法取得讓人滿意的效果。

　　有學者指出，從19世紀後半期直到第一次世界大戰，世界海軍技術發展迅速，任何一艘軍艦都很難保持超過5年的領先期。因此，要跟上這樣快速前進的步伐，僅靠政府財政投入到外購中是根本不可能的。相反，如果自身建立強大的造船工業，則其他工業門類可在其帶動下獲得發展，增強國家實力，反過來就可以製造更多、更先進的軍艦。

　　從另一個層面來看，興辦現代化的船政無疑對當地經濟發展具有舉足輕重的作用，上述二局可謂是當地的龍頭企業，顯然能夠促進一系列先進生產力的生成。脫胎於江南製造局的江南造船廠後來成為中國造船業的重鎮，而馬尾船廠的衰敗以及無力再辦，對於兩地經濟的發展帶動以及工業化積累顯然具有不一樣的發展路徑。

政府管理類專題

國民政府禁煙管理及成效探析 [669]

劉成虎　高宇 [670]

內容提要：1934年初，在掌控長江鴉片運銷和設立軍法禁煙體制初步獲得成功的背景下，蔣介石親自發起了新生活運動，提倡提高國民知識道德應從衣食住行四項基本生活開始，將禁煙、禁賭、禁娼作為新生活運動的重要內容，新生活運動從社會運動角度為禁煙運動提供了支持。同時，在消費地的禁煙運動中，開始將鴉片和毒品實行區別對待，對吸食鴉片和銷售鴉片實行許可制，對制販毒品開始嚴厲打擊。本文從禁煙管轄權、稅收、種植管理、運銷、禁毒設施設立以及明確禁毒目標等幾個方面，對國民政府的禁煙效果進行客觀分析。

關鍵詞：管轄權　禁種　運銷　成效

政府管理鴉片的方式有專賣、公賣、官賣等幾種形式。專賣是指由政府制定製度、由商人承包經營的方式，與官督商辦相類似；公賣是指由地方政府負責設置公立批發零售機構買賣；官賣是指由國家設立官營批發零售機構進行銷售。無論何種形式都有必要對鴉片生產和運銷進行統一管理，同時查禁私種、私運和私銷。但生產和運銷的管理，無論是真正為實施禁煙，還是為獲取收入，其管理形態幾乎沒有差別，僅僅能從實施後其規模擴大或縮小來進行判斷。但是煙土和煙膏是能夠儲存的，這就意味著單個年度禁種並不足以斷絕其供應，因此即使真正禁種，到完全消除生產流通領域中的存量，也需要花數年時間。

對於消費管理，一般有零售店管理和吸食者管理兩部分，零售店有土膏店和煙館兩種，吸食者管理主要是吸食者登錄和對吸食數量的限制。是否真正禁煙主要看以下幾個環節，一是購買土膏和在煙館吸煙有無限制，二是吸食者登錄是否經醫生診斷、是否涵蓋全部吸食者，三是吸煙執照有無戒煙時期限制。但即使上述三者都設有限制，也不足以證明當局者是真正禁煙。偽

中國歷史上的經濟轉型與社會發展
政府管理類專題

滿洲國的鴉片管理就是例證,在煙館、毒品店、銷售店管理上,任用黑勢力追求擴大消費,組織內部各種私造、走私、私下交易橫行;在吸食者登錄上,早期因官土私土大戰而不能徹底登錄,後期靠警察受賄發行吸食執照,很多沒有上癮者也能登錄,靠買賣每日定量賺錢;戒煙時期和吸食數量規定完全形式主義化等。

因此,是否真正實施禁煙要根據政策實施一段時期後的實際效果才能確定。以下根據各地狀況分析 1932 年到 1934 年底的禁煙政策效果。

一、禁煙管轄權的轉移與產地禁種

(一) 禁煙管轄權的轉移

1928 年 8 月到 1935 年 6 月間,南京政權曾設立禁煙委員會,每年召開禁煙會議。但 1931 年以後,由於馮、閻、桂、粵各派軍閥在中央政權中逐漸失勢,在地方軍閥控制的晉、綏、兩廣、滇、黔等省,並不遵奉南京政權制定的政策。「剿總」設立之後,蘇、皖、浙、鄂、湘、閩、陝、豫、贛、甘 10 省禁煙事宜於「剿匪」期內歸軍事委員會南昌行營辦理,限該 10 省內各縣設立禁煙委員會以司禁煙之責。各省禁煙委員會實際失去了作用,南昌行營成為臨時立法機構,並可以制定和設置執法機構號令各省,而各省禁煙的實際權力仍在地方大員和主要軍閥手中。

南昌行營的基本禁煙辦法是在內地禁種、邊省集中採購,對鴉片的運銷實施集中管理。從 1934 年 6 月起,南昌行營規定 10 省禁煙執行機構為禁煙督察處及其在各省的分支機構。由於其實際控制了除華北和半獨立地區外的主要產地、中轉地、消費地的運銷和緝私,因此,禁煙督察處及其分支機構,也是南京政權全部實際控制地區的禁煙執行機構。軍法禁煙體制由於其強制力,加上控制了鴉片運銷,造成了以前禁煙政策起不到的作用。

在這一時期,南昌行營雖制定了統一的禁煙辦法、設立了統一組織,但由於行政院、禁煙委員會、南昌行營都在辦理禁煙,加之南京政權對各省控制狀況不一、各地方獲得南京政權財政資助水平不同,各省遵奉其號令程度

也完全不一樣，以至產生「十省中雖有一致之辦法，仍不得一致之實行」的狀況。

關於禁煙方面，在浙江、山東等少數省份，均遵照中央法令，切實施禁。其他各省則大都辦法不一，成效殊少。嗣軍事委員會南昌行營……頒布十省禁煙辦法，採辦邊省產土章程，設立土膏行店章程，領照吸煙章程。依照此等規定，種煙在所必禁，販賣吸售則為章程所特許。惟在十省中，浙江乃遵照中央禁煙法令切實施查，並為依照上述規程辦理。陝西禁種辦法亦與十省禁種辦法略有不同。江蘇與河南雖同有限期禁絕之規定，而期限又各不同，江蘇定為四年，河南則定為六年。至於遠處西北之甘肅，則一切禁煙辦法，均仍舊貫，未能與其他已施行之各省取同一之步驟。[671]

因此南昌行營不得不根據各省狀況制定實施不同的對策。

（二）產地禁種政策的實施

對蘇、浙、贛、皖、湘、鄂、豫7省已於1934年6月開始查禁，連宜昌、沙市這種聞名全國的鴉片集散市場，也於1934年6月正式關閉煙館、取消燈捐。對於「剿總」轄下10省，到1934年末基本採取了禁種和提高稅率政策，透過減少供給和提高煙價減少吸食人群。除歸「剿總」管轄的10省之外，南昌行營對於最近置於控制之下的四川省也開始實施禁種。

據日本駐武漢總領事館報告，武漢三鎮最初有五個等級煙館，甲種稅金每3個月1000元、乙種600元、丙種400元、丁種100元、棚戶煙館按每煙榻每天6分收取。1934年春開始實施新生活運動後，對鴉片取締逐漸嚴厲，對上述煙館除甲、乙兩種外全部強制關閉，甲乙兩種則默許其營業，並對違反者實施嚴厲打擊。但嚴厲查禁造成了稅收銳減、鴉片業者的恐慌，對官方稅收打擊也很大。因此自1934年8月以後，當局表面上實行嚴禁，實際上默許提高稅率。其後這些業者又逐漸復活，營業稅率比禁止前幾乎提高1倍。以鴉片銷售為業者在漢口有1500戶，在武昌和漢陽約有1000戶。[672]

四川是當時最大產地，大小軍閥林立，都以鴉片為養兵之源。當時僅成都就有銷售鴉片店1800餘家，每月消耗達50餘萬。[673] 重慶也同樣，「僅

中國歷史上的經濟轉型與社會發展
政府管理類專題

重慶就有 700 間以上的煙館，公開允許吸鴉片，街上居民面色蒼白，鴉片臭氣刺鼻」。[674]

南昌行營對於四川首先採取了禁種鴉片措施。據當地報紙《濟川新報》1934 年 7 月 23 日報導，中央將四川視為產地，對其專門設立了特別辦法，其中尤其重視禁種措施。南昌行營命四川善後督辦公署制定具體方案，並於 8 月 1 日起實施。四川善後督辦公署劉湘於 7 月發出佈告：「為剷除煙禍，強國救種計，本中央所頒六年禁煙意旨，特規定禁煙五年計劃，從本年秋季始，對久慣種煙各縣一律嚴厲禁種，並規定條例十項，以期達成完全禁絕之目的。現已劃定禁種區域，不日將廣為佈告周知，通令實施。」[675] 其《禁種條例》規定如下：

第一條　本公署遵照中央逐漸禁絕煙害意旨，自民國二十三年秋季起禁止種煙，所有禁煙一切辦法悉依本條例辦理。

第二條　各縣縣長奉到此項條例，即應召集所屬地方區鎮鄉閭鄰長切實告誡，飭向農民剴切宣布，不得違禁偷種煙苗，播種期間，並應分別層次，備具未種煙苗切結，由各該縣長層轉報查。

第三條　違禁偷種煙苗者，一經查覺或告發，即將種煙田土沒收充公，並按律治罪。其情節稍輕者，得酌量處以罰金。

第四條　各區鎮鄉閭鄰長對偷種煙苗知情不舉或得賄包庇者，按律從重治罪，駐軍如有同樣情事，按軍法嚴懲。

第五條　凡種煙及包庇種煙者，無論何人，均得舉發或密告，一經查實，準將所支田土價或罰金提獎三成，縣府區府各提一成，其餘則專款解署，但誣告者反坐。

第六條　在煙苗下種期間，各縣縣長除飭各區鎮鄉閭鄰長認真勘察外，並應隨時親赴各鄉實地考察，並分區派員暨酌調稅警巡迴複查。

第七條　發現煙苗，應登時剷除，並照第三條或第四條之規定分別究辦。

第八條　各縣縣長禁種不利,應分別情節輕重記過罰薪,或撤任留職,聽候查辦。

　　第九條　本條例如有未盡事宜,本署得隨時修改之。

　　第十條　本條例自頒布之日施行。[676]

　　第一批禁種區域主要是東起巫山、西至雷波、南到秀山的川東、川南57個縣,大部分為劉湘控制地區。[677]上述實行禁種戒煙的消息傳到重慶,引起了煙民大恐慌。「煙民還有一條路可走,是買戒煙丸吃,於是賣戒煙丸的藥鋪,莫不利市三倍」。[678]但也有部分人擔憂,鴉片多年來為川省唯一財源,其禁種能在何種程度實行?假使能實現禁種,也需代替之財源,無論代之以何物,都無法使四川省民免於苛斂誅求。

二、對煙土運銷的管理

　　1934年下半年和1935年初,以禁煙督察處為中心的管理運銷體制逐漸在各省設立。以下以福建省為例,觀察其管理運銷組織狀況。1934年1月,十九路軍發動的福建事變被平定,5月,葉清和與廣東人黃某組成海豐公司,開始運動省政府承包鴉片公賣。也有其他販毒集團計劃承包閩南特稅,但當時由於「剿共」軍情緊張、禁煙督察處下級組織尚未建立,這些計劃全都被擱置。8月,葉清和改變手法,設立鷺通承銷公司,運動承包閩南鴉片公賣,與省財政部及民政廳達成協議,南昌行營和福建省政府批準其承包。[679]

　　1934年8、9月間,禁煙督察處開始在福建設立分支機構。規定禁煙督察處福建分處為管理福建禁煙事務最高機構,最初任命的主任為盧逢泰、副主任為陳迪光,但10月下旬上述兩人因承包合約受賄案被財政廳長徐桴逮捕,另任命徐瑞林為分處長,設立省辦事處和泉州、廈門、漳州事務所。此外,另行設立福建緝私事務所、監運所、煙公棧體系,分別由全國禁煙督察處直接任命或派遣。福建緝私專員為楊天育,負責全省緝私事宜,往返於福州廈門之間,在閩南區的漳州、泉州、廈門設立事務所。

中國歷史上的經濟轉型與社會發展
政府管理類專題

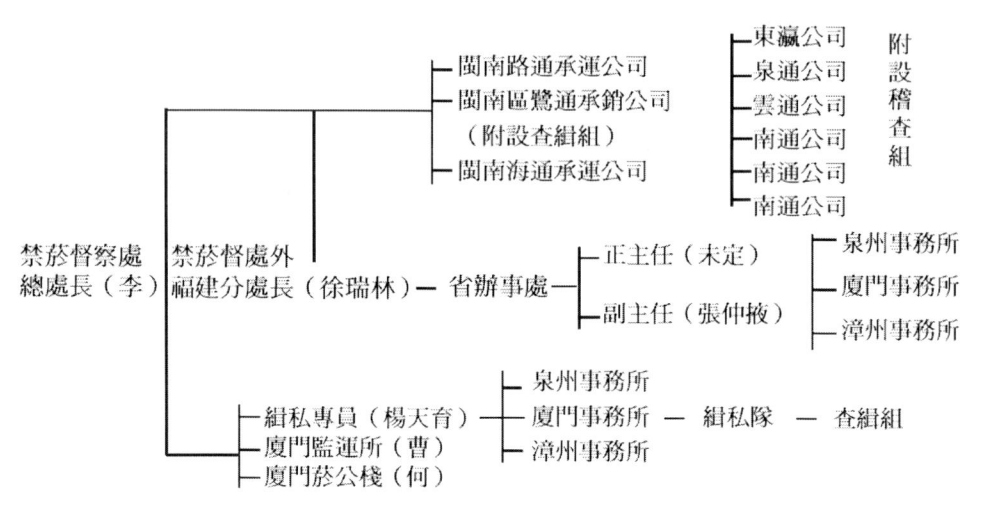

圖 1　福建的煙土公賣機構

在廈門設立了如下機構：

第一，禁煙督察處福建辦事處廈門事務所，是閩南區總監督及收稅機構，在泉州和漳州設立兩個事務分所，直接隸屬福州福建辦事處。

第二，福建緝私專員廈門事務所，主任邱耀明，其手下配緝私隊、查緝隊員各 30 名。

第三，廈門監運所，督察總處直屬機構，對承包公司鴉片運輸負途中保護（尤其為免稅關干涉）之責。主任為曹憲章，下轄士兵 50 人。

第四，廈門煙公棧，公棧主任何不鳴，負責保管承包公司運出入鴉片，根據需求從倉庫出貨，出貨時由督察處的廈門事務所對實物進行核實和課稅。承包公司精製鴉片時，煙公棧須派員監督，防止其在製造煙膏時混入毒物或使用走私品為原料。

各地區具體鴉片專賣事宜，由私營公司層層承包。葉清和設置的鷺通公司承包了閩南的專賣，於 1934 年 9 月 15 日開始辦理事務。但 1931 年上海特別區法院曾以私造嗎啡罪名對葉發出逮捕令，所以葉清和改名為葉振聲簽署承包合約。鷺通公司於 8 月 16 日開始招股，其股東中包含了不少日籍臺

灣人。其實際出資 15 萬元中，5 萬元作為保證金存於督察處福建辦事處，承包閩南 25 縣定額為每月至少出售 11.4 萬兩煙膏，每兩煙膏的印花稅為 0.57 元。

　　作為鷺通公司的分支公司還組織了陸通公司、海通公司。陸通公司總經理為邱俊，專門負責福建產鴉片收購；海通公司經理為周大川，負責四川、雲南、波斯鴉片的進口和運輸。

　　鷺通公司承包的專賣區域為閩南 25 縣，又將每縣專賣權分別承包給其他公司，每月規定一定包銷數量，並徵收保證金。鷺通公司製造的煙膏定價為 1 兩 3 元，下級承包批發 1 兩 3.3 元，其下指定代售處，代售處（零售）以 1 兩 3.5 元、6 元出售。以上售價雖定，但也有公司不設代售處，直接向吸食者出售許可數量的。[680]

表 1　閩南 25 縣承包公司及其責任數量

縣名	商號	代表者	包銷量（兩）	累進量（兩）
龍溪	漳通	葉一中	20000	24000
海澄	德通	王金環	4500	5000
雲霄	雲詔	總經理 沈鯛若	2500	
東山				
平和	平通	蔡學銓	1300	
南靖	南通	陳大河	800	1000
晉江	泉通	王似泉	24000	24000
南安	泉通			
同安	同通	陳中書	5000	
金門	浯江	陳山海	3000	
惠安	惠安	何惠良	3500	3500
永春	百齡	陳逢春	1500	1500
德化	百合	陳遇春	550	
仙游	仙通	林昶	4500	
廈門特別區	東瀛	林漢忠	16000	28000
龍岩	龍通	葉慎夫	1500	
太田	中和	李淡	2250	
石碼	利通	王源	4000	
興化	興通	白辦	9000	

資料來源：駐廈門領事冢本致外務大臣機密第五一〇號函件：《福建省阿片公賣　情ニスル件》，1934 年 12 月 4 日。

註：長泰、漳浦、華安、寧洋、漳平的承包數量和承包額尚未確定。

閩南 25 縣中，廈門特別區的專賣由東瀛公司承包。東瀛公司由日籍臺灣人林漢忠（別名林清埕）為代表與鷺通公司簽訂合約，每月包銷 1.6 萬兩。9 月 27 日，東瀛公司成立，召開股東大會。10 月 6 日，在廈門鎮邦路開設事務所。但廈門的煙賭業歷來被日籍臺人所壟斷，日籍臺人中的武力派首領幾乎都涉及販毒，鷺通公司感到廈門不好管理，寧願讓日籍臺人承包。而林清埕在日籍臺人中網羅武力派 30 餘人組織公司，以林清埕、何興化為首，

資本金 2.23 萬元。各地具體承包的公司,可附設稽查組在其承包區內查緝舉報私運、私販、私吸。

　　吸煙執照的管理辦法是,廈門公安局開設戒煙醫院,上癮者攜帶由戒煙醫院醫生開具之診斷書才能申請領取吸食執照,由煙膏代售業者按照執照記載數量購買煙膏。「鴉片批發商即頂盤廢止營業,二盤業者的一部分承擔代售處,另一部分停業」。[681] 從事零售的煙館根據取締章程第十四條,並不會全部獲得許可。廈門原有吸食者 3 萬餘人,鴉片業者上千戶。

　　但上述合約引發了日籍臺人內部圍繞販毒利益的爭奪。鷺通公司成立時,一些鴉片業者感到實施專賣於己不利,從事批發和銷售的業者屢屢在洪門總部坤記洋行開會密謀,以土產公會名義一再號召鴉片業者反對專賣計劃,後感到土產公會名義難以對外,遂改名為同業研究會。該會為加強聲勢,也吸收煙館業者普遍加入,於鷺通公司成立的同時更名為益商公司,在廈門開元路劉建安號舊址掛牌,形成反對陣容。因為實施專賣將取消歷來給予批發商和部分銷售商的許可,而零售業者也不得不購買高價煙膏,因此原有鴉片業者對此採取強硬的反對。益商公司董事長江保生、副董事長江金火、蔡滄淵等都是日籍臺人。

　　東瀛公司簽署承包合約後,對益商公司重要成員採取了拉攏政策,將其中主要十餘人拉成股東,希望益商公司能自行消滅,但益商旗下數百名零售業者看到公司首腦背叛後,於 10 月 18 日與公司決裂,自行組織同業合作社,在思明西路廈門電氣所三層設置臨時事務所,針對東瀛公司承包採取對策,合作社首腦為日籍臺人郭盈昌、施德潤、許有松、王仔土、李金德、王清海、陳金連、黃掹等。東瀛公司最初因益商公司反對而難產,後來懷柔政策奏效,才於 9 月 27 日成立,10 月 6 日開始營運。又遭同業合作社打擊,加上其公司內部掌握會計大權的何興化與林清埕的派係爭鬥,導致一般股東離心離德,不願交納股金。同時,該公司還貪慾難足,無視《厲行戒煙取締吸戶章程》,想對發行吸煙執照和指定代售處收取高額保護費。各禁煙機構當然不能答應,代售處承包人也採取觀望態度,導致該公司業務處於停止狀態,到 1934 年 12 月初仍未恢復。

由以上福建和廈門的專賣事例可知,禁煙督察處辦理全國禁煙事宜,由各省分支機構作為當地鴉片管理最高機構,與當地各主要消費地區承包商簽訂承包合約,並由各地辦事處負責徵收承包商批發煙土、煙膏的印花稅。督察處屬南昌行營直轄,其收入全部送交該行營。禁煙督察處還負責設立緝私事務所、監運所、公棧等機構,直接派員對承包公司採購、運輸、存儲、精製等環節進行管理,併負責緝私執法以保證承包者的利益。承包商也有在其承包地區取締走私、私販和私運的權利。對於吸食者,由公安局設立之戒煙醫院進行診斷,經診斷後發給戒煙執照。煙館對個人交付吸食執照,同時有查緝私吸的權利。[682] 承包閩南25縣的每年銷售定額為136.8萬兩,煙土、煙膏批發印花稅額收入約為78萬銀圓。此外,還對承包業者、分包業者、許可銷售業者、煙館業者徵收許可費和營業稅,對吸食者徵收吸煙執照費,對鴉片運輸徵收透過稅以及各種附加稅。

三、設立和運營戒毒設施

檢驗禁煙政策真正意圖的方法之一,是看為政者是否真正致力於減少中毒者數量。從1931年開始,全國各地就開設了一些戒煙戒毒所,1933年以後,「剿總」管轄下的湖北、江西、河南在毒害較多的縣開辦。浙江省的大多數為1932年到1933年開辦,取得的成績最大。江蘇、河北、陝西、察哈爾、上海、南京在1934年以後開始動作。河北省的打擊力度雖比較大,但天津市和停戰區22縣很難實行嚴厲查禁,因此一面是國民政府在盡力實施戒煙,一面是新的煙民在大量產生。山西省在財政上處於半獨立狀態,設立縣雖然最多,但由於經費較少,獲得的成績也比較少。

表 2　1934 年 10 月前各地戒煙院所開設狀況

省市	縣市別	名稱	成立年月	組織	經費來源	成績 已成	成績 在成	備註
江蘇	省立	戒菸院	1934年10月	院長、醫師2、護士6	省禁菸委開辦費3500元、經費1500元			省醫院院長兼
江蘇	59縣	縣立戒菸所	大部爲1934年10月開設	主任醫師1、助理醫師1、護士	以上撥付外，2成戒菸費，開辦費1500元，經常費500元		1059	6015人待戒
江西	省會公安局	南昌市立醫院兼理	1933年6月	設禁菸醫師3人	不另支薪，額外費用由戒菸執照費撥付	1078		
江西	其他32縣	專設9、兼理附設23	1933年1月到1934年9月	所長、醫師、助手、看護等構成	補助不等，留成戒菸執照費	1382	119	
湖北	宜昌縣公安局	公設4禁菸所	1933年10月	職員1、醫生1	禁菸收入撥付，月經費400元	109		
湖北	其他33縣	戒菸所	多數爲1933年開辦	人員不一	同上，多寡不一	1862		
湖南	長沙	湘雅、仁術、公醫院附設		依照醫院兼理戒菸事宜簡章辦理	湘雅年補貼59500元，仁術、公醫院個補貼8400元	178 169 359		
山西	太原	公立自新習藝所戒菸部	1932年6月	醫院1人，其餘由習藝所兼辦	無	25		
山西	省內105縣	專設或附設戒菸所	多爲1932年10月到1934年1月設立	人員不等	補助費極少或全無	737	313	

中國歷史上的經濟轉型與社會發展
政府管理類專題

河南	開封市	省會戒菸所	1934年1月	正副所長、醫生4、職員5	334元,民政廳發	119	12	
	其他43縣	專設或附設戒菸所	1932年以前設12所、1933年18所、1934年14所	一般由醫生、職員構成,規模不等	執照費、罰款提成、地方公款、政府撥發、財委會補助等	2629		
河北	天津市	市立戒菸院	1934年3月	市立第二醫院設病床30,公務員調驗、市民自願戒除者免費	1000元,市庫按撥付	211	4	1934年3月至9月
		市立戒菸所	同上	戒菸醫院兼辦、病床150、專戒烈性毒品	市政府存慈善捐款月支2116元	919	99	1934年4月至9月
	其他72縣、4公安局	專設或附設戒菸所	多數為1933年7月到1934年4月開設	政府照章設立,醫師、職員、看護若干人	地方公費、執照費、經費、罰金、商民攤派等支出	5895	不詳	
陝西	西安市	貧民戒菸醫院	1933年10月	院長、主任、醫師、藥劑師各1、護士3	財政廳月支3273元	2046	207	
		省立醫院兼辦戒菸科	1934年4月	由本院內科醫生2人擔任	禁菸局支開辦費1000元、藥費戒菸者半費、其餘實報實銷、人均藥費6元	135	20	
浙江	杭州市	公立戒菸所	1933年4月	不詳	地方公款	94		
	其他74縣	專設或附設戒菸所	幾乎皆為1932年初至1933年初所設	絕大多數為公立或醫院附設,經費較多	自籌、勸募、戒菸費、公款、菸民繳費、慈善捐款、捐藥	14659		
福建	7縣	設有戒菸所	皆為1934年2月以後開設	不詳	慈善捐款、2成戒菸經費	不詳		

青海	西寧及其他4縣	禁菸委員會、禁菸分局設戒菸所	1932年3月	不詳	公費	約250		
察哈爾	15縣	戒菸所	1933年開辦者居多	不詳	菸案罰款或提成、募捐、救濟院積金	不詳		
南京	市立	戒菸院免費勒戒	1934年2月	醫師3、護士16	市府月支2817元	1587	175	1934年2—9月
上海	市立	臨時戒毒所	1934年6月	醫師3、藥劑師、護士3、其他4、犯人管理警察負責	市庫月支2859元	892	94	1934年7—9月
	市立	公立上海醫院	1930年5月	普通醫院兼理戒煙	市府、慈善團體等月支1940元	145	8	1934年1—9月
北平		烈性毒品戒除所	1934年9月	醫生、護士、藥劑師事務員30餘人	每月13434元經費全靠募集，免費治療	383	503	1934年9月成績
		市立醫院	1933年11月	醫務、事務、警員30人。兼管戒煙、調驗	無專項經費，醫院支付	戒菸146，調驗8	戒菸1，調驗1	
青島		青島市立醫院戒菸所	1931年月	醫護管理人員8人，床位30，主管涉毒案犯戒菸	每月240元，2成菸案罰款、按月請領。醫護人員不另支薪	443	9	1934年1月至9月底
		公安局麻醉藥品戒驗所	1932年3月	醫護管理人員5名，收容人數140，專戒烈性毒品	每月818元，市政府臨時費撥給	569	205	1934年1月至9月底

資料來源：國民政府內政部年鑑編纂委員會：《內政年鑑·警政篇》，上海：商務印書館1936年版，第594—606頁。

由以上可知，到1934年10月以前，各地開設戒煙、戒毒設施450處以上，有確切報告的戒煙人數達4萬人以上，這是1934年末以前的階段性成果。1935年，南京政權在全國各省設立的禁煙設施包括療養院17、戒煙所695、擁有戒煙設施醫院98，合計達810處。[683] 而到1936年，在18個省、6個

特別市、1個特別行政區設立戒煙設施達 1293 所，[684] 盡全力消除在國民政府控制區內的鴉片毒品危害。

四、明確禁煙目標

　　1934 年 4 月南昌行營公佈《嚴禁烈性毒品暫行條例》前後，禁煙六年計劃已在醞釀。1932 年下半年開始的軍法禁煙措施，在 1934 年下半年逐漸顯示出成效，加之蔣介石在國民黨中央影響力的增強和南京政權實際控制區域的增大等因素，進入 1935 年後，南京政權逐漸將禁煙政策統一到軍法禁煙法令體繫上來。1935 年 4 月 18 日，公佈行政院第二二六〇號政令《禁毒實施辦法》《禁煙實施辦法》。5 月，蔣介石公佈「禁煙六年計劃」和「禁毒二年計劃」，宣布廢除 1929 年的《禁煙法》。新的禁煙禁毒法規由禁煙總監參照軍事委員會所頒禁煙禁毒法令分別制定，送由中央政治會議備案。6 月，宣布取消禁煙委員會，設置禁煙總監，辦理全國禁煙事宜，由軍事委員會委員長兼任。新刑法中關於第二十章鴉片罪的規定，在適用禁煙總監所訂禁煙禁毒法規區域之內停止施行。6 月 3 日，蔣介石以軍事委員會委員長兼禁煙總監名義重行公佈《禁毒治罪暫行條例》和《禁煙治罪暫行條例》以及《國民政府軍事委員會禁煙總會組織規程》，將以政令和軍法為基礎的禁煙政策的實施範圍擴大到了全國，整合過去公佈的種種禁煙法令，開始在國民政府控制區域內實施全面禁煙。

　　根據上述規定，禁煙總監不僅有臨時立法權，還有指定法令實施區域的權力，臨時立法的順序優先於刑法。撤銷禁煙委員會後，各省市禁煙最高機關為各省市行政機構。這些規定實際是對 1932 年後形成狀態的追認。當時中國行政區劃為 28 省、4 個特別市和 1 個特別行政區，各省市禁煙管理機關為各省市政府，南京市管理機構為市政府和首都警察廳、威海衛行政區為管理公署。遼寧、吉林、黑龍江、熱河四省因陷於非常狀況，未得呈報，故未列入。

　　新的禁煙法令體系基本原則是嚴厲禁絕毒品、逐漸禁絕鴉片。加重了對鴉片毒品犯罪刑罰，將其規定為軍事犯罪，依據軍法處罰。這一規定既解決了禁煙管轄權的問題，也可在實現禁煙禁毒目標前將所有禁煙收入歸入軍事

委員會管轄。禁煙實施辦法明令規定在鄂、豫、皖、贛、湘、蘇、浙、閩絕對禁種，在陝、甘實施分期禁種，加上已在四川和貴州開始實施分期禁種，當時南京政權控制區中的大鴉片產地，除桂、滇、綏等尚處於地方軍閥控制地區外，都開始逐漸減少種植。

五、結語

随著軍法禁煙體制的確立和禁煙督察處對鴉片運銷管理的實施，消費地的鴉片價格開始發生變化。禁煙督察處理順了鴉片透過稅體系，對每兩鴉片徵收 0.3 銀圓的透過稅，運輸的鴉片最多經兩次徵稅後就能順利運抵上海。特稅由軍事委員會直轄機構徵收，作為軍事費用直接歸蔣介石支配。徵收特稅導致了鴉片價格高昂，可由各地價格顯示出來，「比如陝西省鴉片 1 兩為大洋 0.35 元，河南省為 1 兩 1 元，再到禁種鴉片的山東 1 兩就成了 3 元」。[685]

另據八一三事變日本攻占上海前，南市公棧波斯土行情所顯示的鴉片成本和各種規費，當時鴉片由法國在廣州灣的租界，經香港或澳門運往大連或上海。運進上海的外國鴉片 1 兩的進口成本僅僅為 8 元、國民政府特稅 7 元、上海市捐 2.5 元、青幫保護費 2 元、運費和海關費分別為 0.2 元和 0.17 元，加上這些附加費之後 1 兩批發價為 19.87 元。[686] 1931 年前後，上海最高級波斯煙土零售價僅為 1 兩 3.7 元，批發價則更低。這意味著煙土價格在過去 5 年多中上漲了 5 倍之多。由此可推測，國產鴉片價格也發生大幅度的上升。而價格的大幅度上升也從側面表明，其供應量有了大幅度減少。

大別山區抗日根據地水利建設綜合研究 [687]

牛長立 [688]

內容提要：大別山抗日根據地的水利建設中，實施了「修工合用」「攤工合理」的「精工政策」，體現了政府權威、群眾紀律，以及政府和民眾合作的力量，取得了巨大的成就。貫穿水利建設的科學技術思想、人與自然協調的環境管理觀念以及堅持依法治水的法律理念，至今仍有借鑑價值和意義。

關鍵詞：大別山抗日根據地　水利建設　依法治水　科學技術

中國歷史上的經濟轉型與社會發展
政府管理類專題

鄂豫皖三省交界的大別山區抗日根據地的戰略地位非常重要。土地革命時期，它是中國共產黨領導創建的規模較大、堅持時間最長的革命根據地。抗戰時期，它是抗擊日偽的前哨陣地，是日偽軍、國民黨軍、新四軍三方爭奪的重點。日、偽、頑嚴密封鎖，不斷地進犯、騷擾和破壞根據地。

「戰爭不僅是軍事和政治的競賽，還是經濟的競賽」。[689] 因而，發展農田水利基礎設施建設對提高農業生產力，增強防災減災能力，尤其是對「發展經濟，保障供給」，堅持革命勝利具有重大意義。

目前，史學界對中共領導的根據地興修水利方面的研究，[690] 主要集中於土地革命時期的中央蘇區，抗戰時期的陝甘寧、晉察冀、晉冀魯豫、山東、蘇皖、華中等根據地，而對大別山區根據地的水利建設，雖然已有提及，但尚缺乏深入詳細的考查研究。本文擬對大別山根據地的水利建設，從科學技術史、水利法規史、環境保護史等角度，進行系統綜合的探討。

一、大別山區地形結構對水利興修的影響

大別山區橫跨鄂豫皖3省26個縣（市），分屬安徽省六安地區、安慶市，湖北省黃岡市、孝感地區，河南省信陽等5市地。其中，安徽省9個縣（市），湖北省8個縣（市），河南省9個縣（市），如表1：

表1　大別山地域範圍

省份	區名	縣名
安徽	安慶市、六安市[1]	金安區、裕安區、金寨縣、霍山縣、舒城縣、岳西縣、太湖縣、潛山縣、桐城市
湖北	黃岡市、孝感地區	紅安縣、麻城市、英山縣、羅田縣、蘄春縣、大悟縣、孝昌縣、黃梅縣
河南	信陽市[2]	溮河區、平橋區、潢川縣、固始縣、商城縣、息縣、新縣、光山縣、羅山縣

註：①經中國國務院批准，1998年8月，六安地區改為地級六安市，原縣級六安市，改為金安區。

②經中國國務院批准，1998年10月，信陽地區改為地級信陽市，原縣級信陽市改為溮河區，原信陽縣改為平橋區。

從自然地理區劃看，大別山區縣（市）有三種類型：一是「全山縣」，即全縣皆為山區，共有7個縣，包括安徽省金寨、霍山、岳西，湖北省的英山、麻城、紅安，河南省的新縣；二是「半山縣」，即全縣範圍一部分或大部分是山區，這類縣較多，有18個，分別為安徽省的舒城、太湖、潛山、桐城和金安區（1998年前為縣級六安市），湖北的羅田、蘄春、大悟、孝昌、黃梅，河南的潢川、固始、商城、息縣、光山、羅山、平橋、浉河；三是山脈延綿縣，這類縣位於大別山周邊地區，也有10多個，如安徽的肥西、肥東、巢湖、廬江、樅陽、望江、宿松，湖北的廣水、浠水、新洲、黃陂等。[691]

由於中國行政區劃的變遷，表1所列各縣與民國時期大別山區的縣不是一一對應的。經考證，表1大別山縣（市）類型劃分，換成民國時期的地名如下：

「全山縣」包括安徽省的立煌、霍山、岳西，湖北省的英山、麻城、黃安（紅安），河南省的經扶，計7個；「半山縣」包括安徽省的舒城、太湖、潛山、桐城、六安，湖北省的羅田、蘄春、禮山、孝感、黃梅，河南省的潢川、固始、商城、息縣、光山、羅山、信陽，計17個；「山脈綿延縣」包括安徽的合肥（肥西、肥東）、巢縣、廬江、望江、宿松，湖北省的應山、蘄水（浠水）、黃岡、黃陂，計9個。其中，肥西和肥東是1949年2月新置，黃安在1931年就有稱紅安的，蘄水在1933年之後更名浠水，經扶縣於1947年12月改為新縣。

在艱苦卓絕的抗戰歲月中，大別山區戰鬥著新四軍第五師和第七師，前者以鄂豫邊區為根據地，後者以皖江地區為根據地，兩塊根據地的部分區域均在大別山。一方面，大別山區「全山縣」「半山縣」多山地和丘陵的地形結構，容易引起或蓄水困難、水源缺少，或大雨、久雨過後又易爆發山洪，直接影響到農業生產的發展。如，1940—1941年，鄂豫邊區境內連續兩年遭受60年未遇的特大旱情，糧食幾乎顆粒無收，鄂豫邊區境內軍民生產和生活發生嚴重困難。另一方面，「山脈延綿縣」地勢低窪，如無為、含山、巢縣、廬江、舒城等縣和合肥的部分低地，依沿江數百里的壩堤為屏障，一旦潰決，各縣窪地盡成澤國，數百萬人民全遭浩劫。正如1942年12月鄂豫邊

區行政公署主任徐子威在總結根據地遭遇極其嚴重的旱澇災害的教訓時所說：「邊區有山有湖，過去因為人謀不臧，水利失修，總是山鄉豐收，則湖鄉發生水災；湖鄉豐收，則山鄉發生旱災。甚至山地天旱，而江河水漲，灌入湖區，以致山湖兩鄉同時發生災荒。」[692] 根據地的水利建設，依據地形結構，存在著兩種情形：農田水利灌溉工程與河海防洪工程。二者相互聯繫，互為補充，共同對根據地的農業生產發揮積極作用。

二、頻發「天災」的救治：大別山區的水利建設

隨著敵我力量的發展變化，八年抗日戰爭中，大別山根據地範圍逐步發展壯大。情況見表2：

表2　大別山抗日根據地地域範圍的變化

年份	根據地
1937	①巢縣、舒城、廬江、合肥、黃安；④信陽
1938	①黃岡、浠水；②廬江、巢縣、桐城、舒城、肥東；④羅（山）經（扶）光（山）
1939	③麻城、巢縣、廬江、信（陽）羅（山）、信（陽）應（山）隨（縣）、安（陸）應（山）雲（夢）孝（感）；④安（陸）應（山）、安（陸）雲（夢）孝（感）
1940	④安陸、孝感、信陽、羅山、禮山、黃安、黃陂、浠（水）蘄（春）、浠水、黃岡
1941	③無（為）巢（縣）廬（江）以西桐（城）東、桐（城）懷（寧）潛（山）、宿（松）望（山）太（湖）；④泊湖（太湖縣、宿松縣、望江縣），黃岡、黃陂、黃安、麻城、蘄春、黃梅、廣濟、宿松、浠水、孝感、應山、信陽、羅山
1942	④巢（縣）無（為）中心區
1943	④皖江區和含抗日根據地（包括巢縣等），鄂豫邊區較1943年更為擴大
1944	④桐（城）廬（江）縣委、桐（城）懷（寧）潛（山）縣委、桐（城）貴（池）青（陽）縣委、貴（池）桐（城）縣委
1945	③浠水、蘄春、英山、羅田、麻城、經扶、望江、宿松、霍山、太湖；④黃岡（今黃岡、新洲）、黃陂、黃安（今紅安）、禮山（今大悟）、孝感、應山（今廣水）、安陸、信陽、廣濟（今武穴）、黃梅、羅山、巢縣、廬江、桐城、潛山、舒城、望江、宿松、太湖

說明：①代表中共組織活動地；②代表新四軍展開地；③代表游擊區；④代表根據地

面對日本侵略者製造的「人禍」，大別山區抗戰時期還遇到了頻發的「天災」。主要災害是水災、旱災，但還伴有蝗災等諸多災害，其中又以水旱災害危害最為嚴重。抗戰時期，大別山區歷年災害如下：

1937年夏季，樅陽發生水災，「五月十三日至二十六日，連陰雨，田被淹十分之二」。冬季，安徽全省「十一月多雨雪」。

1938年夏季，肥東旱災，「五月下旬，插秧後，直到七月初才下大雨」；六安水災，「六月，雨量三百六十九毫米」；安慶水災，「六月，雨量四百一十五毫米」。6月，鄭州花園口被國民黨炸毀決口，致使安徽大別山區大澇，「黃水泛溢，淮水倒灌泛溢，淮淝一帶（包括六安、霍山、肥西——編者注）遂泛濫成災……淮水倒灌泛溢，破堤倒圩，普遍受災」。

1939年，安徽水災，「淮水倒灌泛溢，破堤倒圩，普遍受災」。信陽旱災，「久旱不雨」。羅山旱災，「六至八月大旱成災」。息縣旱災，「北郭積潦」。光山、潢川、商城旱災，「久旱不雨」。固始及息縣南部旱災，「自夏至秋無雨，禾苗盡枯」。[693]

1940年，安慶水災，「六月，雨量三百零三毫米」；「淮水倒灌泛溢，破堤倒圩，普遍受災」。肥東旱災，「春雨小，未插秧，七月初一連下七八天」。樅陽旱災，「四到六月，旱」。[694] 六安、霍山、立煌、廬江、舒城、太湖、岳西、桐城等縣旱災，「自春至夏亢旱不雨，禾苗涸竭盡死，後雖下雨，但季節已過，無法補種。旱災之後又遭水患，損失極其慘重」。[695] 鄂東（麻城、黃梅、蘄春、浠水、紅安、羅田、英山——編者注）旱災，「旱災奇重」。

1941年，樅陽旱災，「四至七月，旱」。安陸旱災，「六至八月不雨，連旱八十三天，莊稼全乾枯，秋收作物幾乎顆粒無收」。

1942年，桐城先是水災，「三月，雨量三百毫米」；緊接著，就是旱災，「四至十二月連旱，僅降水三百七十一毫米，五至九月，降水僅二百八十六毫米，為五級大旱」。宿松水災，「六月，雨量五百九十八毫米，五至九月，總雨量達一千二百二十四毫米」。陽新旱災，「夏，久旱不雨，禾苗乾枯」。

中國歷史上的經濟轉型與社會發展
政府管理類專題

大悟旱災,「七至九月未雨,禾苗盡枯,兼蟲害」。應山旱災,「入夏後久旱不雨,秋後大減產,受災面積三十六萬餘畝,實收三成弱」。[696]

1943年,光山、固始、息縣、潢川等縣水災,「被蝗、水」。六安旱災,「七月份,雨量僅八毫米」。合肥水災,「四月,雨量三百三十五毫米;六月,雨量五百六十毫米;五至九月,總雨量達九百六十七毫米,達一級大澇」。[697]

1944年,潢川水災、旱災並發,「旱、風等災特重,饑民眾多」。整個河南省「本年水、旱、蝗、雹相繼成災」。樅陽旱災,「四至五月,旱」。合肥旱災,「五至九月,僅降水二百一十八毫米,其中七月為兩毫米,八月為四毫米」。湖北發生了大旱災,「八區各縣,入夏亢旱,禾苗枯槁。螟蟲、稻苞蟲復猖獗。農作物悉被摧毀」。大悟旱災,「河、塘俱涸,禾苗枯萎。除泉水田外,一般稻田最多只能收二三成」。應山旱災,「入夏後久旱不雨,受災面積十五萬畝,受災程度六至九成,受災一萬三千戶」。[698]

1945年,河南各地普遍大旱,「各縣遭受旱蝗等災遍及全省,災情之重不亞卅一年(1942年)旱災」。[699] 肥東旱災,「春水小,五月中旬下雨後,秋雨不大」。六安旱災,「全年除七月份外,僅降水一百五十二毫米」。宿松水災,「六月,雨量四百四十毫米」。[700]

除了水旱災害,還有其他災害,如蝗災:1943年,光山、固始、息縣、潢川等縣蝗災,「被蝗、水」。信陽蝗災,「蝗蟲稍輕」。1944年,立煌、宿松、六安、合肥發生了蝗災。湖北「八區各縣……螟蟲、稻苞蟲復猖獗,農作物悉被摧毀」。1945年,立煌、廬江也發生了蝗災。[701] 湖北歷史上有蝗災的年份中,抗戰時期的1943—1945年期間有記載。[702]

綜上,抗戰時期大別山區水旱災害情況見表3:

表3　抗戰時期大別山區水旱災害縣份情況表

年份	水災縣	旱災縣	蝗災縣
1937	樅陽、安徽		
1938	六安、安慶、霍山、肥西	肥東	
1939	六安、霍山	信陽、羅山、息縣、光山、潢川、商城、固始	
1940	安慶	肥東、樅陽、六安、霍山、立煌、廬江、舒城、太湖、岳西、桐城、麻城、黃梅、蘄春、浠水、紅安、羅田、英山	
1941		樅陽、安陸	
1942	桐城、宿松	桐城、陽新、大悟、應山	
1943	光山、固始、息縣、潢川、合肥	六安	光山、固始、息縣、潢川、信陽、湖北
1944	潢川河南	潢川、樅陽、合肥、大悟、應山河南、湖北	立煌、宿松、六安、合肥、河南、湖北
1945	宿松	河南、肥東、六安	立煌、廬江、湖北

　　表3中，1937年大別山區安徽省所屬的縣份發生了水災，到了1938年，水災依然在安徽，而且還出現了旱災；水旱災害的重點，是六安、安慶、霍山、肥西等縣。1939年，根據地水災範圍略有所少，旱災縣份大幅增加，大別山區河南所屬的信陽、羅山、息縣、光山、潢川、商城、固始等地發生旱災。1940年，大別山區的水災僅限於安慶，旱災卻更為嚴重，由1939年的河南7縣，擴大至17個縣，重點在安徽、湖北。1941年，大別山區未見水災記載，旱災的範圍也有縮小，為樅陽、安陸2縣。1942年，水災、旱災較前一年都有所擴大，集中在安徽、湖北，而桐城則水旱災害交替發生。1943年，根據地內水災、旱災、蝗災等災害同時出現，最為嚴重的是信陽地區，同時出現了水災、蝗災。1944年，大別山區鄂豫皖三省的水災、旱災、蝗災都很嚴重，信陽尤為嚴重，水災、旱災、蝗災同時發生；湖北、安徽所屬縣份則旱災、蝗災同時發生。1945年，根據地範圍空前發展，水旱蝗災較前一年明顯減輕，然大別山區安徽所屬縣份水旱蝗災同時並發，河南、湖北或旱災，或蝗災，

根據地抵禦自然災害的任務依然十分艱巨。加強水利建設，防止水旱災害，有效減輕其他災害，始終是大別山區發展農業生產的首要任務。

三、艱巨與複雜情形下水利建設的巨大成就

鄂豫邊區掀起了兩次水利建設高潮，第一次是1941年冬至1942年春，山湖兩鄉確保了1942年的夏收和秋收。第二次是1944年冬至1945年春。較土地革命時期，這一時期的興修水利縣份進一步擴大；工程項目不但有小型，更有中型、大型；投入的人力、物力、財力也更多，灌溉的成就也更大；有的工程，當地百姓至今受益，如皖江區修築的重大水利工程惠生堤等。抗戰時期，根據地水利建設的成就見表4：

表4　抗日戰爭時期根據地的水利建設成就

類別	位置	開工時間	工程	受益
渠	應山縣吉羊（陽）鄉	1940年冬	2華里的吉陽山引水渠和5華里的杜家湖灌渠	灌田170石，開荒500石，緩解了2000多畝農作物的旱情
四壩一塘	安陸棚河和務豐店河	1941年秋	於胡王薛、河西楊、李家咀、槽坊灣4處修築堤壩，曹家沖挖一塘堰	解決了近2000畝農作物缺水問題
千塘百壩	安（陸）應（山）縣	1942年冬—1943年春	安應全縣共建壩106座，塘堰1064口，其中的豐樂壩和李家咀壩改稱為「黃公壩」「汪公壩」	每年繳售救國公糧20餘萬擔
水利	信陽彭家灣到辛店	1942年	建成2華里的渡槽引水工程和天鵝堰壩	灌田近2000畝
水利	鄂中8縣	1943年春	到1944年春共挖塘7747口，修圩1106座，建閘207座，疏通和開挖溝渠210條	受益面積達140萬畝
堤	黃岡	1944年	加高20公里的大和池圍堤	儲水量大為增加
堤	無為東鄉黃絲灘段江堤	或1944年2月或1943年12月	挖土44.4萬方，1944年5月建成惠生堤，全長或說15華里，或說13華里，高1丈9尺，頂寬2丈4尺，底寬12丈	保護無為、巢縣、含山、和縣、舒城、廬江、合肥7縣300餘萬人口和400萬畝耕地安全

資料來源：葉宏樹：《李先念與安應縣「千塘百壩」運動》，李少瑜、徐蓬、雷河青：《創業中原功垂華廈》，烏魯木齊：新疆青少年出版社1993年版，第262頁；侯志英：《中共河南黨史》上卷，鄭州：河南人民出版社1992年版，第495頁；畢長春：《皖江抗日根據地的農業經濟》，安徽省新四軍歷史研究會：《安徽抗日根據地文集》，內部資料2001年版，第299頁；程必定等：《安徽近代經濟史》，合肥：黃山書社1989年版，第342—343頁；北京地區新四軍暨華中抗日根據地研究會、新四軍第七師暨皖江抗日根據地分會：《新四軍第七師暨皖江抗日根據地簡史》，內部資料，第87—88頁。

表4所列水利工程，僅是根據地水利事業的一部分，而非全部。如，1943年1月，夏忠武回顧1942年的戰鬥生活時指出：「一九四二年是我們鬥爭最艱險的年頭……但是我們在這個險惡的年頭，我們還進行了幾件偉大的事業……是去年春季所進行的春耕運動，這個運動，普及邊區的每個縣……在這個運動中，興修了很多的水利，興修和補修了堰塘及堤壩。」[703]再如，陂安南縣縣委、縣政府機關駐地衝窪、寨窪、馬鞍山一帶興修的「愛民塘」，是許多塘堰的統稱。

抗戰中的水利建設，既有防洪的，又有抗旱的；既有河海防洪工程，還有農田水利灌溉工程；由於小、中、大水利建設的存在，受益面積2000畝至400萬畝不等。水利建設也投入了更多的人工。其中，孝感4個鄉1940年攤工6000餘個，1943年則為1萬餘個；安陸四壩一塘工程花費3個月；信陽渡槽引水工程和天鵝堰壩歷3個月，攤工4.5萬多個；民生壩耗費1個月零5天；惠生堤或說經歷3個月，用工21萬個，或說5個月，100餘萬工；安應、應山等8個縣的統計，到1944年春總計用工136.33萬個（石工未計）。

大別山區所屬縣份在抗戰時期的不同階段，分屬敵、偽、頑、我的情形是不同的，研究根據地的水利建設，須分清根據地的地域。從表2至表4可見，1937—1938年，大別山區安徽所屬縣份發生水災、旱災之際，該地區尚未建立根據地，剛剛有了中共組織的活動，新四軍第四支隊等革命武裝也才剛剛展開，根據地幾乎沒有，無力開展水利建設；建立根據地的信陽地區，這一時期尚未見到水旱災害的記載。1939年，根據地游擊區擴大了，但在發

中國歷史上的經濟轉型與社會發展
政府管理類專題

生水旱災害的河南縣份所屬游擊區，如信陽、羅山、光山等，面對水旱災害，未能建立水利工程，只能任其施虐；同時，在非根據地的息縣、潢川、商城、固始等地，也發生了旱災。

較之根據地水旱災害的縣域，根據地水利工程的興修所占比重還是比較低的；同時，根據地的水利興修也滯後於水旱災害的發生。根據地的水利建設，始於1940年的應山。1940年，根據地所在地區，如麻城、蘄春、浠水、紅安等地發生旱災，但未能開展水利建設，而在未發生水旱災害的應山縣進行了灌溉水渠的興修。1939年，應山已建立了根據地，雖然1940年未發生水旱災害，但在殘酷的鬥爭形勢中，農業發展的首要任務，就是發展水利。1941年，根據地所在的安陸、樅陽發生旱災；當年秋，安陸就開展了水利建設。1942年，根據地發生水旱災害的縣份，如桐城、宿松、大悟、應山等地，僅應山在當年至次年開展了水利建設，其他地區則無。本年度，早在1939年就發生過旱災的信陽，也進行了水利建設。1943年，根據地內光山、信陽發生水災、蝗災，未見水利興修的記載；湖北發生了蝗災，鄂中8縣大力興修水利；當年，安陸繼續興修水利，從而奠定了「邊區第一縣」的經濟地位。1944年，大別山區發生了自1940年以來最嚴重的水旱災害，擴大後的根據地範圍內災害區域增加，而水利的建設，僅見於黃岡、無為等地，後者所修黃絲灘段江堤保護了巢縣、舒城、廬江、合肥等大別山根據地區域的良田。1945年，在抗戰勝利前夕，根據地水旱災害形勢依然嚴峻，根據地遇到了嚴重困難，制約了水利建設的進程。

概而言之，抗戰時期，並非根據地所有縣份都開展了水利建設，僅僅限於安陸、應山、信陽、黃岡、巢湖等縣份。雖然有統計不完整的因素存在，但根據地水利建設並未在根據地所有水旱災害施虐縣份展開，應是事實。

不可否認，水利建設極大地促進了根據地糧食的增產。如「千塘百壩」的興修，僅安應和雲夢兩個縣，在1944年就增產糧食10萬石。在皖江，「惠生堤」等一系列水利工程的修建，僅1944年，就使受益農田達到48.46萬畝，從而使廣大人民群眾的生產和生活有了可靠的保證。[704]

水利建設使得根據地在政治上的收穫更大。人民的生命財產得到了保障，提高了中國共產黨和抗日民主政府的威望，鼓舞了根據地廣大人民發展生產的信心；水利建設的成就提高了人民對敵鬥爭的情緒，打破了人民群眾迷信風水的錯誤認識，也增強了人民對水利建設的重視程度。

在中共的領導下，水利建設成為人民群眾的自覺行動。1941年6月，中共鄂豫邊區委員會書記陳少敏指出：「游擊戰爭展開後，才重新開始恢復與建設邊區的各種農村經濟事業。」至1941年，「修塘挖堰等建設事業，成了老百姓的日常工作了，已恢復了戰前狀態」。[705]

四、政府權威、民眾紀律合力下的水利建設經驗

根據地的共產黨委和政府對水利建設的思想認識是清晰而明確的。1942年2月，鄂豫邊區行政公署主任許子威在《論邊區財政經濟工作》中建議：「要制定『堤防公約』，以政府權威、群眾紀律及政府與民眾合作的力量，來保證一切堤防之絕對安全。」[706] 許子威還強調，第一位的是堅持水利建設中中共的領導，頒布相關條例，規範水利建設行為，軍民一心建水利。1943年，鄂豫邊區委員會委員吳祖貽提出，當年冬耕的工作內容有：（一）興修水利：這是冬耕時期的主要內容，今冬要開工，甚至春前做好，但要注意幾件事：1. 興修合理化：修工要合用，攤工要合理。2. 實行精工政策，訂立勞動規約，一面適當改善雇工待遇，一面要提高勞動熱忱，節省業主的開支。[707] 在吳祖貽看來，水利建設首要的是確保工程質量，「修工要合用」；其次是人民負擔、用工的公平合理，「攤工要合理」；以及節約生產，「精工政策」。這些思想在實踐中不斷發展完善，最終形成了具有法律效力且富有成效的邊區條例。

（一）政府權威——堅持中共對水利建設的正確領導

根據地政府把水利建設作為經濟建設的中心工作之一，高度重視，召開民主會議，成立水利建設委員會、水利局、工程局等，作為興辦水利事業的研究、設計、動員和指揮機關。

中國歷史上的經濟轉型與社會發展
政府管理類專題

　　鄂豫邊區黨委於 1941 年秋領導群眾修築安陸的「四壩一塘」。1942 年 1 月，鄂豫邊區黨委在加強農村支部領導經濟建設的指示中要求，「目前的任務，就是發動群眾的力量，修堤、打壩、增修水利，保護明年的農產品收成，老百姓有飯吃。這是支部工作第一等的緊急任務」。[708]

　　同年 2 月，邊區行政公署主任許子威在總結邊區財政經濟工作時批評：「財經經濟工作，依然是邊區政權工作中比較薄弱的一環……財政經濟工作上的混亂現象仍然存在著。」而其中最明顯的就是：「生產墾荒和水利建設的工作都沒有抓緊機會認真執行，來年的收成和自給自足的計劃，絲毫沒有保證。」經濟建設事業的中心工作，「目前是整頓水利和加緊春耕，現在正是農閒水枯災荒嚴重的時候」，許子威號召邊區軍民，「我們要開展全面性的水利建設運動，保證今年秋收，加緊春耕，縮短青黃不接的恐慌」。他所提出來的水利建設的意見之一，就是建立水利領導機構，「由政府聘請黨政軍民各界領袖及熱心公益的士紳，組織全邊區及各縣的水利建設委員會，以為水利建設事業之研究、設計、動員和指導的機關，務必限期在農忙之前完成」。[709]

　　同月 2 日，鄂豫邊區行政公署副秘書長丁連三要求，「京、安、雲、應各縣縣政府，應組織築壩委員會專門負責測量水路、選擇地勢，動員民眾築壩攔水以資灌溉」。[710] 還是在本月，邊區行署宣傳部長夏忠武指出，水利「關係於人民生計至大，故一般人民極為擁護，人工、材料、經費都易於籌辦，主要是組織與領導問題。政府及黨的機關應該出來號召組織，各級水利委員會專門辦這種事情，特別吸收地方士紳參加，他們在這方面是有更多經驗的」。[711]

　　當年春，鄂豫邊區黨委大力支持地方黨委組織領導群眾開展水利建設。在安（陸）應（山）地區，黨領導軍民廣泛地開展前所未有的「千塘百壩」運動，大搞修塘築壩水利建設。中共安應縣委和縣政府，在先後任縣委書記的王良、趙家駒、胡山的主持下，建立了由縣長黃曙晴、縣委副書記汪力波等組成的水利建設指揮部，制訂了 1942 年冬至 1943 年春全縣修塘堰 1064 處、築河壩 110 座的水利建設計劃，帶領各級幹部和人民群眾修塘築壩。

在皖江根據地建立後，行政公署主任呂惠生親自領導了江堤的修建工程。1943年10月上旬，皖中行署主任呂惠生、副主任張愷帆，在無為縣東鄉湯家溝召開皖中水利會議，無為、巢縣、廬江、桐城、和縣、含山、銅陵、繁昌等地派代表出席。會議決定，成立黃絲灘退建工程委員會（徐冬榮、胡德榮等15人為常委），負責領導設計工作，組建了黃絲灘退建工程局，具體負責工程建設。

毛澤東曾親自指示鄂豫邊區黨委和政府加強對水利建設的領導。1944年8月4日，豫鄂區黨委向華中局、中央報告根據地的財政困難、救濟災荒等問題。對此，毛澤東作出了指示。關於災荒問題，毛澤東指示：「對災民應普遍實行以工代賑，組織一切待救濟而又有勞動力之災民開荒、開灘、開渠、打壩、打井及進行各種手工業等。」[712]

在根據地黨委和政府的正確領導下，根據地的水利建設轟轟烈烈地開展起來。

（二）群眾紀律——水利建設條例的頒布

根據地各級黨委和政府的組織領導為農田水利建設的正確、高效、合理開展奠定了基礎。要把黨的領導、人民的意志貫徹落實，還須制定、頒布一系列水利建設的條例和辦法，規範水利建設行為。其中，1943年，鄂豫邊區政府制定和頒布的《鄂豫邊區一九四三年度春耕生產緊急動員條例草案》（以下簡稱《草案》），內容涵蓋了水資源規劃、水資源開發利用、水資源和水工程的保護、水資源配置和節約使用、水事糾紛處理等，具備了2002年頒布實施的《中華人民共和國水利法》的基本構成要素，實際上成了根據地各階層人民必須遵守的水利法規。各地依據《草案》制定了更具體的辦法。水利法規和政策的頒布執行，引導人民逐步把農田水利建設納入規範化、法制化軌道。

《草案》分為4章：總則、水利、種子肥料耕牛與農具和春耕之管理，計44條；水利一章專門規範水利行為，其他章均涉及水利。

1. 水資源、水利工程的管理

《草案》規定，公水的管理由管理委員會負責：

公水應按塘為單位，由受益人推選管理委員會或管水人制定公約共同遵守。管理委員會或管水人受保春耕委員會之領導，政府之監督，如有違法行為，得撤換另選。

公塘、公壩、公堰、公垸、公溝等以塘為單位組織一委員會，如二塘相距不遠而受益人又相同的，可合組一委員會管理之。

政府有處罰違法的權力：「有左列各款之一者，各縣政府根據各該縣情況認真予以處罰（處罰辦法各縣自定）。」這裡，民主協商精神，政府公信力，縣級政府監督、任命、撤銷的雙重管理等特點得以體現。

2. 水資源科學規劃

《草案》強調全面規劃和科學論證，統籌兼顧上游和下游的用水需要，充分發揮水資源的綜合效益，防止對生態環境造成破壞。其中，依據自然之形勢，遵循客觀規律，是水利工程興建的應有之義：「水利之興修，水道之變更，堤垸之興廢合併，以能增加生產並公平合理為原則。」水利工程應因地制宜，大小合宜：「為增加耕地面積，可以合併垸子，或先修大堤，後修與不修小堤。」除了處理好用水人之間的關係外，遵循自然趨勢，不任意阻止或改變水道，保護生態環境，是科學規劃的前提：「上流來水，以自然趨勢與合理蓄水為原則，不得任意阻止或改變水道，致礙別人水利，上田放水，亦不得故意沖壞下田，否則受害人得要求賠償。」這裡，保護環境，實現人與自然的和諧發展，得到了體現。

3. 水資源開發利用

水利興修要選擇在冬閒至春耕前這一期間：「本年四月以前為興修水利期間，無論塘、壩、堰、溝、垸、井等均須期間內竣工。」修建工程的主體，包括政府或地方以及私人：「工程巨大，非私人力量所能辦到之水利建設，得由政府或地方舉辦，其私人舉辦者可請求政府貸款。」

攤工要公平、合理，體現「誰投資建設誰受益」的精神：「修建費用，除政府負擔之巨大工程外，應依享有水利灌溉之土地所有權之面積多寡與受益之程度，合理負擔。」即灌溉面積愈多，負擔水利工程的責任就愈大：

如一塘可灌田百畝需一百個工，則每畝應攤一工，但使水程度又不盡同，有的田或使用方便，或有的田每畝需水特多，則鬚根據具體情況變更其攤工數目。貧苦抗屬或貧苦農民應攤工而無力負擔時，有向政府申請農業【補助】之優先權，或由政府清算水利欠款，或在春耕罰款中補助之。

關於攤工的具體標準，《草案》對不同情形分別加以規定。一是田多工少的：

土地所有權人如田多人少，應雇工趕修水利，不得遲延，妨害春耕。佃戶在其佃田範圍內，應替業主做工，但業主須按照公定價給予工資，不得遲付或少付。

二是業主確係無力或不在家的：

佃戶得依其佃田應攤工數代為佃付，依年利百分之二十計算，在本年應交額內扣除。佃戶富裕而佃權又有保障時，依主佃財產狀況，佃戶可攤工百分之二十至百分之五十，但退佃時仍應歸還，其原有約定者從其所約。

三是蓄水量增加的：

一切公私塘、堰、壩或灌水溝等，經興修可增加蓄水量者，凡需享用該項蓄水灌田者，皆得請求參與興修，按左列原則攤工，及照攤工多寡，享用一定之水量。一、新工依第十條第一項之規定分攤。二、舊有工費，依習慣與請求人財產狀況，經協議得補攤一部分，分期或一次付清。

分攤費用標準：

如有一私塘或二人以上共有塘，可灌田百畝，如加修或挖大則可灌田一百五十畝，即可多五十畝之水量，在這種情形下，凡所有田能用該水灌溉之業主，皆得要求加入，原塘主不得拒絕，但如要求加入之人過多，並其需水灌田的面積在五十畝以上時，必起爭端，則爭端由保春耕委員會合理調處。

規定：新工與第一條情形同，舊工即原用之工費，請求參與新工者與地主協議，或補付一部分或免付。

四是無效堤垸或放水溝的：

無效堤垸或放水溝，其攤工標準，應按田畝攤工，如分段開工則須限期竣工，逾限不修者，處以應攤工款百分之十五至百分之五十的罰金。為增加耕地面積，可以合併垸子，或先修大堤，後修與不修小堤。

五是出現挖田或壓田的：

因興修水利須挖田或壓田時，土地所有權【人】不得拒絕，但應照田價賠償。如土地所有權人依此田務農為生時，除賠償外，並應設法解決其所需之耕地。

4. 水資源、水利工程的保護

《草案》規定了對阻擾、破壞水利工程建設行為的處罰：

有左列各款之一者，各縣政府根據各該縣情況認真予以處罰（處罰辦法各縣自定），其破壞生產情節重大者，並呈準行政公署嚴懲之。二、藉口迷信阻止水利興修、堤垸並廢，致妨害農業生產者。三、挑起宗族糾紛，破壞政府水利計劃及阻擾水利興修者……六、應修水利而不修、應出工而不出，致影響水利興修者。

《草案》也規定了清算欠款、春耕罰款、逾限不修等情形的水利罰款事項：

清算欠款，指過去水利建設上的不合理攤工，或應出而未出之工……以及已經集中尚未用完之款。

春耕罰款，違反本條例規定，由政府科罰之款。

無效堤垸或放水溝，其攤工標準，應按田畝攤工，如分段開工則須限期竣工，逾限不修者，處以應攤工款百分之十五至百分之五十的罰金。

懲戒措施的制定，有利於移風易俗，樹立好的典型。

5. 水資源配置和節約使用

制定水量分配方案：春耕水量使用的多少，依據田畝多少為限：

春耕期間，水利、肥料、耕牛、種子、農具之使用，依各戶土地登記之畝數為標準。

如登記十畝，則使水量、施肥量不能超過十畝，自牛自耕，自己農具自用也以十畝為限，剩餘即須出租，租用時亦同。其瞞報或漏報之田畝除自動補報外，不得享有登記畝數之權利。

用水的順序：《草案》區分公水、定量水、私水、天旱救禾不救秧、有附屬物的水、上下田（或遠近田）等情形，作出不同規定：

用公水順序：一、倒上水田：應先上後下。（說明：倒上水田使水不易，如下水田先用，則上水田需工更多，因此，要上水田先用。）二、一定量之水，一個以上同時需用時，則貧苦抗屬或貧苦農民先用。三、有私塘可灌者應先用私水，後用公水。四、如因天旱須搶水灌田時，則救禾不救秧，但救禾之業主應酌量賠償該秧田之損失。（說明：未打泡之穀與打泡之穀之同時因天旱須搶救時，應先灌打泡穀之田，因打泡後為最需水之時，無水則不能灌漿，不能結實，而未打泡穀雖遲幾日用水，尚可救活，尚可結實，故救禾不救秧，但未打泡穀因無水而枯死時，救禾人應酌予賠償以示公平。）

公水內放魚或植藕者，不準妨害使用。私水內放魚或植藕者，遇天旱需水時，以救穀為原則，但魚枯死時，塘主得要求使水人酌予補償損失。

下山或遠田使水，上田或近田不得阻止，明溝以水道暢通，增加生產為主，但因水道透過而有重大損害，受害人得請求受益人或政府救濟之。

水利設施的使用：

公埠頭應合理輪流使用，不準私人霸占（卡埠頭），其使用程序依第十八條規定。私埠頭除私用外，不得拒絕他人使用。

關於節約用水：

私水以所有權人適度使用為限，不得浪費，有餘時應供別人使用，不得拒絕，致減低生產。

這裡，依據自然形勢，遵守村規民約，實現公平、合理、節約、高效的用水，營建良好的社會風俗，得以體現。

6. 水事糾紛處理

《草案》規定了主佃之間、新舊工費、挖壓田、天旱救田、私水附屬物損害、上下田（或遠近田）等情形下的糾紛處理。

一是佃戶替業主修水利，與業主之間產生了勞資矛盾：

佃戶在其佃田範圍內，應替業主做工，但業主須按照公定價給予工資，不得遲付或少付。

二是解決水田內安置車位的糾紛：

使水必須在他【人】水田內安置車位時，田主不得拒絕，但車窩損失，依習慣賠償。

三是加修水利工程過程中舊工與新工之間的糾紛處理：

舊有工費，依習慣與請求人財產狀況，經協議得補攤一部分，分期或一次付清。

如有一私塘或二人以上共有塘，可灌田百畝，如加修或挖大則可灌田一百五十畝，即可多五十畝之水量，在這種情形下，凡所有田能用該水灌溉之業主，皆得要求加入，原塘主不得拒絕，但如要求加入之人過多，並其需水灌田的面積在五十畝以上時，必起爭端，則爭端由保春耕委員會合理調處，規定：新工與第一條情形同，舊工即原用之工費，請求參與新工者與地主協議，或補付一部分或免付。

四是水利興修中挖田或壓田的處理辦法：

因興修水利須挖田或壓田時，土地所有權【人】不得拒絕，但應照田價賠償。如土地所有權人依此田務農為生時，除賠償外，並應設法解決其所需之耕地。

五是救禾不救秧的公平解決辦法：

如因天旱須搶水灌田時，則救禾不救秧，但救禾之業主應酌量賠償該秧田之損失。

未打泡之穀與打泡之穀之同時因天旱須搶救時，應先灌打泡穀之田，因打泡後為最需水之時，無水則不能灌漿，不能結實，而未打泡穀雖遲幾日用水，尚可救活，尚可結實，故救禾不救秧，但未打泡穀因無水而枯死時，救禾人應酌予賠償以示公平。

六是私水附屬物因抗旱致使損失的：

私水內放魚或植藕者，遇天旱需水時，以救穀為原則，但魚枯死時，塘主得要求使水人酌予補償損失。

七是水道損害透過之田地的：

明溝以水道暢通，增加生產為主，但因水道透過而有重大損害，受害人得請求受益人或政府救濟之。

八是上田放水損壞下田的：

上流來水，以自然趨勢與合理蓄水為原則，不得任意阻止或改變水道，致礙別人水利，上田放水亦不得故意沖壞下田，否則受害人得要求賠償。

九是水車等農具借用過程中產生的矛盾：

水車或其他農具，除自用外，不得拒絕出借，其故意折毀或偷藏零件致不能使用時，依第六條規定處罰。借用人損壞水車或其他農具時，應照價賠償。

十是佃戶與業主無水車約定，但自身又無力購買而耽誤生產的：

佃戶無力購辦時，有權請求業主代購或補助部分車價。

水車為種水田主要農具，需費頗大，佃農往往因缺乏水車耽誤用水，影響收成，為增加生產，業主自應幫助佃戶購置，這對業佃雙方都是有利的。

這裡，處理用水矛盾，體現的是既要看到人民的政治覺悟與進步，又要防止群眾落後的本位主義思想。

《草案》的頒布，以及根據地黨委和政府的水利政策，在根據地的水利建設實踐中得以貫徹，並不斷發展完善。

（三）修工合用——水利建設質量標準

根據地的水利工程，歷經戰爭和歲月的洗禮，是否還能夠造福當地百姓？李先念曾有過疑問。1983年，李先念在接見安陸縣有關人員時，親切地問道：「抗日時期趙家棚（屬安陸）修的水利還起不起作用？民生壩還在不在？趙家棚面貌改變得怎麼樣？群眾生活怎麼樣？」[713] 其實，時至今日，安（陸）應（山）地區的中共組織和人民，既對抗戰時期的水利設施逐步進行適當的改建維修和科學管理，又不斷挖掘潛力，上新項目，一直未放鬆水利建設。[714] 至2012年前後，學者張宇楠實地考察抗戰時期修建的安應縣汪公壩、信羅縣平橋辛店的臺湖水庫和渡槽橋之後，依然認為，「這些水工建築和工程至今還在發揮作用，當地的人民至今還在受益」。[715]

根據地的水利建設，開創於人力、物力、生產技術極其有限的戰爭年代，何以能夠歷經80餘年的時間——自1930年算起——依然可以部分而非全部地發揮作用？這與根據地水利設施修建的科學合理因素，如科學選址、合理佈局、技術標準規範、就地取材、因地制宜、與周圍環境協調等，關係甚大。

1. 科學選址，確保長久

對「自然」鬥爭是水利建設的關鍵。瞭解山川形勢，總結歷史上水利興修的經驗教訓，同時準備充足的人力物力，開展水利建設。根據地丘陵山區河流自上而下，彎彎曲曲，河道忽寬忽窄，水流忽急忽緩，平原與山地之間又有低凹沖田。政府主管建設事務的相關專家們根據地形地貌、落水高差、低凹面積、氣象經驗等引水灌溉要素，為根據地農田水利建設科學選址。信羅縣平橋辛店低凹的臺湖平時水少，遇大雨又積水成災，根據地政府取土造

湖,修建渡槽橋,澇時蓄水,旱時從山澗引水,修路搭橋,還可方便村民行走。抗戰 70 餘年後的今天,依然造福當地。村民臨湖建房,周邊已經林木成蔭,澇時行人從渡槽橋上來往,呈現出一派安居樂業的景象。

2. 佈局合理,形式靈活

1942 年 2 月,許子威《論邊區財政經濟工作》一文建議,「在山地要將舊有的公私塘堰、堤垱之重修者,一律加以補修,要將凡屬可以利用之河流港溝及一切需要蓄水而可以蓄水的地方,一律相度地勢,重新修築」。[716] 根據地農田水利的建造者根據山川河流坡度及地勢,採用「L」型築壩、半月型築堰,就地取土築堤、搭建渡槽橋等多種形式佈置。汪公壩採用「L」型佈置,河中直線段採用就地取土築壩,依山勢開鑿山石形成泄洪口,進而形成「L」型堤壩,既增加了蓄水量,又提高了泄洪道的堅固程度,保證了整個大壩的耐久性。平橋辛店臺湖水庫和渡槽橋從低窪處挖土築堤,多餘的土用來回填場地,增加了庫容量又抬高了岸邊建房的基礎高程,提高了房屋的防澇能力。渡槽橋的修建在保證臺湖水庫庫容的同時,方便行人的行走與安全,真正做到了以人為本。

3. 蓄水多,灌溉廣

排澇防旱是根據地水利工程的基本功能。抗戰時期,應山 2 華裡的吉陽山引水渠和 5 華裡的杜家湖灌渠灌田 170 石,開荒 500 石,緩解了 2000 多畝農作物的旱情;安陸四壩一塘解決了近 2000 畝農作物的缺水問題;信陽辛店 2 華裡的渡槽引水工程和天鵝堰壩灌田近 2000 畝;鄂中 8 縣眾多塘堰壩的修建,使得受益田地面積達 140 萬畝;惠生堤保護了無為、巢縣、含山、和縣、舒城、廬江、合肥 7 縣 300 餘萬人口和 400 萬畝耕地的安全。現今,據張宇楠的考察,辛店的臺湖水庫和渡槽橋保證了約 66.7 公頃(相當於 1000 畝)耕地的灌溉;趙家棚汪公壩至今可蓄水 35 萬立方米,灌溉著合山、棋格、牧牛山 3 村約 80 公頃農田。雖然,今日的灌溉量可能小於當年的,如辛店的,由可灌溉 2000 畝縮小至 1000 畝。不過,它依然在發揮著作用。

4. 技術規範，造型合理

「厚、高、寬、緊」是根據地水工建築造型的主要技術標準。鄂豫邊區行政公署主任許子威於1942年2月提出，「在湖區，要將原有的官堤、民堤，參照去年修的辦法，一律補修到最高最厚最堅固可靠的程度。要將應當重新修築堤垱的地方，馬上提倡開工修築」。[717]1943年，新四軍五師師長李先念到安陸「四塘一壩」工地視察時，把水利建設的標準概括得更為具體。他說：「修塘築壩不能單純追求幾升米，要注意質量，要做到深、高、厚、緊。」即塘要挖深，堤要加高，壩要築厚，土要夯緊，這樣才能多蓄水、不漏水。[718]

根據地的水利工程依據「深、高、厚、緊」的標準展開。小型攔水壩多採用下寬上窄外垂直的梯形形式，大型攔水壩採用兩面放坡的梯形形式。1942年建成的「汪公壩」長40米，高7.5米，面寬5米，兩面成45°放坡，以一定的厚度、高度、寬度保證土方的抗滲性、穩定性和蓄水量。平橋辛店的渡槽橋也於1942年建成，橋長107米，高2.6米，寬0.8米，橋墩以石塊作主柱，既能滿足條石的力學性能，又能透過橋下洞口達到排澇作用，使整個橋身顯得緊湊、穩重、堅固有力。1944年5月建成的惠生堤，高1丈9尺，頂寬2丈4尺，底寬12丈。

5. 就地取材，經濟適用

由於環境和生產力水平有限，根據地水利工程，軍民只能以原始的肩挑、手搬、打夯、鑿石等方式興修，偶有使用爆破技術。修豐樂壩的時候，人們用土炸藥開山炸石頭。[719]沒有水利器材，軍民就向日偽「借」。安應人民用諸葛亮的草船借箭法，或者直接去扒鐵路，或者趁日寇修路之際派人去當民工，並做其他路工的抗日工作，設法搞到大批鋼釺、鐵錘、十字鎬等水利建設器材，使「千塘百壩」運動搞得更加熱火朝天。

水利建築使用的材料，根據地就地取材。如黏土和石材，資源豐富。興修時，黏土經夯實後，空隙率小，密度較大，防水抗滲性能強，同時也造成了黏結和填充作用。根據地丘陵地帶的石材漫山遍野，石材密實性、抗風化性、耐久性強。趙家棚汪公壩的泄洪口，辛店渡槽橋至今仍堅固耐用，既避免了重複建設，又保護了周圍環境。

6. 人與環境，相互協調

　　根據地政府在選址和佈置上統籌規劃，親近自然，融於環境，疏通河道。利用山川田園地勢高差，兼顧農田灌溉，分階梯築壩，使蓄水、灌溉、泄水有機融為一體，既保證了整個河流區域內的農田實現旱澇保收，又使水流自然順暢，流而不腐，維持沿途生態平衡。趙家棚汪公壩高 7.5 米，同庫岸農田高度基本持平，泄洪口依山開鑿，同山路相接，壩寬 5 米，山路壩面與村道相互貫通，給村民日常生活中的用水帶來了極大的方便，也使水工建築的蓄水、引水、取水和養殖功能得到了有效發揮。時至今日，壩下仍然綠草蔭蔭、流水潺潺、牛羊成群、魚鳥嬉鬧，一片生機盎然的景象，真正讓整個庫區「活」起來了。平橋辛店的臺湖水庫，利用地勢低凹就地取土，築堤回填場地，以半月型佈置，使庫中形成半島，輔以林木，打造了一片人類宜居住地。

五、結語

　　大別山抗日根據地的水利建設是在艱苦卓絕的革命鬥爭中進行的，中共和政府正確地貫徹了中央的方針政策，作了精密的調查研究，制定了周詳的施工計劃，妥善協調各方面的利益，動員了各階層人民全力參加，人民軍隊武力保障並參加工程建設，使許多困難迎刃而解。水利建設使得糧食增產，人民生活改善，群眾生產熱情極大激發，擴大了中共和政府的政治影響，為抗日戰爭和解放戰爭的勝利奠定了堅實的基礎。根據地水利工程建設所取得的成就是中國水利建設史上的一個奇蹟，它充分證明：中國共產黨領導的新民主主義政權是全心全意為人民服務的政權，不僅能打敗日本帝國主義，而且有能力建設一個新中國。

　　為了戰勝水旱蝗等自然災害，發展農業生產，改善人民群眾生活，積極抗戰並取得最終的勝利，大別山抗日根據地水利建設在中共的正確領導下，戰天鬥地，在敵偽頑的複雜鬥爭形勢中，取得了巨大的成績，極大地減少、減輕了根據地水旱災害的肆虐，極大激發了群眾的生產熱情，擴大了中共和政府的政治影響，為抗日戰爭和解放戰爭的勝利奠定了堅實的基礎。

中國歷史上的經濟轉型與社會發展
政策類專題

政策類專題

民國時期對外貿易政策的經驗與教訓

羅紅希 [720]

內容提要：對外貿易政策是一個國家歷史的縮影，考察民國時期對外貿易政策的經驗與教訓，探索民國各個時期對外貿易政策的成敗，可以為中國改革開放的今天制定科學正確的對外貿易政策提供參考和借鑑。這些經驗和教訓主要有：要始終捍衛國家的主權；總體對外貿易發展目標要非常明確；正確認識並根據中國的國情制定對外貿易政策；要重視對外貿易發展的國際國內環境；要以大無畏的勇氣迎接世界經濟的挑戰。

關鍵詞：民國時期　對外貿易政策　經驗與教訓

中華民國時期（1912—1949）是中國對外貿易的一個重要時期。北洋政府時期，中國對外貿易在各地的軍閥割據混戰的風雨飄搖中艱難前行；南京國民政府初期，中國社會經濟雖然經過了短短 10 年時間的正常發展，但在 20 世紀 30 年代，關稅自主權恢復以後，又經歷了 8 年抗日戰爭和 3 年的國內戰爭。因此，中國對外貿易政策因戰爭而受到極大的限制，被捆綁在為戰爭服務的這輛戰車上，呈現一種畸形的發展態勢。儘管如此，國民政府、思想理論界、研究者們一刻也沒有停止過自己的理論探索，與晚清時期相比，這一時期中國的對外貿易政策有了更新的發展，達到了對於它的時代來說相對比較成熟的地步。如國際貿易局局長何炳賢就得出了「謀減輕商品成本，並須使其標準化，注重國際宣傳，洞悉國際市場情況」[721]等較高層次的認識。

首先，從政策的理論來源和研究視野的角度看，民國時期對外貿易政策的理論研究視野更加廣闊。政府和研究人員不僅進一步探討和研究前人已經涉及的一些問題，而且，現代對外貿易政策研究中的基本問題，如關稅政策問題、稅率標準問題、匯率問題、對外貿易政策與制度等，在該時期對外貿易政策中都有涉及。特別是關稅和匯率這兩個問題，在這一時期受到了應有的重視，而且有了非常明確的認識，這是具有十分重要意義的。因為，自

中國歷史上的經濟轉型與社會發展
政策類專題

1840年鴉片戰爭以後，中國喪失了關稅自主權，外國商品如潮水般湧進中國市場，關稅作為保護本國市場的重要武器被列強掠奪；匯率是一個國家透過調整對外貿易以達到爭奪國外市場、擴大本國商品出口目的的主要手段。為了廢除不平等條約、恢復中國的關稅自主權、制定符合國情的關稅政策等，無論是北洋政府還是後來的南京國民政府，都進行了積極而又艱苦的努力。匯率問題在這一時期受到特別重視，這在當時的對外貿易環境下是非常難能可貴的。這說明當時中國政府、思想理論界已經認識到科學地調整本幣與外幣的兌換率這一特殊手段，對於擴大本國商品出口和限制外國商品進口都能造成重大的調節作用。

其次，從對政策的認識程度來看，民國時期對政策的理論探索更加細緻、更富有理性思辨色彩，對政策的認識也更進一步深化和更切合中國實際。譬如對於中國對外貿易中存在的入超問題，堵塞漏洞，變入超為出超是以往政府的一貫方針，在民國時期，入超問題日益嚴重，並且屢屢不能解決。但是民國時期的歷屆政府和研究者們卻不再是持有入超有害論這種一邊倒的看法，而是立足於中國工業化的發展，開始以冷靜的態度正視這個問題，表現出了更為現實、更為辨證的思想方法。再如對於自由貿易與貿易保護兩大貿易政策的討論，政府和研究者們基本上形成了一種共識，即作為服務於中國工業化建設目標的手段，自由貿易與貿易保護之間並不是絕對對立的，二者都是在不同情況下發展中國民族經濟所必須採取的不同手段。政策只是手段，而發展才是目的，無論是自由還是保護，都要服務於發展中國民族工業的根本目標。為了發展中國民族工業，可根據具體情況，在某些領域開放貿易，在某些領域則實施貿易保護，圍繞工業化的原則，靈活運用政策手段實施對外貿易調控。

最後，從對外貿易與工業化的關係來看，民國時期找到了對外貿易在國民經濟中應有的位置，即不是以工業化為對外貿易服務，而是對外貿易服務於工業化。民國時期的先進人士普遍認為，國家要富強，必須要推進工業化。雖然在甲午戰爭之後，政府就開始提出以工立國的問題，但卻是圍繞對外貿易來談論工業發展問題，以工業的發展為對外貿易的強固基礎。而到了民國時期，「工業化」成為政府制定對外貿易政策的基本歸宿，並確立了一個服

務於工業化的總體方針。高舉工業化的大旗，把加強工業化建設作為中國對外貿易活動的基本宗旨，緊緊圍繞著工業化建設需要來進行對外貿易政策的探討。章友江的《中國工業建設與對外貿易政策》一書，體現了民國時期的普遍認識水平，主要分析了工業化與對外貿易政策的關係。研究者的思想觀點雖各有差異，但都是以發展民族工業、實現工業化這兩個主題作為核心目標。

民國時期的對外貿易政策作為一種政策資料具有寶貴的歷史價值，這些政策蘊涵的思想、精神和理念即使在中國改革開放的今天，仍然具有十分重要的理論價值，對當代中國政府制定對外貿易政策、開展對外貿易活動具有一定的啟示意義。下面，筆者將對民國時期對外貿易政策的經驗與教訓進行論述。

一、要始終捍衛國家的主權

對外貿易是在國家主權的保護下而進行的經濟活動，是一個國家國民經濟向外延伸的標誌。自不平等條約簽訂以來，中國喪失了關稅自主權和領事裁判權，外國對中國的貿易直接表現為經濟侵略，中國始終在對外貿易中處於被動地位。即使是民國時期，不平等條約與協定關稅依然是套在中國人民頭上的枷鎖，嚴重阻礙了中國對外貿易和經濟的發展。民國時期，透過一系列爭取關稅自主權的運動，中國雖然表面上收回海關管理權和海關行政權，事實上仍然處處受外國侵略勢力的壓制，國民經濟幾乎崩潰。要帝國主義自動放棄在中國的特權，這是不現實的，也是不可能的，而當時的中國又不可能透過武力鬥爭討回已經失去的利權，只能透過外交上的努力。

民國時期的歷屆政府都主張「關稅自主」，並為此而進行了一系列的外交活動，無論是在國際會議上，還是在與日本等個別國家的溝透過程中，無論是政府的行為，還是民眾的行為，都一直圍繞著「關稅自主」而進行，並為實現目標而不懈努力。例如，北洋政府「欲為保護行商政策，尤應提議裁撤釐金，改征統稅，俾得減輕負擔，則可抵制輸入……補充國貨，挽回利權，實於國計民生至臻裨益，良非淺鮮」。[722] 可見，北洋政府對於減免稅釐，保護本國商品相當重視。1913 年 1 月 2 日，《上海機器麵粉公司公會關於請

準華面應照洋面進口免稅案一律辦理致農商部呈》記載，「竊查中國麵粉一業，向皆洋商運貨進口，日增月盛，輸出金融歲數達千萬兩之巨……進口洋面逐年減少，是粉業挽回漏厄甚巨，在中國已卓著成效……洋面一日不征，華商應與一律，以昭公允，而維實業」。[723] 可見，北洋政府已經考慮到了中外麵粉商人的平等地位和平等稅務利益，開始免徵華商的稅收，不但維護了中國麵粉商的利益，也大大促進了麵粉業的發展和對外貿易。北洋政府實施煙草專賣，保護了煙草的利潤和煙草工業的發展，使中國煙草業免受外國煙草工業產品的衝擊，有利於中國煙草的出口。1924 年 9 月，全國實業代表會議召開，會議上明確規定「此種工廠所需原料倘為本國所無，須向外洋購買者，呈請農商部發給關照，準免原料進口稅。如製品輸出外洋時，須經農商部指定免稅貨品名稱、範圍，咨知財政部釐定國貨出口免稅章程。至若貨品暢銷內地，只納產地暢銷稅一次，勿應重征，即予通行全國」。[724] 至此為止，北洋政府對減免稅釐、保護本國商品、捍衛中國對外貿易的主權作出了明確的規定。

二、總體對外貿易發展目標要非常明確

從民國時期對外貿易政策發展的四階段來看，總體對外貿易發展戰略目標非常明確，那就是緊緊圍繞如何實現中國工業化這一總體目標來進行對外貿易活動，工業化也成為民國曆屆政府制定各項對外貿易政策的指導思想。章友江曾將中國對外貿易政策的目標歸結為發展工業，「以徹底改善人民生活之全部」。[725] 民國時期的民族危機雖然已經成為歷史，但是今天同發達國家相比，中國工業化程度仍然落後得多，工業化仍然是我們的一貫目標。民國時期歷屆政府、研究者、思想理論界都圍繞工業化來探討對外貿易，使「對外貿易真正成為中國國民經濟發展的火車頭」。[726] 對於一個發展中國家來說，「經濟發展的歷史經驗已經證明，工業化是各國經濟發展的必由之路，沒有工業的發展，沒有工業的普及和產業的升級，就不可能有一個經濟的持續發展。這種持續發展的要求是發展中國家採取干預對外貿易政策的根本目標，在這個目標尚未完成以前，人民很難相信，各國會普遍地推行自由貿易政策」。[727]

不過,在對外貿易政策的方向選擇上,雖然每個國家都有自己的個性優勢,但其對外貿易政策的總方向是以保證本國經濟利益為前提的干預政策。毫無疑問,作為世界一員的中國,對外貿易政策的總方嚮應該是選擇貿易自由主義。「為了保證中國經濟發展的利益,保證中國借助開放條件下的經濟運行,我們應該對對外貿易持積極參與的態度。同時結合中國的經濟發展,採取積極乾預的對外貿易政策」。[728]

無論是北洋時期的收回關稅自主權的初步嘗試,南京國民政府時期的正式收回關稅自主權,還是抗戰時期實行的戰時對外貿易統制政策,以及抗戰後對外貿易的國家壟斷政策,都圍繞著一個根本目標,那就是對外貿易的工業化,即工業化是我們實施對外貿易政策的一貫目標,保護和發展本國幼稚的民族工業則成為民國時期對外貿易政策的根本目標和要求。

三、正確認識並根據中國的國情制定對外貿易政策

任何時代的對外貿易政策,都必須從本國的國情出發。從民國時期對外貿易政策可以看出,主張實行貿易保護政策是一條主線,貫穿於整個民國時期。積極爭取關稅自主、戰時對外貿易統制政策、以工業化為主體的對外貿易政策、加強商檢貿易制度的建設、加強對外貿易的國家壟斷、海關緝私工作的加強、金融與幣制的改革、開放外匯市場、加強交通運輸建設、加強輸出推廣等,都是國家實行貿易保護政策的重要舉措。在這個時期,政府清楚地認識到自由貿易政策只適合於經濟發達國家,而即使是經濟發達國家,也未必能實行自由貿易政策。至於如何實行貿易保護政策以及實施的效果如何等,不同的時代有不同的對外貿易政策,如北洋政府時期是以爭取關稅自主為主要目標;南京國民政府前期,由於國家統一,政治安定,除爭取關稅自主外,還要加強對外貿易環境的建設;抗日戰爭時期,由於國家處於危難,民族危機嚴重,政府不得不實施對外貿易統制政策,即實行國家壟斷政策;南京國民政府後期,主要是恢復與發展國民經濟,主要重點放在限制進口與輸出推廣兩方面。民國時期著名的學者朱伯康就認為,「自由貿易實為各民族經濟最高之理想」。[729] 它雖然可以促進國際分工、經濟發展以及各國的生產專業化,但是「自由貿易最大之缺點,在只顧到先進國家輸出貿易之利

益，而忽略各民族經濟狀況之參差，及各民族自求獨立發展之權利」，工業落後國家只有經過一定時期的貿易保護才能發展民族工業，最終達到與發達國家進行自由貿易的水平，「故保護關稅為達到自由貿易所必經之階段」。[730] 所以，自由貿易和貿易保護並不是絕對對立的，二者都是在不同情況下發展民族經濟「所必需採取之不同手段」。[731] 也有些學者雖然主張貿易保護，但也承認由自由貿易而來的國際分工利益實無法否認，只是由於中國的實際情況，使得我們必須採用貿易保護。這些思想、政策理念對今天仍然具有深刻的啟迪意義。

為了發展民族工業，可根據具體情況，在某些領域開放貿易，在某些領域則實施貿易保護，圍繞工業化的原則，靈活運用政策手段實行對外貿易調控。政策只是手段，而發展才是目的，無論是自由還是保護，都要服務於發展中國民族工業這一根本目標。

四、要重視對外貿易發展的國際國內環境

對外貿易並不是孤立的，它一定是在中國和國際大環境、大系統中進行運作的。民國時期的學者、政府要員都相當重視對外貿易環境的建設。如鄒宗孟提出「實行裁釐、加稅、外人稅務司之裁撤、國定復關稅制之實行、商務利益均霑條款之設定」。[732] 如武育干認為中國國際貿易不振的一般原因分為政治原因、社會原因、經濟原因三項。經濟上的原因主要表現在「交通機關不完備、關稅制度不良、國外匯兌危險、貨幣制度紊亂、金融機構不健全、勞動能力薄弱」等。而要振興國際貿易，必須做到「直接貿易之促進、貿易管理機關之整頓、各種輔助貿易之提倡、進出口貨物之適宜限制、努力振興農業、貿易經營方法之改良」等。[733] 李宗文提出「貿易設備之應予增強、對外交涉之準備、貿易基本政策之決定、應注重民生利益、貿易行政機構之統一」等。[734] 時任國際貿易局長的何炳賢也曾提出「商品須標準化、成本須減輕、同業須團結、國外市場須明了、國外宣傳須注意、國外貿易須直接」等建議。[735] 在中國的政治環境方面，穆藕初認為內亂紛爭是「發展商務最大阻力之一」，只有改革政治環境，對外貿易才能「漸臻佳境」。[736] 武育干感嘆道：「中國政治之不清明，足以阻止中國貿易之發展。」[737]

今天的中國仍然是一個發展中國家,仍然需要重視國際國內環境的建設。

五、要以大無畏的勇氣迎接世界經濟的挑戰

工業落後國家在參與世界經濟競爭的過程中,難免一時處於被動的不利局面。處在這種情況下,是關閉國門,還是以大無畏的勇氣迎接挑戰?與晚清政府盲目排外相比較而言,民國時期的歷屆政府與研究者們的態度非常明確,他們對世界經濟高度融合的背景有充分的認識,認為中國應以積極的態度融入世界,體現了一定的時代進步性。如羅從豫認為:「總而言之,中國想要推廣對外貿易,關於國際方面的,非先謀國際合作不可……但是關於中國方面和產業本身的,我們應該竭力掃除生產上之一切障礙,和設法改良產業的本身,這就是國人應盡的責任了」。[738] 叔康在《戰時貿易政策》中指出:「我們認為,今日中國的經濟前途如不能抵抗外部的經濟勢力,就不能建設內部的經濟成功……因此,可以明白在抗戰建國的現階段的貿易政策,是如何的重要啊!」[739] 可見,國民政府面對日益艱難的國際貿易環境,不得不調整對外貿易政策。郭子勛也指出:戰後中國對外貿易問題,「這種零星的補綴,局部的休整,縱然一個會議能有相當的成功,也不過是延緩國際經濟戰爭的爆發而已,在今日的世界,國家間還是不能作到『見利思義』『公而忘私』的境地。在取捨爭讓之間,不能有絕大的徹悟,不能有大公的精神……支配國際的局勢,這如何能望其有成?中國在千辛萬苦渡過抗戰難關之後,對於這風波險惡的國際經濟洪流,應當如何把舵,安達彼岸?國際貿易根本問題的適當處理,雖然不能完全解決所有國際經濟的難題,但至少在戰後世界的大漩渦中,可以不致使中國滅頂」。[740] 他相信,外國商人的競爭壓迫,將促進中國產業的演變和進步。任何一國的經濟發展,都必須匯入到世界經濟的潮流之中;閉關鎖國,離群索居,是民族經濟進步之最大障礙。這些認識,對今天仍然有重要的借鑑意義。勇龍桂曾強調:「世界經濟之變動,能影響中國對外貿易者……第一,世界物價的上漲,可以提高中國之進出口物價;反之,世界物價之跌落,中國進出口物價亦必隨之跌落……第二,各國經濟繁榮之時,對於中國出口商品之需要者必增,因之,輸出可以增加;反之,各國經濟之蕭條,可使中國輸出大為縮減。」[741] 作為發展中國家,今天的

中國歷史上的經濟轉型與社會發展
政策類專題

我們決不能像晚清時期那樣把自身封閉起來，而必須以極大的信心和勇氣參與國際經濟競爭。

民國時期的對外貿易政策，無論是從其思想理論水平來看，還是從其實踐操作層面來說，都比中國以前任何時代都要進步，它所蘊涵的思想、精神和理念都是寶貴的精神財富。它為當今政府實施正確、科學的對外貿易政策提供了極具歷史意義和現實價值的參考與借鑑。

中國對美元危機的應對（1971—1974）

姜長青 [742]

內容提要：「文革」後期，隨著中國社會政治形勢的穩定，中央高層領導更多地把注意力放到了社會經濟發展方面，並抓住時機擴大了對外貿易交往。而此時的國際貿易，由於受美元貨幣危機影響，面臨著很大的風險。中央高層審時度勢，先後實施了「四三方案」、增加黃金儲備和糧食儲備、正確處理進出口商品價格等，成功應對了此輪美元危機。

關鍵詞：美元危機 「四三方案」 糧食安全 國際市場價格

美元危機指的是在資本主義國際金融市場上，美元信用下降，市場上大量拋售美元，兌取美國的黃金或搶購其他國家貨幣，迫使金價上漲，美元外匯匯率下跌。由於美元是資本主義世界國際貨幣體系的支柱，所以美元危機也會影響整個資本主義世界金融貨幣市場。

一、1970 年代初美元危機的發展演變

1944 年 7 月的「布列敦森林協定」確定了以美元為中心的國際貨幣體系，這種安排一定程度上反映了當時各國實力的對比。然而戰後各國社會經濟發展是不平衡的，西歐、日本等經濟恢復很快，國際收支有了很大的順差，而美國則由於相繼捲入朝鮮戰爭、越南戰爭等國際衝突，拖累了其國家財政收支平衡，美國被迫大量發行美元，從而動搖了美元與黃金掛鉤的根基。

中國對美元危機的應對（1971—1974）

20世紀50年代末60年代初，隨著戰後經濟復興的完成，西方主要資本主義國家先後取消了外匯管制，實行多邊支付，金融市場的開放程度大大提高。各國利率水平的差異使私人資本在國際金融市場上為套匯套利而大規模流動，不可避免地加劇了各國政府之間為爭奪黃金儲備、限制資本流動而展開「貨幣戰」，並最終導致以固定匯率制度為核心的「布列敦森林體系」的崩潰。受此影響，國際貨幣關係動盪，匯率波動劇烈，全球國際收支失衡現象嚴重，改革世界貨幣體系成了國際金融領域的中心問題。

到二十世紀六七十年代，爆發了多次美元危機。繼1971年5月的危機之後，7月下旬美元危機風暴再起，來勢更加兇猛，美元價格暴跌，黃金價格猛漲。美元危機形成的主要原因在於，1971年美國出現了自1893年以來未曾有過的全面貿易收支逆差，黃金儲備已不及其對外短期負債的1/5。面對各國中央銀行擠兌黃金的壓力，美國尼克松政府被迫於1971年8月15日宣布實行「新經濟政策」。「新經濟政策」的主要內容除對內採取凍結物價和工資，削減政府開支外，對外採取了兩大措施：停止美元兌換黃金和徵收10%的進口附加稅。1971年，美國自行放棄美元與黃金掛鉤的體制，開啟了「浮動匯率」時代。

儘管美元不再承擔兌換黃金的義務，但美元在國際貨幣體系中的核心地位並沒有改變，並在國際經濟活動中產生了新的不公平和不平等。美國財政赤字由於龐大的軍費開支和越南戰爭的消耗不斷增加，國際收支連年逆差，黃金儲備不斷減少，美元不斷貶值，在經歷多次美元危機後，再也無法同黃金保持固定的比價。1971年7月至8月，由「歐洲美元」帶頭搶購黃金的風潮觸發了美元危機，迫使美國政府在同年8月15日宣布暫停外國中央銀行用美元向美國兌換黃金，割斷了美元與黃金的聯繫，以美元為支柱的資本主義世界貨幣體系開始瓦解。同年12月中旬，美國決定將美元對黃金的比價貶值7.89%，把原來規定的35美元兌換1盎司黃金降為38美元兌換1盎司黃金。

1972年下半年開始，美國國際收支狀況繼續惡化，美元信用更趨下降，西方金融市場又爆發了大量拋售美元、搶購西德馬克和日元的貨幣危機。

1973 年 2 月 12 日，美國政府被迫宣布美元對黃金的比價貶值 10%。這是繼 1971 年 12 月美元貶值 14 個月後，美元第二次貶值。由於導致美元貶值的基礎並沒有根本性的改變，所以美元貶值的趨勢並未改變，「布列敦森林體系」瓦解不可避免。

「布列敦森林體系」瓦解之後，又無法建立一個新的、相對穩定和統一的體系來替代它，貨幣匯率劇烈動盪，各國紛紛以浮動匯率制取代固定匯率制，國際貿易和國際收支嚴重不平衡，國際經濟環境趨於惡化，造成 20 世紀 70 年代以來國際金融市場動盪時有發生。

二、實施「四三方案」以滿足中國需求

列寧曾指出：「社會主義共和國不同世界發生聯繫是不能生存下去的，在目前情況下應當把自己的生存同資本主義的關係聯繫起來。」[743] 中蘇關係破裂後，毛澤東曾考慮擴大同資本主義國家的經濟交往，引進先進技術設備，但是一直沒有突破性的進展。經濟調整時期，中共和政府利用從西方國家進口糧食的機會，擴大了同西方國家的經貿往來。但是，由於以美國為首的國際敵對勢力的持續封鎖及「文化大革命」的發動，中國同西方國家的經貿往來還是有很多限制的。正如鄧小平指出的那樣：

毛澤東在世的時候，我們也想擴大中外經濟技術交流，包括同一些資本主義國家發展經濟貿易關係，甚至引進外資、合資經營等。但是那時候沒有條件，人家封鎖我們。[744]

中國奉行獨立自主的和平外交政策，經過「二戰」後多年的發展，國際政治外交舞臺上出現了對中國有利的環境，原有的社會主義和資本主義兩大陣營逐漸趨向解體，代之而起的是發達國家和發展中國家之間日益增多的經貿往來。美國為了改變自身在與蘇聯爭霸中的不利態勢，求得世界力量的均衡，急於改善同中國的關係。中美關係走向緩和，中國在聯合國席位的恢復以及與日本、加拿大等大批國家的建交，使中國對外關係出現了前所未有的新局面。這一切使得中國與外部世界，特別是與西方資本主義國家開展大規模的經濟合作和貿易往來成為可能。

中國對美元危機的應對（1971—1974）

「九一三」事件後，周恩來主持中央工作，開始批判和糾正部分「左傾」錯誤，與李先念、于秋裡及相繼復出的陳雲、鄧小平等人，積極推行了毛澤東打開對外經濟工作局面的決策。1972年的《中美上海公報》中，雙方同意為逐步發展兩國間的貿易提供便利。同年9月，日本首相田中角榮訪華，實現了中日邦交正常化。中國形勢和中外關係的變化，使中國對外工作特別是對外經濟貿易面臨著前所未有的發展機遇，同西方國家發展貿易往來不僅成為可能，而且發展的勢頭很快。

1972年，借助恢復在聯合國的合法席位和中美關係取得突破性進展的時機，中國的外貿、金融及與之有關的其他經濟領域，出現了建國以來對外引進技術設備、開展經濟交流的第二次高潮，也是打破「文革」時期經濟貿易領域被封鎖局面的一個重大步驟。周恩來及時指出：外交發展了，外貿也要發展。1月22日，李先念、華國鋒、余秋裡聯名向周恩來報送了國家計委《關於進口成套化纖、化肥技術設備的報告》[745]。報告中說：

鑒於中國棉花播種面積今後再擴大有限，同時這幾年來，由於工作跟不上，棉花產量一直在4200萬至4700萬擔之間。為了保障人民生活和適應工業生產、出口援外的需要，除了繼續抓好棉花生產外，根據國外經驗，必須大力發展石油化工，把化纖、化肥工業搞上去。因此，經國家計委與有關部門商量，擬引進化纖新技術成套設備4套，化肥設備2套，以及部分關鍵設備和材料，約需4億美元，爭取五六年內全部建成投產。投產後，一年可生產化纖24萬噸、化肥400萬噸。[746]

周恩來等領導人決定以此為突破口，將引進規模進一步擴大。8月，中國國務院批準了國家計委的報告，從西德、日本進口一米七軋機，建在武漢鋼鐵公司。這項工程的全部概算投資為38.96億元，使用外匯6億美元。11月7日，國家計委再次提出《關於進口成套化工設備的請求報告》，周恩來在批準這一報告時，考慮一個更大規模的引進計劃。同年12月22日，根據周恩來的指示和中國國務院業務組研究的意見，國家計委向李先念、紀登奎、華國鋒等報送了《關於增加設備進口、擴大經濟交流的請示報告》，即「四三

方案」。李先念立即將這份文件送給周恩來。中國國務院作了批覆,原則上同意國家計委的報告。

1973年1月5日,國家計委正式提交《關於增加設備進口、擴大經濟交流的請示報告》,對前一階段和今後的對外引進項目作出總結和統一規劃。報告提出:由於「資本主義世界經濟危機進一步加深,急於找產品市場,找資金出路。積極利用這一大好時機,擴大對外經濟交流,不僅有利於配合國際政治鬥爭,而且有利於加速中國經濟建設」。建議在今後三五年內引進43億美元的成套設備,其中包括13套大化肥、4套大化纖、3套石油化工、10個烷基苯工廠、43套綜合採煤機組、3個大電站、武鋼一米七軋機等項目,這一方案被稱為「四三」方案。以後,在這一方案上又追加了一批項目,計劃進口總額達到51.4億美元。

「四三方案」自1973年起陸續簽約執行,這一方案的批準實施,帶動了對外引進工作的全面開展。毛澤東、周恩來審時度勢,又果斷地進行了開拓整個對外經濟工作新局面的部署。1973—1974年,中國的外貿出口創匯工作取得了開拓性的進展。1973年,中國對外貿易總額達到109.76億美元,是1970年的2.4倍;1974年更達到145.7億美元,是1970年的3.2倍。1973年,全國出口創匯總額達到58.2億美元,是1970年的2.58倍;1974年更達到69.5億美元,是1970年的3.07倍。[747] 對外貿易的結構也發生巨大變化,對資本主義國家的進出口占75%,對蘇聯和東歐國家的進出口只占25%。[748]

利用進口的「四三方案」設備,透過中國自力更生的生產和設備改造,興建了26個大型工業項目,總投資額約200億元。到1982年26個項目全部投產。這些項目取得了較好的經濟效益,對中國經濟發展與技術進步造成了重要作用,促進了中國經濟建設的發展。

三、增加黃金儲備抵禦美元危機

對一個國家來講,黃金是具有無限權威性的儲備資產。黃金保值的功能極強,特別是在發生貨幣危機的時候。馬克思認為:貨幣天然不是金銀,金

銀天然是貨幣。凱恩斯曾形象地概括了黃金在貨幣制度中的作用：「黃金在我們的制度中具有重要的作用，它作為最後的衛兵和緊急需要時的儲備金，還沒有任何其他更好的東西可以替代它。」

由於美元與黃金脫鉤，美國把通貨膨脹的風險轉嫁給世界各國，國際金融市場出現劇烈動盪。在這種情況下，如何規避匯率風險，使手中的外匯儲備保值增值，是每個國家都必須面對的問題。雖然美元與黃金脫鉤了，但黃金作為世界貨幣的功能並未喪失，陳雲就非常看好黃金的升值潛力。

1972年，陳雲參加了以周恩來為組長的中國國務院業務組，協助周恩來考慮經濟特別是外貿方面的一些重大方針、政策問題，並受周恩來總理的委託研究當時有著迫切意義的國際經濟形勢和發展對外貿易問題。陳雲敏銳地把握住國際金融市場正在發生的巨大變化，促動中國政府大量增加黃金儲備，維護了國家的經濟利益，也為新時期的調整和中國改革開放的起步準備了思想和物質基礎。

1973年5月，陳雲經過分析當前的國際金融市場後判斷：現在世界黃金產量每年平均2200萬兩，價值35億美元。而世界國民生產總值按每年增長1%算，就是300億美元。當然，貨幣還有周轉次數。但根據我們貨幣發行與商品流通1比8的比例算，目前黃金產量也是跟不上商品增長的，何況黃金還有它的工業用途。當時中國手頭有一批外匯存在瑞士銀行，陳雲認為應該拿出來買黃金保值，因為「今後貨幣大概不會再同金子聯繫在一起了」。

1973年，鑒於美元已同黃金脫鉤，且比價不斷下跌，陳雲向李先念提出，我們與其把外匯存在瑞士銀行遭受風險，不如用這些外匯買點黃金存起來。中國國務院採納了這一建議，指示有關部門動用存在外國銀行的外匯買入大量黃金，增加了國家的黃金儲備。[749] 中國的黃金儲備從1970年的700萬盎司增加到1974年的1280萬盎司，[750] 增加了近一倍。在美元等貨幣危機中陳雲等清醒地研判世界經濟大勢，正確地預測到黃金相對於美元的持續上漲，果斷決策，增加國家的黃金儲備。這不但增加了國家的黃金儲備，在以後的美元狂跌中保證了外匯儲備的安全，還為後來的對外開放提供了可靠的金融支持。

陳雲在 1983 年 3 月的一次會議發言中指出：

我們現在的黃金儲備，絕大部分是 1973 年、1974 年國際貨幣動盪時買來的。那時，我同先念說，與其把外匯存在瑞士銀行，不如買點黃金。中國有這麼一點黃金是必需的，不算多。[751]

四、進口糧食以確保國家糧食安全

民以食為天，中國是個人口大國，糧食問題一直是中國社會經濟發展中的重大問題。從建國一直到 1960 年，中國都是糧食淨出口國。1961 年，為了紓解中國的糧食困難，中國從西方資本主義國家進口了大批糧食，這間接促進了中國與部分西方國家的貿易往來。此後中國政府逐漸把糧食貿易與中國商品進入西方市場掛鉤，以糧食貿易為切入點，擴大與西方國家的貿易關係。經過努力，到 1965 年，中國內地對西方資本主義國家的進出口額在全國進出口總額中所占的比重，已經由 1957 年的 17.9% 上升到 52.8%。

「文革」開始後，中國的糧食生產受到很大影響。1967 年 10 月，周恩來在接見全國糧食工作會議代表時，就談了不吃進口糧的問題。他說，毛主席的第一個號召，就是不吃進口糧。[752] 然而客觀現實是：當中國糧食收支出現大的缺口時，不考慮增加進口糧食，就得增加農民糧食負擔和大大壓縮社會各項用糧水平。

「文革」期間，一方面是糧食產量長時間沒有顯著增加；另一方面，人口的絕對數量又增加很快。如從 1966 年至 1969 年，糧食產量不但沒有增加，反而還減少了 300 多萬噸，而同期人口卻增加了 6000 多萬人，人均糧食產量從 1966 年的 287 公斤減少到 1969 年的 262 公斤。中共九大後，中國出現了相對穩定的社會政治局面，糧食生產出現了較大幅度的增長，但糧食生產形勢並不穩定。

隨著中國社會形勢的穩定和投資的增加，1971 年底，國民經濟出現「三個突破」的嚴重問題，即：職工人數突破 5000 萬人，工資總額突破 300 億元，糧食銷售量突破 800 億斤。「三個突破」在當時的條件下加劇了中國供需緊張的局面，特別是糧食壓力。

但由於當時「批林整風」運動和「左」的干擾,未能及時採取措施,致使「三個突破」在 1972 年又有所發展。這一年的職工人數比上年又增加 292 萬人,其中超計劃增加了 183 萬人,工資總額增加 38 億元,糧食銷量達到 927 億斤。[753] 為瞭解決糧食問題,除淨增進口糧食 30 億斤外,還挖了國家的糧食庫存 106 億斤,形成了當時所說的「一個窟窿」。[754] 國家糧食周轉出現了困難。

此時在國際上爆發的美元危機,導致國際金融市場和商品市場動盪不已。由於國際市場上主要糧食品種的交易價格都是以美元計價的,美元貶值意味著以美元標記的國際糧食價格會出現上漲。

1973 年 2 月 26 日,李先念等人在研究了美元貶值後的國際市場問題後,在給周恩來等人的簡報中指出:

美元貶值百分之十以後,仍然穩定不下來,國際市場混亂,商品價格普遍上漲。現從十七種原料和食品(鋼、錫、鋁、鋅、糖、可可、咖啡、大豆、椰干、花生、橡膠、牛肉、大米、羊毛、小麥、棉花、玉米)的國際市場價格來看,比美元貶值前上漲了百分之四,比去年秋交會期間上漲了百分之二十五,比去年年初上漲了百分之五十五。由於美國國際收支持續惡化,財政赤字龐大,美元貶值百分之十,仍然解決不了問題,美元是否繼續貶值還要看一看,但國際市場價格仍是繼續上漲的趨勢……在國際貨幣危機仍在發展,金融貨幣市場動盪不定的情況下,我們擬採取少存現匯,多進口物資的方針。現在法商在京正與我洽談轉口美國糧食。其中:阿根廷玉米十萬噸(每噸九十六美元)、美國玉米四十萬噸(每噸九十三美元)、美國小麥四十萬噸(每噸一百零八美元)。由於美元貶值,可能每噸要漲五美元左右,才能成交。這個價格比去年糧價高峰時要便宜十美元左右,我們打算買下來。[755]

另外,糧食部門和外貿部門通力合作,執行周恩來等「以出養進」的指示,結果既多得了糧食,又賺了外匯。據統計,1971—1976 年進口糧食 514.42 億斤(其中玉米 67.4 億斤),按這幾年進口糧食的平均價格計算,需支出外匯 32.22 億美元。出口糧食 327.09 億斤,按這幾年出口糧食的平均

價格計算，換回外匯 39.49 億美元。進出口糧食相抵，中國增加糧源 187.33 億斤，還給國家增加外匯收入 7.27 億美元。[756]

在當時中國人口快速增加而糧食產量增產效果不太明顯的情況下，李先念和周恩來等人的決策對於解決糧食供求緊張問題，確實發揮了非常大的作用，收到了很好的效果，是在非常時期為保障國家糧食安全所做出的特殊貢獻。

五、研究利用國際市場商品價格

價格是市場交易的核心問題，但長期受計劃經濟的影響，中國貿易對價格波動問題並不敏感，而國際市場價格則主要是由價值規律和市場供求決定的，波動甚至大幅度波動是其常態。在國際貨幣危機狀態下，情況更是如此。這就要求在進出口貿易中，正確處理中國市場和國際市場兩種不同價格體系的關係，執行正確的價格政策。

第一，要加強對國際市場價格的研究。隨著中國對外貿易規模的擴大，對匯率等影響商品價格的因素就愈發敏感。貨幣危機背景下，國際商品市場價格更是複雜多變，難以準確地預期。周恩來對國際貿易中貨幣與價格的關係一直很關注。1972 年 11 月 24 日，他在接見外貿部門的負責人時再次指出，廣交會是在我們被封鎖的情況下搞的，有很大的盲目性，如價格問題主要是缺乏調查研究，對國際市場的價格不太瞭解，有的是對中國市場和國際市場價格不加區別，這怎麼能做好生意呢？[757] 他反覆強調，要採取積極措施，改變這種不利的局面。

1973 年 5 月 5 日，陳雲同中國外貿部副部長周化民等談話時指出：

在價格問題上，要注意每天的變化，更要注意長期的趨勢。你們剛才說的是當前資本主義世界工業生產回升、農業遭災和貨幣動盪。看來，供求關係加上貨幣危機，使價格問題更複雜了……資本主義市場價格變化和過去上海交易所一樣很靈敏，我們今年商品進出口如果按 80 億美元算，在價格上如果差 1%，一年就要差 8000 萬美金，這是一個很大的數字……我們對資本主義經濟危機的規律中的各個因素，比如次數、週期變化，要好好研究，這

對我們外貿特別是對我們進口貿易很有關係。現在,世界農業恢復的情況如何?蘇聯今年的農業情況怎樣?現在的消息真快啊!美國的播種面積、各地的氣候變化都會很快影響市場的價格。[758]

第二,正確區分國際市場價格和中國市場價格。李先念在1973年1月召開的中國外貿工作會議上指出:

國際市場價格與中國市場價格完全是兩回事。國際市場的商品價格,由於供求關係的變化而經常上下波動,並不以哪一個國家產品成本的高低為轉移。把中國規定的成本加利潤的作價原則,運用到國際市場上去,在實踐上是有害的,在道理上也講不通……國際市場是受供求關係指揮的,是受價值法則支配的。我們同資本家做生意,要學會運用這個規律,使外貿工作有利於國家建設。[759]

第三,具體操作層面上提出了一系列應對措施。為了在國際貿易價格問題上更有議價能力,不受制於個別市場,陳雲對外貿部負責人指出:「我們的進出口貿易,不要集中在一兩個市場,要分散。過於集中會被人壟斷,受到控制時,我就被動。開闢新市場,在開始時,在價格上,出口可以稍低,進口也可以稍高,這樣有利於建立新的據點。」[760] 李先念則提出:「為了穩妥起見,對出口貿易我們擬採取以下辦法:對外洽談貿易時,根據國際市場情況,暫時要小量、短期、分批報貨報價,隨時調整價格;對有些國際市場沒有價格的商品,一時又看不準,可暫停報價,看幾天再說;出口商品儘量爭取用硬貨幣(如西德馬克、瑞士法朗)成交結算,但做到這一條是不容易的。」[761] 同時提出成立專門小組,對國際市場動態進行研究。

此外,中國還利用商品交易所為應對美元危機開闢新的途徑。1973年4月,香港華潤公司所屬五豐行在交易所和現貨市場買賣聯合操作,在大量買入現貨的同時賣出期貨,「除中間商應得費用和利潤60萬英鎊外,我五豐行還賺240萬英鎊」。[762] 對此,陳雲總結道:

國際市場上的交易所是投機商活動場所,但也是一種大宗商品的成交場所。所以,資本主義市場的商品交易所有兩重性。我們買賣又大都經過中間商,不管採取哪種中間商形式,進出口價格許多是參照交易所價格來確定的。

過去我們沒有這樣利用過交易所，這次也是利用私商進行的。對於商品交易所，我們應該研究它，利用它，而不能只是消極迴避。[763]

「文革」時期，中國各項工作受「左」的影響和衝擊非常大，中國對外關係一度也受到嚴重影響。但毛澤東等對國際形勢和國家安全保持著清醒的頭腦和判斷，他鼓勵幾位老帥研究問題不要受現存宣傳和框框的影響。後來，他又親手打開中美關係的大門，支持周恩來、李先念等對國外經貿事業的發展決策。周恩來、李先念、陳雲和其他工作在經濟部門一線的領導一起，對國際經濟形勢特別是美元危機等問題進行了深入細緻的分析研究，根據中國需求情況，果斷決策，在十分複雜的中國外環境下維護了中國的經濟利益，也大大增強了以後中國中國改革開放和融入世界的信心和決心。

▍「先輕後重」抑或「先重後輕」？——新中國成立初期工業化發展戰略的抉擇[764]

劉海飛[765]

內容提要：新中國成立初期，根據當時落後的經濟狀況，中國共產黨人設想了「先發展農業、輕工業，再發展重工業」的工業化發展思路。隨著國民經濟較好地恢復和發展，工業比例上升較快，農業合作化運動也順利開展，這為發展工業特別是重工業打下了一定的基礎；抗美援朝戰爭的爆發，使得重工業和國防工業優先發展的任務變得緊迫起來；在「一五」計劃制定過程中，工業化發展究竟是「以輕為重」還是「以重為重」這一問題被尖銳地提了出來；在與蘇聯談判的過程中，斯大林答應全面援助中國；這些因素的共同作用使得中國確立了重工業優先發展的戰略。本文從中國當時經濟、政治與軍事發展等角度探討工業化發展戰略的形成過程及其深遠的歷史影響。

關鍵詞：新中國成立初期　工業化　發展戰略

中華人民共和國成立以前，使中國由農業國轉變為工業國，實現中國的工業化是中國共產黨人孜孜以求的目標和願望。中華人民共和國成立以後，中國取得了政治上的完全獨立，為著手實施工業化奠定了基礎。《共同綱領》

「先輕後重」抑或「先重後輕」？——新中國成立初期工業化發展戰略的抉擇 [764]

規定，新中國成立後，要有計劃有步驟地恢復和發展重工業。這說明當時中共對於工業化如何開展的問題採取了較為慎重的態度。但隨著國民經濟恢復任務的完成，在如何實施大規模經濟建設問題上，當時的看法並不完全一致，究竟是選擇「先發展農業、輕工業，再發展重工業」（先輕後重），還是選擇「重點發展重工業，在此基礎上帶動農業、手工業的發展」（先重後輕），就成為當時一個矛盾交織的問題。儘管後來中共作出了優先發展重工業的歷史抉擇，但對於這種抉擇究竟是如何形成的以及對中國社會的影響，學界並未給予充分的闡釋。為此，本文想就這一問題進行初步探討。

一、新中國落後經濟形勢下的工業化戰略設想

新中國成立之際，對於中國共產黨來說，如何進行工業化建設，幾乎沒有實際經驗，只能在實踐中不斷摸索前進。當時，根據經濟落後的實際情況，部分中共領導人構思了未來的工業化發展戰略，即先從發展好輕工業和農業入手，在此基礎上再發展重工業。

（一）新中國成立之際的經濟狀況

新中國的經濟建設是在接收國民黨爛攤子基礎上進行的，可謂「一窮二白」。無論從數量指標，還是從經濟秩序來說，新中國經濟建設都面臨著極為嚴峻的形勢。

1. 舊中國在帝國主義、封建主義和官僚資本主義的統治下，經濟極端落後

從工業上來說，產業規模小，技術裝備低劣，物資極端匱乏，人民得不到起碼的生活必需品。主要工業產品最高年產量，原煤 0.62 億噸，鋼 92.3 萬噸，生鐵 180 萬噸，電不到 60 億度，水泥 229 萬噸，棉紗 44.5 萬噸，許多工業原料和機器依賴進口。1949 年，中國主要工業產品中，除原煤產量僅占世界 1.98% 以外，其餘都只占 1% 以下。在農業上，則一直停滯在中世紀時期的落後狀態，生產水平極低，1949 年全國糧食平均畝產僅 142 斤，棉花為 22 斤。[766] 總產量分別比最高年份下降了 24.5% 和 47.7%。[767] 儘管中國是一個農業國，但糧食、棉花還需要從外國進口。[768]

中國歷史上的經濟轉型與社會發展
政策類專題

舊中國的重工業,尤為落後。其基礎脆弱、門類體系殘缺不全,[769] 在整個國民經濟中所占比重甚微。按當年價格的淨產值計算,1949 年工農業結構情況如下:

表1　1949 年工農業結構情況

單位:億元

名稱	農業	工業	輕工業	重工業
產值	245	45	32	13
比重	84.5	15.5	11.0	4.5

資料來源:作者整理。

由表 1 可以看出,1949 年重工業產值比重僅占工農業結構的 4.5%,很明顯,重工業成為當時制約中國經濟發展的瓶頸產業。

2. 即使是這樣落後的經濟,在抗日戰爭和國民黨政府發動的內戰中,又遭到了嚴重的破壞

第一,新中國成立前夕,國民黨在潰敗時炸毀和破壞了一些工廠、鐵路、礦井、航運、水利設施等,使得經過戰亂的經濟更加困難。1949 年與舊中國經濟發展的最高年產量比,工業總產值減少了將近 50%,其中重工業減少 70% 左右,輕工業減少 30% 左右。[770]

第二,占很大比重的私營工商業也處於工廠停工減產和歇業關門的狀態。全國工商業集中的上海市,1949 年 7 月各行業開工的僅占 25%;開工的企業也多是開工不足,較好的紡織工業也只是近五成。141 家輪船公司中繼續經營的僅 29 家,銀錢業倒閉過半,商業十分蕭條。北京市在當時相對破壞得少些,但是,私營工商業大部分陷於停頓狀態,有 25% 的工廠停工。[771]

第三,市場投機盛行,通貨膨脹,物價飛漲,人民生活困苦。1949 年又逢嚴重的水災,受災農田面積約有 1.2 億畝,需要救濟的災民達到 700 萬人。再加上新解放區就有 800 多萬國民黨軍政人員需要加以安置,而此時解放戰爭仍在進行,軍政費用浩繁,當年財政支出的一半靠發鈔票來彌補。[772]

（二）立足於落後經濟發展狀況下的工業化發展戰略

對於新中國面臨的經濟形勢，中國共產黨的領導人已經有充分的認識。中共七屆二中全會指出：「中國還有大約 90% 左右的分散的個體的農業經濟和手工業經濟，這是落後的，這是和古代沒有多大區別的，我們還有 90% 左右的經濟生活停留在古代……誰要是忽視或輕視了這一點，誰就要犯「左」傾機會主義的錯誤。」[773] 在此基礎上，黨的領導人開始構思未來中國的工業化發展戰略。

周恩來和陳雲等認為，新中國要以恢復和發展農業為先，積累工業發展資金。早在 1949 年 7 月，周恩來在全國工會工作會議上就指出：「我們要恢復生產，首先就得恢復農業生產……農業生產提高了，原料增加了，工業生產就更有基礎。」[774] 1950 年 6 月 6 日，陳雲在中共七屆三中全會上指出：「中國是個農業國……現在我們是在糧食、棉花上打算盤：中國從大清帝國開始，就從外國買棉花、糧食、石油，現在我們如果還把外匯都用來買這些東西，哪裡有錢買機器搞工業建設？所以，要先解決棉花、糧食的問題。」[775] 由上來看，周恩來和陳雲都強調要把農業放在第一位，與工業相比，農業要優先發展。

在考慮農業、輕工業和重工業之間誰優先發展的問題時，劉少奇和其他領導人則強調要把農業、輕工業放在重要位置上。1950 年，劉少奇認為，中國工業化的過程，大體要按照這樣的道路前進：首先，恢復一切有利於人民的經濟事業；其次，要以主要力量發展農業和輕工業，同時建立一些必要的國防工業；再其次，以更大的力量來建立重工業基礎，並發展重工業；最後，在已建立起的重工業基礎上，大力發展輕工業，並使農業生產機械化。[776] 這應該算作新中國成立之初，中共工業化發展戰略的經典表述。隨後，他又在不同場合強調了這一戰略步驟。1951 年 5 月，他又在中國共產黨第一次全國宣傳工作會議上的報告中指出：首先要恢復和發展農業，其次是發展工業。[777] 1951 年 7 月 5 日，在對馬列學院的第一班學員做報告時，劉少奇發表了著名的《春藕齋講話》，在講到經濟建設的步驟時，重複了他之前的觀點。[778] 時任中財委副主任薄一波和中國人民銀行行長南漢宸都曾提出過要先發展農

業和收益快的輕工業，為發展重工業積累資金的想法。[779] 劉少奇等人倡導的是一種互相促進、平衡發展的思路，即先抓好農業、手工業，在此基礎上發展重工業，進而以重工業來促進農業和手工業（或者說這就是新民主主義的工業化戰略）。應該說，這是一種與大多數工業發展國家走過的工業化道路相一致的發展道路，已經考慮到人民生活水平的提高、休養生息及資金積累的問題，在當時具有合理性。

二、社會經濟環境變化下的工業發展戰略的調整

中國共產黨善於根據客觀形勢的發展變化來制定相應的戰略。中華人民共和國成立後 3 年多時間，中國經濟社會發展的情況有了較大變化，有些甚至超過了領導人的預計。為適應這種變化，中共不得不對工業化的發展戰略作出新調整。

（一）工業化發展戰略調整的可能性

新中國成立以後，經過 3 年努力，中國國民經濟得到較快恢復和發展。與此同時，中國工業比重在經濟結構中快速上升。1952 年，全國實現工農業總產值 810 億元，按可比價格計算，比 1949 年增長 77.6%，平均每年增長 20% 左右。其中工業總產值 349 億元，按可比價格計算，比 1949 年（工業總產值為 140 億元）增加了 1.45 倍，年平均增長 34.8%，同時也大大超過了新中國成立之前工業產值最高年份 1936 年的水平。[780]

除了國民經濟迅速恢復、工業比重在經濟結構中快速上升之外，這個時期，中國農村合作化運動也得以順利開展。

新中國成立之初，在國家政策的鼓勵和支持下，農業生產互助組織在總體上得到發展和鞏固，常年互助組的比重也逐漸提高。據 1950 年統計，全國有農業生產互助組 272.4 萬個，參加農戶 1131.3 萬，占農戶總數的 10.7%。[781] 1951 年 9 月，根據農業生產互助合作組織發生的新變化，中央召開了全國第一次農業互助合作會議，會議制定了《中共中央關於農業生產互助合作的決議（草案）》。《決議（草案）》批評了中共內在農業互助合作問題上存在的消極態度和急躁態度，而應「謹慎地又積極地在逐步發展的

「先輕後重」抑或「先重後輕」？──新中國成立初期工業化發展戰略的抉擇 [764]

基礎上」，[782] 採取典型示範、逐步推廣的方法，引導個體農民沿著互助合作的道路前進。1951年12月15日，《中共中央關於農業生產互助合作的決議（草案）》正式印發各級黨委試行實施，根據這個《決議（草案）》，農業生產互助合作運動很快在全國範圍內開展起來。到1952年底，已經組織起來的農戶佔全國總農戶的40%左右，比1950年增加了近3倍。互助組發展到802.6萬個，其中常年互助組175.6萬個，參加的農戶1144.8萬戶；初級農業生產合作社3644個，參加的農戶5.9萬戶。[783] 應該說，在這個時候，合作化運動得以順利開展。

總之，國民經濟的迅速恢復、工業比重在經濟結構中的快速上升、合作化運動的順利開展等都為發展重工業奠定了基礎，從而使工業化發展戰略由「先輕後重」轉向「先重後輕」具備了一定的條件。

（二）工業化發展戰略調整的緊迫性

1950年10月，爆發了抗美援朝戰爭。抗美援朝戰爭開始以後，中美兩國的實力懸殊。從數據來看，美國是當時唯一的超級大國，而中國的工業總產值僅居世界第二十六位。中國的國民生產總值當時只有180億美元，而美國的國民生產總值為3553億美元，中國僅相當於美國的5%；中國的鋼產量為61萬噸，美國則為8785萬噸，中國只相當於美國的0.69%；從發電量來看，也只相當於美國的1.1%，原油產量則甚至只有美國的0.07%。[784]

抗美援朝戰爭初期，中國軍隊武器落後（詳見表2），[785] 在具有先進武器的美國軍隊面前，志願軍付出了慘重的代價。[786]

中國歷史上的經濟轉型與社會發展
政策類專題

表2　朝鮮戰爭初期中美兩國陸軍師編制裝備對比表

編制裝備	美軍陸軍師	志願軍入朝時的編制	編制裝備	美軍陸軍師	志願軍入朝時的編制
步兵團	3個	3個	70公釐以上迫擊炮	76門	42門
炮兵營	4-5個	2個	步兵炮、山炮	0門	24門
坦克營	1個	0個	火箭筒	543具	27具
坦克	149輛	0輛	裝甲車	35輛	0輛
榴彈炮	72—84門	0門	汽車	3800輛	0輛
無後座力炮	120門	0門	無線電通信機	1600部	20部
高射炮	64門	0門	人數	1.8萬	1.3萬

　　抗美援朝戰爭開始以後，中國工業特別是重工業、國防工業的落後暴露無遺。1953年9月29日，中共第二次全國組織工作會議上，周恩來坦言指出：

　　有了重工業以後，才能使國防現代化，經過抗美援朝戰爭，我們的國防力量強大起來了。可是，我們還不能製造一架飛機、一輛坦克、一門高級的炮；在運輸上，我們自己還不能製造一輛汽車，既然我們還不能製造一輛坦克、一架飛機、一門高級大砲和一輛汽車，那我們的國防力量怎麼能算強大呢？[787]

　　1954年6月，在討論憲法草案時，毛澤東再次談到發展重工業的重要性和必要性。他痛心疾首地指出：

　　現在我們能造什麼？能造桌子椅子，能造茶碗茶壺，能種糧食，還能磨成麵粉，還能造紙，但是，一輛汽車、一架飛機、一輛坦克、一輛拖拉機都不能造。[788]

　　新中國成立後，隨著國民黨殘餘勢力的清除，本來獲得了一個比較和平的環境，本可以按照原先設想的那樣，先搞一段新民主主義，先發展農業、手工業，積累資金後再來發展重工業。但是抗美援朝戰爭的爆發，使得這種短暫的和平隨時會被打破，特別是在自身國防建設和重工業發展落後、與其

他國家實力對比懸殊的形勢下，國家安全更加難以得到保證，透過優先發展重工業和國防工業來保證國家安全，成為當時的一個最為緊迫的任務。

（三）工業化發展戰略調整的現時性

1951年2月，中共中央根據國民經濟開始好轉和抗美援朝戰爭局面趨於穩定的形勢，加上毛澤東提出「三年準備，十年計劃經濟建設」的思想，決定從1953年開始，實施第一個五年計劃，並由周恩來、陳雲、薄一波、李富春等人負責領導「一五」計劃的編制。「一五」計劃究竟是以什麼為指導思想？或者說從哪裡入手？什麼是重點？對於這些問題，當時的編制者們一開始是有不同認識的。

薄一波曾說過：

把一個經濟落後的農業大國逐步建設成為工業國，從何起步？這是編制計劃之初就苦苦思索的一個問題。有關部門也曾引經據典地進行過探討，把蘇聯同資本主義國家發展工業化的道路作過比較，提出過不同的設想。經過對政治、經濟、國際環境諸多方面利弊得失的反覆權衡和深入討論之後，大家認為必須從發展原材料、能源、機械製造等重工業入手。[789]

從這則材料可以看出，在「一五」計劃制定的過程中，究竟是「以輕為重」還是「以重為重」，被編制者尖銳地提了出來，儘管後來統一了認識。

按照當時的中國國情來說，土地少、人口多、交通不便、資金不足，應該是從發展輕工業入手，即「以輕為重」。但是中國作為一個經濟落後的社會主義大國，面臨著快速實現工業化的艱巨任務，嚴峻的國際環境和中國要求，都使得中國必然實行經濟趕超戰略，從建立和優先發展重工業入手，高速度地發展國民經濟，即「以重為重」。

為什麼說一定要「以重為重」呢？由於缺乏詳細資料，對「一五」計劃編制者們的討論情況我們無從得知，但是決策者們的意圖還是從後來《人民日報》社論中對於優先發展重工業的必要性進行的闡述和編印的一些宣傳冊中反映了出來。[790] 首先，這是列寧、斯大林根據社會擴大再生產必須使生產資料的增長占優先地位的原理和社會主義的基本經濟法則所創造出來的建

設社會主義國家的方法。[791] 其次，從過去的經驗教訓來看，必須把重工業作為優先考慮。過去我們因為沒有重工業，結果帝國主義國家的產品隨著侵略政策的擴張，源源輸入中國，長期占領了中國的市場。[792] 再次，優先發展重工業有很多好處，建立起強大的重工業，重工業本身、輕工業、農業、交通運輸業及國防力量才能不斷發展，人民生活水平才能得到不斷改善。[793] 最後，之所以要制定重工業優先發展的方針，也是為蘇聯實踐所證明的。在十月革命勝利後的 15 年內，蘇聯就走完了資本主義國家需要幾十年才能走完的道路，把自己由一個落後的農業國建設成為工業化的國家。

（四）新社會經濟環境下的思路調整

由於上述各種因素的存在，中共領導人對之前設想的「先輕後重」的工業化發展思路進行了調整。

1951 年 12 月 1 日，中共中央做出了《關於實行精兵簡政，增產節約，反對貪汙、反對浪費和反對官僚主義的決定》。在這個決定中，毛澤東加了一段話：

從一九五三年起，我們就要進入大規模經濟建設了，準備以二十年時間完成中國的工業化。完成工業化當然不只是重工業和國防工業，一切必要的輕工業都應建設起來。為了完成國家工業化，必須發展農業，並逐步完成農業社會化。但是首先重要並能帶動輕工業和農業向前發展的是建設重工業和國防工業。[794]

毛澤東在這裡採取了「首先重要」的表述，這就反映了中國共產黨決策層此時已經傾向於把優先發展重工業作為國家工業化的戰略。[795]

「一五」計劃制定的過程中，進一步明確了以重工業發展為重點。1952 年 5 月，中央財政經濟委員會（以下簡稱中財委）召開的全國財經會議上，李富春作了關於「一五」計劃指導思想與分行業計劃的報告，明確說：

經濟建設的重點放在重工業，尤其是鋼鐵、燃料動力、機械軍工、有色金屬和化學工業等基礎工業上，為中國工業化打下基礎；農業、輕工業和交通等事業應當圍繞重工業這個中心來發展。[796]

「先輕後重」抑或「先重後輕」？──新中國成立初期工業化發展戰略的抉擇 [764]

隨後，中央書記處於 7 月 12 日、14 日、17 日連續召開會議。對於這幾次會議內容的材料，目前還沒有發現，但可以判斷的是，正是在這些會上，中國共產黨的決策者們認真研究了中國工業化建設的方針問題，最終敲定以建設重工業基礎為五年計劃的中心環節。[797]

三、重工業優先發展戰略的最終確立

前面論及的還只是工業化思路的轉變，說明在編制「一五」計劃時，經過慎重決策，中共製定了傾向於「以重為重」的工業化方針，但這還不足以表明重工業優先發展戰略已經確立了，因為重工業需要較多的資金，受到技術、資源等方面的制約。為瞭解決這些瓶頸，需要尋求外界的幫助。只有在具備相關條件之後，才能最終制定新的工業化發展戰略。

（一）蘇聯全面援助中國

新中國成立之初，經過一番艱難的談判，蘇聯終於作出讓步，與中國簽訂了《中蘇友好同盟互助條約》。條約規定，蘇聯給予與自己結成同盟關係的中國在經濟建設上的援助。但是，過去兩國之間的隔膜，使得蘇聯履行各項經濟協定的程度大打折扣。與此同時，斯大林對中國一直不信任，認為毛澤東是新的「鐵托」。在抗美援朝戰爭中，中國軍隊的表現使得斯大林對中國和毛澤東刮目相看，於是也改變了對中國多年以來的成見，在經濟援助中國上也爽快了許多。正如周恩來所言，「斯大林到抗美援朝時才改變了對中國的看法」。[798] 沈志華的研究也表明了這種情況：

如果不是 4 個月後朝鮮戰爭的爆發，如果不是中國在蘇聯最需要援手時出兵朝鮮，那麼，蘇聯履行各項經濟協定的程度以及中蘇經濟關係在戰爭時期的發展前景的確是難以預料的。[799]

早在 1949 年 6 月，劉少奇率領中共代表團訪蘇時，斯大林就曾表示：「我們準備在國家機構、工業和你們想要學習的所有方面，全面幫助你們。」[800] 但是，據我們分析，斯大林在此時承諾的「全面幫助」更多的還只是外交辭令，並沒有落到實處。因為這時候中國還沒有制定經濟計劃，因此其幫助也

還只是局部的，並且是有所保留的。中國工業化建設項目鋪開後，蘇聯對於中國的援助才可能達到全面的程度。

1952年8月，中共中央決定派由周恩來、陳雲、李富春等組成中國政府代表團前往蘇聯，就「一五」計劃中需要蘇聯援助的141個工業項目問題進行商談。8月17日，代表團抵達莫斯科。8月20日，就與斯大林進行了首次面談。斯大林明確表示，蘇聯願意在工業資源勘察、設計、工業設備、技術資料及派人來蘇留學和實習等方面援助中國的五年計劃。[801]

9月3日，斯大林與中國政府代表團進行了第二次會談，並對中國的五年計劃方案提出了幾點意見。[802] 應該說，經過這兩次會談，蘇聯敲定了全面援助中國的方針，在後來的實施過程中，蘇聯的援助力度是非常大的。

（二）重工業優先發展戰略的最終確立

蘇聯的全面援助，讓毛澤東等領導人對於發展好中國重工業有了更大的信心和足夠的底氣。「萬事俱備，只欠東風」，在具備了蘇聯的援助這一條件之後，中共中央開始明確了自己的重工業優先發展戰略。

1952年12月，中共中央在《關於編制1953年計劃及長期計劃綱要的指示》中明確指出：「我們必須以發展重工業為大規模經濟建設的重點」，集中有限的資金和建設力量，「首先保證重工業和國防工業的基本建設，特別是確保那些對國家起決定作用的，能迅速增強國家工業基礎與國防力量的主要工程的完成」。[803] 這是一個正式的文件，在提到以發展重工業為大規模經濟建設的重點時，使用了「必須」二字，語氣已經非常肯定。

1953年是恢復經濟後大規模建設的一年，在這前後，經濟界和理論界對於採取什麼樣的工業化模式仍存在爭議，進行了比較多的探討。最終在1953年底中共中央宣傳部編寫的《為動員一切力量把中國建設成為一個偉大的社會主義國家而鬥爭——關於黨在過渡時期總路線的學習和宣傳提綱》中，才在共產黨中形成了明確的共識。[804] 提綱的第二部分是「為國家的社會主義工業化而鬥爭」，明確指出：「實現國家的社會主義工業化的中心環節是發展國家的重工業，以建立國家工業化和國防現代化的基礎」。[805]

1954年3月3日，《人民日報》發表了社論《發展重工業是實現國家社會主義工業化的中心環節》。社論明確指出：

逐步實現國家社會主義工業化，把落後的農業國改造成為先進的社會主義工業國，這是全國人民當前最光榮偉大的歷史任務。而完成這個任務的中心環節，就是首先集中力量來發展國家的重工業，即發展冶金、燃料、電力、機器、基本化學等生產資料的工業。[806]

這無疑對外宣告了重工業優先發展戰略的最終確立。

中國經濟新常態的歷史使命與戰略取向

夏梁 [807]

內容提要：經濟新常態是對中國經濟發展新階段和新趨勢的重大戰略判斷，其內涵將會在認識和實踐中不斷豐富。這一新的歷史階段擔負重要的歷史使命：從建國後經濟發展史的角度來看，其歷史使命是建國以來中國經濟現代化的第三個臺階；從國際經濟變遷的角度來看，經濟新常態是世界經濟發展格局深刻調整的一部分；從歷史使命的角度來看，經濟新常態是中國跨越中等收入陷阱的戰略機遇期。在經濟新常態下，中國經濟發展只有堅持五大戰略取向，才能完成上述歷史使命，即發展速度上，以有質量的增長為戰略取向；發展方式上，以遵循客觀規律的科學發展為戰略取向；發展動力上，以創新驅動為戰略取向；發展格局上，以重構經濟發展新模式為戰略取向；發展的國際定位上，以成為世界領導型經濟體為戰略取向。

關鍵詞：經濟新常態 內涵 戰略取向

中共十八大以來，中國宏觀經濟發展格局發生了深刻變化，呈現出新的狀態和趨勢。2014年5月，習近平總書記在河南考察工作時提出了中國經濟新常態的概念，強調要從當前中國經濟發展的階段性特徵出發，適應新常態，保持戰略上的平常心態。7月29日，中央政治局會議明確了新常態下的發展方式，即遵循經濟規律的科學發展，遵循自然規律的可持續發展，遵循社會規律的包容性發展。中國經濟新常態的概念提出之後，在中國外引起極大反

中國歷史上的經濟轉型與社會發展
政策類專題

響,已逐漸成為指導中國未來 5 年、10 年甚至更長時間內經濟發展的重大戰略判斷。正確理解中國經濟新常態的基本內涵,準確把握新常態下中國經濟發展的戰略取向,有利於在新的歷史階段系統把握宏觀經濟政策的方向、重點和方式,在理論研究和政策制定上都有十分重要的意義。本文首先從經濟發展史、世界經濟格局調整和經濟發展的使命三維角度來理解中國經濟新常態的內涵,並在此基礎上提出中國經濟新常態應注重五大發展戰略取向。

一、新常態是建國以來中國經濟現代化的第三個臺階

實現經濟現代化始終是新中國追求的目標。建國以來,中國經濟現代化發展已歷經兩個重要的歷史性臺階。第一個臺階是打基礎階段。從 1949 年開始,新中國在幾乎一窮二白的基礎上,經過社會主義三大改造、三次大規模技術引進和五個五年計劃(其中第五個五年計劃為 1976—1980 年)建設,建立了較為完整的國民經濟體系。第二個臺階是量的擴張。由於在建設社會主義的探索階段出現「大躍進」「文革」等嚴重失誤,中國經濟再一次瀕臨崩潰的邊緣。從 1978 年開始,中國改革開放的正確抉擇使中國經濟迅速增長,目前已經成為世界第二大經濟體。與前兩個經濟現代化發展的歷史起點不同,當前中國經濟現代化發展是建立在國民經濟體系完備、基本完成量的擴張的基礎上,之所以將新常態視為第三個經濟現代化發展的歷史階段,是因為中國經濟出現了新歷史轉折點。

(一)經濟潛在增長率出現拐點

一個經濟體的增長速度,受到潛在增長率的制約。從現實上看,中國經濟發展新形態的出現符合經濟潛在增長率下行的要求。潛在增長率是一種增長的可能性,而經濟體制、經濟政策、宏觀調控就是把這種可能性變為現實性。經濟潛在增長率是指一國(或地區)在一定時期內,在既定的技術和資源(勞動力、資本)條件下,在充分就業和不出現嚴重通貨膨脹的情況下,各種資源最優配置所能達到的最高經濟增長率。經濟潛在增長率主要由勞動力、資本和全要素生產率等因素決定,其中任何一種因素的趨勢性變化,都會引起經濟發展的長期趨勢變化。宏觀經濟政策與調控的重要任務,是盡可

能實現潛在增長率，同時，當潛在增長率下降時，儘可能順應其趨勢，降低發展速度目標，以體制優化、結構變遷和質效提升維持一定的潛在增長率。

在成長過程中，任何經濟體的潛在增長率在維持一定時間後都會下降，中國也不例外。據測算，中國過去35年來的潛在增長率約為10%左右，所以一旦經濟增長率超過10%，就會出現過熱症狀。[808] 進入新世紀特別是2012年以來，伴隨經濟發展新的階段性特徵的形成，決定潛在增長率的要素開始出現變化，導致中國經濟潛在增長率開始下降。

第一，勞動力供給增長放緩。進入新世紀，中國進入老齡化社會，人口結構發生變化，勞動力供求關係開始逆轉。2011—2020年就業年均增速將比前期下降0.9%，拉動經濟增長率下降約0.4%。預計中國勞動年齡人口於2016年達到峰值，之後逐漸下降，到2020年將下降至9.87億人。[809] 人口與勞動力紅利正在趨向消失。城鎮化加速推進所釋放的農村富餘勞動力和勞動力素質的提高，難以彌補勞動力人數下降對經濟增長造成的負面影響。

第二，儲蓄率有所下降。過去35年的經濟增長，依靠高儲蓄率支撐。當前，由於老齡化進程加快，人口撫養比快速上升，儲蓄率開始下降。據測算，人口撫養比每上升1%，儲蓄率將下降0.8%。2011—2020年，人口結構變化將帶動儲蓄率下降2.8%。[810]

第三，土地、環境約束加大。低土地成本和低環境成本發展時代已經過去。2003—2012年，國有土地供應年均增長10.2%，高於經濟增長速度。[811] 當前和今後，土地供應約束日益趨緊，環境惡化趨勢尚未有效遏制，生態空間對發展約束加大。

第四，國際市場紅利衰減。中國改革開放近40年以來，中國抓住了全球產業分工調整的重大機遇，獲取了國際市場紅利。尤其是2001年加入世界貿易組織之後，對外貿易成為經濟高速增長的重要動力。目前，外貿依存度已接近大國經濟發展的極限，繼續上升的空間有限。特別是美國主導了跨太平洋夥伴關係協議，試圖透過一套新的規則擠壓中國的市場，加上發達國家加緊實施內外經濟平衡戰略等，未來出口對經濟增長拉動作用將逐漸遞減。

第五，全要素生產率難以大幅度提高。一則短時期內技術水平難有大的突破和提高。二則勞動力再配置效應有所減弱，勞動力從農業向工業轉移開始減速。三則市場化改革的制度效應減弱。低投入、低成本、高效益的改革基本完成，當前和今後的改革領域都是硬骨頭，都伴隨高成本、高風險，市場化改革對經濟增長的拉動作用有所減弱。

綜上所述，中國的潛在增長率將逐漸下降。但是，由於中國正處於起飛階段和工業化的中後期，城鎮化率僅為 56.10%，服務業比重剛到 50.5%，中國經濟的增長仍然有很大的空間，潛在增長率不會大幅下降。[812] 多數學者認為，2011—2015 年，中國經濟的潛在增長率在 8%—9% 之間，2015—2020 年將下降到 7%—8% 之間。[813] 中央給出 7.5% 的中間線，也是跟潛在增長率的變化聯繫在一起的，所以說是經常的、長期的。

（二）經濟增長積聚的新老矛盾正處於爆發的臨界點

經過中國改革開放以來近 40 年的高速發展，中國經濟積聚了許多新老矛盾。習近平總書記在關於十八屆三中全會《決定》的說明中提到：[814] 當前，國內外環境都在發生極為廣泛而深刻的變化，中國發展面臨一系列突出矛盾和挑戰，前進道路上還有不少困難和問題。比較突出的如發展中的不平衡、不協調、不可持續問題，產能過剩、結構失衡、出口競爭力下降、內生動力不足、產業結構升級乏力、經濟增速放緩等問題，這些老問題再加上新的挑戰，如人口紅利消失、國際金融危機、債務危機、第三次技術革命等，新老矛盾的交織使中國經濟的發展處於爆發的臨界點，任何一個大的矛盾處理不好，都有可能引起整個國民經濟的衰退，甚至引發一系列嚴重的社會問題。在這個臨界點上，如同處於建國初期、中國改革開放初期的矛盾臨界點一樣，是挑戰，同時也是揚棄的機遇。

（三）經濟發展的主要特徵發生了不可逆轉的趨勢性變化

從當前中央有關經濟新常態的表述可以看出，新常態是中國經濟發展新趨勢的重大戰略判斷，具有明顯的階段性特徵，可總結為「中高速、優結構、新動力、重改革、精調控和多挑戰」六大特徵。[815]「中高速」即經濟增長由高速向中高速換擋成為新常態，「優結構」即結構不斷優化升級成為新常態，

「新動力」即創新驅動成為經濟增長第一動力成為常態，「重改革」即全面深化改革和資源配置機制市場化成為常態，「精調控」即宏觀調控理念和方式創新成為新常態，「多挑戰」即面對國內外複雜形勢的嚴峻挑戰成為新常態。這六個特徵與 1949—1978 年、1978—2008 年兩個歷史階段的經濟發展特徵明顯不同，是經濟發展進入更高階段的具體表現。並且，這六個特徵已逐漸成為一種常態，說明中國經濟的運行正發生不可逆轉的趨勢性變化，也就意味著中國經濟發展站在了一個新的歷史起點上。

二、新常態是世界經濟發展格局深刻調整的一部分

從某種意義上來說，2008 年國際金融危機以來，世界經濟已經開始呈現出「新常態」，世界經濟格局正在發生深刻調整。事實上，「新常態」一詞源於 2009 年美國投資界對金融危機後經濟增長低於平均水平的描述，最早由美國太平洋基金管理公司總裁埃裡安提出，意指國際金融危機後世界經濟緩慢而痛苦的低增長過程，[816] 可概括為「一低兩高」，即低增長、高失業、高債務。中國經濟發展「新常態」的出現，同西方國家的「新常態」有很大的不同。首先，中國經濟發展「新常態」，是中國經濟發展進入新階段的標誌，而不是由國際金融危機所造成的。其次，這種「新常態」的出現，始終處於國家宏觀經濟政策許可的正常運行區間，從根本上有利於全面深化改革和經濟發展轉型升級。王俊嶺指出：「中國『新常態』雖然也反映出經濟潛在增長速度從高速向中速的變軌，但我們容忍經濟增速的下降，目的是給經濟結構改革預留足夠的時間和空間，是主動的適應和調整，顯然主動優於被動。」[817]

首先，中國經濟新常態下的增速換擋有國際需求下降的影響。2015 年，美國經濟增長率是 2.4%，與 2014 年的經濟增長率基本持平，有所增長，但是跟它長期經濟增長在 3% 相比，目前還沒有達到正常水平。[818] 歐洲的情形也不樂觀，在 2012 年的時候經濟第二次出現負增長。2013 年是 -0.4%，2015 年在 -1.6% 左右。[819] 日本的情形一直不好，從 1991 年開始，一直陷入 20 年不增長的低迷中。安倍晉三上臺以後，想恢復日本經濟，但一直收效甚微。2015 年，日本實際 GDP 的增長率為 0.4%。[820] 美日歐三大發達經

中國歷史上的經濟轉型與社會發展
政策類專題

濟體集體衰退，失業率高企，導致中國外需下降明顯。2015 年，中國全年貨物進出口總額 245741 億元，比上年下降 7.0%。其中，出口 141255 億元，下降 1.8%；進口 104485 億元，下降 13.2%。[821] 由於 2013 年中國經濟對外貿易依存度仍達 36%，[822] 遠高於美國、日本等國，所以中國經濟新常態下的增速換擋受國際需求下降的影響比較明顯。

其次，中國經濟新常態下的產業結構調整是世界第三次產業轉移的一部分。二次世界大戰後，全球範圍內較大規模的產業轉移發生了三次：第一次在 20 世紀 50 年代，美國將鋼鐵、紡織等傳統產業向日本、聯邦德國等地區轉移；第二次在六七十年代，日本、聯邦德國向亞洲「四小龍」和部分拉美國家轉移輕工、紡織等勞動密集型加工產業；第三次在 80 年代，歐美日等發達國家和亞洲「四小龍」等新興工業化國家（地區）把勞動密集型產業和低技術型產業向發展中國家轉移，特別是向中國內地轉移。而第四次產業轉移與前三次不同，一方面勞動密集型的以出口或代工為主的中小製造企業由中國向越南、緬甸、印度、印尼等勞動力和資源等更低廉的新興發展中國家轉移，或者由中國沿海地區向中國中西部地區轉移；而同時也有一部分高端製造業在美國、歐洲等發達國家「再工業化」戰略的引導下回流。在新常態下，中國將深刻融入第四次產業轉移當中，在國際產業鏈的分工當中重新佈局。

最後，中國經濟新常態與世界經濟變化趨勢基本保持一致。從 2010 年一季度以後，中國經濟增長速度下滑，主要不是內部結構性的原因，是外部國際轉型的結果。因為 2010 年中國經濟增速是 10.4%，2011 年是 9.3%，2012 年是 7.7%，2013 年也是 7.7%，確實是不斷下滑的。巴西 2010 年增長速度是 7.5%，2011 年只剩下 2.7%，2012 年僅為 0.9%，2013 年只有 2.2%。不僅新興市場經濟體、發展中國家，一些所謂的高增長國家增速也在下降。韓國 2010 年增長速度是 6.3%，2013 年只有 2.8%；新加坡 2010 年是 14.8%，2011 年只剩下 5%，2012 年僅為 1.3%，2013 年為 3.7%。這些國家在同一個時間，經濟增長的總態勢是一樣的，因此可以說具有共同的外部原因。[823]

三、新常態是跨越中等收入陷阱的重大戰略機遇期

如果說 1949—1978 年，中國打下了經濟發展的基礎；1978 年至今，實現了經濟總量的飛躍，人均收入達到中等收入水平，表明中國已經成功跨越了「低水平均衡陷阱」或者說「馬爾薩斯陷阱」，那麼經濟新常態的發展階段將是中國跨越「中等收入陷阱」的重大戰略機遇期。

跨越「中等收入陷阱」是經濟新常態的歷史使命。新常態是中國經濟發展的趨勢性變化，由於經濟增速換擋，當前國際上的投資者、企業家、政治家等各界人士都對中國還能不能繼續保持增長，即中國能否跨越「中等收入陷阱」產生疑慮，甚至再度出現「中國經濟崩潰論」。「中等收入陷阱」的本質是福利陷阱。當一個國家進入中等收入水平之後，由於勞動力、土地等要素成本上升，匯率升值，支撐經濟發展的原有比較優勢開始喪失，而同時由於自身沒有高科技優勢，創新能力又不足以與發達國家競爭，出現「高不成，低不就」，因而導致競爭力喪失、產業開始轉移、經濟開始空心化。這樣，一方面因為勞動力供給減少、工資福利快速上漲，另一方面由於生產力提高速度下降，導致收入增長速度快於生產力的提高速度，就有可能出現「中等收入陷阱」。

在新常態下，一方面由於經濟增長速度下降，另外一方面由於工資福利增長率快速上升，中國就很可能進入「中等收入陷阱」。據國家統計局統計，2013 年，中國城鎮私營單位就業人員年平均工資同比實際增長 10.9%，[824]漲幅超過了勞動率增幅和通貨膨脹，導致一些外企紛紛向生產成本更低的國家和地區轉移。在新常態下，這一趨勢很可能繼續保持，如果不能透過轉方式、調結構，尋找新的發展動力，中國就難以跳出「中等收入陷阱」。所以說，跨越「中等收入陷阱」是經濟新常態的歷史使命。

經濟新常態可以成為跨越「中等收入陷阱」的重大戰略機遇期。經濟新常態的主要任務是支持中國經濟跨越「中等收入陷阱」，實現兩個一百年的目標。應該說，中國當前最大的問題不是經濟增長減速，而是如何跨越「中等收入陷阱」。據國家統計局統計，中國已經進入中高收入國家行列。2013 年，中國的人均 GDP 超過 7000 美元，上海等沿海局部地區已經達到高收入

水平，人均 GDP 超過 1 萬美元。[825] 儘管如此，「中等收入陷阱」仍近在咫尺。以菲律賓為例，它作為「二戰」後亞洲最發達的國家，沒有成功跨越「中等收入陷阱」。後來，日本、新加坡、中國、越南、馬來西亞等都超過了菲律賓。所以，儘管中國現在已經進入中高收入國家的行列，但要想跨越「中等收入陷阱」，進入高收入國家行列，將會面臨巨大的挑戰。過去中國的發展主要靠投資、靠生產要素成本優勢、靠土地、靠破壞環境、靠財政，很顯然，如果繼續沿用以前的發展方式，不可能跨越「中等收入陷阱」。中國要跨越「中等收入陷阱」，就必須適應新常態。同時我們應該也要看到，在新常態下，中國維持 7.5% 的年均增長速度，即可實現到 2020 年 GDP 比 2010 年翻一番的目標，所以新常態可以支撐中央提出的兩個一百年的目標。

四、中國經濟新常態的發展戰略取向

綜上所述，中國經濟新常態的內涵十分豐富，對國家宏觀經濟的運行和發展趨勢具有很強的指導作用。在此情形下，準確把握中國經濟新常態的戰略取向，使新常態對下一步經濟政策走向的指導更加具體化，具有十分重要的意義。根據上述分析，中國經濟新常態的戰略取嚮應該放在建國以來整個經濟發展史、國際經濟格局深刻調整和其應該完成的歷史使命中來決定，總體來說，中國經濟新常態應堅持以下五大戰略取向。

（一）發展速度上，以有質量的增長為戰略取向

經濟發展的速度、效益與質量及三者之間的關係，始終是宏觀經濟運行需要優先考慮的問題，對於像中國這樣的大國來說，尤其如此。總的思路應該是處理好提高總量與提升質效之間的平衡關係，做到速效兼取，質量優先。發展不夠、發展不優仍然是中國最大的國情，擴大總量、提質增效仍然是中國面臨的根本任務。進入新常態後，中國仍然要堅持總量、質量雙上臺階，不能動搖、不能偏廢。總量上臺階，就是在較長時期繼續保持一定的增速，爭取總量穩步增長，並向更高層級邁進。質量上臺階，就是加快轉方式、調結構，提高經濟發展的質量和效益。要正確處理「上總量」與「轉方式、調結構」的關係，以「上總量」為現實基礎，在做大底盤的過程中推動「轉方式、調結構」；以「轉方式、調結構」為主攻方向，在提質增效中擴大「總量」。

經濟新常態的最主要特徵之一是速度換擋,由高速向中高速、中速轉換。有些人因此而認為經濟增長速度不再重要。但這其實是非常危險的。因為中國初級階段的基本國情、人民日益增長的物質文化需要同落後的社會生產之間的主要矛盾、發展中國家的國際地位「三個都沒有變」,必須緊緊圍繞經濟建設這個中心,抓住發展這個第一要務。中國是一個人口眾多的大國,不保持一定的經濟增速,很多問題就難以解決,特別是就業問題。中國經濟增長速度低於7%,經濟就有可能停滯,因為中國GDP的基數小,人口多,消耗也多,6%的增長很可能被消耗掉了,相對於沒有增長。所以,必須仍然要保持7%左右的增長速度,因為這是一個保就業的增長速度。李克強在給中國總工會做報告時就指出,為什麼要強調一點速度呢?因為不強調不行,沒有就業。按照工業化的經驗估計,GDP一個點的增長率可以拉動100多萬就業,所以以前中國每年可以增加1000多萬就業,就是靠年均10%左右的增長率保證的。現在中國每年差不多也要解決1000萬左右的就業,包括大學生、軍轉幹部等。而現在我們的經濟結構開始變了,服務業增長迅速,而服務業每增長一個點,可以增加就業150萬人。所以現在如果按每年需要解決1000萬新增就業人口來計算,維持7.5%的增長速度剛好可以實現。低於7.5%,則難以吸納新增就業人口。

但是,經濟發展不是短跑,而是沒有終點的長跑,要有一定的速度,但更重要的是看耐力和後勁。[826] 所以要全面認識持續健康發展和生產總值增長的關係,防止把發展簡單化為增加GDP,要切實把發展的立足點轉到提高質量和效益上來,轉變經濟發展方式,調整經濟結構,推進改革創新,釋放內需潛力、創新動力、市場活力。習近平指出:「各級都要追求實實在在、沒有水分的生產總值,追求有效益、有質量、可持續的經濟發展。」[827] 所以,要持續推進簡政放權,有序推進非基本公共服務、資源、環保等價格改革;瞄準群眾急需、遲早要干的水利、環保、訊息網絡等薄弱環節,加大投資力度,推開項目融資、特許經營等模式,鼓勵社會投資;完善促進消費政策,提高居民收入,擴大消費需求;以結構性改革推動結構調整,更好支持「三農」、小微企業、新產業特別是以互聯網為基礎的新業態成長;用好用活財

政貨幣政策，適時適度運用定向舉措，推進普遍性降費，支持實體經濟，緩解「融資貴、融資難」；研究實施擴大開放、培育外貿競爭新優勢的措施。

（二）發展方式上，以遵循客觀規律的科學發展戰略為取向

轉方式、調結構是當前中國經濟發展迫切需要解決的問題。新常態下，應該採用什麼樣的發展方式？7月29日，習近平在中央政治局會議上對此作出了回答：「發展必須是遵循經濟規律的科學發展，必須是遵循自然規律的可持續發展，必須是遵循社會規律的包容性發展。」[828] 經濟規律、自然規律和社會規律都是客觀存在的規律，中國當前經濟發展中產生的各種問題，正是因為對這些客觀規律或者認識不清，或者遵循不力而造成的。因此，新常態下的發展方式，必須以符合經濟規律、自然規律和社會規律為戰略取向。

發展必須是遵循經濟規律的科學發展，瞄準的主要是市場經濟體制不完善的問題。市場是配置資源的最有效方式，建立完善的社會主義市場經濟體制是實現科學發展的前提。經濟新常態下，要不斷深化認識市場經濟規律，將市場在資源配置中起決定性作用和更好發揮政府作用結合起來，創新經濟調控方式，清除體制機制障礙，解決政府職能轉換不到位、市場體系不完善、企業改革不徹底等突出問題，釋放改革紅利，煥發企業和社會活力，持續增強經濟發展後勁。[829]

發展必須是遵循自然規律的可持續發展，瞄準的主要是生態環境問題，即發展必須重視生態文明。30多年前人們「盼溫飽」，現在「盼環保」；30多年前人們「求生存」，現在「求生態」。[830] 這反映出隨著經濟發展進入新的歷史階段後，人民對生活品質的要求越來越高，而青山綠水、藍天白雲、新鮮的空氣等良好的生態環境將成為一種本能的需求。需要指出的是，建設生態文明本身蘊含著巨大的商機，是推動經濟發展的重大契機。遵循自然規律的可持續發展，既可以降低經濟發展的成本，也可以抓住新的經濟增長點。

發展必須是遵循社會規律的包容性發展，瞄準的主要是收入分配等社會問題。發展本身不是目的，而是手段。不能惠及全體人民的發展是沒有意義的發展，甚至發展到一定階段會帶來嚴重的問題。因此，必須統籌經濟社會發展，做到以人為本。但是，中國這樣一個人口眾多、社會各階層利益訴求

複雜的大國,必須注意效率與公平的關係。庫茲涅茲曲線表明,人均財富增長與人均財富分配二者關係遵循倒 U 型曲線規律,當進入中等收入階段後,一個國家開始進入利益分配矛盾不斷加劇、收入分化加速的時期。但是,倒 U 型曲線的拐點不一定會自動出現,即在收入差距擴大化後,此差距不會在不施加任何人為作用的情況下自動縮小。因此新常態下,政府必須採取相應的縮小收入差距的措施,如政治變革、制度調整、財政稅率的變化等。

(三) 發展動力上,以提高全要素生產率為戰略取向

全要素生產率(TFP)是指扣除資本投入貢獻率和勞動力投入貢獻率之後的所有其他要素貢獻率的總和。在這些要素中,既包括技術發明和工藝改進,也包括體制、機制的進步和管理、模式的進步等。根據經濟增長理論,經濟增長既依靠資本、勞動力的投入,更依靠全要素生產率的提高。美國經濟增長中全要素生產率貢獻達到 70% 以上,對外技術依存度只有 5%,而中國經濟增長中全要素生產率貢獻只有 39%,而對外技術依存度達到 50%,一些行業甚至達到 80% 以上。[831] 可以說,中國中國改革開放以來的經濟增長主要是靠勞動力、土地等低要素成本和大量投資所驅動的,當要素成本上升和投資的邊際效率越來越低的時候,必須將經濟發展的動力轉移到全要素生產率的提高上來,真正建立起創新驅動型經濟。

創新驅動型增長有利於消除經濟發展中普遍存在的資源日趨稀缺、要素報酬遞減等制約因素,從而為經濟持續穩定增長提供可能。創新,包括科技創新、體制創新、管理創新、市場創新乃至模式創新等多個領域,其中科技創新對於經濟社會發展的推動、支撐和引領作用則尤為顯要。當前,世界科技正處在第三次產業革命的前夜,科學技術領域正在孕育新一輪突破的巨大能量,將會推動更多產業發生重大變革。雲計算大數據、能源互聯網、泛在智慧網、藥物基因組學、生物器件製造、新一代智慧材料等一系列技術突破,正在改變現有的全球產業格局和資源配置方式。我們必須緊緊抓住和用好新一輪科技革命和產業變革的機遇,大力發展高新技術產業和戰略性新興產業集群,盡快改變中國產業處於全球價值鏈低端的狀況,全力構建新的產業價值鏈。作為企業,必須主動應對新一輪科技革命,透過技術創新、產品創新

和商業模式創新，加快轉型升級，打造競爭新優勢。加快實現由「中國製造」向「中國創造」「中國服務」乃至「中國品牌」的轉變。同時，隨著科技的發展，在新技術的改造和提升下，傳統製造技術也在發生質的變化，傳統產業仍可被賦予新的活力，成為優勢產業，從而進入新一輪生命週期。在經濟轉型過程中，必須注重運用高新技術改造提升傳統產業，將先進的管理理念和方法植入傳統產業，千方百計做精做大做強傳統產業，實現傳統產業轉型升級。[832]

（四）發展格局上，以重構經濟發展新模式為戰略取向

經濟新常態的發展格局是重構經濟發展新模式。積極適應經濟發展新常態，不僅僅在於適應「經濟增速換檔」，更重要的是要實現經濟結構重組、增長動力重塑、體制機制再造，也就是要重構經濟發展的新模式。這一新模式的主要目標是「四個追求」，即追求多層次文明融合發展、追求經濟結構優化、追求經濟轉型升級和追求體制機制改革創新，把中國經濟推向更高層次的發展階段。

第一，在新常態下，必須堅持農業文明、工業文明、訊息文明、生態文明一起推進、融合發展。在人類發展進程中，先後經歷了原始文明、農業文明、工業文明，現正在經歷以互聯網為特徵的訊息文明或知識文明，經歷以綠色發展、循環發展、低碳發展為特徵的生態文明。進入新常態，各層次「文明」均在這裡「匯聚」，都不可忽視、不可偏廢，必須一起抓、一起上。

第二，新常態下，轉方式、調結構的要求更為迫切，必須以結構性改革創新，對傳統經濟結構進行戰略性、整體性、創新性、升級性調整，包括需求結構、產業結構、生產要素配置結構、收入分配結構和城鄉區域結構等。

第三，新常態下，必須繼續堅持以科學發展為主題，加快經濟發展方式由粗放型向集約型轉變，由資源依賴型、投資驅動型向創新驅動型轉變，加快產業結構和產品結構由中低端向中高端轉變，努力實現低投入、高效率、可持續發展。

第四，新常態下，要實現經濟發展模式轉換，要成功跨越「中等收入陷阱」，必須遵循經濟規律、自然規律和社會規律，全面深化改革、進一步擴大開放，堅決清除一切束縛發展的體制機制障礙，著力推進體制機制改革創新，使之更好地與「新模式」相匹配、相適應。

（五）發展的國際定位上，以成為世界領導型經濟體為戰略取向

中國作為一個獨立經濟體的最大特徵之一，就是規模大。2010年中國超過日本，成為世界第二大經濟體；2013年又超過美國，成為世界第一大貨物貿易國，擁有世界上現實的和潛在的最大市場，多種商品產量居世界第一位。在國際經濟學的理論中，將世界經濟體大致劃分為大國和小國，其區別在於大國能夠影響世界價格，而小國則不能。顯然，中國早已經是世界經濟格局中的大國，而且會越來越大，對世界價格的影響力也越來越大。

但是，當前世界經濟格局的話語權仍然由美歐日等發達經濟體把握，石油、鐵礦石等主要大宗商品的定價權，世界銀行、國際貨幣基金組織、WTO等國際經濟組織，均操縱在發達國家手裡，中國作為新興市場大國的代表，將不可避免地與以美國為代表的發達經濟體產生利益碰撞。一些國家因此對中國經濟發展充滿疑慮，一方面世界各國都需要中國這個大市場，另一方面又害怕中國挑戰他們的既得利益。中國近年來遭受的越來越多的貿易摩擦就是很好的例證。據商務部統計，截至2013年，中國連續18年成為遭遇反傾銷調查最多的國家，連續8年成為遭遇反補貼調查最多的國家，成為貿易保護主義的最大受害國。[833]

在經濟新常態下，中國應該在世界經濟格局中找到自己的新位置，以跨越「修昔底德陷阱」。中國目前處於中等發達程度，既離美日歐等發達經濟體尚有較大差距，又比世界許多發展中國家要發達。這就決定了中國可以充分利用經濟新常態的戰略機遇期，透過自身的不斷轉型升級，與世界上絕大多數國家建立經濟上的互利共贏關係，在競爭中發展，在發展中競爭。總體上，不必過多採取出口退稅等代價較大的政策推動貿易量的增長，而是以提高產品、品牌的世界市場競爭力來推動貿易增長。既然成為第一大經濟體不

可避免，那麼可以採取兩步走戰略，首先成為新興市場經濟體中的領頭羊，待自身競爭力充分增強後，再逐漸成為世界經濟的領導者之一。

農業史專題

清代新疆人均糧食占有狀況評估

劉壯壯 [834]

內容提要：本文透過對人口、糧食流通、土地面積、生產力狀況、耕作制度等綜合因素的考察，初步揭示了清代新疆各時期各地區的糧食生產和供給狀況。清前期，新疆戰事頻仍，糧食供給存在嚴重的缺口；統一後，隨著農業開發的全面推進，新疆的糧食供給問題很快得到解決，並在乾隆中後期出現了糧食豐裕情形；嘉慶時，新疆的糧食供給狀況基本維持了乾隆中後期的水平；道光咸豐時，由於社會動盪，糧食供給開始緊張；同治年間，新疆局勢失控，戰亂頻仍，土地荒蕪，人口逃亡嚴重，新疆面臨嚴重的糧食危機；光緒年間，隨著社會局勢趨於穩定，加之清政府採取了一系列的改革措施，使農業經濟得到迅速恢復，糧食供給問題重新得到解決。但就全區範圍來看，伊犁和烏魯木齊的糧食供給較為豐裕，而位於東疆的哈密、巴裡坤、吐魯番等地則一直存在糧食短缺的問題。

關鍵詞：清代　新疆　農業開發　糧食供給

一、清代新疆糧食供給的研究現狀與不足

清朝前期，為保證進軍新疆的兵餉供給，清廷即在北疆地區開始了「斷續性」的農業開發。新疆統一以後，天山南北人口空虛、經濟殘破，出於鞏固邊疆和解決內地人地矛盾的雙重考慮，清朝政府制定了「武定功成，農政宜舉」的全面開發策略。在政府的資助下，大量內地民人前往新疆進行農業生產。嘉道時期，北疆地區的農業經濟得到了迅速發展，取得了重大成效。道光年間，改變了前期「重北輕南」的開發策略，實行「南北兼顧」的戰略。清末，清政府對新疆局勢一度失去控制，使其經濟發展受到很大摧殘。但是，清廷恢復對新疆局勢的控制後，很快採取了一系列恢復發展經濟的措施，使

中國歷史上的經濟轉型與社會發展
農業史專題

農業經濟重新得到恢復。有清一代,政府對新疆的農業開發,促進了新疆經濟社會的全面發展。

清代新疆的農業開發,在社會生活方面的重要貢獻是大大改善了新疆地區的糧食供給狀況。然而,有關清代新疆糧食占有狀況的研究相對比較缺乏,目前的研究成果主要集中在對乾嘉時期的研究,如齊清順、紀大椿、華立、賈建飛等的研究。華立在《清代新疆農業開發史》一書中認為,經過大規模屯墾開發北疆地區,「初步實現了糧食自給」。[835] 而紀大椿先生則根據紀曉嵐在《烏魯木齊雜詩》中「天下糧價之賤,無逾烏魯木齊者」[836] 的記載,認為糧食大大有餘,穀賤傷農造成嘉慶一朝新疆屯田播種畝數始終沒有超越乾隆一朝。[837] 齊清順在《清代新疆農業生產力的發展》[838] 一文中,按照許滌新、吳承明推算的清代人均年耗糧 580 斤的標準[839] 和清代新疆總人口的變化關係,對清代新疆的人口及糧食生產總量作了估算,如表 1 所示:

表 1　清代新疆的人口與糧食生產總量表

年份	人口(萬)	糧食總產量(億斤)
乾隆二十五年(1760 年)	25	1.45
乾隆四十二年(1777 年)	60	3.5
道光六年(1826 年)	110	6.5
宣統三年(1911 年)	200	12.0

資料來源:齊清順:《清代新疆農業生產力的發展》,《西北民族研究》1988 年第 2 期。

這一研究結果在一定程度上,可以反映出清代新疆的糧食生產狀況。實際上,按照總人口和人均年耗糧量計算糧食總需求是沒有問題的,但按這一比例計算出的糧食總產量同實際情況應有一定出入。我們知道,糧食是農業民族最主要的生存資料,而遊牧民族則大不相同,他們主要以畜牧產品為生存資料。因此,要客觀瞭解新疆地區的糧食總產量,就必須搞清楚新疆地區的農業人口、生產力狀況和耕地面積,只有按照農業人口、人均年耗糧量、生產力狀況、耕地面積和糧食的輸入輸出情況綜合計算得出的結果,才更接近糧食總產量的客觀數據。這一估算的另一個缺陷,在於將各時期人均糧食

占有狀況劃一,這是不符合客觀事實的,我們難以看出各時期的具體情形。此外,其他的研究成果也多是針對某一時期的情況得出的結論,清代新疆各地、各時期的糧食占有的具體狀況都不甚明了。

二、清代新疆糧食供給狀況的計算標準

關於清代新疆糧食的供給狀況,目前學界的研究尚未有令人信服的成果。為獲得較為客觀的研究結果,我們在這裡必須先提出估算的參考標準。筆者認為,對清代新疆糧食占有狀況的估算,必須考慮的因素有:耕作制度、生產力狀況、耕地面積、人口狀況、播種量、賦稅、糧食的流通等。

清代新疆地區的耕作制度,受時代和自然地理條件的限制,各地普遍實行「輪休歇種」的辦法以緩地力;有關清代新疆農業生產力狀況,齊清順先生在《清代新疆農業生產力的發展》一文中進行了考察。[840] 清代新疆各地兵屯的畝均產糧,如表2所示:

表2 清代新疆各地兵屯畝均產糧表

單位:石

州縣	古城	烏魯木齊	瑪納斯	塔城	哈密	伊犁	吐魯番	喀喇沙爾	阿克蘇	烏什	各地畝均產量
畝產量	1.33	0.77	0.91	1.25	0.81	1.69	0.73	0.68	3.26	0.94	1.237

資料來源:齊清順:《清代新疆農業生產力的發展》,《西北民族研究》1988年第2期。

由表2數據可知,新疆各地畝均產量為1.237石,由於阿克蘇兵屯主要種植水稻,產量較高,其他地區主要種植小麥,另有少量的豌豆、大豆、粟等,若除去阿克蘇,新疆各地旱田畝均產為0.911石,北疆地區旱地畝均產為1.07石。清代新疆作物播種量,每畝0.5鬥—1.5鬥不等,這裡為計算方便,取中間值每畝播種1鬥計算。自耕農經濟的地稅徵收,清代新疆各地略有差異,每畝5升—9升不等,這裡取較為普遍的8升計算。耕地面積方面,有清一代各時期新疆農業人口所占耕地面積也存在較大差異。清朝移民開發過程中,普遍按照戶給30畝的標準分配土地,但是對於「力能多墾者」又不加限制。故而,乾隆中後期,私墾土地的比重也非常大。例如,乾隆五十一年(1786

年），清查丈量的結果表明，迪化州戶平均實際墾地為56.5畝，昌吉縣為48.5畝。[841] 人口狀況方面，清代新疆農業開發的農墾戶均是由內地或南疆地區移民而來，每戶人口一般都不足五口，特別是移民初期，四口或者更少較為常見。新疆地區的維吾爾地區的五口之家也不多見，特別是清初統一戰爭對人口的消耗非常嚴重，北疆地區人口空虛。糧食的流通方面，主要是統一前後糧食的輸入較多。隨著農業開發的推進，新疆糧食逐步實現了自給，甚至出現供大於求的局面。然而，受地理等的侷限，新疆糧食輸出較為困難，主要是臨近州縣的調撥。故而，在糧食供給狀況的估算中，這一因素並不考慮在內。[842] 根據上述分析，我們將上述討論的各項指標列表如下：

表3　清代新疆糧食供給狀況的計算指標

耕作制度	生產力狀況	耕地面積	人口狀況	播種量	賦稅	糧食的流通
輪休歇種	0.911/1.07 石	-	-	1斗每畝	8升每畝	-

說明：1. 耕地面積和人口狀況，各個時期各個地區差異較大，我們在下文再分別討論。

2. 新疆各地旱田畝均產為0.911石，北疆地區旱地畝產均為1.07石。

此外，為了對清代新疆地區人均糧食占有狀況有一個更加直觀的認識，筆者擬將石換算為市斤。有關清代新疆地區一石相當於多少市斤的標準也不太一樣，有100市斤、120市斤、150市斤、400市斤等多種情況。齊清順先生認為120市斤的標準較為普遍，[843] 清朝官方的標準則是每石150市斤。[844] 故而，筆者擬採用120市斤和150市斤兩種標準，分別進行計算，以供參考。

三、清朝統一前，新疆糧食供給情況（1644—1759）

康雍時期，清朝政府便在新疆歸附地區開始實施屯田，然而成效有限，並未能有效解決糧食供給，糧食主要依靠內地供給。乾隆初期，清準議和，士兵東歸，哈密、巴裡坤、吐魯番等地的兵屯隨即裁撤。

隨著清準戰事再起，新疆的屯墾事宜又重新恢復，並得到進一步擴大。到統一前夕，新疆自哈密、巴裡坤至烏魯木齊一帶，農業開發已經取得了重大突破。據《清實錄》記載，至乾隆二十三年十月（1758年11月）止，「派往烏魯木齊等處屯田兵丁……共計新舊屯兵一萬七千名」。[845]乾隆二十三年（1758年），「辟展等五處屯兵，共三千六百名，屯田三萬三千五百四十五畝，每畝收穫一石九鬥至一石四鬥不等，共收穀三萬七千三百四十餘石，較去年多收六千七十餘石」。[846]根據這一記載可知，此時新疆地區新舊屯兵達兩萬餘人，糧食生產也取得了初步成效。這表明，農業開發已經在一定程度上改善了新疆的糧食供給狀況，也為統一後的農業開發奠定了一定的物質基礎。

新疆統一之初，清政府對新疆各地的人口作了較為詳細的調查。據定邊將軍兆惠等奏稱，乾隆二十四年（1759年），喀爾噶什「本城所屬，共一萬六千餘戶，人五萬餘口」，[847]這一記載與《清高宗實錄》卷五百九十三中的記載有一定出入，喀爾噶什「總計大小十城七村莊，一萬六千餘戶，數十萬餘口」。[848]葉爾羌「查明現存戶口二萬餘」，[849]每戶按四口計，約八萬人；乾隆二十四年，據定邊將軍兆惠查「葉爾羌所屬二十七城村，計三萬戶，十萬餘口」；[850]和闐等六城回人「共一萬三千一百四十三戶，四萬一千二百八十六口」。[851]苗普生研究認為，新疆統一之初維吾爾人口約為二十二萬，[852]加上此時烏魯木齊等處新舊屯兵兩萬餘人，再計算新疆駐軍在內，人口當不少於二十五萬人。但是，新疆統一前的地畝狀況、糧食的輸入等情況，囿於資料難考，我們很難得出一個較為客觀的估計。根據統一後，農業開發全面展開時，口糧、籽種等的調撥情況來看，此時新疆地區的糧食供給還存在很大缺口。

四、清中期新疆糧食供給情況（1760—1850）

新疆統一後，清朝政府在天山北路展開了全面的農業開發。尤其是民屯的大規模推進，使北疆地區人口迅速充實，乾隆中期新疆地區的糧食供給狀況已經得到扭轉。到乾隆中後期，新疆各地區的糧食供給狀況基本達到自給自足，甚至出現供大於求的局面。嘉慶時期，屯墾步伐放緩，糧食供給狀況

中國歷史上的經濟轉型與社會發展
農業史專題

基本維持乾隆中後期的水平。總體而言，這一時期新疆地區糧食比較充裕，然而部分地區也存在糧食生產不均衡的現象。

（一）乾隆中後期糧食供給狀況（1760—1795）

統一以後，隨著農業開發的全面展開，天山北路很快取得不錯的成效。到乾隆三十年（1765）前後，北疆地區的糧食供給狀況大大改善，實現了由短缺到自給的轉變。以烏魯木齊為例，自乾隆三十九年（1774年）以後，「其時糧麥價格平賤……即如小麥，每京石用銀不過八九錢至一兩九分不等」。[853] 乾隆四十七年（1782年），伊犁「因連年成熟，現貯至五十餘萬石，伊犁每年共應放穀十六萬石，此項存貯之穀，足可備放三年有餘，而綠營兵民回民等，每年應交米穀十八萬餘石，除本年應放外，仍餘兩萬餘石。歷年積貯太多，易致霉爛」。[854] 乾隆五十一年（1786年），清查丈量的結果表明，迪化州戶平均實際墾地為五十六餘畝，昌吉縣為四十八餘畝。[855] 乾隆五十三年（1788年），軍機大臣阿桂在奏摺中，統計了乾隆二十七年至乾隆五十一年（1762—1786），「由內地遷移或本處招募開墾田地以來……共墾地六十三萬兩千一百三十九畝零，納糧五萬六千九百餘石」；五十二年（1787年），丈量多墾餘地，「又查出地二十七萬三千四百餘畝，共增糧兩萬四千三百六十三石零」。[856] 據此記載，我們可以知道，截至乾隆五十一年（1786年），烏魯木齊所屬共招募民戶一萬九千五百六十餘戶，共墾地畝九十萬五千五百三十九餘畝，其中私墾地畝占原墾地畝的百分之四十三點二五，戶均耕種土地四十六點三畝有餘，新舊賦稅共計八萬一千二百六十三餘石。據陝甘總督勒保奏：「查明鎮西府屬宜禾、奇臺二縣，迪化州暨所屬昌吉、阜康、綏來、濟木薩、呼圖壁各州縣縣丞、巡檢及頭屯、蘆草溝、塔西河三所千總，乾隆五十四年民數，共十二萬零五百三十七口，倉貯各色糧七十八萬六千二百三十八石零。」[857] 人均各色糧食達六點五二三石。根據上述分析可知，北疆地區戶均耕地面積普遍超過四十畝，迪化州最高，達到五十六點五畝，人均糧食占有量達六點五二三石。賈建飛在《清乾嘉道時期新疆的內地移民社會》一書中，對乾隆中後期甘肅和鎮西府迪化州的人均倉穀數進行考察，得出表4：

表4　乾隆年間甘肅和鎮西府迪化州的人均倉穀數對比表

單位：石

區域	1780年	1784年	1785年	1786年	1790年	1791年	1792年
甘肅人均穀數	0.19	0.17	0.21	0.25	0.29	0.26	0.32
迪化州人均穀數	6.7	6.41	6.62	6.62	7.29	7.45	7.67

資料來源：賈建飛：《清乾嘉道時期新疆的內地移民社會》，北京：社會科學文獻出版社2012年版，第19頁。

根據上述分析，我們可以對北疆地區各地的糧食占有狀況做一個估算。各地戶均占有耕地面積取中間值，按照戶均48畝計算。齊清順先生對新疆各地兵屯生產力狀況進行過估算，得出北疆地區各地平均畝產約為1.07石。[858]那麼，按照「歇種」一半的情況計算，我們可以估計北疆地區戶均年耕種地畝約為24畝。據此可以估算出，北疆戶均年收穫糧食為24×1.07=25.68石，播種按畝種1鬥計算，所需籽種24×0.1=2.4石，戶均口糧25.68-2.4=23.28石。再減去應交賦稅24×0.08=1.92石。考慮到此時，新疆地區糧食充裕，並無糧食輸入。那麼，按照戶均人口4口計算，人均糧食占有量為21.36÷4=5.34石。清朝新疆每石折合市斤有多種情況，按照清朝官制每石150市斤計算，人均年占有糧食5.34×150=801市斤；按照每石120市斤計算，則人均年糧食占有量為5.34×120=640.8市斤。據許滌新、吳承明的推算，清代人均年耗糧580市斤，[859]可以看出乾隆中後期，北疆各地人均糧食占有狀況大大超出了這一標準。

（二）嘉道時期，新疆糧食供給狀況（1796—1850）

嘉慶時期，新疆農業開發的步伐放緩，但是北疆地區的自耕農經濟仍有進一步的發展。據王希隆先生研究，到嘉道之際，烏魯木齊、巴裡坤的自耕農達20餘萬人，開墾地畝208萬畝以上，[860]按照戶均4口計算，烏魯木齊、巴裡坤戶均地畝為41.6畝以上。按照「歇種輪休」的耕作制度，實際耕種面積為22畝，年獲糧23.54石，除去籽種2.2石，收穫糧23.54-2.2=21.34石，再減去應繳納賦稅，實際獲糧為21.34-22×0.08=19.58石。按戶均4口計算，人均占有糧食為19.58÷4=4.895石。按照清朝官制每石150市斤計算，人

均年占有糧食 4.895×150=734.25 市斤；按照每石 120 市斤計算，則人均年糧食占有為 4.895×120=587.4 市斤。照後一計算結果來看，嘉道之際，新疆人均糧食占有仍超過清代人均年耗糧 580 市斤的標準。

道光年間，隨著新疆局勢的動盪，尤其是張格爾、玉素甫的叛亂，使新疆農業經濟的發展受到一定影響。清朝政府花費大量的人力物力，才將叛亂平定下去。此時，南疆伯克制統治越來越腐朽，維吾爾農民生存較北疆地區的民屯戶民更為艱難，社會矛盾積累嚴重。清朝政府為緩解新疆地區的社會矛盾，在新疆又掀起了一個農業開發的高潮。道光中後期的農業開發，特別是南疆地區的農業開發，一定程度上緩解了南疆地區的糧食供給矛盾。道光十年（1830 年），據誠端等奏：「阿克蘇現尚積存糧面一百八十餘萬斤，擬俟烏魯木齊運糧駝只到日，趕運至喀什噶爾，以資急需。」[861] 道光二十年（1840 年），塔爾巴哈臺「倉貯糧石，扣至五年始能輪廠出清……該處地方潮濕，積糈過多，恐至不堪食用，請永遠備貯三年，並援案將屯兵酌量裁撤」。[862] 可見，道光時期的農業開發取得了一定成效，許多地方的糧食供給狀況仍然寬裕。然而，農業開發成效並未超過乾嘉時期，社會矛盾也沒有得到有效的解決。在此期間，新疆地區的糧食供給狀況，由於資料難考，很難得出一個較為客觀的估算，但總體而言要較乾嘉時期趨緊。

（三）清中期新疆糧食供給的不均衡

清朝中期，特別是乾嘉時期，新疆地區農業開發成效顯著，烏魯木齊、伊犁、瑪納斯等許多地區出現了「倉貯充盈，糧價平減，穀賤傷農」的情形。然而，在部分地區，如哈密、巴裡坤、吐魯番等地卻始終存在糧食供應不足的問題。新疆各地糧食生產存在不均衡的問題。

乾隆時期，烏魯木齊「天下糧價之賤，無逾烏魯木齊者。每車載市斛二石，每石抵京斛二石五鬥，價只一金，而一金又止折制錢七百文，故載麥盈車，不能得錢三貫。其昌吉、特納格爾諸處，市斛一石，僅索銀七錢，往往不售」。[863] 乾隆三十五年（1770 年），「近緣年歲豐收……每小麥一石減至價銀五錢，尚難售賣」。[864] 與此同時，同處邊疆地區的雲南等，乾隆三十一年（1766 年），「滇省五月份糧價，內雲南府屬白米紅米，每石竟至

四兩一二錢之多,其餘各屬,亦有貴至三兩以外者」。[865] 可見,烏魯木齊等處糧價之平賤。乾隆五十年(1785年)烏魯木齊各處地方「每年支放兵餉口糧各項,約需糧十五萬四千餘石……每年可得糧十七萬兩千餘石,除應用支銷外,尚有盈餘」。[866] 嘉慶時期,烏魯木齊各處地方「向來糧價最為平賤,即稍貴之時,尚比內地為賤」。[867] 清代在烏魯木齊、伊犁等地的兵屯時有增減,便是由於積壓糧食過多,擔心發生霉變所致。如乾隆五十六年(1791年),「尚安查烏魯木齊地方,倉貯充盈……將濟木薩屯兵,令其暫停耕作,歸營操演,所遺屯地,招募商民戶民領種」。[868] 嘉慶十八年(1813年),「新疆地方,天氣溫暖,食物價賤」。[869] 瑪納斯「地產稻米,米價皆廉,商民輻輳,廬舍如雲,景象明潤豐饒,與內地無異」。[870] 鎮西府「當馳道之沖,關中商人所聚會,粟麥山積,牛馬用穀量」。[871] 由此可見,乾嘉時期,新疆許多地區都出現了糧食生產供大於求的情形。

與此同時,哈密、巴裡坤、吐魯番、喀喇沙爾等地卻存在糧食供給不足的問題。如乾隆四十九年(1784年),「查嘉峪關至哈密一帶,戈壁重重,水泉稀少,向例運糧腳費,每百里以一兩六錢定價,今據烏魯木齊查明,近年歲豐糧賤,每百里給銀一兩,已敷雇覓」。[872] 可見,嘉峪關至哈密一帶,糧食供給存在不足的問題,必須由烏魯木齊各處調配。乾隆五十六年(1792年),巴裡坤、吐魯番因「支放滿營官兵穀石不敷,請照例交地方官購買」。[873] 喀喇沙爾同樣存在糧食供給不敷的問題,乾隆六十年(1795年),喀喇沙爾「兵丁等所種地畝,每遇歉收,即至不能接續,請動用庫項,採買土爾扈特和碩特等所餘米糧一二千石,貯倉備用」。[874] 如此看來,新疆部分地區仍然存在糧食供給不足的問題。但是,全疆總體而言,糧食供給在清中期仍然比較寬裕。

五、清末新疆糧食供給狀況(1851—1911)

這一時期新疆地區的農業經濟經歷了兩個發展階段:一是咸豐至光緒初年,新疆局勢動盪,農業經濟發展遭到極大摧殘;二是光緒年間,特別是建省後,農業經濟得到恢復發展。前一階段,新疆農業發展遭到極大摧殘,人

中國歷史上的經濟轉型與社會發展
農業史專題

民離散、逃亡，土地荒蕪，糧食供給矛盾突出。後一階段，經過多種政策措施的推動，農業經濟得到迅速恢復發展，新疆糧食基本實現了自給自足。

（一）新疆局勢的動盪與經濟的摧殘（1851—1880）

新疆地區雖然糧食生產較內地豐裕，但是財政收入卻一直需依靠內地撥解。嘉慶道光時期，清朝政府財政趨於緊張，新疆財政便逐漸處於勉強維持的境況。道光年間，南疆伯克制統治日益腐朽，對維吾爾民眾的剝削日益加重。張格爾、玉素甫的叛亂能得到許多維吾爾民眾的支持，均與伯克的腐朽統治有重大關係。咸豐時期，新疆局勢動盪，軍隊協餉出現了長年虧欠的嚴重危機。為解決軍隊協餉問題，渡過財政危機，新疆各族人民的負擔也在不斷加重。同治年間，清政府失去了對新疆局勢的控制，新疆經濟的發展受到極大的摧殘。十多年的變亂，使新疆昔日的繁華景象不復存在。光緒初年，新疆出現了城鄉被毀、人民逃亡、土地荒蕪、水利失修的破敗局面。烏魯木齊「自經兵燹，土地荒蕪，即間有二三客民力事耕作，亦不過墾數十畝，食三五人而已，通境合計尚不足十分之一」；[875] 伊犁昔日繁盛的農牧業生產景象也蕩然無存，「民多流亡，土地鞠為茂草」；[876] 南疆地區同樣毀壞嚴重，土地荒蕪，「官署民舍，蕩然無存」，[877] 水利失修，「田廬漂沒，驛道梗塞」，「百物昂貴，民人稀少」。[878] 由於經濟破敗、人民離散、土地荒蕪，我們很難對這一時段的糧食供給狀況作出客觀的估算。但是，毫無疑問，新疆地區出現了自統一以來最為嚴重的糧食危機。

（二）新疆經濟的恢復與糧食的基本自給（1881—1911）

這一時期，清政府重新控制了新疆局勢。劉錦堂、左宗棠等主持全面事宜，招徠安置流民，興修水利，著力恢復農業生產。清末恢復發展新疆農業經濟的主要措施有：一是安置流亡；二是鼓勵移民認墾；三是興修水利；四是丈清地畝，釐清稅率；五是變革營屯；六是變革回疆伯克制。這些措施促進了新疆農業生產的恢復發展，於光緒末年基本實現了糧食自給。

這一時期，相關史料記載較為詳盡，學界研究成果也較為豐富，為我們估算新疆地區的糧食供給情況提供了可能。根據史料的記載和學界前輩同仁的相關研究成果，可以對這一時段新疆地區的糧食供給狀況進行一個粗略的

估算。據梁方仲先生研究，光緒十三年（1887 年），新疆耕地面積 114800 頃。[879] 據《新疆圖志·土壤志》的統計，光緒三十一年（1905 年），新疆各地冊報升科地畝 10309324.06 畝，此後又有墾熟地畝 424834.22 畝，共計 107344158.22 畝。[880] 根據《新疆圖志·溝渠志》的統計，清末全疆總灌溉能力為 11221901 畝。但是，有關清代新疆實際地畝數量，學界普遍認為與文獻記載有很大差異。早在 1959 年，旅美華人歷史學家何炳棣先生，即在《中國人口研究》一書中提出了清畝不實的問題。[881] 此後，學界對清畝不實的問題進行了許多探討，成果豐碩。[882] 史志宏在《清代農業生產指標的估計》一文中，對清代新疆各時期的實際耕地面積進行了估算，如表 5 所示：

表 5　清代新疆各時期官書地畝與實際耕地面積估算表

單位：萬清畝

年份	1776	1812	1850	1887	1911
官書地畝	—	111.4	—	1148.0	—
實際面積估算	371.2	618.7	1237.3	2092.1	2165.0

資料來源：史志宏：《清代農業生產指標的估計》，《中國經濟史研究》2015 年第 5 期。

在此，我們採用史志宏的研究結果進行估算。由於新疆地區農業生產狀況與內地存在一定差異，普遍採用「輪休歇種」的耕作制度，故而，清末新疆地區實際耕種面積為 21650000×1/2=10825000 畝。按照全疆平均畝產 0.911 石的標準計算，全疆糧食總產量為 10825000×0.911=9861575 石。這裡我們仍採用每石 150 市斤和 120 市斤兩種標準進行計算，得出全疆糧食總產量為 1479236250 市斤或 1183389000 市斤。據《新疆圖志》統計，宣統元年（1909 年）全疆共有戶 428629 戶、口 2027633 人，[883] 戶均人口約 4.7 口。按照每石 120 市斤的標準計算，全疆年人均糧食占有量約為 1183389000÷2027633 ≈ 583.63 市斤；按照每石 150 市斤的標準計算，則全疆年人均糧食占有量為 1479236250÷2027633 ≈ 729.54 市斤。這種計算結果並沒有去除農民應繳納的賦稅、雜稅和籽種，故而我們還需進行進一步的推算。全疆共有戶 428629 戶，實際耕種面積為 10825000 畝，戶均實際耕種面積為 10825000÷428629 ≈ 25 畝。若戶均實際耕種地畝 25 畝，實際

中國歷史上的經濟轉型與社會發展
農業史專題

產糧 25×0.911=22.775 石，畝種 1 斗，所需籽種 25×0.1=2.5 石，畝納 8 升，需繳納賦稅 25×0.08=2 石，戶均實際獲糧 18.275 石。按照上文計算，戶均 4.7 口計，人均實際占有糧食 18.275÷4.7 ≈ 3.9 石，即 466.6 市斤或 585 市斤。如此看來，清末新疆人均糧食占有量，很難達到清代人均年耗糧 580 市斤的標準。需要指出的是，這一計算結果並不包含農民在土地租稅以外，應向政府繳納的雜稅在內。但是我們知道，清代新疆地區除從事農業生產的農民，還存在一部分從事畜牧業的牧民。因而，對清末新疆人均糧食占有狀況的估算，還必須考慮非農業人口的因素。據華立推算，宣統元年（1909年），全疆農業人口為 1560176 口。據此計算，農業人口人均年收穫糧食為 9861575÷1560176 ≈ 6.3 石 =756/945 市斤，即按照每石 120 市斤的標準計算，農業人口人均年糧食占有量為 756 市斤；按照每石 150 市斤計算，則是 945 市斤。按此計算，除去籽種和應繳納租稅外，實現糧食自給當沒有問題。據《陶勤肅公奏議遺稿》記載，光緒末年，南疆「百物昂貴，米麥獨賤」。[884] 因此，我們並不排除個別地區糧食短缺和豐裕的情形，但就全疆而言，清末糧食供給當處於一個基本平衡的狀況。然而，需要指出的是，這種估算是建立在統計數據上的理論計算結果。雖然不可能完全符合當時的實際情形，但在一定程度上可以反映當時基本的客觀事實，對清代新疆地區人均糧食占有狀況的研究具有一定參考價值。

根據前文所述，我們將清代新疆的糧食供給狀況繪製成圖，如下所示：

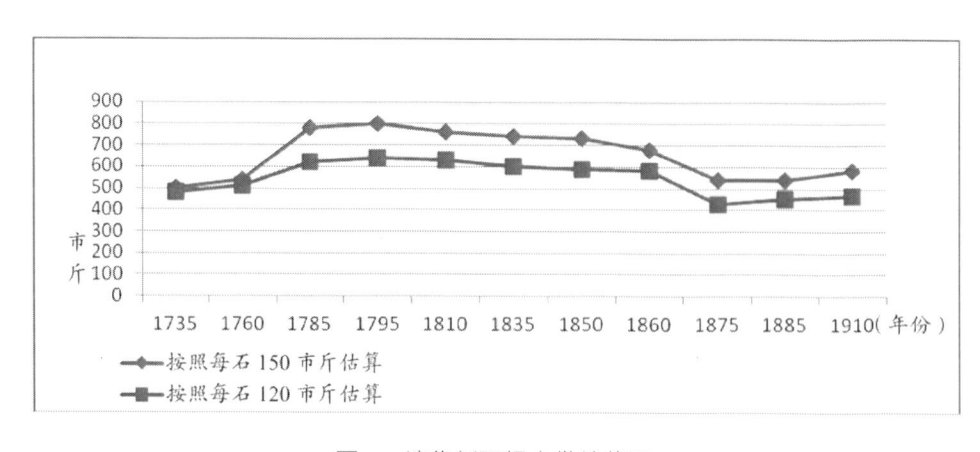

圖 1　清代新疆糧食供給狀況

從圖 1 來看，清代新疆糧食供給狀況大體可以分為五個階段：一、開發初期（1644—1765），糧食供給嚴重不足，大多由內地調配。二、乾隆中後期（1766—1800），農業開發成效顯著，北疆地區糧食自給有餘。三、嘉道時期（1801—1850），農業開發步伐放緩，糧食供給較乾隆中後期趨緊。四、咸豐至光緒初年（1851—1880），受社會動盪的影響，農業生產受到嚴重破壞，糧食供給出現較大缺口。五、清末（1881—1911），隨著一系列恢復經濟措施的施行，農業生產迅速得到恢復糧食，基本維持了自給的水平。此外，透過數據的分析還可以發現，凡是社會動盪時期，新疆糧食的供給就會出現尖銳矛盾；在社會穩定時期，糧食的供給基本處於平衡，甚至出現供給過甚的局面。

中國歷史上的經濟轉型與社會發展
思想史專題

思想史專題

江南製造局翻譯館的歷史遺產和經濟價值——紀念江南造船建廠 150 週年

臧豪杰　任國征 [885]

內容提要：2015 年，是紀念中國民族工業起步與發展暨中船集團江南造船建廠 150 週年。立足於 21 世紀的現代化背景下，回顧與反思江南製造局翻譯館所承載的歷史使命、激發的社會變革，深感其秉承的「自強不息，打造一流」的江南精神正是中華民族優秀品質的體現，是近現代中國先進思想文化的折射。弘揚翻譯館的江南精神至今仍具有現實意義，對於當前的中國特色新型智庫建設能夠提供有益的啟示，對於傳統文化的再認識具有深刻的反思價值，對於如何進一步推動科學與技術的銜接、科學的應用轉化等都有啟發價值。

關鍵詞：經濟價值　歷史遺產　新型智庫　創新型國家

一、引言

2015 年，是紀念中國民族工業起步與發展暨中船集團江南造船建廠 150 週年。江南機器製造總局（簡稱「江南製造局」）興建於 1865 年，時任兩江總督、江蘇巡撫的李鴻章在《置辦江南機器製造總局奏摺》中指出：「機器製造一事，為今日禦侮之資，自強之本」，道出了江南機器製造總局建立的時代價值。奉行「師夷長技以制夷」理念的「洋務運動」以「自強」為目標，李劍農在評述洋務運動時指出：李鴻章相信中國的文物制度比外國的好，急於治標，故而不得不取外人之長技以補中國長技之短，「不出於軍事、經濟的兩方面，而經濟方面又以富饒為目的，就是興學堂、派遣留學生，也全是為軍事起見，否則就為造就翻譯通使人才起見」。[886]

江南機器製造總局翻譯館（簡稱「翻譯館」）建於 1867 年。[887] 據曾國藩《新造輪船折》載：

中國歷史上的經濟轉型與社會發展
思想史專題

　　另立學堂以習翻譯。蓋翻譯一事，系製造之根本。洋人製器出於算學，其中奧妙皆有圖說可尋。特以彼此文字扞格不通，故雖日習其器，究不明夫用器與製器之所以然。本年局中委員於翻譯甚為究心，先後訂請英國偉烈亞力、美國傅蘭雅、瑪高溫三名，專擇有裨製造之書詳細翻出。現已譯成《汽機發軔》《汽機問答》《運規約指》《泰西採煤圖說》四種。擬俟學館建成，即選聰穎子弟隨同學習，妥立課程，先從圖說入手，切實研究，庶幾以理融貫，不必假手洋人。亦可引申，另勒成書。此又擇地遷廠及添建翻譯館之情形也。[888]

　　可見，翻譯館的設立也被打上了鮮明的「自強」烙印，而「自強」又被理解為「器物之先進」。

　　總體來看，翻譯館不僅造就了中國近代第一流的科學家和工程專家，而且成為全面介紹世界先進科技的開拓者，為中國早期民族工業立下了汗馬功勞。翻譯館是時代需要的產物，葉清漪在論述晚清譯書時指出：

　　自中外通商以來，譯事始起，京師有同文館，江南有製造局，廣州有醫士所譯各書，登州有文會館所譯學堂使用各書，上海益智書會又譯印各種圖書……館譯之書，政學為多，制局所譯，初以算學、地學、化學、醫學為優，兵學、法學皆非專家，不得綱領。[889]

　　葉清漪的評論從翻譯角度看或許為中肯之論，但翻譯館的歷史價值在當代仍有值得借鑑之處。立足於 21 世紀的現代化背景下，回顧與反思翻譯館所承載的歷史使命、激發的社會變革，深感其秉承的「自強不息，打造一流」的江南精神正是中華民族優秀品質的體現，是近現代中國先進思想文化的折射。[890]

二、翻譯館對中國新型智庫建設的社會價值

　　翻譯館是國外與中國的語言橋樑，而智庫則是中國與國外的思想紐帶。現代智庫誕生於美國，「一戰」時就已經出現，但遲至 1971 年，美國學者保羅·迪克森（Paul Dickson）的專著 Think Tanks 出版，才有了對智庫的專題性研究。對於智庫的起源，迪克森將 1832 年，美國財政部長為解決汽

船上的蒸汽鍋爐問題，與費城富蘭克林研究所簽訂了委託研究合約視為現代智庫誕生的開端。威廉·多姆霍夫（William Domhoff）將1900年成立的中國市民聯盟視為現代智庫的雛型。詹姆斯·麥克蓋恩（James G.Mc Gann）將1916年成立的政治研究所視為現代智庫的起源。

「智庫」進入中國以後，經歷了多個發展階段，唐慶鵬將其概括為「理論認知（1982—2006）—理論自覺（2006—2012）—理論自信（2012—）」三個階段；[891]《中國智庫報告》把中國智庫分為：黨政軍智庫、社會科學院智庫、高校智庫、民間智庫四類。根據2015年1月22日發佈的《全球智庫報告2014》，目前全球共有智庫6681家，美國1830家，中國429家，排名世界第二。[892] 中共的十八屆三中全會把「加強中國特色新型智庫建設，建立健全決策諮詢制度」作為國家戰略，並發佈了《關於加強中國特色新型智庫建設的意見》，習近平對此作出重要批示，中國智庫發展迎來了新機遇。本文認為江南製造機器總局翻譯館對於當前的中國特色新型智庫建設能夠提供有益的啟示。

（一）「引進來」與「走出去」的反轉

翻譯館的設立背景是當時的中國閉關自守、思想觀念落後保守，亟須引進西方現代的科技、軍事、社會科學知識。中國特色新型智庫建設的背景是中國已經成長為全球性大國，思想、文化已經成為國家軟實力的重要組成部分，亟須向全世界闡述中國道路、中國製度、中國理論。因此，兩者之間存在著一個明顯的「反轉」，透過考察翻譯館在開啟近代中國人心智方面的工作，將給予中國特色新型智庫建設以啟示。翻譯館的受眾主要是官僚、士大夫等社會精英分子，「局內之書，為官紳文士購存者多」，[893] 因此，所謂「啟民智」乃有一個循序漸進的過程，先感染儒化占據社會主流地位的精英分子的思想，使其意識到新知的合理性，走出中華文物制度完美無缺的錯誤認知，而後日趨滲入社會主導性思想中去，待社會情勢的大變化，比如「甲午戰爭」「庚子事變」等，最終引起全社會尤其是底層民眾思想觀念的變革。

由此可見，翻譯館對晚清以來中國社會思想的影響遵循的是一條「自上而下」「由緩趨急」的道路。此外，翻譯館在當時國人思想閉塞、盲目自大

的歷史背景下，成為窺望西方現代化生活的一扇窗口，也成為當時清帝國執政者瞭解、認知西方的一個重要來源，其實質上已經扮演了「思想庫」或「智庫」的角色。綜合來看，翻譯館對中國科技、社會等方面的影響是多元的、深刻的，也是較為成功的。

歷史發展到今天，中國智庫或思想庫的使命不再是單純地引入、譯介外部的思想、觀念、科技知識，而是如何使中華文化、中國道路、中國製度等走向世界，被世界所認知和接受。此外，今日之世界已是「民主觀念」普及、訊息化、網絡化、全球化的時代，這也就為中國智庫建設提出了新的挑戰。相比之下，翻譯館側重精英意識觀念轉變，由精英引導民眾觀念，同時輔之以對民眾觀念基礎知識普及的思路則仍有現代價值，其殊異在於晚清官僚士大夫有一種天然的中華文物制度完美情結，而今天的世界精英則無不有開闊的眼界、多元的知識，但對中國文化、中國道路、中國製度存有天然不信任、不瞭解，因此，如何在與其他文化、理念的競流中凸顯出中國特色則是今天中國智庫建設必須突破的難題。

另一方面，採用一種潛移默化、喜聞樂見的方式去引導國外民眾瞭解中國、認識中國，根本性問題就是中國文化、中國特色的國際化問題，如何凝練出具有普適性的價值、道路、制度等，也是今天中國智庫建設必須突破的難題。

（二）「世界眼光」與「中國特色」的輝映

翻譯館的設立從屬於洋務派對西方科技、軍事技術的需要，這是其在早期繁盛的根由，也是其後來衰落的根由。翻譯館作為官辦機構，其對晚清國情的認識有其合理性，又有其不合理性。其一，兩次鴉片戰爭激發出來的「自強」精神主要停留在器物方面，此外，當時翻譯館的編譯人員認知到中國基礎知識的匱乏，大量譯介了西方自然科學方面的普及讀物。在此背景下的翻譯館的譯介書目主要涉及科技、軍事著作，這是其合理性的一面。其二，由於對西方社會、文化認識的不足，使其無法認知到傳統君主制在近代已經落後於時代的發展，因此，沒有生發出改革舊制度的需要。在這種理念指導下，

翻譯館起初沒有過多涉及西方的政治、經濟、社會、文化等著作，這是其不合理性的一面。

綜合來看，翻譯館在書目選擇方面緊扣晚清中國國情和現實需要，其對中國國情的認識既有合理處，也有不合理處，其根源在於翻譯館自身缺乏獨立性，是一個從屬機構，受到政治的極大控制，也限制了翻譯人員能動性的發揮。另一方面，翻譯館在工作的過程中為了使西方現代知識為中國人所接受，採用的「西譯中述」方法很好地彌補了西方思維與東方思維的差異，因而，貼合了中國人的語言表達習慣、邏輯思維方式，這是其非常成功的一面，也超越了眾多其他翻譯書目的質量。

中國特色新型智庫建設的核心點是「新型」，何謂「新型」？上海社會科學研究院智庫研究中心認為：

首先，智庫研究成果必須以理論創新為基礎。決策諮詢研究雖然是基於現實問題和實踐需求，但不能脫離人文社會科學和自然科學的理論基礎，應透過話語體系的轉換，將理論研究成果轉化為公共政策。其次，智庫研究應以科學決策為目的，體現知識與政策的結合。「科學制政」必先於「科學執政」。「科學制政」提供可選擇的方向和目標，如果方向和目標不科學，「科學執政」就是無源之水。再次，智庫研究應體現決策諮詢研究的問題導向與前瞻性，必須具有實踐意義與可操作性。研究成果應當可以落地，轉化為可執行的政策，且在制度設計上具有合理性。最後，智庫研究應成為專家學者深度參與公共政策制定的過程，體現出權力與知識互相結合的可能性與必要性。[894]

透過對翻譯館的研究啟迪我們，其一，國情認知主要是一個宏觀、戰略行為，同時涉及微觀、策略行為。翻譯館對晚清中國的認知從微觀、策略角度評價是正確的，但從宏觀、戰略角度評價則是有缺陷的。因此，中國特色新型智庫的建設必須立足於「社會主義初級階段」這一現實國情，而且必須認知到此一國情是長期性的、宏觀性的。其二，智庫必須呈現出一定的獨立性。智庫作為政策諮詢機構、戰略預判供給者，必須以超脫的、客觀中立的視角對各種行為進行研判。翻譯館由於其從屬性限制了它的客觀性、公正性，

這是值得中國智庫建設引以為戒的。其三，中國智庫必須立足於中華文化，體現出中國特色，這涉及兩個方面，第一，中國智庫的研究成果必須用中國語言表達，能夠為中國民眾所理解；第二，中國智庫的研究成果又要體現出世界性，也即實現中國文化與世界文化的融合匯通。

三、翻譯館歷史遺產對文化軟實力的建設意義

翻譯館所處的文化氛圍與今天有很大不同。今天重新審視「中體西用」觀，王爾敏將其稱為秦漢以來教育制度的大變化，因為「傳統思想及儒家提供了近代化的基本動力，供給知識分子以接受現代化的勇氣與理論基礎……西方文物提供了啟發的觸媒，儒學的新內容才代表他們思想真正的轉變」。[895] 20世紀80年代以來，伴隨著中國經濟的復興，以海外新儒家為代表的傳統文化反哺回大陸，從而開啟了大陸的傳統文化復興。在此背景下，「國學」（文化）和「科學」（科技）如何共融互通作為傳統文化的熱點問題日益受到全社會的關注。[896] 但是，回望鴉片戰爭以來的中國現代化歷程，我們有必要重新檢討對傳統文化的認知，江南機器製造總局翻譯館在中西文化交融過程中扮演的角色尤有待進行深入檢討。

翻譯館所處的文化社會思潮與今天有很大不同。晚清以來的社會及思想運動的背後根源，蔣廷黻在談及鴉片戰爭時指出：「鴉片戰爭失敗的根由是我們的落伍。我們的軍器和軍隊是中古的軍隊，我們的政府是中古的政府，我們的人民，連士大夫在內，是中古的人民。」為什麼道光年間不開始維新呢？蔣廷黻將其歸因於：第一，中國人的守舊性太重；第二，中國文化是士大夫階級的生命線；第三，中國士大夫階級最缺乏獨立、大無畏的精神。隨後的自強運動的失敗根源於不徹底，一是士大夫自身不要徹底，二是時代不容許他們徹底。[897] 在此背景下，以曾國藩為首的一批士大夫階級主張「師夷長技以制夷」實在是一種大無畏的精神，而「中體西用」觀同時容納了「革新」與「守舊」，也是最能為守舊派與革新派所接受的中間道路。

翻譯館對於傳統文化的再認識具有深刻的反思價值。隨著1905年廢除科舉、共和制度建立，傳統文化失去了制度依託，尤其是五四運動以後，以儒家文化為代表的傳統文化被視為中國愚昧落後的直接責任者，導致傳統文

化被批判和拋棄，但大量西方現代文化的移入卻出現了水土不服的境況，因此，如何找到與現代文化對接的載體成為中國知識界不得不思考的難題。王爾敏指出，清末西方現代文化引入過程中，儒家文化扮演的正是此一承接者角色，只不過此一過程後來被激進主義所打破。在當前訊息交融、文化競流的背景下，中華傳統文化的復興一方面需要對傳統文化進行現代性轉化，另一方面需要積極回應其他文化，不斷吸收、容納其他文化中的優秀思想。

（一）翻譯館的翻譯書目的文化考察

按照目前的分類法，其 200 種譯著中社會科學 27 種，占總數的 13.5%；自然科學 47 種，占 23.5%；應用科學占 63%；軍事學占 23.5%；冶煉工藝、化工與航海、鐵路共有 36 種譯著，占 18%。如前所論，江南製造局翻譯館立基於「洋務運動」的大背景之下，強調譯介西方的科技、軍事著作，因此，在江南製造局翻譯館譯介書目中，自然科學占據了較大比重。

但在江南製造局翻譯館發展的三個階段中，[898] 其譯介學科呈現出一個趨勢，也即社會科學著作所占比重呈現出上升趨勢，其歷史背景涉及兩個方面：其一，洋務運動重點及理念的變遷。徐中約將洋務運動區分為三個階段：第一階段為 1861—1872 年，吸納西方科技軍事、官辦企業；第二階段為 1872—1885 年，由「求強」變為「求強」與「求富」並重；第三階段為 1885—1895 年，輕工業和富國得到認可。[899] 其二，甲午戰爭的失敗證明了洋務運動師夷長技以制夷策略的失敗，由此，中國的現代化運動由「器物」延伸到了「制度」層面，全社會對人文社會科學的關注呈現一種上升趨勢。[900] 現以翻譯館編譯的 200 餘種書目做一說明（見表 1）。

表 1　江南製造局譯書統計表

類別	種數	類別	種數	類別	種數
史志	10	算學	17	冶煉、化工	22
交涉	9	天文學	6	兵政	22
學務	2	地學	2	兵學	25
國政	4	醫學、保健	16	測繪	6
格致	2	農學	11	雜類	2
物理學	11	礦學	10		
化學	9	航海、鐵路	14	合計	200

資料來源：張增一：《江南製造局的譯書活動》，《近代史研究》1996 年第 3 期。

說明：翻譯館編譯出版及未版書目總數存在爭論，曾明認為有 159 種，黃明認為有 145 部，王揚宗先後認為有 200 種和 241 種，張增一認為有 200 種，等。見王揚宗：《江南製造局翻譯館史略》，《中國科技史料》1988 年第 3 期；王揚宗：《江南製造局翻譯書目新考》，《中國科技史料》1995 年第 2 期；張增一：《江南製造局的譯書活動》，《近代史研究》1996 年第 3 期；周俊博：《近三十年江南製造局翻譯館研究綜述》，《湖北經濟學院學報（人文社會科學版）》2012 年第 5 期。

（二）翻譯館的「江南精神」的文化反思

翻譯館囿於時代與時人的侷限，尚未能自覺成為西方文化的輸入者與中國傳統文化的更化者，但從隨後的歷史發展來看，翻譯館的「江南精神」對於今天的傳統文化復興和提升文化軟實力有著深刻的啟迪意義。

第一，文化作為一種觀念形態，貌似能夠超脫於具體的器物、制度，而實際上二者是一種「互動關係」，比如：自強分子期望在維持傳統禮教不變的前提下實現器物的更新，而現實的情況則是器物的更新必然激發人們去探求背後的機理，由此引發的連鎖反應最後必然會傳導到制度、道德層面。因此，在當前的時代背景下，傳統文化復興不應被視為單純的文化或思想事件，

其實質是社會狀況的大變革。翻譯館注重經國濟世，對於國外技術和設備極其關注，透過「器物」層面來提升「精神」層面，至今仍有可取之處。

第二，文化的生命力源於民眾的信奉。傳統文化的持久生命力源於其具有自我複製與更新的能力，[901] 也即頂層革命並沒有觸動基層社會組織、社會理念，基層社會成為不斷復活傳統制度的母體，從而不斷延續傳統制度的生命力。姜義華在探索中國近代以來的啟蒙時，便發現存在著啟蒙運動和農民運動的對流，從而抑制了中國的現代化。[902] 因此，考察傳統文化在當前社會背景下有沒有生命力和持久性，一方面依賴於政治人物、知識分子的有意識提倡與倡導，另一方面有賴於基層民眾對傳統文化效能的感知與實踐運用。翻譯館與同文館等文化翻譯機構一直秉承教化國民的理念，從翻譯書目的點滴做起，造成了較好的文化科技的普及作用。

第三，傳統文化的現代轉化。翻譯館的西方文化譯介充當了中西文化的中介者，相對於西方現代文化的衝擊，中華文化已經無法透過有限的轉換進行有效的回應，但幾千年積累起來的文化優越觀和中華文化的體系性也使其無法由外部挑戰發生質的變化，因此，中華傳統文化的近代轉變是透過精英人士對西方現代文化的緩慢吸收、消化、內化，然後在內部打開了缺口。在此過程中，翻譯館是背後的推動者。回顧晚清以來的中國現代化歷程，可以發現歷次運動無不是自上而下，由少數先知先覺者提倡，但民眾的迷信卻成為接受西方文化的一大障礙，[903] 或中國秀異分子的雪恥圖強意識，但其基本動念仍在保本。[904] 直到中國共產黨發動農民革命，教育農民，使其具備了現代意識，才最終奪取了革命的勝利，保證了現代化的順利開展。

四、翻譯館對創新型國家建設的經濟價值

2006 年 1 月 9 日，胡錦濤在中國科技大會上宣布：2020 年建成創新型國家，使科技發展成為經濟社會發展的有力支撐。中國科技創新的基本指標是到 2020 年，經濟增長的科技進步貢獻率要從 39% 提高到 60% 以上，全社會的研發投入占 GDP 比重要從 1.35% 提高到 2.5%。自從創新型國家戰略構想提出以來，科技界、教育界、政界、商界等圍繞此一問題進行了深入的研究，提出了眾多設想，但綜觀來看，圍繞創新型國家建設的研究呈現出以

下兩大特徵：其一，將「創新」等同於「科技創新」，將創新型國家等同於科技支撐型國家，科技創新被視為國家發展的核心發動機。其二，「創新」的動力機制主要被歸結於兩個方面，一方面，政策、體制、機制的支撐，也即營造出政治性支持的創新環境；另一方面，高等院校、科學研究單位、企業的人才培育、人才使用、體制機制建設等。創新型國家建設是一個系統工程，在這個工程中「科技」佔據了一個核心位置，但其對「科技」的理解不應是一種靜止狀態，而應該是一種動態過程，也即「科技」是附屬於「創新」而存在的。

當前的創新型國家建設研究存在著兩個問題：第一，對「創新」的理解過於狹隘。科技創新是創新型國家的應有之意，但不是唯一之意，因此，有必要擴大對創新型國家的解讀範圍。第二，過於關注創新型國家所需的現實硬件設施和後果測評，也即側重於創新型國家建設的一個橫向系統面，忽略了創新型人才、環境存在一個縱向的累積過程——基礎性條件。創新型國家建設的基礎性條件涉及兩個方面：科學（基礎科學普及）和人文（科技理念培育），這兩點尚未引起社會、學界的廣泛重視。在此一方面，翻譯館能夠提供有益的啟迪。

（一）重視基礎科學，普及基礎知識

晚清以來的基礎科學普及影響了中國人的思維觀念，提升了民眾的科學認識，為近現代中國的科技工業發展奠定了基礎。在當前的時代背景下，基礎科學的重要性不但沒有減弱，而且益發凸顯出來。基礎科學是科技創新的「發動機」，其影響是長期的、戰略性的，因此，當前國際上的創新型國家無不擁有著雄厚的基礎科學積累和研究實力。在推進中國創新型國家建設的過程中，一方面要不斷引介國際上先進的設備、技術，另一方面也要不斷吸收、消化國際上前沿性的基礎理論知識，同時，大力發展中國的基礎科學。而這也就要求國家資源的投入，同時在全社會普及基礎科學意識，提升全社會對基礎科學的重視程度和尊重程度。

江南製造局在「造槍炮的時候發現自己不能煉鋼，造子彈的時候發現自己不能造無煙火藥，造兵船的時候發現自己不能造加工機械，製造局不得不

樣樣自己做起」。[905]翻譯館認識到晚清中國缺乏的不但是完善的工業體系，更缺乏有系統科學知識的人才，因此花費很大一部分精力於西方基礎科學知識的普及上，比如翻譯出版了：《化學鑒原》《三角數理》《微積溯源》《代數學》《電學》《金石識別》《地學淺識》《風雨表說》《化學求數》《合數術》《決疑數學》《聲學》《光學》等。張增一將翻譯館出版的47部自然科學著作歸為三類：普及性的入門書；各門自然科學的工具圖表和學科發展史；各門自然科學的專門著作和大學教科書。[906]

從今天的知識學習視角來看，普及性的入門書、學科發展史、大學教科書、工具圖表等基本上都可以劃入基礎科學範疇，是人們瞭解、掌握現代科學的最基礎性知識，因此，我們可以確定翻譯館大部分自然科學譯著的社會功用當在於傳播西方現代科學知識和科學理念，在「科學的歷史」和「歷史的科學」兩個維度上培育出了具有現代科學素養和技能的大量專門性人才。[907]

(二) 傳播科學知識，強調科學向技術的轉化

「科學」是東方文化的一大短板，梁漱溟在比較東西方文化時指出：「我們的製作工程都專靠那工匠心心傳授的手藝。西方卻一切要根據科學，用一種方法把許多零碎的經驗，不全的知識，經營成學問，往前探討，與手藝全然分開，而應付一切，解決一切的都憑科學，不在手藝……西方的文明是成就於科學之上的，而東方則為藝術式的成就。」[908]胡適也曾提出：「為了給科學的發展鋪路，我們東方人也許必須經過某種智識上的變化或革命。」[909]現代科學知識與現代工業發展是相輔相成的，而在傳統中國，科學是被容納於技術之中的，此種技術即梁漱溟所稱的「手藝」，缺乏一種現代性。因此，現代科學技術對於晚清以來的中國人來說實乃是一項全新的事業，轉變中國人對西方科技「奇技淫巧」的認知實在是一項巨大的思維、觀念革命。

江南機器製造總局翻譯館對西方基礎科學知識的譯介，一方面，改變了傳統中國人對科學的認知，另一方面，由於從事翻譯工作的徐壽、華蘅芳等人自身就是技術專家，具有強烈的實踐精神，從而實現了科學與工業技術的

融合。此外，江南機器製造總局還辦有帶有學堂性質的畫圖房，教授外語、數學和機械製圖，後來又創辦了工藝學堂等。

中國傳統文化中的道德主義、籠統思維等不利於科學觀念的產生，晚清以來的科學由「技」進於「道」，成為一種精神理想、未來設計，這體現出科學在晚清以來中國社會中的革命性，但同時也是中國「科學」的悲哀。如森格哈斯所論：在西方，科學被視為具有非黨派性和中立傾向的領域，而在中國，科學則具有黨性原則。[910] 科學的黨性原則繼承於中國的道德主義傳統，為科學的發展限定了外在的政治條框，這實在是中國科學的悲哀。中國改革開放以來，科學的外部條框性束縛逐漸被移除，科學的政治性標籤也被專業性標籤所取代，由此，開啟了中國科學發展的新機遇。但在科學發展的過程中，又面臨著一方面迷信科學、科學萬能的科學主義挑戰，另一方面又存在著輕視科學、重視經驗和技術的實用主義、短期思維。所以，翻譯館對於如何進一步推動科學與技術的銜接、科學的應用轉化等都有啟發價值。

五、總結

江南製造局誕生於晚清「自強」運動大背景下，它是「防衛現代化」的產物，此時的中國人由於戰敗而不得不承認西方確有優於中國之處，但「天朝上國」的既有文化傳統使他們不可能對現有制度抱有任何懷疑。因此，以江南製造局為代表的現代化嘗試便帶有著天生的短視與不足，但附屬於江南製造局的翻譯館在無法規避此一缺點的背景下，卻深刻影響了其後中國的歷史發展，這應該是包括曾國藩、李鴻章、傅蘭雅、徐壽等人所未曾預料到的。弘揚翻譯館的江南精神至今仍具有現實意義：

其一，必須秉持開放之思想。翻譯館眼光深遠，透過引入現代基礎性科技、社會科學知識，打開了中國封閉思想堡壘的缺口。晚清中國的愚昧、落後，其根源不應被簡單歸結於晚清統治者身上，而必須回溯幾百年，也即明末就已經在不斷加強的閉關鎖國行為。「閉關鎖國」阻遏了文化交流、商業往來、知識傳播，是近代以來中國社會一切問題的直接根源，而探究其背後的總根由，則又不得不歸結於中國傳統的思想文化和政治制度。因此，中華

民族的偉大復興、中國夢的實現都要求繼續秉持開放思想、開放道路，不斷融入世界現代化發展潮流之中，而不是自外於此一潮流。

其二，話語體系的中國特色。翻譯館立足中國，用中國話語傳播現代思想，使其順利被國人所接受。東西方文化傳統、思維邏輯、話語體系的差異成為阻礙文化交流的一大障礙，文化的交流需要語言的理解力，因此，東西方話語的有效轉換便是一項重要工作。江南機器製造總局翻譯館的「西譯中述」法一方面保證了西方文化的準確表達，另一方面又契合於中國人的話語習慣和邏輯思維，這也是其翻譯著作質量上乘、所創專業術語一直流傳至今的緣由所在。當前，中國文化國際化的過程中，一方面面臨著中國文化如何轉譯成其他國家語言，使他們能夠準確理解、把握的難題；另一方面面臨著中國特色話語體系的建構問題。

其三，理論的生命力在於滿足實踐需要。翻譯館注重實用，眾多翻譯者集學術與技術於一身，從而使所譯理論緊扣實踐。一種理論是否被民眾所接受和信奉，根本性的一點取決於它是否具有徹底性。具有徹底性的理論對相應問題的認識也就會更加深刻，從而也就能夠指導實踐取得成功。此處，理論與實踐的關聯涉及兩個方面的問題：第一，理論的徹底性，也即把握事物發展的規律；第二，民眾的實踐活動需要理論的指導。翻譯館出版的大量西方科技、社會科學書籍深刻影響了維新運動的發起者，新知契合了洶湧澎湃的中國變革需要，並持續影響到後來的社會發展。當前，中國的理論與實踐之間存在著脫節的現象，理論脫離實踐也就成為僵死之物，而實踐脫離了理論也會成為盲動主義。因此，如何透過多種措施推進理論與實踐的銜接仍是亟待破解的難題。

中國歷史上的經濟轉型與社會發展
參考文獻

參考文獻

[1] 魏明孔，歷史學博士，中國社科院經濟研究所研究員，博士生導師，任《中國經濟史研究》主編、中國經濟史學會會長。

[2] 彭波，商務部研究院副研究員，歷史學博士，主要從事中國近現代史、經濟史、金融和理論經濟學等方向的研究。

[3]（英）馬歇爾著，廉運杰譯：《經濟學原理》，北京：華夏出版社 2005 年版，第 126 頁。

[4]（美）T·伊利、（美）w·莫爾豪斯著，滕維藻譯：《土地經濟學原理》，北京：商務印書館 1982 年版，第 13 頁。

[5]（德）馬克思、（德）恩格斯：《馬克思恩格斯全集》第 23 卷，北京：人民出版社 1970 年版，第 668 頁。

[6]（英）馬歇爾著，廉運杰譯：《經濟學原理》，北京：華夏出版社 2005 年版，第 496 頁。

[7]（英）馬歇爾著，廉運杰譯：《經濟學原理》，北京：華夏出版社 2005 年版，第 128 頁。

[8]（德）馬克思、（德）恩格斯：《馬克思恩格斯選集》第 1 卷，北京：人民出版社 1972 年版，第 152 頁。

[9] 藐視私人資本所有權，尤其是土地資本所有權的思想，雖然在後世知識分子的心目中相當普遍，但在傳統觀念中卻是相當邊緣化的，是主流社會所不能接受的。即使具有這方面思想的一些官員也在實踐中意識到：藐視私人對土地的投資結果，是行不通的，後果是嚴重的。

[10]《宣宗成皇帝實錄》卷 159，《清實錄》第 35 冊，北京：中華書局 1986 年版，第 458 頁。

[11]（宋）王應麟著，（清）翁元圻等註：《困學紀聞》，上海：上海古籍出版社 2008 年版，第 1785 頁。

[12]《德宗景皇帝實錄》卷 75，《清實錄》第 53 冊，北京：中華書局 1987 年版，第 146 頁。

[13] 秦暉：《關於傳統租佃制若干問題的商榷》，《中國農村觀察》2007 年第 3 期。

[14] 潘維和：《中國民事法史》，臺北：漢林出版社 1982 年版，第 354 頁。

[15] 張晉藩：《清代民法綜論》，北京：中國政法大學出版社 1998 年版，第 82 頁。

[16]（日）寺田浩明：《權利與冤抑》，（日）滋賀秀三等著，王亞新、梁治平編，王亞新等譯：《明清時期的民事審判與民間契約》，北京：法律出版社1998年版，第197—201頁。

[17] 吳向紅：《典之風俗與典之法律》，北京：法律出版社2009年版，第191頁。

[18] 李力：《清代民法語境中「業」的表達及其意義》，《歷史研究》2005年第4期。

[19] 李力：《清代民法語境中「業」的表達及其意義》，《歷史研究》2005年第4期。

[20]（日）寺田浩明：《權利與冤抑》，（日）滋賀秀三等著，王亞新、梁治平編，王亞新等譯：《明清時期的民事審判與民間契約》，北京：法律出版社1998年版，第200頁。

[21] 李力：《清代民法語境中「業」的表達及其意義》，《歷史研究》2005年第4期。

[22] 吳向紅：《典之風俗與典之法律》，博士學位論文，福建師範大學，2008年。

[23]（日）寺田浩明：《權利與冤抑》，（日）滋賀秀三等著，王亞新、梁治平編，王亞新等譯：《明清時期的民事審判與民間契約》，北京：法律出版社1998年版，第210頁。

[24] 吳向紅：《典之風俗與典之法律》，博士學位論文，福建師範大學，2008年。

[25]（德）康德著，沈叔平譯，林榮遠校：《法的形而上學原理——權力的科學》，北京：商務印書館1991年版，第39—40頁。

[26]（英）戴維·米勒、（英）韋農·波格丹諾主編，鄧正來主編，中國問題研究所等組織翻譯：《布萊克維爾政治學百科全書》，北京：中國政法大學出版社1992年版，第661頁。

[27]《馬克思恩格斯全集》第1卷，北京：人民出版社1995年版，第143—144頁。

[28] 李貴連：《話說「權利」》，氏著：《近代中國法制與法學》，北京：北京大學出版社2002年版，第438頁。

[29] 鹹鴻昌：《英國土地法律史》，北京：北京大學出版社2009年版，第3頁。

[30]（日）寺田浩明：《權利與冤抑》，（日）滋賀秀三等著，王亞新、梁治平編，王亞新等譯：《明清時期的民事審判與民間契約》，北京：法律出版社1998年版，第197—201頁。

[31] 李力：《清代民法語境中「業」的表達及其意義》，《歷史研究》2005年第4期。

[32] 鹹鴻昌：《英國土地法律史》，北京：北京大學出版社2009年版，第2頁。

[33]（美）亨利·喬治著，吳良健、王翼龍譯：《進步與貧困》，北京：商務出版社1995年版，第16、150—151頁。

[34] 楊芳，歷史學博士，西北師範大學歷史文化學院副教授，主要從事中國古代經濟史的研究。

[35]《漢書》卷24《食貨四上》，北京：中華書局1962年版，第1141頁。

[36] 參考李華瑞：《王安石變法研究史》，北京：人民出版社2004年版。

[37] 馬玉臣，郭九靈：《王安石變法對宋代常平倉的改革及影響》，《煙臺大學學報》2002年第1期；魏天安：《關於常平法的幾個問題》，姜錫東編：《宋史研究論叢》第8輯，河北大學出版社2007年版，第45—59頁；王文東：《宋朝青苗法與唐宋常平倉制度比較研究》，《中國社會經濟史研究》2006年第3期；劉秋根：《唐宋常平倉的經營與青苗法的推行》，《河北大學學報》1989年第4期，等等。

[38]（宋）李燾：《續資治通鑒長編》卷33，淳化三年六月辛卯，北京：中華書局2004年版，第737頁。

[39]《宋會要輯稿》食貨五三之六，北京：中華書局1957年版，第5722頁。

[40]（宋）李燾：《續資治通鑒長編》卷62，景德三年正月辛未，北京：中華書局2004年版，第1385頁。

[41]《宋會要輯稿》食貨五三之七，北京：中華書局1957年版，第5723頁。

[42]（宋）董煟：《救荒活民書》卷1，《叢書集成初編》，北京：中華書局1985年版，第9頁。

[43]《宋大事記講義》卷11《仁宗常平倉》，《文淵閣四庫全書》第686冊，臺灣：商務印書館1986年版，第302—304頁。

[44]《宋會要輯稿》食貨五三之七，北京：中華書局1957年版，第5723頁。

[45]（宋）李燾：《續資治通鑒長編》卷115，景祐元年七月壬子，北京：中華書局2004年版，第2691頁。

[46]（宋）李覯：《直講李先生文集》卷16《富國策第六》，《宋集珍本叢刊》第71冊，北京：線裝書局2004年版，第108頁。

[47]（宋）李燾：《續資治通鑒長編》卷384，元祐元年八月丁亥，北京：中華書局2004年版，第9350頁。

[48]（宋）李燾：《續資治通鑒長編》卷151，慶曆四年七月丙戌，北京：中華書局2004年版，第3672頁。

[49]（宋）王安石：《王文公文集》卷2《再上龔舍人書》，上海：上海人民出版社1974年版，第31頁。

[50]《宋史》卷176《食貨上四》，北京：中華書局1985年版，第4279頁。

中國歷史上的經濟轉型與社會發展
參考文獻

[51] 劉秋根：《唐宋常平倉的經營與青苗法的推行》，《河北大學學報》1989 年第 4 期。

[52]《宋史》卷 327《王安石傳》，北京：中華書局 1985 年版，第 10542 頁。

[53]《宋史》卷 330《李參傳》，北京：中華書局 1985 年版，第 10620 頁。

[54]《宋會要輯稿》食貨四之一七，五三之八，北京：中華書局 1957 年版，第 4854 頁。

[55]《宋會要輯稿》食貨四之一六，北京：中華書局 1957 年版，第 4854 頁。

[56]（宋）李燾：《續資治通鑑長編》卷 211，熙寧三年五月丙午，北京：中華書局 2004 年版，第 5310 頁。

[57] 王曾瑜：《北宋司農寺》，氏著：《錙銖編》，保定：河北大學出版社 2006 年版，第 43 頁。

[58]《宋會要輯稿》職官四三之二，北京：中華書局 1957 年版，第 3274 頁。

[59] 賈玉英：《宋代提舉常平司制度初探》，《中國史研究》1997 年第 3 期。

[60]《宋會要輯稿》食貨五三之六，北京：中華書局 1957 年版，第 5722 頁。

[61]（宋）李燾：《續資治通鑑長編》卷 384，元祐元年八月丁亥，北京：中華書局 2004 年版，第 9350 頁。

[62] 王曾瑜：《北宋司農寺》，氏著：《錙銖編》，保定：河北大學出版社 2006 年版，第 43 頁。

[63]《宋會要輯稿》食貨五三之一四，北京：中華書局 1957 年版，第 5726 頁。

[64] 宋炯：《宋代提舉常平司的沿革與財政體系的變化》，《安徽史學》2002 年第 1 期。

[65]《宋史》卷 163《職官三》，北京：中華書局 1985 年版，第 3847 頁。

[66] 馬玉臣、郭九齡：《論王安石對常平倉的改革及影響》，《煙臺大學學報》2002 年第 1 期。

[67] 魏天安：《關於常平法的幾個問題》，姜錫東：《宋史研究論叢》第 8 輯，第 54—56 頁。

[68]（宋）陳均編，許沛藻等點校：《皇朝編年綱目備要》卷 19《神宗皇帝》，北京：中華書局 2006 年版，第 446 頁。

[69] 馬玉臣、郭九齡：《論王安石對常平倉的改革及影響》，《煙臺大學學報》2002 年第 1 期。

[70]《宋會要輯稿》食貨六一之一〇〇，北京：中華書局 1957 年版，第 5923 頁。

[71]《宋會要輯稿》食貨四之一七至一九，北京：中華書局1957年版，第4854—4855頁。

[72]（宋）王安石：《王文公文集》卷1《上五事書》，上海：上海人民出版社1974年版，第19頁。

[73]《宋會要輯稿》食貨四之一六，北京：中華書局1957年版，第4854頁。

[74]（宋）畢仲衍撰，馬玉臣輯校：《〈中書備對〉輯佚校注》，開封：河南大學出版社2007年版，第228—229頁。

[75]（宋）李燾：《續資治通鑑長編》卷250，熙寧七年二月癸未，北京：中華書局2004年版，第6095頁。

[76]（宋）陸佃：《陶山集》卷11《神宗皇帝實錄敘論》，《文淵閣四庫全書》第1117冊，第119頁。

[77]（宋）孫覿：《鴻慶居士集》卷27《給事中上殿乞復常平札子》，《文淵閣四庫全書》第1135冊，第277頁。

[78]《宋會要輯稿》食貨四之一七，北京：中華書局1957年版，第4854頁。

[79]（宋）李燾：《續資治通鑑長編》卷256，熙寧七年九月壬子，北京：中華書局2004年版，第6256頁。

[80]（宋）李燾：《續資治通鑑長編》卷256，熙寧七年九月辛酉，北京：中華書局2004年版，第6263頁。

[81]《文獻通考》卷21《市糴二常平義倉租稅》，北京：中華書局1999年版，第211頁。

[82]《宋史》卷17《哲宗一》，北京：中華書局1985年版，第321頁。

[83]（宋）李燾：《續資治通鑑長編》卷375，元祐元年四月己亥，北京：中華書局2004年版，第9087頁。

[84]（宋）李燾：《續資治通鑑長編》卷462，元祐六年七月辛巳，北京：中華書局2004年版，第11040頁。

[85]李華瑞：《關於〈青苗法研究〉中的幾個問題》，《西南師範大學學報》1992年第3期。

[86]《宋史》卷18《哲宗二》，北京：中華書局1985年版，第340頁。

[87]（宋）李燾：《續資治通鑑長編》卷384，元祐元年八月辛卯，第9366頁；卷385，元祐元年八月己亥，第9383頁，北京：中華書局2004年版。

[88]參見張文：《宋朝社會救濟研究》，重慶：西南師範大學出版社2001年版；郭文佳：《宋代社會保障研究》，北京：新華出版社2005年版。

[89]《宋會要輯稿》食貨六〇之三，北京：中華書局1957年版，第5866頁。

[90]《宋史》卷178《食貨上六》，北京：中華書局1985年版，第4339頁。

[91]（宋）李心傳：《建炎以來朝野雜記》甲集卷15《常平苗役之制》，北京：中華書局2000年版，第315頁。

[92] 李華瑞：《王安石變法研究史》，北京：人民出版社2004年版，第3—6頁。

[93]（宋）熊克：《中興小紀》卷32，紹興十五年九月戊午，福州：福建人民出版社1985年版，第385頁。

[94]（宋）李心傳：《建炎以來朝野雜記》甲集卷11《提舉常平茶鹽》，北京：中華書局2000年版，第227頁。

[95]（宋）林駧：《古今源流至論》後集卷10《常平義倉》，《文淵閣四庫全書》，第942冊，第322頁。

[96] 李華瑞：《北宋救荒倉儲制度的發展與變化》，《暨南史學》2012年第7輯。

[97]（宋）李心傳：《建炎以來朝野雜記》甲集卷11《提舉常平茶鹽》，北京：中華書局2000年版，第227頁。

[98]《宋史》卷176《食貨上四》，北京：中華書局1985年版，第4280頁。

[99]（宋）李燾：《續資治通鑒長編》卷408，元祐三年正月庚戌，北京：中華書局2004年版，第9919頁；《宋會要輯稿》食貨五九之四，北京：中華書局1957年版，第5840頁；（宋）陳均編，許沛藻等點校：《皇宋編年綱目備要》卷24《哲宗皇帝》，北京：中華書局2006年版，第588頁。

[100]《琴川志》卷6《敘賦》，《宋元方志叢刊》（2），北京：中華書局1990年版，第1208頁。

[101]《寶慶四明志》卷6《敘賦下》，《宋元方志叢刊》（5），北京：中華書局1990年版，第5062頁。

[102]《永樂大典》卷7507《武陵圖經》，北京：中華書局1986年版，第3367頁。

[103]（宋）朱熹：《晦庵先生朱文公文集》卷99《社倉事目》，《朱子全書》（25），上海：上海古籍出版社2002年版，第4601頁。

[104]（宋）朱熹：《晦庵先生朱文公文集》卷13《延和奏札四》，《朱子全書》（20），上海：上海古籍出版社2002年版，第649頁。

[105]（宋）朱熹：《晦庵先生朱文公文集》卷99《社倉事目（敕命）》，《朱子全書》（25），上海：上海古籍出版社2002年版，第4601頁。

[106] 梁庚堯：《南宋的社倉》，氏著：《宋代社會經濟史論集》下，臺北：允晨文化實業股份有限公司1997年版，第433—439頁。

[107]（宋）朱熹：《晦庵先生朱文公文集》卷79《婺州金華縣社倉記》，《朱子全書》（24），上海：上海古籍出版社2002年版，第3777頁。

[108]《宋會要輯稿》食貨四之一六，北京：中華書局1957年版，第4854頁。

[109] 李華瑞：《北宋荒政的發展與變化》，《文史哲》2010年第6期。

[110] 李華瑞：《北宋荒政的發展與變化》，《文史哲》2010年第6期。

[111] 劉偉，中國社會科學院當代中國研究所博士後，人民出版社編輯。

[112] 郭樹清：《「改革戰略及其選擇」的回顧與檢討》，吳敬璉等：《中國經濟50人看三十年——回顧與分析》，北京：中國經濟出版社2008年版，第115—116頁。

[113] 武力：《價格改革「闖關」及其受挫》，中華人民共和國國史網http://www.hprc.org.cn/wxzl/wxxgwd/201001/t20100126_42782.html，2010年1月26日。

[114] 吳敬璉：《中國經濟60年》，《財經》2009年第20期。

[115] 李鵬：《市場與調控——李鵬經濟日記》上，北京：新華出版社、中國電力出版社2007年版，第312頁。

[116] 華生：《1985—1986年價格改革還原》，《21世紀經濟報導》2008年10月20日。

[117] 成致平：《中國物價五十年（1949—1998）》，北京：中國物價出版社1998年版，第500頁。

[118] 華生：《1985—1986年價格改革還原》，《21世紀經濟報導》2008年10月20日。

[119] 鄧小平：《鄧小平文選》第2卷，北京：人民出版社1994年版，第177頁。

[120] 參見張軍：《不為公眾所知的改革：一位經濟學家的改革記述》，北京：中信出版社2010年版。

[121] 中央文獻研究室：《鄧小平年譜：1975—1997》下，北京：中央文獻出版社2004年版，第1121頁。

[122] 中央文獻研究室：《鄧小平年譜：1975—1997》下，北京：中央文獻出版社2004年版，第1130頁。

[123] 中央文獻研究室：《鄧小平年譜：1975—1997》下，北京：中央文獻出版社2004年版，第1157頁。

[124] 吳敬璉：《中國經濟60年》，《財經》2009年第20期。

[125]《價格理論與實踐》編輯部：《價格改革十年》，《價格理論與實踐》1988年第12期。

中國歷史上的經濟轉型與社會發展

參考文獻

[126] 吳敬璉：《當代中國經濟改革》，上海：上海遠東出版社 2004 年版，第 357 頁。

[127] 吳曉波：《吳敬璉傳：一個中國經濟學家的肖像》，北京：中信出版社 2010 年版，第 135 頁。

[128] 薛暮橋：《薛暮橋回憶錄》，天津：天津人民出版社 2006 年版，第 319—320 頁。

[129] 吳曉波：《吳敬璉傳：一個中國經濟學家的肖像》，北京：中信出版社 2010 年版，第 135—136 頁。

[130] 郭樹清：《「改革戰略及其選擇」的回顧與檢討》，吳敬璉等：《中國經濟 50 人看三十年——回顧與分析》，北京：中國經濟出版社 2008 年版，第 124—125 頁。

[131] 曾國祥：《經濟體制改革要過三關》，《經濟體制改革內部參考》1987 年第 1 期。

[132]《中國國務院發言人就物價問題發表談話》，《人民日報》1987 年 8 月 24 日。

[133] 郭樹清等：《全面改革亟需總體規劃》，氏著：《整體的漸進》，北京：經濟科學出版社 1998 年版，第 282 頁。

[134] 徐人仲：《物價改革的正確途徑——訪金融專家楊培新》，《內參選編》1987 年總第 40 期。

[135] 王雷，內蒙古民族大學政法與歷史學院講師，歷史學博士，理論經濟學博士後，主要從事遼金經濟史、制度史的研究；趙少軍，遼寧省文物局館員，歷史學碩士，主要從事東北地區考古、歷史及文物保護的研究。

[136]《金史》卷 48《食貨志三》，北京：中華書局 1975 年版，第 1073 頁。

[137]《金史》卷 48《食貨志三》，北京：中華書局 1975 年版，第 1073 頁。

[138] 參見彭信威：《中國貨幣史》，上海：上海人民出版社 1965 年版，第 551 頁；喬幼梅：《中國經濟通史（遼夏金經濟卷）》，北京：經濟日報出版社 1998 年版，第 446 頁；穆鴻利：《關於金代交鈔的產生和演變的初步探討》，《中國錢幣》1985 年第 1 期。

[139] 也有學者提出，七年厘革之制有利於國家控制和調節交鈔的流通和發行量，但不利於保持幣值的穩定和商業的發展。梁淑琴：《試論金代的貨幣經濟》，《社會科學輯刊》1988 年第 1 期。

[140]《金史》卷 48《食貨志三》，北京：中華書局 1975 年版，第 1073 頁。

[141] 王德厚：《金代交鈔淺議》，陳述：《遼金史論集》第 2 輯，北京：書目文獻出版社 1987 年版，第 316—328 頁。

[142]《金史》卷 48《食貨志三》，北京：中華書局 1975 年版，第 1073 頁。

[143]（宋）範成大撰，孔凡禮點校：《攬轡錄》，氏撰：《範成大筆記六種》，北京：中華書局 2002 年版，第 12 頁。

[144]《金史》卷48《食貨志三》，北京：中華書局1975年版，第1073頁。
[145] 劉森：《宋金紙幣史》，北京：中國金融出版社1993年版，第239頁。
[146]《金史》卷48《食貨志三》，北京：中華書局1975年版，第1076頁。
[147]《金史》卷48《食貨志三》，北京：中華書局1975年版，第1077頁。
[148] 劉森：《宋金紙幣史》，北京：中國金融出版社1993年版，第239頁。
[149]《金史》卷48《食貨志三》，北京：中華書局1975年版，第1084頁。
[150] 彭信威：《中國貨幣史》，上海：上海人民出版社1965年版，第581頁。
[151] 穆鴻利：《關於金代交鈔的產生和演變的初步探討》，《中國錢幣》1985年第1期。
[152] 吳劍華：《金代通貨膨脹略論》，《安慶師範學院學報》1989年第4期。
[153] 喬幼梅：《金代貨幣制度的演變及其對社會經濟的影響》，《中國史研究》1983年第3期。
[154] 劉森：《金代紙幣流通區域研究》，《〈內蒙古金融研究〉錢幣文集》第3輯，2003年，第402—405頁。
[155] 張慧：《金代貨幣制度初探》，《〈內蒙古金融研究〉錢幣文集》第3輯，2003年，第406—407頁。
[156] 黃金東：《金章宗時期貨幣制度改革失敗原因探析》，《史學集刊》2011年第4期。
[157] 王禹峰、王禹浪：《金代貨幣制度初探》，《學習與探索》1988年第3期。
[158] 裴鐵軍：《金代交鈔研究》，碩士學位論文，吉林大學，2004年。
[159]《金史》卷48《食貨志三》，北京：中華書局1975年版，第1073頁。
[160] 張婧：《金代交鈔研究》，博士學位論文，中央民族大學，2008年。
[161]《金史》卷48《食貨志三》，北京：中華書局1975年版，第1077頁。
[162]《金史》卷48《食貨志三》，北京：中華書局1975年版，第1078頁。
[163]《金史》卷48《食貨志三》，北京：中華書局1975年版，第1079頁。
[164]《金史》卷48《食貨志三》，北京：中華書局1975年版，第1086頁。
[165]《金史》卷48《食貨志三》，北京：中華書局1975年版，第1089頁。
[166] 彭信威：《中國貨幣史》，上海：上海人民出版社1958年版，第393—397頁。
[167]《金史》卷50《食貨志五》，北京：中華書局1975年版，第1120頁。
[168]《金史》卷48《食貨志三》，北京：中華書局1975年版，第1083頁。

[169]《金史》卷 48《食貨志三》,北京:中華書局 1975 年版,第 1072 頁。
[170]《金史》卷 48《食貨志三》,北京:中華書局 1975 年版,第 1076 頁。
[171]《金史》卷 48《食貨志三》,北京:中華書局 1975 年版,第 1077 頁。
[172]《宋史》卷 182《食貨志下四》,北京:中華書局 1977 年版,第 4451 頁。
[173]《金史》卷 89《梁肅傳》,北京:中華書局 1975 年版,第 1985 頁。
[174]《金史》卷 23《五行志》,北京:中華書局 1975 年版,第 541 頁。
[175]《金史》卷 13《衛紹王永濟紀》,北京:中華書局 1975 年版,第 295 頁。
[176]《金史》卷 23《五行志》,北京:中華書局 1975 年版,第 542 頁。
[177]《金史》卷 23《五行志》,北京:中華書局 1975 年版,第 542 頁。
[178]《金史》卷 48《食貨志三》,北京:中華書局 1975 年版,第 1084 頁。
[179]《金史》卷 48《食貨志三》,北京:中華書局 1975 年版,第 1084 頁。
[180]《金史》卷 49《食貨志四》,北京:中華書局 1975 年版,第 1104 頁。
[181]《金史》卷 48《食貨志三》,北京:中華書局 1975 年版,第 1085 頁。
[182]《金史》卷 48《食貨志三》,北京:中華書局 1975 年版,第 1083—1084 頁。
[183]《金史》卷 48《食貨志三》,北京:中華書局 1975 年版,第 1084 頁。
[184]《金史》卷 48《食貨志三》,北京:中華書局 1975 年版,第 1088 頁。
[185]《金史》卷 48《食貨志三》,北京:中華書局 1975 年版,第 1088 頁。
[186]《金史》卷 50《食貨志五》,北京:中華書局 1975 年版,第 1119 頁。
[187]《金史》卷 48《食貨志三》,北京:中華書局 1975 年版,第 1089—1090 頁。
[188]《金史》卷 48《食貨志三》,北京:中華書局 1975 年版,第 1090 頁。
[189]《金史》卷 115《完顏奴申傳》,北京:中華書局 1975 年版,第 2595 頁。
[190]《金史》卷 115《完顏奴申傳》,北京:中華書局 1975 年版,第 2524 頁。
[191] 據劉祁《歸潛志》載,「百姓食盡,無以自生,米升直銀二兩」。「壬辰歲,余在大梁,時城久被圍,公私乏食,米一升至銀二兩餘」。參見(金)劉祁撰,崔文印點校:《歸潛志》,北京:中華書局 1983 年版,第 126、138 頁。
[192](元)王鶚:《汝南遺事》卷 3,《欽定四庫全書》史部 408 冊,第 38 頁。
[193] 袁一堂:《北宋錢荒:從財政到物價的考察》,《求索》1993 年第 1 期。
[194](宋)李燾:《續資治通鑒長編》卷 143,北京:中華書局 1995 年版,第 3440 頁。
[195]《宋史》卷 180《食貨志下二》,北京:中華書局 1977 年版,第 4377 頁。
[196]《宋史》卷 184《食貨志下六》,北京:中華書局 1977 年版,第 4492 頁。

[197]《金史》卷 122《從坦傳》，北京：中華書局 1975 年版，第 2660—2661 頁。

[198]《金史》卷 107《高汝礪傳》，北京：中華書局 1975 年版，第 2355 頁。

[199]《金史》卷 47《食貨志二》，北京：中華書局 1975 年版，第 1055 頁。

[200]《金史》卷 58《百官志四》，北京：中華書局 1975 年版，第 1350 頁。

[201] 程民生：《宋人生活水平及幣值考察》，《史學月刊》2008 年第 3 期。

[202] 彭信威：《中國貨幣史》，上海：上海人民出版社 1965 年版，第 393—397 頁。

[203] 據《金史》載：「聖旨印造逐路交鈔，於某處庫納錢換鈔，更許於某處庫納鈔換錢，官私同見錢流轉。」參見《金史》卷 48《食貨志三》，北京：中華書局 1975 年版，第 1074 頁。

[204] 戎梅，經濟學博士，中國社會科學院財經戰略研究院博士後，主要從事國際貿易、國際投資及政府債務方向的研究。

[205] 外向型經濟與開放型經濟存在很大不同。外向型經濟強調引進和利用外部資源，包括國外的資金、人才及技術等，透過要素單向流動帶動經濟增長，並依賴外部市場進行商品銷售，容易引起貿易摩擦等。開放型經濟強調要素的雙向流動，根據國際規則公平競爭，是更加開放的、互利共贏的發展方式。

[206] 吳彥艷、趙國杰、丁志卿：《中國改革開放以來中國利用外資政策的回顧與展望》，《經濟體制改革》2008 年第 6 期。

[207] UNCTAD，「Global Investment Trends Monitor」，http://unctad.org/SearchCenter/Pages/Results.aspx?k=global%20investment%20trends%20monitor

[208] 中國投資指南網，各年度「境外投資統計」，http://www.fdi.gov.cn/sinfo/s_33_0.html?q=field6^%BE%B3%CD%E2%CD%B6%D7%CA%CD%B3%BC%C6 & r= & t= & starget=1 & style=1800000121—33—10000091

[209] 商務部：《中國已成資本淨輸出國》，http://search.mofcom.gov.cn/swb/recordShow.jsp?flag=0 & la ng=0 & base=iflow_02 & id=www201501008766481 & value=（%E5%AE%9E%E7%8E%B0%E5%85%A8%E8%A1%8C%E4%B8%9A%E5%AF%B9%E5%A4%96%E6%8A%95%E8%B5%84）

[210] 鄧子基、唐騰翔：《國際稅收導論》，北京：經濟科學出版社 1988 年版，第 13—14 頁。

[211] 廣東省國際稅收研究會課題組：《完善資本輸出中的稅收支持政策》，《涉外稅務》2010 年第 12 期。

中國歷史上的經濟轉型與社會發展

參考文獻

[212] 本文系中國社科院經濟所創新工程項目「中國傳統經濟再研究——以制度轉型為視角」以及國家社科基金項目「大國戰略與新中國交通業發展研究」（批準號：15BJL065）階段性成果之一。楊宏、史習樂參與討論交流。

[213] 肜新春，中國社會科學院經濟研究所副研究員，歷史學博士，經濟學博士後，主要從事宏觀經濟、制度經濟學、中外經濟史等的研究。

[214] 孫永福：《對鐵路投融資體制改革的思考》，《管理世界》2004 年第 11 期。

[215] 孫東明：《強化管理規避風險多主體投資推動鄭州鐵路局多元經營發展》，《鐵道運輸與經濟》2007 年第 4 期。

[216] 肖翔：《鐵路投融資體制改革的關鍵》，《綜合運輸》2003 年第 10 期。

[217] 張舉博：《鐵路建設投融資相關問題探討》，《發展》2008 年第 3 期。

[218] 王兆成：《鐵路利用外資的過去、現在和未來》，《鐵道經濟研究》2004 年第 1 期。

[219] 吳秋艷、周國棟：《政府投資項目管理體制的形成和發展》，《中國投資》2008 年第 5 期。

[220] 參見殷強：《中國公共投資制度變遷的路徑依賴》，《廣東商學院學報》2007 年第 4 期；張漢亞：《中國固定資產投資體制改革 30 年》，《宏觀經濟研究》2008 年第 5 期。

[221] 王譯：《收費公路對國民經濟的影響及持續發展策略研究》，博士學位論文，長安大學，2014 年；彭清輝：《中國基礎設施投融資研究》，博士學位論文，湖南大學，2011 年。公路經營權有償轉讓管理辦法於 1996 年 9 月 18 日經第十五次部長辦公會議透過，1996 年 11 月 1 日起實施。經營權轉讓使得公路建設投資和經營模式由原來的收費還貸，變為透過收取車輛通行費獲取收益的公司制經營模式，而公司大都採取股份制，且股票可以上市交易，這樣，實現了公路投資主體多元化。2008 年 10 月 1 日起失效。

[222]《中華人民共和國公路法》已由中華人民共和國第八屆中國人民代表大會常務委員會第二十六次會議於 1997 年 7 月 3 日透過，自 1998 年 1 月 1 日起施行。《中華人民共和國公路法》第二次修訂已於 2004 年 8 月 28 日公佈實施。

[223]《收費公路管理條例》於 2004 年 11 月 1 日起實施。

[224] 彭清輝：《中國基礎設施投融資研究》，博士學位論文，湖南大學，2011 年。

[225] 蕭健澄：《中國高速鐵路建設投融資現狀及模式探討》，碩士學位論文，華南理工大學，2013 年。

[226] 蕭健澄：《中國高速鐵路建設投融資現狀及模式探討》，碩士學位論文，華南理工大學，2013年。

[227] 高江虹、何泓源：《中鐵總工程款缺口或達2500億，鐵路融資難題待解》，《21世紀經濟報導》2015年12月29日。

[228] 羅仁堅等：《交通基礎設施投融資體制改革》，北京：人民交通出版社股份有限公司2014年版，第10頁。

[229] 本文系國家社會科學基金青年項目「清代中期長江中游流通與市場整合研究」（批準號：16CZS042）階段性成果。

[230] 趙偉洪，中國社會科學院經濟研究所助理研究員，歷史學博士，理論經濟學博士後，主要從事中國經濟史、政治經濟學研究。

[231] 參見（日）安部健夫：《米穀需給の研究——〈雍正史〉の一章としてみた》，《東洋史研究》15卷4號，1957年。

[232] 關於江西省市場的研究多集中於對「四大商鎮」的考察，參見劉石吉、梁淼泰、梁洪生、蕭放等學者的研究成果。其他市鎮研究則著重對經濟區域內市場數量、規模、層次的歸納分析；對行業市場的關注則集中於景德鎮制瓷業，對糧食市場的關注相對較少。

[233] 詹小洪：《明清江西農村市場初探》，碩士學位論文，中國社會科學院研究生院，1986年。

[234] 徐曉望：《清代江西農村商品經濟的發展》，《中國社會經濟史研究》1990年第4期。

[235] 黃志繁、廖聲豐：《清代贛南商品經濟研究：山區經濟典型個案》，北京：學苑出版社2005年版；饒偉新：《清代山區農業經濟的轉型與困境：以贛南為例》，《中國社會經濟史研究》2004年第2期。

[236] 任放：《明清長江中游市鎮經濟研究》，武漢：武漢大學出版社2003年版，第198—206頁。

[237] Han-shêng Chuan and Richard A.Kraus，Mid-Ch'ing Rice Markets and Trade：An Essay In Price History，Harvard University Press，1975.

[238] Yeh-chien Wang，Food Supply and Grain Prices in the Yangtze Delta In the Eighteenth Century，in the Second Conference on Modern Chinese Economic History，Institute of Economics，Academia Sinica，1989，pp.423—465.

[239] 目前研究成果已經覆蓋了江南、西南、兩廣、福建、直隸、山東、山西、河南、陝西、甘肅、兩湖、臺灣等十餘省區以及長江、淮河、運河等流域。主要研究成果

中國歷史上的經濟轉型與社會發展
參考文獻

以及相關研究方法介紹參見：吳承明：《利用糧價變動研究清代的市場整合》，《中國經濟史研究》1996年第2期；朱琳：《數理統計方法在清代糧價研究中的應用與發展》，《中國經濟史研究》2015年第1期。

[240] 諸多研究中，陳春聲以文獻分析結合糧價的統計分析，對18世紀廣東市場的考察，以及Carol H.Shiue & Wolfgang Keller利用協整分析，對工業革命前，中歐市場整合情況的考察在研究方法上極具啟發性。參見陳春聲：《市場機制與社會變遷——18世紀廣東米價分析》，廣州：中山大學出版社1992年版。Carol H.Shiue & Wolfgang Keller，「Markets in China and Europe on the Eve of The Industrial Revolution」，American Economic Association，American Economic Review，vol.97（4）（Sep，2004），pp.1189—1216.

[241] 曾學優：《從康熙硃批奏摺看南方米價》，《南昌大學學報（社會科學版）》1994年第3期。

[242] 陳東有：《康熙朝米價中的商人行為》，《中國社會經濟史研究》1995年第3期。

[243] 鄭生芬：《十八世紀贛南地區的糧食市場整合研究》，碩士學位論文，臺灣成功大學歷史系，2011年。

[244] 陳支平：《清代江西的糧食運銷》，《江西社會科學》1983年第3期。

[245] 許檀：《明清時期江西的商業城鎮》，《中國經濟史研究》1998年第3期。

[246] 葛文清：《閩粵贛邊區鹽糧流通的歷史考察》，《龍岩師專學報（社會科學版）》1998年第1期；周雪香：《明清閩粵邊客家地區的商品流通與城鄉市場》，《中國經濟史研究》2007年第2期；周琍：《清代贛閩粵邊區鹽糧流通與市鎮的發展》，《歷史檔案》2008年第3期。

[247] 曹國慶：《明清時期江西的徽商》，《江西師範大學學報》1988年第1期。

[248] 李琳琦：《明清徽州糧商述論》，《江淮論壇》1993年第4期。

[249] Han-shêng Chuan and Richard A.Kraus，Mid-Ch'ing Rice Markets and Trade：An Essay In Price History，Harvard University Press，1975，p69.

[250] 蔣建平：《清代前期米穀貿易研究》，北京：北京大學出版社1992年版，第36—39頁。

[251] 王業鍵：《清中葉東南沿海的糧食作物分佈、糧食供需及糧價分析》，《中央研究院歷史語言研究所集刊》，第70本2分，1999年；鄧亦兵：《清代前期內陸糧食運輸量及變化趨勢——關於清代糧食運輸研究之二》，《中國經濟史研究》1994年第3期。

[252] 吳承明估計，江西、安徽運米量合計500萬石。參見吳承明：《論清代前期中國國內市場》，《歷史研究》1983年第1期。郭松義據兩任江西巡撫邁柱、穆克登

的奏摺,估計江西沿長江運量在 400—600 萬石;全漢昇與克勞斯估計,江西米每年外運量為 500—700 萬石,比之稍高。

[253] 陳支平:《清代江西的糧食運銷》,《江西社會科學》1983 年第 3 期。但鄧亦兵認為該估計米穀不分,折算成米大致在 450 萬石左右。

[254] 郭松義:《清代糧食市場和商品糧數量的估測》.《中國史研究》1994 年第 4 期。

[255] 王玉茹、羅暢:《清代糧價數據質量研究——以長江流域為中心》,《清史研究》2013 年第 1 期。

[256] 筆者從清代糧價庫中取得江西省 1739—1794 年間中米價格數據。關於數據真實性,王業鍵等學者對 1741—1790 年間江西省米價的檢驗表明,該時期江西省米價具有較低遺漏率與較高的可信度。(王業鍵等:《清代糧價資料之可靠性檢定》,氏著:《清代經濟史論文集》(二),臺北:稻香出版社 2003 年版,第 289—315 頁。)乾隆後期若干年遺漏率較高,但總體江西米價遺漏率控制在 11% 內,重複率也較低,故而可以採用;對缺失數值則採用 TRAOM 法予以補齊。此外,為保持前後一致性,在考察江西省米價時空變動時仍將寧都州米價與贛州府合併考慮;因絕大多數年份贛州中米高價高於寧都州高價,而低價則低於寧都州低價,故而乾隆二十年以後贛州中米平均米價仍可代表寧都與贛州的平均米價。

[257] 同治《九江府志》卷 53《祥異》,《中國方志叢書·華中地方》第 267 號,臺北:成文出版社 1975 年版,第 1144 頁。

[258]《乾隆十七年江西巡撫鄂昌奏摺》,臺北故宮博物院編輯委員會:《宮中檔乾隆朝奏摺》第 2 輯,臺北:故宮博物院 1982 年版,第 382 頁。

[259]《乾隆十六年江西巡撫舒輅奏摺》,臺北故宮博物院編輯委員會:《宮中檔乾隆朝奏摺》第 1 輯,臺北:故宮博物院 1982 年版,第 248 頁。

[260]《乾隆四十三年十二月十七日署江西布政使按察使瑞齡奏摺》,臺北故宮博物院編輯委員會:《宮中檔乾隆朝奏摺》第 46 輯,臺北:故宮博物院 1982 年版,第 242 頁。

[261]《乾隆五十二年六月初七日四德奏摺》,臺北故宮博物院編輯委員會:《宮中檔乾隆朝奏摺》第 64 輯,臺北:故宮博物院 1982 年版,第 609—610 頁。

[262]《雍正元年十月繆沅奏請速開湖廣米禁折》,中國第一歷史檔案館:《雍正朝漢文硃批奏摺彙編》第 1 輯,南京:江蘇古籍版社 1991 年版,第 192 頁。

[263] 乾隆《贛州府志》卷 2《地理志·物產》,乾隆四十七年刻本,第 59b 頁。

[264](清)張尚瑗:《喜豐堂記》,同治《續修贛縣誌》卷 49《藝文志》,同治十一年刻本,民國二十年重印本,第 26a—26b 頁。

[265] 乾隆《廬陵縣誌》卷 6《風俗》,乾隆四十六年刻本,第 51b—52a 頁。

參考文獻

[266] 乾隆《廬陵縣誌》卷首《街市圖》，第 7b—8a 頁；卷 5《地輿志·坊都》，第 3a—4b 頁。

[267] 順治《清江縣誌》卷 8《藝文》，順治二年刻本，第 158a 頁。

[268] 同治《清江縣誌》卷 9《藝文志》，（明）秦鏞：《五勸歌》，同治九年刻本，第 78b 頁。

[269] 乾隆《南昌府志》卷 2《疆域·風俗》，《中國方志叢書·華中地方》第 118 號，臺北：成文出版社 1989 年版，第 273 頁。

[270]《清高宗實錄》卷 392，乾隆十六年六月戊申，北京：中華書局 1986 年版，第 155 頁。

[271]（清）葛士濬：《皇朝經世文續編》卷 45《戶政·荒政中》，臺北：文海出版社 1972 年版。

[272]《乾隆五十年十一月初九日穆克登奏摺》，中國第一歷史檔案館：《宮中硃批奏摺》，檔號：04-01-06-0003-007。

[273]《乾隆十六年江西巡撫舒輅奏摺》，臺北故宮博物院編輯委員會：《宮中檔乾隆朝奏摺》第 1 輯，臺北：故宮博物院 1982 年版，第 248 頁。

[274] 同治《贛州府志》卷 70《藝文》，《中國方志叢書·華中地方》第 100 號，臺北：成文出版社 1970 年版，第 1298 頁。

[275]《雍正四年六月初四江西巡撫裴度奏摺》，（清）雍正批，（清）鄂爾泰等編：《硃批諭旨》第 7 冊，北京：北京圖書館出版社影印本 2008 年版，第 25b 頁。

[276]《乾隆二十九年五月二十八日江西巡撫輔德奏摺》，臺北故宮博物院編輯委員會：《宮中檔乾隆朝奏摺》第 1 輯，臺北：故宮博物院 1982 年版，第 605—606 頁。

[277] 光緒《龍南縣誌》卷 8《藝文志》，光緒二年刻本，第 21b 頁。

[278] 乾隆《贛州府志》卷 2《地理志·物產》，第 60b 頁。

[279] 同治《會昌縣誌》卷 27《祥異志》，《中國方志叢書華中地方》第 904 號，臺北：成文出版社 1984 年版，第 9 頁。

[280] 民國《上杭縣誌》卷 36《雜錄》，上杭：啟文書局，民國二十八年鉛印本，第 33a—33b 頁。

[281] 鄧亦兵：《清代前期內陸糧食運輸量及其發展趨勢》，《中國經濟史研究》1994 年第 3 期；王業鍵：《十八世紀福建的糧食供需與糧價分析》，氏著：《清代經濟史論文集》第 2 冊，臺北：稻香出版社 2003 年版，第 127 頁。

[282] 乾隆《南城縣誌》卷 1《物產》，詹小洪：《明清江西農村市場初探》，碩士學位論文，山東大學，1986 年。

[283] 道光《浮梁縣誌》卷 8《食貨·陶政》，道光十二年刻本，第 43b 頁。

[284] 康熙《徽州府志》卷 8《蠲賑》，康熙三十八年刻本，第 54b 頁。

[285]《乾隆五十年十一月初九日穆克登奏摺》，中國第一歷史檔案館：《宮中硃批奏摺》，檔號：04-01-06-0003-007。

[286] 同治《萍鄉縣誌》卷 1《地理志·祥異附》，同治十一年刻本，第 5a—5b 頁。

[287]《雍正四年八月初一日江西巡撫汪漋奏摺》，（清）雍正批，（清）鄂爾泰等編：《硃批諭旨》第 18 冊，北京：北京圖書館出版社影印本 2008 年版，第 5b 頁。

[288]《乾隆五十二年十月廿二日安徽巡撫書麟奏摺》，臺北故宮博物院編輯委員會：《宮中檔乾隆朝奏摺》第 66 輯，臺北：故宮博物院 1982 年版，第 21 頁。

[289] 萬曆《江西省大志》卷 8《楮書》，許檀：《明清時期江西的商業城鎮》，《中國經濟史研究》1998 年第 3 期。

[290] 乾隆《廣信府志》卷 3《建置·儲備》，乾隆四十八年刻本，第 30a—30b 頁。

[291]《乾隆三年十月十五日江西南昌鎮總兵李君賢奏摺》，葛全勝：《清代奏摺彙編——農業·環境》，北京：商務印書館 2005 年版，第 22 頁。

[292] 姜亨肇：《上朱梁父夫子求開米禁書》，同治《江山縣誌》卷 11《藝文》，同治十二年刻本，第 77a 頁。

[293]（清）唐英著，張發穎、刁雲展整理：《唐英集·陶人心語續選》卷 7《重修新橋碑記》，瀋陽：遼瀋書社 1991 年版，第 233 頁。

[294] 梁淼泰：《明清景德鎮城市經濟研究》，南昌：江西人民出版社 1991 年版，第 230—233 頁。

[295] 曹國慶：《明清時期江西的徽商》，《江西師範大學學報（哲學社會科學版）》1988 第 1 期。

[296] 許曉冬，大連工業大學管理學院副教授，經濟史學博士，主要從事中國經濟史、中美貿易史研究。王詢，東北財經大學經濟學院教授、博士生導師，經濟學博士，主要從事經濟史、企業理論和勞動經濟學等的研究。

[297] 嚴中平：《中國棉紡織史稿》，北京：科學出版社 1955 年版，第 32 頁。

[298]（美）馬士著，區宗華等譯：《東印度公司對華貿易編年史（1635—1834）》第 3 卷，廣州：中山大學出版社 1991 年版，第 179 頁。

[299] 陶文釗：《中美關係史話》，北京：社會科學文獻出版社 2000 年版，第 9 頁。

[300]（美）馬士著，張匯文等譯：《中華帝國對外關係史》，上海：上海書店出版社 2000 年版，第 177 頁。

中國歷史上的經濟轉型與社會發展
參考文獻

[301]Robert Fortune, Three Years』Wanderings in the Northern Provinces of China, John Murray, 1847.

[302] 嚴中平：《中國棉紡織史稿》，北京：科學出版社1955年版，第35頁。

[303]（德）馬克思、恩格斯：《馬克思恩格斯全集》第2卷，北京：人民出版社1972年版，第6頁。

[304] 張曉寧：《天子南庫——清前期廣州制度下的中西貿易》，南昌：江西高校出版社1999年版，第93頁。

[305] 張曉寧：《天子南庫——清前期廣州制度下的中西貿易》，南昌：江西高校出版社1999年版，第99頁。

[306] 卿汝楫：《美國侵華史》第1卷，北京：人民出版社1962年版，第116頁。

[307] 姚賢鎬：《中國近代對外貿易史資料（1840—1895）》，北京：中華書局1962年版，第1148頁。

[308] 姚賢鎬：《中國近代對外貿易史資料（1840—1895）》，北京：中華書局1962年版，第1149頁。

[309] 林盼，中國社會科學院經濟研究所助理研究員，復旦大學歷史學博士、社會學博士後，主要從事經濟史、政治經濟學的研究。

[310] 簡曉彬、沈正平、劉寧寧：《蘇北與蘇中、蘇南經濟發展差異的演變及成因探析》，《經濟問題探索》2007年第2期。

[311]（美）韓起瀾著，盧明華譯：《蘇北人在上海，1850—1980》，上海：上海古籍出版社2004年版，第29—30頁。

[312]《對於江蘇新督新撫之希望（再續）》，《申報》1909年7月31日。

[313]（美）韓起瀾著，盧明華譯：《蘇北人在上海，1850—1980》，上海：上海古籍出版社2004年版，第25—29頁。

[314] 張崇旺：《明清時期江淮地區的自然災害與社會經濟》，福州：福建人民出版社2006年版，第119—226頁。

[315]（美）裴宜理著，池子華、劉平譯：《華北的叛亂者與革命者（1845—1945）》，北京：商務印書館2007年版，第13—17頁；馬俊亞：《區域社會經濟與社會生態》，北京：生活·讀書·新知三聯書店2013年版，第117—130頁。

[316] 倪玉平：《清代漕糧海運與社會變遷》，上海：上海書店出版社2003年版，第26—130頁。

[317]（美）彭慕蘭著，馬俊亞譯：《腹地的構建：華北內地的國家、社會和經濟（1853—1937）》，北京：社會科學文獻出版社2005年版，第3—8頁。

[318] 汪漢忠：《災害、社會與現代化——以蘇北民國時期為中心的考察》，北京：社會科學文獻出版社 2005 年版，第 128 頁；馬俊亞：《工業化與土布業：江蘇近代農家經濟結構的地區性演變》，《歷史研究》2006 年第 3 期。

[319] 馬俊亞：《被犧牲的「局部」：淮北社會生態變遷研究（1680—1949）》，北京：北京大學出版社 2011 年版，第 225—253 頁。

[320] R.M.Auty, Sustaining Development in Mineral Economics：The Resource Curse Thesis, Routledge, 1993, pp.3—16.

[321] 徐康寧、王劍：《自然資源豐裕程度與經濟發展水平關係的研究》，《經濟研究》2006 年第 1 期。

[322] 趙奉軍：《關於「資源詛咒」的文獻綜述》，《重慶工商大學學報》2006 年第 2 期。

[323]（美）諾斯、（美）托馬斯著，厲以平、蔡磊譯：《西方世界的興起》，北京：華夏出版社 1999 年版，第 3—17 頁。

[324] 羅小芳、盧現祥：《國外「掠奪之手」的國家理論述評》，《國外社會科學》2010 年第 3 期。

[325]（美）墨子刻著，秋風譯：《中國歷史背景中的西方市民社會觀念》，世紀中國網：http://www.cc.org.cn

[326] 周雪光：《權威體制與有效治理：當代中國國家治理的制度邏輯》，《開放時代》2011 年第 10 期。

[327] 費孝通：《鄉土中國與鄉土重建》，臺北：風雲時代出版公司 1985 年版，第 10—18 頁。

[328] 周雪光：《從「黃宗羲定律」到帝國的邏輯：中國國家治理邏輯的歷史線索》，《開放時代》2014 年第 4 期。

[329]（明）丘浚：《漕挽之宜》，《皇明經濟文錄》卷 7《戶部下》，全國圖書館文獻縮微複製中心：《明代經濟文錄》第 2 冊，瀋陽：遼海出版社 2009 年版，第 198 頁。

[330]（明）王瓊：《漕例疏》，《皇明經濟文錄》卷 7《戶部下》，全國圖書館文獻微複製中心：《明代經濟文錄》第 2 冊，瀋陽：遼海出版社 2009 年版，第 218 頁。

[331]《乾隆三十三年十二月初一日兩淮運使尤拔世奏摺》，臺北故宮博物院編輯委員會：《宮中檔乾隆朝奏摺》第 32 輯，臺北：故宮博物院 1982 年版，第 681 頁。

[332]（清）李宗昉等：《欽定戶部漕運全書》卷 83《通漕禁令·盤詰事例》，海口：海南出版社 2000 年版，第 262—265 頁。

中國歷史上的經濟轉型與社會發展
參考文獻

[333]（清）陶澍：《嚴查回空糧船夾帶私鹽摺子》（道光十年七月十八日），《陶雲汀先生奏疏》卷28《蘇撫兼署江督稿》，《續修四庫全書》第499冊，上海：上海古籍出版社2000年版，第294頁。

[334]《兩江總督孫玉庭、兩淮鹽政廷豐道光元年二月初五日折》，中國第一歷史檔案館：《硃批奏摺·財政類·鹽務項》，張小也：《清代私鹽問題研究》，北京：社會科學文獻出版社2001年版，第235頁。

[335]（清）陶澍：《陳奏回空糧船未便任帶蘆鹽摺子》，《陶文毅公全集》卷15《奏疏》，《續修四庫全書》第1503冊，上海：上海古籍出版社2000年版，第630頁。

[336]徐康寧、韓劍：《中國區域經濟的「資源詛咒」效應：地區差距的另一種解釋》，《經濟學家》2005年第6期。

[337]《雍正二年閏四月十五日河道總督齊蘇勒折》，（清）雍正批，（清）鄂爾泰等編：《硃批諭旨》第1冊，北京圖書館出版社影印本2008年版，第72頁。

[338]（清）周篆：《浚隋河故道通漕議》，（清）魏源等：《清經世文編》卷104《工政十·運河上》，臺北：文海出版社1972年版，第3682頁。

[339]馬俊亞：《被犧牲的「局部」：淮北社會生態變遷研究（1680—1949）》，北京：北京大學出版社2011年版，第60頁。

[340]乾隆《淮安府志》卷15《風俗》，《續修四庫全書》第700冊，上海：上海古籍出版社2000年版，第75頁。

[341]（清）楊錫紱：《漕運則例纂》卷1《漕糧原額·正兌正數》，《四庫未收書輯刊》第1輯第23冊，北京：北京出版社2000年版，第307頁；（明）謝肇淛：《五雜俎》卷3《地部一》，《續修四庫全書》第1130冊，上海：上海古籍出版社2002年版，第388頁。

[342]咸豐《清河縣誌》卷1《疆域》。

[343]（清）薛福保：《江北本政論》，（清）盛康等：《清經世文續編》卷41《戶政十三·農政上》，臺北：文海出版社1972年版，第4449—4450頁。

[344]乾隆《欽定大清會典則例》卷48《關稅下》，《景印文淵閣四庫全書》第622冊，臺北：商務印書館1986年版，第522頁。

[345]本文系中國博士後科學基金項目「抗戰前新式公共交通與京滬城市社會變遷研究」（批準號：2015M580284）、教育部人文社會科學研究青年基金項目「公共交通與南京城市嬗變研究（1907—1937）」（批準號：13YJCZH085）的階段性研究成果。

[346]李沛霖，南京大學歷史學博士，南京郵電大學馬克思主義學院副教授、碩士生導師，復旦大學歷史系博士後，研究方向為近現代經濟史。

[347]（美）保羅·薩繆爾森、（美）威廉·諾德豪斯著，蕭琛主譯：《經濟學》，北京：人民郵電出版社 2004 年版，第 180 頁。

[348]（美）羅伯特·瑟夫洛著，宇恆可持續交通研究中心譯：《公交都市》，北京：中國建築工業出版社 2007 年版，第 70 頁。

[349] 韋以黻：《現代交通政策國防化》，《交通月刊》1937 年第 1 期。

[350] 南京市政府：《首都市政》，南京：大成出版公司 1948 年版，第 11 頁。

[351] 相關研究攫其大端，可參見李建飛：《民國時期的南京公共交通》，《南京史志》1997 年第 1 期。吳本榮：《公共交通與南京城市近代化（1894—1937）》，《南京工業大學學報（社會科學版）》2009 年第 1 期。李沛霖：《城市公共汽車事業考辨：以抗戰前「首都」南京為中心》，《歷史教學》2011 年第 18 期；《1930 年代中國公共交通之翹楚：江南汽車公司》，《檔案與建設》2013 年第 11 期；《近代公共交通與城市生活方式：抗戰前的「首都」南京》，《蘭州學刊》2014 年第 9 期；《公共交通與城市人口關係辨析——以民國時期南京為中心的考察》，《史學集刊》2014 年第 6 期；《近代中國市內鐵路之先行：寧省鐵路——京市鐵路》，《檔案與建設》2015 年第 6 期。李沛霖、葉美蘭：《抗戰前南京城市財政與公共交通關聯考議》，《民國檔案》2014 年第 2 期；《民國首都城市公共交通管理略論（1927—1937）》，《學海》2014 年第 5 期等。此中學者多從公共交通發展軌跡及其對近代化影響等方面考察，然以筆者目力所及，專事本題研究目前學界付之闕如。

[352] 劉賢騰：《交通方式競爭：論中國城市公共交通的發展》，南京：南京大學出版社 2012 年版，第 138 頁。

[353] 言心哲：《南京人力車伕生活的分析》，南京：國立中央大學 1935 年版，第 1 頁。

[354] 南京市政府秘書處：《十年來之南京》，1937 年編印，第 2 頁。

[355]《寧省興辦汽車公司問題》，《申報》1919 年 3 月 9 日。

[356] 陸衣言：《最新南京遊覽指南》，上海：中華書局 1924 年版，第 52—53 頁。

[357] 磊夫：《寧垣長途汽車公司之近聞》，《申報》1924 年 2 月 16 日。

[358] 南京市政府秘書處統計室：《南京市政府行政統計報告（民國二十四年度）》，南京：胡開明印刷所 1937 年印行，第 20 頁。

[359]《告反對南京長途汽車者》，《申報》1924 年 2 月 16 日。

[360] 林一：《南京城內籌辦通行長途汽車》，《申報》1923 年 9 月 15 日。

[361] 交通鐵道部交通史編纂委員會：《交通史路政編》第 18 冊，1935 年編印，第 109—110 頁。

[362] 丁祖澤：《南京長途汽車公司成立》，《申報》1925 年 4 月 4 日。

[363] 南京特別市工務局：《市工務局年刊（十六年度）》，南京：南京印書館 1928 年版，第 192 頁。

[364] 南京市政府：《首都市政》，南京：大成出版公司 1948 年版，第 5—6 頁。

[365] 南京市政府秘書處：《十年來之南京》，1937 年編印，第 2 頁。

[366] 南京市政府秘書處統計室：《南京市政府行政統計報告（民國二十四年度）》，南京：胡開明印刷所 1937 年印行，第 20 頁；南京市政府：《首都市政》，南京：大成出版公司 1948 年版，第 8 頁。

[367] 閏平、宋瑞：《城市公共交通概論》，北京：機械工業出版社 2011 年版，第 1 頁。

[368]《南京市征特別補助費用》，1937 年，南京市檔案館藏，檔號 1040-1-1503。（本文所列檔案均為南京市檔案館藏，以下不再一一註明。）

[369]《委任南京特別市公共汽車管理處職員》，1927 年，檔號 1001-2-12。

[370] 建設委員會經濟調查所統計課：《中國經濟志·南京市》，南京：正則印書館 1934 年印行，第 86—87 頁。

[371]《禁止無票乘車強購半票》，1935 年，檔號 1040-1-1504。

[372]《各種章則辦法程序》，1947 年，檔號 1040-1-1147。

[373] 南京社會局：《南京社會特刊》第 3 冊，南京：文心印刷社 1932 年印行，第 212 頁。

[374] 南京市政府秘書處統計室：《南京市政府行政統計報告（民國二十四年度）》，南京：胡開明印刷所 1937 年印行，第 25 頁。

[375]《工務局關於各項工程材料報表等》，1937 年，檔號 1001-1-1151。

[376] 南京市政府秘書處：《十年來之南京》，1937 年編印，第 53—54 頁。

[377]《徵收車捐章程》，1929—1935 年，檔號 1001-2-402。

[378] 劉賢騰：《交通方式競爭：論中國城市公共交通的發展》，南京：南京大學出版社 2012 年版，第 15 頁。

[379]（美）貝贊可等著，徐志浩等譯：《戰略經濟學》，北京：中國人民大學出版社 2012 年版，第 36 頁。

[380]《寧省興辦汽車公司問題》，《申報》1919 年 3 月 9 日。

[381]《告反對南京長途汽車者》，《申報》1924 年 2 月 16 日。

[382] 磊夫：《寧垣長途汽車公司之近聞》，《申報》1924 年 2 月 16 日。

[383]《寧垣反對長途汽車之餘波》，《申報》1923 年 12 月 15 日。

[384]《續志寧垣反對長途汽車風潮》，《申報》1923 年 12 月 22 日。

[385] 磊夫：《寧垣長途汽車公司之近聞》，《申報》1924年2月16日。

[386] 率真：《南京反對長途汽車訊》，《申報》1924年3月29日。

[387] 雷生：《南京汽車道之新計劃》，《申報》1924年1月26日。

[388]《國內專電》，《大公報》1925年4月11日。

[389] 南京市政府秘書處：《新南京》，南京：共和書局1933年版，第1頁。

[390] 南京特別市工務局：《市工務局年刊（十六年度）》，南京：南京印書館1928年版，第424頁。

[391]《改定車輛價目》，南京特別市市政府秘書處編譯股：《市政公報》1928年第19期。

[392]《規定市內水陸交通舟車價格標準》，1930—1937年，檔號1001-2-57。

[393]《江南汽車公司組織》，1933—1937年，檔號1001-3-84。

[394]《南京市政府行政報告（廿二年度）》，1933年，檔號1001-1-1733。

[395]《票價變遷》，1934—1935年，檔號1040-1-1507。

[396]《南京市征特別補助費用》，1937年，檔號1040-1-1503。

[397] 南京市政府秘書處編譯股：《南京市政府公報》第159期，南京市救濟院印刷廠1936年版，第132頁。

[398] 江蘇省交通史志編纂委員會：《江蘇公路交通史》第1冊，北京：人民交通出版社1989年版，第302頁。

[399]《南京市征特別補助費用》，1937年，檔號1040-1-1503。

[400]《江南汽車股份有限公司第十六年度（三十六年）業務報告》，1948年，檔號1040-1-735。

[401] 江南汽車股份有限公司：《十年業務報告：二十六至三十五年度》，1947年印行，第13、25頁。

[402] 石玟：《故都洋車伕生活》，《市政評論》1934年第8期。

[403] 言心哲：《南京人力車伕生活的分析》，南京：國立中央大學1935年版，第15頁。

[404]《南京市工務報告：二十四年四月至二十六年四月》，1937年，檔號1001-3-515。

[405] 南京市地方志編纂委員會：《南京交通志》，深圳：海天出版社1994年版，第308頁。

[406]《組織人力車伕福利會或俱樂部》，1936年，檔號1001-1-674。

參考文獻

[407]（美）保羅·薩繆爾森、（美）威廉·諾德豪斯著，蕭琛主譯：《經濟學》，北京：人民郵電出版社 2004 年版，第 180 頁。

[408]《組織人力車伕福利會或俱樂部》，1936 年，檔號 1001-1-674

[409] 言心哲：《南京人力車伕生活的分析》，南京：國立中央大學 1935 年版，第 29—31、42 頁。

[410] 恩格爾係數 = 食物支出 / 總支出，係數越大表明一個國家、地區或家庭的生活水平越低，反之則越高。

[411] 言心哲：《南京人力車伕生活的分析》，南京：國立中央大學 1935 年版，第 38、43 頁。

[412]《組織人力車伕福利會或俱樂部》，1936 年，檔號 1001-1-674。

[413] 甘聖哲：《南京人力車伕調查報告》，言心哲：《南京人力車伕生活的分析》，南京：國立中央大學 1935 年版，第 68 頁。

[414] 言心哲：《南京人力車伕生活的分析》，南京：國立中央大學 1935 年版，第 69—70 頁。

[415]《二十五年徵收車捐》，1935—1936 年，檔號 1001-2-420。

[416]《關於徵收車捐事項之調查表及往來文書》，1934—1937 年，檔號 1001-2-501。

[417] 言心哲：《南京人力車伕生活的分析》，南京：國立中央大學 1935 年版，第 1 頁。

[418] 國都設計技術專員辦事處：《首都計劃》，1929 年編印，第 69—70 頁。

[419]《組織人力車伕福利會或俱樂部》，1936 年，檔號 1001-1-674。

[420] 中央黨部國民經濟計劃委員會：《十年來之中國經濟建設》下篇，南京：扶輪日報社 1937 年印行，第 2 頁。

[421] 吳琢之：《都市合理化的交通工具》，《交通月刊》1937 年第 1 期。

[422] 劉賢騰：《交通方式競爭：論中國城市公共交通的發展》，南京：南京大學出版社 2012 年版，第 138 頁。

[423]《組織人力車伕福利會或俱樂部》，1936 年，檔號 1001-1-674。

[424] 言心哲：《南京人力車伕生活的分析》，南京：國立中央大學 1935 年版，第 70 頁。

[425] 言心哲：《南京人力車伕生活的分析》，南京：國立中央大學 1935 年版，第 1、70 頁。

[426] 南京市政府秘書處：《十年來之南京》，1937 年編印，第 3 頁。

[427]《江南汽車公司組織》，1933—1937 年，檔號 1001-3-84。

[428]《南京市工務報告：二十四年四月至二十六年四月》，1937年，檔號1001-3-515。

[429]《首都無軌電車計劃》，1930年，檔號1001-3-159。

[430]《馬達征服了血汗》，《中央日報》1934年6月13日。

[431] 蔡斌鹹：《從農村破產中擠出來的人力車伕問題》，《東方雜誌》1935年第16號。

[432] 王倬：《交通史》，上海：商務印書館1923年版，第92頁。

[433]《新都之交通新事業》，《申報》1928年7月14日。

[434] 李歡，中國社會科學院研究生院經濟系博士，主要從事區域經濟史方向的研究。

[435]（美）帕克、（美）麥肯齊著，宋俊嶺、吳建華等譯：《城市社會學：芝加哥學派城市研究文集》，北京：華夏出版社1987年版，第2頁。

[436] 吳承明：《傳統經濟、市場經濟、現代化》，《中國經濟史研究》1997年第2期。

[437] 毛澤東：《毛澤東選集》第2卷，北京：人民出版社1991年版，第633頁，原文為「認清中國社會的性質，就是說，認清中國的國情，乃是認清一切革命問題的基本的根據」。

[438] 參見趙永革、王亞男：《百年城市變遷》，北京：中國經濟出版社2000年版。

[439] 參見隗瀛濤：《中國近代不同類型城市綜合研究》，成都：四川大學出版社1998年版。

[440] 參見朱慶葆：《傳統城市的近代命運：清末民初安慶城市近代化研究》，合肥：安徽教育出版社2001年版。

[441] 參見隗瀛濤：《中國近代不同類型城市綜合研究》，成都：四川大學出版社1998年版。

[442] 參見趙永革、王亞男：《百年城市變遷》，北京：中國經濟出版社2000年版。

[443] 參見張仲禮、熊月之、沈祖煒：《長江沿江城市與中國近代化》，上海：上海人民出版社2002年版。

[444] 吳承明：《傳統經濟、市場經濟、現代化》，《中國經濟史研究》1997年第2期。原文為：「任何傳統社會，除非中途滅亡，遲早要進入現代化社會，這在邏輯上是無誤的。但歷史上，卻不一定必須經過資本主義，中國實際上就是越過『卡夫丁峽穀』，由半封建社會進入社會主義的。」

[445] 海林：《「世界近代史上資本主義國家現代化與資產階級的歷史作用」討論會紀要》，《歷史研究》1987年第1期。

中國歷史上的經濟轉型與社會發展
參考文獻

[446] 參見（日）濱下武志著，高淑娟等譯：《中國近代經濟史研究：清末海關財政與通商口岸市場圈》，南京：江蘇人民出版社 2006 年版；及（日）濱下武志著，朱蔭貴等譯：《近代中國的國際契機：朝貢貿易體系與近代亞洲》，北京：中國社會科學出版社 1999 年版。

[447] 陳正書：《租界與近代上海工業的三大支柱》，《史林》2002 年第 3 期；樸正鉉：《無錫和蘇州近代化之比較》，《徐州師範大學學報（哲學社會科學版）》2006 年第 4 期；朱慶葆：《傳統城市的近代命運：清末民初安慶城市近代化研究》，合肥：安徽教育出版社 2001 年版。

[448] 吳承明：《傳統經濟、市場經濟、現代化》，《中國經濟史研究》1997 年第 2 期。

[449] 傅衣凌：《我是怎樣研究明清資本主義萌芽的》，《文史知識》1984 年第 3 期；陳忠平：《明代南京城市商業貿易的發展》，《南京師大學報（社會科學版）》1986 第 4 期；陳忠平：《明清時期江南地區市場考察》，《中國經濟史研究》1990 年第 2 期；許檀：《從北洋三口發展的歷史脈絡看中國近代化歷程》，《天津師範大學學報（社會科學版）》2005 年第 1 期。

[450] 參見張利民：《華北城市經濟近代化研究》，天津：天津社會科學院出版社 2004 年版。

[451] 王玉茹：《城市批發物價變動與近代中國經濟增長》，《山西大學學報（哲學社會科學版）》2006 年第 5 期。

[452] Mark Elvin 的 The Gentry Democracy in Shanghai，1905—1914（University of Cambridge，1969）認為近代上海士紳在社會中的作用與近代以前有相似之處，以此探索上海的近代與傳統問題；王笛的《街頭文化：成都公共空間、下層民眾與地方政治（1870—1930）》（北京：中國人民大學出版社 2006 年版）將視角放在普通大眾的公共生活上；董玥的《民國北京城：歷史與懷舊》（北京：生活·讀書·新知三聯書店 2014 年版）注重市民生活、街頭文化、懷舊心理等方面的描述；Zwia Lipkin 的 Social Problems and Social Engineering in Nationalist Nanjing，1927—1937（Harvard University Press，2006）一文研究了民國都城南京的社會問題，如難民、貧民窟、人力車等。

[453] 參見巫仁恕、康豹、林美莉：《從城市看中國的現代性》，臺北：中研院近代史研究所 2010 年版。

[454] 趙磊：《民國時期廣州戲院行業發展概述》，《湘潮》2011 年第 6 期；姚霏等：《大光明電影院與近代上海社會文化》，《歷史研究》2013 年第 1 期。

[455] 連玲玲：《女性消費與消費女性：以近代上海百貨公司為中心》，巫仁恕、康豹、林美莉：《從城市看中國的現代性》，臺北：中研院近代史研究所 2010 年版；姚霏：

《空間、角色與權力：女性與上海城市空間研究（1843—1911）》，上海：上海人民出版社 2010 年版；（美）賀蕭著，韓敏中、盛寧譯：《危險的愉悅：20 世紀上海的娼妓問題與現代性》，南京：江蘇人民出版社 2003 年版；陳永祥、羅素敏：《女演員的興起與清末民初上海社會觀念的變化》，《民國檔案》2005 年第 1 期；楊潔：《透視上海近現代女子教育》，《婦女研究論叢》2001 年第 5 期。

[456] Emily Honig，Sisters and Strangers：Women in the Shanghai Cotton Mills，1919—1949，Stanford University Press，1986.

[457] 參見（美）裴宜理著，劉平譯：《上海罷工：中國工人政治研究》，南京：江蘇人民出版社 2012 年版。

[458] Brett Sheehan，Trust in Troubled Times：Money，Banks and State-Society Relations in Republican Tianjin，1916—1937.Harvard University Press，2003.

[459] 方秋梅：《近代漢口市政研究（1861—1949）》，博士學位論文，武漢大學，2008 年。

[460] 姚燕華、陳清：《近代廣州城市形態特徵及其演化機制》，《現代城市研究》2005 年第 7 期。

[461] 吳曉松：《交通拓展與近代東北城市建設》，《城市規劃匯刊》1996 年第 3 期。

[462] 王笛：《跨出封閉的世界：長江上游區域社會研究（1644—1911）》，北京：中華書局 2001 年版，第 7 頁。

[463] 全息概念是自然科學中的觀念，本質是事物之間的相互聯繫性。忻平將理學中的全息理論引入到了城市史的研究當中，「我提出了全息史觀，這是一種基於社會歷史的全息運動而產生的全息認識與全息方法」。全息體則強調事物的全息整體性，單個個體與整體的單個方面都是全息體的一個全息元，「欲透過全息體與全息元以及全息元之間的正反饋關係研究，達到對社會歷史全息發展規律的總體把握」，實際上就是既要全面地看問題，又要抓住事物的本質特點，即「全息史觀既注重元（個體），也重視體（整體），更重視體元之間的全息聯繫及關係」。參見忻平：《全息史觀與近代城市社會生活》，上海：復旦大學出版社 2009 年版，第 13、17 頁。

[464]（美）施堅雅著，葉光庭等譯：《中華帝國晚期的城市》，北京：中華書局 2000 年版，第 242—300 頁。

[465] 隗瀛濤、謝放：《近代中國區域城市研究的初步構想》，《天津社會科學》1992 年第 1 期；周俊旗：《關於近代區域城市系統研究的幾個問題》，《天津社會科學》1994 年第 5 期；萬靈：《中國區域史研究理論和方法散論》，《南京師範大學學報》1992 年第 3 期。

中國歷史上的經濟轉型與社會發展
參考文獻

[466] 羅澍偉：《近代中國的區域與城市》，《城市史研究》1996 年第 Z1 期。

[467] John Friedmann、李泳：《規劃全球城市：內生式發展模式》，《城市規劃匯刊》2004 年第 4 期。

[468] 戴一峰：《城市史研究的兩種視野：內向性與外向性》，《學術月刊》2009 年第 10 期。

[469] 朱軍獻：《邊緣與中心的互換：近代開封與鄭州城市結構關係變動研究》，《史學月刊》2012 年第 6 期。

[470] 李國、孫武、羅穀松、紀藝、王義明：《民國時期廣州城區主體建築的三維模擬及其空間特徵》，《華南師範大學學報（自然科學版）》2008 年第 3 期。

[471] 姚燕華、陳清：《近代廣州城市形態特徵及其演化機制》，《現代城市研究》2005 年第 7 期。

[472]（日）水羽信男：《日本的中國近代城市史研究》，《歷史研究》2004 年第 6 期。

[473] 參見王敏、魏兵兵等：《上海城市社會生活史：近代上海城市公共空間（1843—1949）》，上海：上海辭書出版社 2011 年版。

[474] 參見羅澍偉：《近代天津城市史》，北京：中國社會科學出版社 1993 年版，第 779 頁。

[475]（日）水羽信男：《日本的中國近代城市史研究》，《歷史研究》2004 年第 6 期。

[476] 參見張仲禮：《東南沿海城市與中國近代化》，上海：上海人民出版社 1996 年版。

[477] 戴鞍鋼：《港口·城市·腹地——上海與長江流域經濟關係的歷史考察（1843—1913）》，上海：復旦大學出版社 1998 年版；茅家琦等：《橫看成嶺側成峰：長江下游城市近代化的軌跡》，南京：江蘇人民出版社 1993 年版；張仲禮、熊月之、沈祖煒：《長江沿江城市與中國近代化》，上海：上海人民出版社 2002 年版。

[478] 羅澍偉：《試論近代華北的區域城市系統》，《天津社會科學》1992 年第 6 期。

[479] 張利民等：《近代環渤海地區經濟與社會研究》，天津：天津社會科學院出版社 2003 年版；張利民：《略論近代環渤海地區港口城市的起步、互動與互補》，《天津社會科學》1998 年第 6 期。

[480] 王杉：《簡析近代東北城市的興起》，《遼寧大學學報（哲學社會科學版）》2001 年第 4 期。

[481] 參見王笛：《跨出封閉的世界：長江上游區域社會研究（1644—1911）》，北京：中華書局 2001 年版。

[482] 王非、趙榮：《近現代西北城市體系的空間發展及其影響機制分析》，《人文地理》1999 年第 4 期。

[483] 劉文俊：《論農業與廣西近代墟鎮的佈局》，《廣西師範大學學報（哲學社會科學版）》1996 年第 1 期；賓長初：《論清末民國時期廣西墟鎮的經濟功能》，《廣西師範大學學報（哲學社會科學版）》1995 第 1 期。

[484] 參見何一民：《近代中國衰落城市研究》，成都：巴蜀書社 2007 年版。

[485] 龔關：《明清至民國時期華北集市的數量分析》，《中國社會經濟史研究》1999 年 第 3 期；Linda Grove，「International Trade and the Creation of Domestic Marketing Networks in North China，1860—1930」，Commercial Networks in Modern Asia，1999.

[486] 劉海岩：《近代華北交通的演變與區域城市重構（1860—1937）》，《城市史研究》2002 年第 21 輯。

[487] 參見張利民：《近代環渤海地區經濟與社會研究》，天津：天津社會科學院出版社 2003 年版。

[488] 參見張利民：《華北城市經濟近代化研究》，天津：天津社會科學院出版社 2004 年版。

[489] 參見包偉民：《江南市鎮及其近代命運》，北京：知識出版社 1998 年版。

[490] 參見張仲禮：《東南沿海城市與中國近代化》，上海：上海人民出版社 1996 年版。

[491] 參見曲曉範：《近代東北城市的歷史變遷》，長春：東北師範大學出版社 2001 年版。

[492] 參見王笛：《跨出封閉的世界：長江上游區域社會研究（1644—1911）》，北京：中華書局 1993 年版。

[493] 參見顧朝林：《中國城鎮體系：歷史·現狀·展望》，北京：商務印書館 1992 年版。

[494] 參見趙永革、王亞男：《百年城市變遷》，北京：中國經濟出版社 2000 年版。

[495] 參見曹洪濤、劉金聲：《中國近現代城市的發展》，北京：中國城市出版社 1998 年版。

[496] 何一民：《中國近代城市史研究述評》，《中華文化論壇》2000 年第 1 期。

[497] 隗瀛濤：《城市史研究的新里程：評〈近代中國城市發展與社會變遷（1840—1949 年）〉》，《中華文化論壇》2006 第 1 期。

[498] 參見何一民：《近代中國衰落城市研究》，成都：巴蜀書社 2007 年版。

[499] 本文得到國家社科基金重大項目「中國近代企業制度的生成與演變研究」（批準號：14ZD046）、河北省社科基金項目「家族所有權傳承方式與家族企業發展關係研究」（批準號：HB14LJ006）、河北省宣傳文化系統「四個一批」人才項目資助。感謝匿名審稿人的精準意見，文責自負。

中國歷史上的經濟轉型與社會發展
參考文獻

[500] 楊在軍，河北經貿大學工商管理學院教授。

[501] 兩種典型的繼承方式是分散繼承與集中繼承。其中，集中繼承以西方中世紀的長子繼承制和日本歷史的家督制為典型，分散繼承則以中國的諸子均分為典型，在現實中還有多種形態、多種稱謂，本文在論述中並不加以明確區分。

[502] 汪兵：《諸子均分與遺產繼承——中西古代家產繼承制起源與性質比較》，《天津師範大學學報（社會科學版）》2005年第6期。

[503] 馬克垚：《西歐封建經濟形態研究》，北京：人民出版社1985年版，第104—149頁；陳志堅：《「為他人的利益而占有財產」——中世紀英國的地產託管、封土保有和家產繼承》，《歷史研究》2009年第3期。

[504] （法）安德烈·比爾基埃等主編，袁樹仁等譯：《家庭史：現代化的衝擊》，北京：生活·讀書·新知三聯書店2003年版，第76—128頁。

[505] 陳志堅：《近代早期英國關於財產繼承模式的爭論及影響》，《史學理論研究》2015年第1期。

[506] （英）約翰·穆勒著，趙榮潛、胡企林等譯：《政治經濟學原理及其在社會哲學上的若干應用》，北京：商務印書館2005年版，第247—263、474—483頁。

[507] 這些恰恰是一些學者所說的「資本主義精神」的重要組成。按穆勒的研究，這些在諸子均分情況下似乎是天然的，但強調資本主義精神的學者似乎忽視了這一點。參見（德）馬克斯·韋伯著，李修建等譯：《新教倫理與資本主義精神》，北京：中國社會科學出版社2009年版；杜恂誠：《中國傳統倫理與近代資本主義——兼評韋伯〈中國的宗教〉》，上海：上海社會科學院出版社1993年版；沈志佳：《余英時文集》第3卷《儒家倫理與商人精神》，桂林：廣西師範大學出版社2004年版。

[508] 在穆勒語境下，工業道路就是資本主義經濟情境。

[509] （法）安德烈·比爾基埃等主編，袁樹仁等譯：《家庭史：現代化的衝擊》，北京：生活·讀書·新知三聯書店2003年版，第101頁。

[510] 梁漱溟：《鄉村建設理論》，上海：上海人民出版社2011年版，第27—29頁。

[511] 參見（日）稻葉君山著，楊祥蔭譯：《中國社會文化之特質》，東方雜誌社：《中國社會文化》，北京：商務印書館1924年版。

[512] 其實中國諸子均分財產的時候，多數情況下並無嫡庶之分，嫡庶之分主要體現在身份性繼承的場合。

[513] 參見（法）費爾南·布羅代爾著，顧良、施康強譯：《15至18世紀的物質文明、經濟和資本主義》第2卷，北京：生活·讀書·新知三聯書店2002年版；（美）彼得·德魯克：《管理家族企業》，氏著，趙干城譯：《大變革時代的管理》，上海：上海譯文出版社1999年版；李新春：《中國的家族制度與企業組織》，《中國社會科

學季刊》（香港）1998 年第 3 期；楊在軍：《家族企業長壽之家族因素剖析——以 1669—1954 年的北京樂家同仁堂為例》，《中國經濟史研究》2011 年第 1 期。

[514] 李卓：《中日家族制度比較研究》，天津：天津人民出版社 1997 年版，第 313—317 頁。

[515] 邢鐵：《中國歷史上商舖字號的繼承問題》，《雲南社會科學》1997 年第 2 期。

[516] 普通家庭是指政治和經濟實力均足以強大到能控制其兒子的士紳家庭之外的鄉村家庭。

[517] Maurice Freedman, Chinese Lineage and Society: Fukien and Kwangtung, The Athlone Press, 1966, p.47.

[518]（英）莫里斯·弗裡德曼著，劉曉春譯：《中國東南的宗族組織》，上海：上海人民出版社 2000 年版，第 37 頁。

[519]（法）白吉爾著，張富強等譯：《中國資產階級的黃金時代（1911—1937）》，上海：上海人民出版社 1994 年版，第 168—179 頁。

[520]（美）彼得·德魯克：《新的「超級大國」：海外華人》，氏著，趙干城譯：《大變革時代的管理》，上海：上海譯文出版社 1999 年版，第 155—160 頁。

[521] 參見（英）S. 戈登雷丁著，謝婉瑩譯：《華人資本主義精神》，上海：格致出版社、上海人民出版社 2009 年版。

[522] 陳其南：《中國人的家族與企業經營》，文崇一、蕭新煌：《中國人觀念與行為》，臺北：巨流圖書公司 1988 年版，第 129—142 頁。

[523] 孫治本：《臺灣家族企業的內部整合及其領導風格》，《戰略與管理》1996 年第 5 期。

[524] 參見鄭宏泰、黃紹倫：《香港華人家族企業個案研究》，香港：明報出版社 2004 年版。

[525] 楊在軍：《家族財產繼承方式與企業發展作用機制研究》，《社會科學戰線》2016 年第 4 期。

[526]（法）馬克·布洛赫著，張緒山等譯：《封建社會》上卷，北京：商務印書館 2005 年版，第 227 頁。

[527] 馬克垚：《西歐封建經濟形態研究》，北京：人民出版社 1985 年版，第 113—114 頁。

[528]（法）安德烈·比爾基埃等主編，袁樹仁等譯：《家庭史：現代化的衝擊》，北京：生活·讀書·新知三聯書店 2003 年版，第 99 頁。

[529]Jack Goody，Joan Thirsk，E.P.Thompson et al，Family and Inheritance Rural Society in Western Europe：1200-1800，Cambridge University Press，1978.

[530]Cicely Howell，Land，Family and Inheritance in Transition：Kibworth Harcourt 1280-1700，Cambridge University Press，2010.

[531]王躍生：《中世紀中西財產繼承的差異對人口發展的影響》，《史學理論研究》1999年第2期。

[532]Alan Macfarlane，The Origins of English Individualism：The Family Property and Social Transi-tion，Wiley-Blackwell，1978.

[533]王躍生：《中世紀中西財產繼承的差異對人口發展的影響》，《史學理論研究》1999年第2期。

[534]（法）安德烈·比爾基埃等主編，袁樹仁等譯：《家庭史：現代化的衝擊》，北京：生活·讀書·新知三聯書店2003年版，第93頁。

[535]（英）約翰·穆勒著，趙榮潛、胡企林等譯：《政治經濟學原理及其在社會哲學上的若干應用》下，北京：商務印書館2005年版，第475頁。

[536]（美）吉爾伯特·C.菲特、（美）吉姆·E.裡斯著，司徒淳等譯：《美國經濟史》，瀋陽：遼寧人民出版社1981年版，第55頁。

[537]（法）安德烈·比爾基埃等主編，袁樹仁等譯：《家庭史：遙遠的世界古老的世界》，北京：生活·讀書·新知三聯書店2003年版，第641頁。

[538]（法）安德烈·比爾基埃等主編，袁樹仁等譯：《家庭史：現代化的衝擊》，北京：生活·讀書·新知三聯書店2003年版，第102頁。

[539]（美）內森·羅森堡、（美）L.E.小伯澤爾等著，劉賽力等譯：《西方致富之路：工業化國家的經濟演變》，北京：生活·讀書·新知三聯書店1989年版，第140頁。

[540]（英）M.M.波斯坦、（英）H.J.哈巴庫克主編，王春法等譯：《劍橋歐洲經濟史》第3卷《中世紀的經濟組織和經濟政策》，北京：經濟科學出版社2002年版，第62—63頁。

[541]（英）M.M.波斯坦、（英）H.J.哈巴庫克主編，王春法等譯：《劍橋歐洲經濟史》第3卷《中世紀的經濟組織和經濟政策》，北京：經濟科學出版社2002年版，第65頁。

[542]（英）M.M.波斯坦、（英）H.J.哈巴庫克主編，王春法等譯：《劍橋歐洲經濟史》第3卷《中世紀的經濟組織和經濟政策》，北京：經濟科學出版社2002年版，第72頁。

[543]（英）M.M.波斯坦、（英）H.J.哈巴庫克主編，王春法等譯：《劍橋歐洲經濟史》第3卷《中世紀的經濟組織和經濟政策》，北京：經濟科學出版社2002年版，第98頁。

[544] 李卓：《家族制度與日本的近代化》，天津：天津人民出版社1997年版，第78頁。

[545] （法）安德烈·比爾基埃等主編，袁樹仁等譯：《家庭史：遙遠的世界古老的世界》，北京：生活·讀書·新知三聯書店2003年版，第748頁。

[546] （日）上野千鶴子著，吳詠梅譯：《近代家庭的形成和終結》，北京：商務印書館2004年版，第70頁。

[547] 李卓：《中日家族制度比較研究》，天津：天津人民出版社1997年版，第329頁。

[548] 李卓：《中日家族制度比較研究》，天津：天津人民出版社1997年版，第330頁。

[549] （日）西川俊作、（日）阿部武司著，楊寧一等譯：《日本經濟史》第4卷《產業化的時代》上，北京：生活·讀書·新知三聯書店1998年版，第423頁。

[550] 官文娜：《日本住友家業的源頭與家業繼承——日本人的「家」與「家業」理念的歷史考察》，《世界歷史》2010年第5期。

[551] （日）梅村又次、（日）山本有造著，李星等譯：《日本經濟史》第3卷《開港與維新》，北京：生活·讀書·新知三聯書店1997年版，第92—94頁。

[552] （日）西川俊作、（日）阿部武司著，楊寧一等譯：《日本經濟史》第4卷《產業化的時代》上，北京：生活·讀書·新知三聯書店1998年版，第385—386頁。

[553] （日）西川俊作、（日）阿部武司著，楊寧一等譯：《日本經濟史》第4卷《產業化的時代》上，北京：生活·讀書·新知三聯書店1998年版，第405頁。

[554] 汪兵：《諸子均分與遺產繼承——中西古代家產繼承製起源與性質比較》，《天津師範大學學報（社會科學版）》2005年第6期。

[555] 彭希哲、胡湛：《當代中國家庭變遷與家庭政策重構》，《中國社會科學》2015年第12期。

[556] 俞江：《繼承領域內衝突格局的形成——近代中國的分家習慣與繼承法移植》，《中國社會科學》2005年第5期。

[557] 劉道勝、凌桂萍：《明清徽州分家鬮書與民間繼承關係》，《安徽師範大學學報（人文社會科學版）》2010年第2期。

[558] 王裕明：《明清徽州典商研究》，北京：人民出版社2012年版，第441頁；王裕明：《明清分家鬮書所見徽州典商述論》，《安徽大學學報（哲學社會科學版）》2010年第6期。

[559] 張海鵬、王庭元：《徽商研究》，合肥：安徽人民出版社1995年版，第566—585頁。

[560] 鄭小娟：《嘗試性分業與階段性繼業——〈崇禎二年休寧程虛宇立分書〉所見典當資本繼承方式研究》，《安徽史學》2008年第2期。

中國歷史上的經濟轉型與社會發展
參考文獻

[561] 黃鑒暉：《山西票號史料》（增訂本），太原：山西經濟出版社2002年版，第771—781頁。

[562] 劉建生、劉鵬生、燕紅忠等：《明清晉商制度變遷研究》，太原：山西人民出版社2005年版，第253頁。

[563] 這裡的「百年老藥鋪」是指安冠英、韓淑芳、潘惜晨所主編的《中華百年老藥鋪》（北京：中國文史出版社1993年版）中所論述的1900年前成立的名中藥鋪。

[564] 中國在商周宗法社會的上層流行集中繼承，而民主的古希臘、古羅馬和古巴比倫則傾向於分散繼承。在封建社會，中西家產繼承均發生重大轉向，中國隨等級制度淡化，逐漸在全社會確立分散繼承，而西歐則伴隨貴族世襲制及產權不充分的授地制而普遍選擇集中繼承。及至近代，伴隨西方自由、平等思想的先行確立，西方主要國家不但相關法規實施較早，而且是既成事實的合法化。中國則直到國民黨政府時期才賦予男女平等的法律地位，且尚比民間實際情況超前。日本古代社會，婦女無論在家庭還是社會生活，乃至政治文化生活，地位均較高，似乎享有不低於男性的繼承權，直到幕府時期，甚至近代早期，為適應具有特權的武家社會需要才確立了相對集中的家督繼承製。參見邢鐵：《家產繼承史論》（修訂版），昆明：雲南大學出版社2012年版；（法）安德烈·比爾基埃等主編，袁樹仁等譯：《家庭史：遙遠的世界古老的世界》，北京：生活·讀書·新知三聯書店2003年版，第181—182、271—284、302—309頁；李卓：《中日家族制度比較研究》，天津：天津人民出版社1997年版，第411—414頁；李長莉：《五四的社會後果：婦女財產權的確立》，《史學月刊》2010年第1期。

[565] （法）安德烈·比爾基埃等主編，袁樹仁等譯：《家庭史：現代化的衝擊》，北京：生活·讀書·新知三聯書店2003年版，第87頁。

[566] 陳葦：《外國繼承法比較與中國民法典繼承編制定研究》，北京：北京大學出版社2011年版，第570頁。

[567] 邱曉磊，湖北師範大學歷史文化學院講師，歷史學博士，主要從事中國近現代社會經濟史研究。

[568] （美）費維愷著，虞和平譯：《中國早期工業化：盛宣懷（1844—1916）和官督商辦企業》，北京：中國社會科學出版社1990年版；陳映芳：《從官督商辦到商辦：蘇綸、蘇經廠企業形式的轉化》，《江海學刊》1990年第4期；宋美雲：《中國近代官督商辦到商辦企業經營形式的轉換》，《天津社會科學》1993年第3期；羅肇前：《比較李鴻章、張之洞「官督商辦」之異同》，《社會科學》2000年第12期。

[569] 劉淼認為蘇經、蘇綸公司股東不擁有工廠的產權，但筆者認為晚清官督商辦企業的產權多呈現出分裂狀態，並歸屬於不同的行為主體。參見劉淼：《晚清江南官

辦企業的股份制改造——以蘇經絲廠、蘇綸紗廠轉製為案例》,《中國經濟史研究》2003 年第 4 期。

[570] 清末報章多將該企業統稱為「蘇經蘇綸絲紗二廠」,本文簡稱為蘇經、蘇綸公司。

[571]《酌擬息借商款章程折》(1894 年 9 月 8 日),千家駒:《舊中國公債史資料:1894—1949 年》,北京:中華書局 1984 年版,第 1—2 頁。

[572] 千家駒:《舊中國發行公債史的研究》,《歷史研究》1955 年第 2 期。

[573] 周育民:《試論息借商款和昭信股票》,《上海師範大學學報》1990 年第 1 期;朱英:《甲午「息借商款」述略》,《貴州社會科學》1993 年第 4 期。

[574]《盛道來電》(1895 年 1 月 26 日),苑書義、孫華峰、李秉新:《張之洞全集》第 8 冊,石家莊:河北人民出版社 1998 年版,第 6048 頁。

[575] 王鐵崖:《中外舊約章彙編》第 1 冊,北京:生活·讀書·新知三聯書店 1957 年版,第 616 頁。

[576]《致總署》(1895 年 4 月 20 日),苑書義、孫華峰、李秉新:《張之洞全集》第 3 冊,石家莊:河北人民出版社 1998 年版,第 2057 頁。

[577]《致總署》(1895 年 9 月 6 日),苑書義、孫華峰、李秉新:《張之洞全集》第 3 冊,石家莊:河北人民出版社 1998 年版,第 2082 頁。

[578]《致蘇州趙撫臺、鄧藩臺》(1895 年 9 月 2 日),王樹楠:《張文襄公全集》卷 147《電奏》,北京:中國書店 1990 年版,第 22 頁。

[579]《趙撫臺來電》(1895 年 9 月 5 日),苑書義、孫華峰、李秉新:《張之洞全集》第 8 冊,石家莊:河北人民出版社 1998 年版,第 6605 頁。

[580]《致總署》(1895 年 9 月 6 日),苑書義、孫華峰、李秉新:《張之洞全集》第 3 冊,石家莊:河北人民出版社 1998 年版,第 2082—2083 頁。

[581]《致總署》(1895 年 9 月 6 日),苑書義、孫華峰、李秉新:《張之洞全集》第 3 冊,石家莊:河北人民出版社 1998 年版,第 2085—2086 頁。

[582]《致蘇州趙撫臺》(1895 年 10 月 28 日),苑書義、孫華峰、李秉新:《張之洞全集》第 8 冊,石家莊:河北人民出版社 1998 年版,第 6683 頁。

[583]《陸、朱道來電》(1895 年 10 月 28 日),苑書義、孫華峰、李秉新:《張之洞全集》第 8 冊,石家莊:河北人民出版社 1998 年版,第 6688 頁。

[584]《趙撫臺來電》(1895 年 10 月 30 日),苑書義、孫華峰、李秉新:《張之洞全集》第 8 冊,石家莊:河北人民出版社 1998 年版,第 6694—6695 頁。

參考文獻

[585]《致蘇州趙撫臺，陸、朱道臺》（1895年11月2日），苑書義、孫華峰、李秉新：《張之洞全集》第8冊，石家莊：河北人民出版社1998年版，第6694頁。

[586]《照錄兩江總督張香帥電文》，《申報》1896年1月6日。

[587]《蘇州商務公司繰絲紡紗兩廠開辦章程》（1896年2月18日），上海市檔案館藏（簡稱「上檔」），檔案號：Q459-1-467。

[588]《松郡官紳議平米價松江》，《申報》1907年3月18日。

[589] 劉淼認為，由於該公司含有官股和商股，其二者所佔比例分別為42.9%和57.1%。但是筆者透過考察發現，該公司的五十五萬七千七百兩股本均屬商股。參見《蘇州商務公司繰絲紡紗兩廠開辦章程》（1896年2月18日），上檔，檔案號：Q459-1-467。

[590]《蘇州商務公司繰絲紡紗兩廠開辦章程》（1896年2月18日），上檔，檔案號：Q459-1-467。

[591]《蘇州商務公司繰絲紡紗兩廠開辦章程》（1896年2月18日），上檔，檔案號：Q459-1-467。

[592] 朱蔭貴：《引進與變革：近代中國企業官利制度分析》，《近代史研究》2001年4期。

[593]《湖北原購紡紗機器撥歸蘇州商務局招商合辦並籌款借款墊付機價折並附片三件》（1896年2月18日），《張之洞檔》，《近代史所藏清代名人稿本抄本》第2輯第153卷，鄭州：大象出版社2014年版，第170頁。

[594]《復陸鳳石》（1896年3月），《劉忠誠公遺集》卷12《書牘》，沈雲龍：《近代中國史料叢刊》第26輯，臺北：文海出版社1966年版，第7032頁。

[595]《湖北原購紡紗機器撥歸蘇州商務局招商合辦並籌款借款墊付機價折並附片三件》（1896年2月18日），《張之洞檔》，《近代史所藏清代名人稿本抄本》第2輯第153卷，鄭州：大象出版社2014年版，第170頁。

[596]《蘇州商務公司繰絲紡紗兩廠開辦章程》（1896年2月18日），上檔，檔案號：Q459-1-467。

[597]《復陳次亮》（1896年7月4日），《劉忠誠公遺集》卷12《書牘》，沈雲龍：《近代中國史料叢刊》第26輯，臺北：文海出版社1966年，第7043頁。

[598] 中國第一歷史檔案館：《光緒朝硃批奏摺》第101輯，北京：中華書局1996年版，第720頁。

[599] 張忠民：《試論中國早期企業產權制度演進中「股權」與「債權」的共存》，胡政、陳爭平、朱蔭貴：《招商局與中國企業史研究》，北京：社會科學文獻出版社 2015 年版，第 87 頁。

[600]《暫緩接辦》，《申報》1897 年 11 月 11 日。

[601]《蘇州商務局詳定蘇經、蘇綸絲紗兩廠包辦股息章程》（1897 年 12 月）、《蘇州商務局將承租兩廠照盛京卿原議會紳參酌以益全局折》（1897 年 12 月），上檔，檔案號：Q459-1-467。

[602]《蘇州商務局將承租兩廠照盛京卿原議會紳參酌以益全局折》（1897 年 12 月），上檔，檔案號：Q459-1-467。

[603] 陳映芳：《從官督商辦到商辦：蘇綸蘇經廠企業形式的轉化》，《江海學刊》1990 年第 4 期。

[604]《蘇州商務局詳定蘇經、蘇綸絲紗兩廠包辦股息章程》（1897 年 12 月），上檔，檔案號：Q459-1-467。

[605]《蘇州商務局將承租兩廠照盛京卿原議會紳參酌以益全局折》（1897 年 12 月），上檔，檔案號：Q459-1-467。

[606]《蘇州商務局將承租兩廠照盛京卿原議會紳參酌以益全局折》（1897 年 12 月），上檔，檔案號：Q459-1-467。

[607]《王同俞等條陳經綸絲紗廠沿革文》（1922 年），《蘇州商會檔案叢編》第 1 輯，武漢：華中師範大學出版社 2012 年版，第 283—284 頁。

[608] 蘇、松、常、鎮、太分別指晚清蘇州府、松江府、常州府、鎮江府、太倉州所轄地區，由於近代該地區行政區域更迭頻繁，為避免發生誤解，本文仍沿用此概念來指代上述地區。

[609] 邱曉磊：《市場環境與企業運營：近代蘇綸公司發展之路研究（1895—1949）》，博士學位論文，華中師範大學，2016 年。

[610]《為蘇綸、蘇經老股與費商糾紛事致北京農工商部函》（1907 年），蘇州市檔案館藏（以下簡稱「蘇檔」），檔案號：I14-001-0231-023。

[611]《費承蔭為蘇經蘇綸兩廠租銀入老股息等事致蘇州商會函》（1906 年），蘇檔，檔案號：I14-001-0232-017。

[612]《江蘇巡撫恩奏為蘇州蘇經蘇綸絲紗兩廠因前商虧累另招商辦官款商股均已籌有著落謹將辦理情形具陳折》，《申報》1904 年 8 月 17 日。

[613]《關於蘇經、蘇綸兩廠費、陸商租銀等事》（1906 年），蘇檔，檔案號：I14-001-0232-016。

[614]《蘇商總會為勸令集款自辦以籌學堂經費呈商部文》（1906年2月3日），《蘇州商會檔案叢編》第1輯，武漢：華中師範大學出版社2012年版，第286頁。

[615]《關於蘇經、蘇綸兩廠費、陸商租銀等事》（1906年），蘇檔，檔案號：I14-001-0232-016。

[616]《關於赴補園商議蘇綸蘇經兩廠事的函》（1906年2月15日），蘇檔，檔案號：I14-001-0232-007。

[617]《上海商會為籌辦蘇州實業學校經費等事移蘇州商會文》（1906年5月8日），蘇檔，檔案號：I14-001-0232-010。

[618]《蘇經、蘇綸絲紗兩廠老股接辦條款及其細則》（1906年），蘇檔，檔案號：I14-001-0232。

[619]《上海商會為籌辦蘇州實業學校經費等事移蘇州商會文》（1906年5月8日），蘇檔，檔案號：I14-001-0232-010。

[620]《商部批上海商會總理曾道稟（為蘇經、蘇綸兩造爭執事）》，《申報》1906年6月13日。

[621]《商部批上海商會總理曾道稟（為蘇經、蘇綸兩造爭執事）》，《申報》1906年6月13日。

[622]《蘇撫札蘇藩司文（為洋行干預蘇綸紗廠事）》，《申報》1906年9月18日。

[623]《詳請駁復洋行干預蘇州紗廠》，《申報》1906年9月20日。

[624]《蘇省絲紗兩廠老股代表上蘇撫稟（為請還息借銀兩事）》，《申報》1906年11月23日。

[625]《蘇撫咨覆絲紗廠控案》，《申報》1906年12月9日。

[626]《光緒三十三年蘇州口華洋貿易情形論略》（1908年6月11日），中國第二歷史檔案館、中國海關總署辦公廳：《中國舊海關史料（1859—1948）》第46輯，北京：京華出版社2001年版，第68頁。

[627]《關於蘇綸、蘇經老股與費商磋商辦法（草稿）》（1908年），蘇檔，檔案號：I14-001-0231-022。

[628]《張履謙等關於收回蘇綸、蘇經兩廠情形並先行墊補發股息事的稟文》（1908年9月），蘇檔，檔案號：I14-001-0232-051。

[629]《蘇州商務局為蘇綸、蘇經老股與費商糾紛事致北京農工商部函》（1907年6月），蘇檔，檔案號：I14-001-0231-023。

[630]《周廷弼為蘇經、蘇綸兩廠費商租期已滿由老股接收事照會》（1908年8月17日），蘇檔，檔案號：I14-001-0232。

[631] 彤新春，中國社會科學院經濟研究所副研究員，歷史學博士，經濟學博士後，主要從事宏觀經濟、制度經濟學、中外經濟史等的研究。

[632] （法）弗朗索瓦德勃雷著，趙喜鵬譯：《海外華人》，北京：新華出版社1982年版，第6頁。

[633] 陸德儒：《樹立海洋戰略意識建立經濟強國》，《中國軟科學》1997年第4期。

[634] 孫中山：《孫中山全集》卷2，北京：中華書局1982年版，第564頁。

[635] 中共中央馬克思恩格斯列寧斯大林著作編譯局：《馬克思恩格斯選集》第1卷，北京：人民出版社1995年版，第273頁。

[636] 張明之：《「世界工廠」變遷》，南京：江蘇人民出版社2009年版，第87頁。

[637] （法）保爾·圖芒著，楊人等譯：《十八世紀產業革命——英國近代大工業初期的概況》，北京：商務印書館1991年版，第76—78頁。

[638] （英）格林堡著，康成譯：《鴉片戰爭前中英通商史·作者序言》，北京：商務印書館1964年版，第6頁。

[639] 黃啟臣：《清代前期海外貿易的發展》，《歷史研究》1986年第4期。

[640] 林仁川：《明末清初私人海上貿易》，上海：華東師範大學出版社1987年版，第259—261、263頁。

[641] 黃啟臣：《清代前期海外貿易的發展》，《歷史研究》1986年第4期。

[642] 黃啟臣：《清代前期海外貿易的發展》，《歷史研究》1986年第4期。

[643] （清）魏源：《海國圖志》卷83，影印版。

[644] （清）薛福成：《庸庵筆記》，大達圖書供應社1934年版，第17頁。

[645] 《曾文正公全集》卷12、卷20，盧和平：《中國現代化歷程》，南京：江蘇人民出版社2002年版，第124—125頁。

[646] 中國史學會：中國近代史資料叢刊《洋務運動》（四），上海：上海人民出版社1961年版，第10頁。

[647] 中國史學會：中國近代史資料叢刊《洋務運動》（四），上海：上海人民出版社1961年版，第16頁。

[648] 中國史學會：中國近代史資料叢刊《洋務運動》（一），上海：上海人民出版社1961年版，第41頁。

[649] 中國史學會：中國近代史資料叢刊《洋務運動》（一），上海：上海人民出版社1961年版，第43頁。

[650] 孫毓棠：《中國近代工業史資料》第1輯，北京：中華書局1962年版，第385頁。

[651] 鄭劍順：《福建船政局史事紀要編年》，廈門：廈門大學出版社 1993 年版，第 2、7 頁。

[652] 沈葆楨：《沈文肅公政書》卷 4《第一號輪船下水並續辦各情形折》《輪船監使入津靜候派驗折》光緒六年，沈雲龍：《近代中國史料叢刊》，臺北：文海出版社 1976 年版，第 35—40 頁。

[653]（清）寶鋆等：同治《籌辦夷務始末》卷 85，北京：故宮博物院 1930 年版，第 38—39 頁。

[654] 林慶元：《福建船政局史稿》，福州：福建人民出版社 1999 年版，第 13 頁。

[655] 任智勇：《江南製造局早期經費來源考（1865—1904）——以二成洋稅為中心》，《中國經濟史研究》2016 年第 6 期。

[656]《海防檔》乙《福州船廠》，中研院近代史研究所：《中國近代史資料彙編》，臺北：藝文印書館 1957 年版，第 487 頁。

[657] 鄭劍順：《福建船政局史事紀要編年》，廈門：廈門大學出版社 1993 年版，第 55 頁。

[658]（清）劉錦藻：《清朝續文獻通考》卷 378《實業一》，杭州：浙江古籍出版社 2000 年版，第 11240 頁。

[659]（清）寶鋆等：同治《籌辦夷務始末》卷 25，北京：中華書局 2008 年版，第 10 頁。

[660]（清）李鴻章：《李鴻章全集》，海口：海南出版社 1997 年版，第 110 頁。

[661] 夏東元：《洋務運動與江南製造局》，《上海造船》2005 年第 2 期。

[662] 夏東元：《洋務運動史》，上海：華東師範大學出版社 1992 年版，第 81 頁。

[663] 夏東元：《洋務運動史》，上海：華東師範大學出版社 1992 年版，第 81 頁。

[664] 夏東元：《洋務運動史》，上海：華東師範大學出版社 1992 年版，第 83—84 頁。

[665] 姜鐸：《論江南製造局》，《中國社會經濟史研究》1983 年第 4 期。

[666] 姜鐸：《論江南製造局》，《中國社會經濟史研究》1983 年第 4 期。

[667] 姜鐸：《論江南製造局》，《中國社會經濟史研究》1983 年第 4 期。

[668] 張靜：《李鴻章集團與江南製造局》，《河北民族師範學院學報》2016 年第 1 期。

[669] 本文是國家社科基金項目「國民政府禁煙與財政政策研究」（批準號：14CJL004）階段性成果之一。

[670] 劉成虎，山西大學晉商學研究所副所長、副教授、碩士生導師，南開大學經濟學院理論經濟學博士後，主要從事商業史、金融史研究。高宇，日本武藏野學院大

學博士生導師，山西大學晉商學研究所兼職教授，主要從事日本經營史和中國近代經濟史研究。

[671] 國民政府内政部年鑒編纂委員會：《內政年鑒·警政篇》，上海：商務印書館1936年版，第575頁。

[672] 漢口總領事三浦致外務大臣廣田弘毅機密第六三號函件：《支那官憲ノ阿片取締振ニ関スル件》，1935年1月26日。

[673]《黑化之成都》，《拒毒月刊》1934年總第82期。

[674]（日）長勇少佐：《四川動亂概觀》，1932年11月下旬。

[675] 重慶領事中野高一致外務大臣廣田弘毅機密第二一九號函件：《四川省の鴉片禁煙実行計畫ニ関シ報告ノ件》，1934年7月23日。

[676]《督署頒布禁止種煙條例》，《四川農業》1934年第8期。

[677]《劉湘厲行禁煙擬五年計劃》，《四川農業》1934年第7期。

[678] 蜀客：《雷厲風行的重慶煙禁》，《拒毒月刊》1935年總第88期。

[679] 參考駐廈門領事冢本致外務大臣機密第五一〇號函件：《福建省阿片公賣實情ニ関スル件》，1934年12月4日及其附件。

[680] 以上資料參考駐廈門領事冢本致外務大臣機密第五一〇號函件：《福建省阿片公賣實情ニ関スル件》，1934年12月4日。

[681] 參考駐廈門領事冢本致外務大臣機密第五一〇號函件：《福建省阿片公賣實情ニ関スル件》，1934年12月4日及其附件。

[682] 駐廈門領事冢本致外務大臣廣田機密第三六二號函件：《阿片公賣ニ関スル件》，1934年8月29日。

[683] 南方開發金庫調查科：《共榮圈の阿片事情》，1943年8月。

[684] 華北方面軍司令部：《方軍地資》第四八號《近時支那阿片問題及阿片政策》，1938年12月25日。

[685] 駐濟南總領事西田致外務大臣廣田機密第三九九號函件：《蔣介石ノ訓練団実施ト地方軍權ニ対スル態度ニ関スル件》，1934年8月30日。

[686] 興亞院華中聯絡部：華中調查資料第一二二號《阿片吸飲ニ関する衛生的調查》，1941年5月。

[687] 本文為中國博士後第58批面上資助項目「大別山革命根據地經濟史」（2015M582755XB）階段性成果。

[688] 牛長立，内蒙古師範大學科技史博士後流動站博士後，副研究員，主要從事淮河流域農業經濟史、科技史的研究。

中國歷史上的經濟轉型與社會發展
參考文獻

[689] 毛澤東：《毛澤東選集》第 3 卷，北京：人民出版社 1991 年版，第 1024 頁。

[690] 相關研究如：翟江文：《毛澤東與中央蘇區水利》，《中國水利》1993 年第 12 期；張希坡：《革命根據地的水利法規》，《法學雜誌》1989 年第 6 期；苑書聳：《晉冀魯豫抗日根據地的水旱災害與水利建設》，《華北水利水電學院學報（社科版）》2009 年第 6 期；牛建立：《華北抗日根據地的農田水利建設》，《抗日戰爭研究》2010 年第 2 期；劉雲：《安徽敵後抗日根據地水利建設初探》，《滄桑》2010 年第 10 期；張宇楠：《鄂豫抗日革命根據地水工建築研究》，《華中建築》2013 年第 5 期；李春峰：《抗戰時期晉察冀邊區農田水利建設的歷史考察》，《延安大學學報（社會科學版）》2011 年第 3 期；吳雲峰：《論華中抗日根據地的水利建設》，《華北水利水電學院學報（社科版）》2013 年第 1 期。

[691] 汪石滿：《邁向 21 世紀的大別山經濟》，北京：中國財政經濟出版社 2000 年版，第 3—4 頁。

[692] 徐子威：《邊區民主建政之回顧》（1942 年 12 月 15 日），鄂豫邊區財經史編委會、湖北省檔案館、湖北省財政廳：《華中抗日根據地財經史料選編——鄂豫邊區、新四軍五師部分》，武漢：湖北人民出版社 1989 年版，第 344 頁。

[693] 溫克剛主編，翟武全本卷主編：《中國氣象災害大典·安徽卷》，北京：氣象出版社 2007 年版，第 284 頁。

[694] 溫克剛主編，翟武全本卷主編：《中國氣象災害大典·安徽卷》，北京：氣象出版社 2007 年版，第 56 頁。

[695] 汪志國：《近代安徽：自然災害重壓下的鄉村》，合肥：安徽人民出版社 2008 年版，第 51—52 頁。

[696] 溫克剛主編，翟武全本卷主編：《中國氣象災害大典·安徽卷》，北京：氣象出版社 2007 年版，第 284 頁。

[697] 溫克剛主編，翟武全本卷主編：《中國氣象災害大典·安徽卷》，北京：氣象出版社 2007 年版，第 56 頁。

[698] 《中國氣象災害大典》編委會：《中國氣象災害大典·湖北卷》，北京：氣象出版社 2007 年版，第 443、425、254—255 頁。

[699] 河南省水文總站：《河南省歷代旱澇等水文氣候史料（包括旱、澇、蝗、風、雹、霜、大雪、寒、暑）》，內部資料 1982 年版，第 485 頁。

[700] 溫克剛主編，翟武全本卷主編：《中國氣象災害大典·安徽卷》，北京：氣象出版社 2007 年版，第 56、148—149 頁。

[701] 汪志國：《近代安徽：自然災害重壓下的鄉村》，合肥：安徽人民出版社 2008 年版，第 54 頁。

[702]《中國氣象災害大典》編委會：《中國氣象災害大典·湖北卷》，北京：氣象出版社 2007 年版，第 426 頁。

[703] 夏忠武：《回顧與前瞻》（1943 年 1 月），鄂豫邊區財經史編委會、湖北省檔案館、湖北省財政廳：《華中抗日根據地財經史料選編——鄂豫邊區、新四軍五師部分》，武漢：湖北人民出版社 1989 年版，第 396 頁。

[704] 陳家驥：《皖江抗日根據地財經工作的歷史考查》，《淮北煤炭師範學院學報（社會科學版）》，1985 年第 2 期。

[705] 陳少敏：《艱苦奮鬥的三週年》（1941 年 6 月 28 日），鄂豫邊區財經史編委會、湖北省檔案館、湖北省財政廳：《華中抗日根據地財經史料選編——鄂豫邊區、新四軍五師部分》，武漢：湖北人民出版社 1989 年版，第 199 頁。

[706] 許子威：《論邊區財政經濟工作》（1942 年 2 月），鄂豫邊區財經史編委會、湖北省檔案館、湖北省財政廳：《華中抗日根據地財經史料選編——鄂豫邊區、新四軍五師部分》，武漢：湖北人民出版社 1989 年版，第 264 頁。

[707] 吳祖貽：《關於如何領導老百姓生產的問題——吳祖貽在中共宣傳會議上的報告》（1943 年），鄂豫邊區財經史編委會、湖北省檔案館、湖北省財政廳：《華中抗日根據地財經史料選編——鄂豫邊區、新四軍五師部分》，武漢：湖北人民出版社 1989 年版，第 477 頁。

[708]《區黨委關於加強農村支部領導的指示》（1942 年 1 月），鄂豫邊區財經史編委會、湖北省檔案館、湖北省財政廳：《華中抗日根據地財經史料選編——鄂豫邊區、新四軍五師部分》，武漢：湖北人民出版社 1989 年版，第 255 頁。

[709] 許子威：《論邊區財政經濟工作》（1942 年 2 月），鄂豫邊區財經史編委會、湖北省檔案館、湖北省財政廳：《華中抗日根據地財經史料選編——鄂豫邊區、新四軍五師部分》，武漢：湖北人民出版社 1989 年版，第 265 頁。

[710] 丁運三：《為打破邊區財政難關加緊經濟建設，切實救濟災荒而鬥爭》（1942 年 2 月 2 日），鄂豫邊區財經史編委會、湖北省檔案館、湖北省財政廳：《華中抗日根據地財經史料選編——鄂豫邊區、新四軍五師部分》，武漢：湖北人民出版社 1989 年版，第 274 頁。

[711] 夏忠武：《法幣低落與邊區經濟建設》（1942 年 2 月），鄂豫邊區財經史編委會、湖北省檔案館、湖北省財政廳：《華中抗日根據地財經史料選編——鄂豫邊區、新四軍五師部分》，武漢：湖北人民出版社 1989 年版，第 278 頁。

[712]《豫鄂區黨委致華中局、中央電及中央覆電——關於克服財政困難，救濟災荒問題》（1944 年 8 月 4 日），鄂豫邊區財經史編委會、湖北省檔案館、湖北省財政廳：

《華中抗日根據地財經史料選編——鄂豫邊區、新四軍五師部分》，武漢：湖北人民出版社1989年版，第28頁。

[713] 任峰：《抗戰時期鄂豫邊區的農業生產》，《河南大學學報》1984年第6期。

[714] 葉宏樹：《李先念與安應縣「千塘百壩」運動》，李少瑜、徐蓬、雷河青：《創業中原功垂華廈》，烏魯木齊：新疆青少年出版社1993年版，第264頁。

[715] 張宇楠：《鄂豫抗日革命根據地水工建築研究》，《華中建築》2013年第5期。

[716] 許子威：《論邊區財政經濟工作》（1942年2月），鄂豫邊區財經史編委會、湖北省檔案館、湖北省財政廳：《華中抗日根據地財經史料選編——鄂豫邊區、新四軍五師部分》，武漢：湖北人民出版社1989年版，第266頁。

[717] 許子威：《論邊區財政經濟工作》（1942年2月），鄂豫邊區財經史編委會、湖北省檔案館、湖北省財政廳：《華中抗日根據地財經史料選編——鄂豫邊區、新四軍五師部分》，武漢：湖北人民出版社1989年版，第266頁。

[718] 任峰：《抗戰時期鄂豫邊區的農業生產》，《河南大學學報》1984年第6期。

[719] 汪立波憶，王爾撰寫：《1941年大旱與「千塘百壩運動」》，《孝感文史資料·水利史料專輯·孝感水利》，內部資料1998年版，第16頁。

[720] 羅紅希，上海大學歷史系在讀博士後，中山火炬職業技術學院副教授，研究方向為中國近現代對外關係史。

[721] 何炳賢：《發表挽救國際貿易衰落辦法》，《經濟旬刊》1934年第4期。

[722] 中國第二歷史檔案館：《民國檔案史料彙編》第3輯《北洋工商》，南京：江蘇古籍出版社1994年版，第163頁。

[723] 中國第二歷史檔案館：《民國檔案史料彙編》第3輯《北洋工商》，南京：江蘇古籍出版社1994年版，第229頁。

[724] 中國第二歷史檔案館：《民國檔案史料彙編》第3輯《北洋工商》，南京：江蘇古籍出版社1994年版，第170頁。

[725] 章友江：《中國工業建設與對外貿易政策》，上海：商務印書館1929年版，第14頁。

[726] 馬慧敏：《當代中國對外貿易思想研究》，上海：復旦大學出版社2003年版，第32頁。

[727] 佟家棟：《貿易自由化、貿易保護與經濟利益》，北京：經濟科學出版社2002年版，第202頁。

[728] 佟家棟：《貿易自由化、貿易保護與經濟利益》，北京：經濟科學出版社2002年版，第201頁。

[729] 朱伯康：《經濟建設論》，重慶：青年出版社1944年版，第117頁。

[730] 朱伯康：《經濟建設論》，重慶：青年出版社1944年版，第118頁。

[731] 朱伯康：《經濟建設論》，重慶：青年出版社1944年版，第116頁。

[732] 鄔宗孟：《對外貿易政策之原理與關稅問題之關係》，《學藝》1918年第3期。

[733] 武育干：《中國國際貿易概論》，上海：商務印書館1930年版，第575—612頁。

[734] 李宗文：《中國對外貿易革命論》，《時代精神》1940年第2期。

[735] 何炳賢：《促進中國對外貿易的幾個先決條件》，《東方雜誌》1934年第14期。

[736] 趙靖：《穆藕初文集》，北京：北京大學出版社1995年版，第188、205頁。

[737] 武育干：《中國國際貿易概論》，上海：商務印書館1930年版，第572頁。

[738] 羅從豫：《中國對外貿易問題》，《中行月刊》1932年第4期。

[739] 叔康：《戰時貿易政策》，北平：獨立出版社1939年版，第1頁。

[740] 郭子勛：《戰後中國對外貿易之幾個根本問題》，《經濟建設季刊》1943年第1期。

[741] 勇龍桂：《中國對外貿易變動之研究》，《貿易月刊》1941年第11期。

[742] 姜長青，中國社會科學院經濟研究所副研究員，經濟學博士後，主要從事中華人民共和國財政史的研究。

[743] （蘇）列寧：《列寧全集》第32卷，北京：人民出版社1985年版，第303頁。

[744] 鄧小平：《鄧小平文選》第2卷，北京：人民出版社1994年版，第127頁。

[745] 這是國家計委與有關部門商定後提出的引進方案。包括化纖新技術成套設備4套，化肥設備2套，以及部分關鍵設備和材料，約需4億美元，爭取五六年內建成投產。本年內，連同以上6套成套設備，中共中央和中國國務院共批準進口14套化纖、化肥成套設備，成為後來「四三」引進方案（即43億美元引進方案）中的一部分。

[746] 中央文獻研究室：《毛澤東年譜（1949—1976）》第6卷，北京：中央文獻出版社2013年版，第426頁。

[747] 盧世光：《當代中國對外貿易》下，北京：當代中國出版社1992年版，第370—378頁。

[748] 金沖及、陳群：《陳雲傳》下，北京：中央文獻出版社2005年版，第1406頁。

[749] 中央文獻研究室：《陳雲年譜》下，北京：中央文獻出版社2000年版，第188頁。

[750] 蘇寧：《中國金融統計（1952—1996）》，北京：中國財政經濟出版社1997年版，第203頁。

[751] 中央文獻研究室：《陳雲年譜》下，北京：中央文獻出版社2000年版，第322頁。

中國歷史上的經濟轉型與社會發展
參考文獻

[752] 商業部當代中國糧食工作編輯部：《當代中國糧食工作史料》上，內部資料1998年版，第499頁。

[753] 柳隨年、吳群敢：《中國社會主義經濟簡史（1949—1983）》，哈爾濱：黑龍江人民出版社1985年版，第384—385頁。

[754] 房維中：《中華人民共和國經濟大事記（1949—1980年）》，北京：中國社會科學出版社1984年版，第501頁。

[755]《李先念傳》編寫組：《建國以來李先念文稿》第3冊，北京：中央文獻出版社2011年版，第210頁。

[756]《當代中國》叢書編輯委員會：《當代中國的糧食工作》，北京：中國社會科學出版社1988年版，第164頁。

[757] 中央文獻研究室：《周恩來年譜（1949—1976）》下，北京：中央文獻出版社1997年版，第564—565頁。

[758] 陳雲：《陳雲文集》第3卷，北京：中央文獻出版社2005年版，第414、416頁。

[759] 李先念：《李先念文選（1935—1988）》，北京：人民出版社1989年版，第302—303、306—307頁。

[760]《陳雲同外貿部負責人及該部價格小組成員的談話紀要》，1973年7月28日。

[761]《李先念傳》編寫組：《建國以來李先念文稿》第3冊，北京：中央文獻出版社2011年版，第211頁。

[762] 陳雲：《陳雲文選》第3卷，北京：人民出版社1995年版，第221頁。

[763] 陳雲：《陳雲文選》第3卷，北京：人民出版社1995年版，第222頁。

[764] 本文是2008年國家社會科學基金項目「新中國成立60年基本經驗研究」（批準號：08 & ZD006）和「中國產業結構演變中的大國因素研究（1949—2010）」（批準號：11BJL015）的階段性成果。

[765] 劉海飛，中國社會科學院馬克思主義研究院助理研究員，主要從事社會主義革命和建設時期歷史、黨的幹部制度和政策的研究。

[766] 國家統計局：《偉大的十年》，北京：人民出版社1959年版，第105、108頁。

[767]《當代中國》叢書編輯委員會：《當代中國的農業》，北京：當代中國出版社1992年版，第50頁。

[768] 薛暮橋：《國民科技恢復時期》，《中國大百科全書·經濟學》第1卷，北京：中國大百科全書出版社1988年版，第274頁。

[769] 中國社會科學院、中央檔案館：《1949—1952中華人民共和國經濟檔案資料選編工業卷》，北京：中國物資出版社1996年版，第9頁。

江南製造局翻譯館的歷史遺產和經濟價值——紀念江南造船建廠150週年

[770] 中國社會科學院、中央檔案館：《1949—1952中華人民共和國經濟檔案資料選編 工業卷》，北京：中國物資出版社1996年版，第3頁。

[771]《當代中國》編輯部：《中國資本主義工商業的社會主義改造》，北京：當代中國出版社／香港：祖國出版社2009年版，第31頁。

[772]《當代中國》編輯部：《中國資本主義工商業的社會主義改造》，北京：當代中國出版社／香港：祖國出版社2009年版，第31頁。

[773] 毛澤東：《毛澤東選集》第4卷，北京：人民出版社1991年版，第1430—1431頁。

[774] 周恩來：《周恩來選集》下，北京：人民出版社1980年版，第361頁。

[775] 陳雲：《陳雲文選（1949—1956）》，北京：人民出版社1984年版，第97—98頁。

[776]《劉少奇選集》編寫組：《劉少奇選集》下，北京：人民出版社1981年版，第5—6頁。

[777] 中央文獻研究室：《劉少奇論新中國經濟建設》，北京：中央文獻出版社1993年版，第181—182頁。

[778] 中央文獻研究室：《劉少奇論新中國經濟建設》，北京：中央文獻出版社1993年版，第209頁。

[779] 儲成仿：《新中國優先發展重工業戰略的形成背景、主要經驗及其現實意義》，《天津商學院學報》2005年第5期。

[780] 國家統計局：《中國統計年鑑1983年》，北京：中國統計出版社1983年版，第16—18、525頁。

[781]《當代中國》叢書編輯委員會：《當代中國經濟》，北京：當代中國出版社1992年版，第77頁。

[782] 中國社會科學院、中央檔案館：《1949—1952中華人民共和國經濟檔案資料選編 農村經濟體制卷》，北京：中國物資出版社1996年版，第505頁。

[783] 中共中央黨史研究室：《中國共產黨歷史（1949—1978）》第2卷（上），北京：中共黨史出版社2011年版，第134頁。

[784]《一篇介紹毛主席文章：看完中國人幾乎都感動》，西陸網http://junshi.xilu.com/20140721/1000010000574915_5.html，2014年7月21日。

[785] 徐焰：《朝鮮戰爭中美經濟實力對比》，《兵器知識》2010年第11期；李炳亮：《抗美援朝雙方統帥之比較》，《文史精華》2007年第6期。

[786] 在抗美援朝戰爭中，中國由於武器裝備上的落後，所以在人員傷亡上也付出了代價。志願軍戰時統計犧牲14.8萬人，戰後添加上民工、傷病復員人員和失蹤者的

中國歷史上的經濟轉型與社會發展
參考文獻

死亡數,至2008年統計出的抗美援朝烈士為18.3萬人。而美軍戰時死亡統計數為3.3萬人,戰後統計為5.4萬人(也添加了戰場外的死亡數)。見徐焰:《朝鮮戰爭中美經濟實力對比》,《兵器知識》2010年第11期。

[787] 中央文獻研究室:《周恩來經濟文選》,北京:中央文獻出版社1993年版,第72—75頁。

[788] 毛澤東:《毛澤東文集》第6卷,北京:人民出版社1999年版,第329頁。

[789] 薄一波:《若干重大決策與事件的回顧》上,北京:中共中央黨校出版社1991年版,第290頁。

[790] 在黨內制定了重工業優先發展的戰略之後,為了配合對這一戰略的宣傳,當時編印了許多宣傳冊,如:範榮康:《談談中國的重工業》,北京:通俗讀物出版社1954年版;中國人民解放軍總政治部文化部:《為什麼必須發展重工業》,北京:中國人民解放軍總政治部文化部1955年版;錢鐘漢:《中國重工業的建設與發展》,武漢:湖北人民出版社1956年版;浙江行政學院教研室:《重工業與農民》,杭州:浙江人民出版社1956年版;(蘇)奧瑪洛夫斯基著,王青譯:《重工業是發展蘇聯國民經濟的基礎》,北京:工人出版社1956年版等。

[791] 錢鐘漢:《中國重工業的建設與發展》,武漢:湖北人民出版社1956年版,第16頁。

[792] 中國社會科學院、中央檔案館:《1953—1957中華人民共和國經濟檔案資料選編 工業卷》,北京:中國物資出版社2000年版,第11頁。

[793] 中國人民解放軍總政治部文化部:《為什麼必須發展重工業》,北京:中國人民解放軍總政治部文化部1955年版,第19—34頁。

[794] 毛澤東:《毛澤東文集》第6卷,北京:人民出版社1999年版,第80頁。

[795] 朱佳木:《由新民主主義向社會主義的提前過渡與優先發展重工業的戰略抉擇》,《當代中國史研究》2004年第5期。

[796] 房維中、金沖及:《李富春傳》,北京:中央文獻出版社2001年版,第421頁。

[797] 朱佳木:《由新民主主義向社會主義的提前過渡與優先發展重工業的戰略抉擇》,《當代中國史研究》2004年第5期。

[798] 中央文獻研究室:《周恩來選集》下,北京:人民出版社1984年版,第302頁。

[799] 沈志華:《冷戰中的盟友:社會主義陣營內部的國家關係》,北京:九州出版社2013年版,第1頁。

[800] 沈志華編注,聞一、丁明譯:《關於1949年劉少奇訪蘇的俄國檔案文獻》,《黨史研究資料》1998年第2期。

[801] 中央文獻研究室：《周恩來年譜（1949—1976）》上，北京：中央文獻出版社1997年版，第256頁。

[802] 1952年9月3日，斯大林與周恩來會談記錄。

[803] 中央檔案館、中央文獻研究室：《中共中央文件選集（1949年10月—1966年5月）》第10冊，北京：人民出版社2013年版，第429頁。

[804] 武力：《中華人民共和國經濟史》，北京：中國時代經濟出版社2010年版，第172頁。

[805] 中央檔案館、中央文獻研究室：《中共中央文件選集（1949年10月—1966年5月）》第14冊，北京：人民出版社2013年版，第503頁。

[806] 《發展重工業是實現國家社會主義工業化的中心環節》，《人民日報》1954年3月3日。

[807] 夏梁，經濟學博士，華中科技大學經濟學院博士後，湖北省社會科學院經濟研究所助理研究員，主要從事經濟史、產業經濟學方向的研究。

[808] 趙凌雲、辜娜：《中國經濟新常態與湖北發展新機遇》，《湖北社會科學》2014年第10期。

[809] 張培麗、於春暉：《中國經濟潛在增長率的變化及應對》，《人民日報》2012年10月30日。

[810] 張培麗、於春暉：《中國經濟潛在增長率的變化及應對》，《人民日報》2012年10月30日。

[811] 趙凌雲、辜娜：《中國經濟新常態與湖北發展新機遇》，《湖北社會科學》2014年第10期。

[812] 國家統計局：《2015年國民經濟和社會發展統計公報》，新華網2016年3月。

[813] 張培麗、於春暉：《中國經濟潛在增長率的變化及應對》，《人民日報》2012年10月30日。

[814] 習近平：《關於〈中共中央關於全面深化改革若干重大問題的決定〉的說明》，《人民日報》2013年11月16日。

[815] 中研網：《經濟新常態主要有四個特徵》，http://www.chinairn.com/news/20140804/130549384.shtml，2014年8月4日。

[816] 梁勇：《以「三嚴三實」促進幹部作風轉型》，《學習時報》2014年11月17日。

[817] 王俊嶺：《中國經濟新常態將造福全球》，《人民日報（海外版）》2014年9月3日。

[818] 美國商務部，財政部亞太中心摘譯：《美國2015年實際GDP增長2.4%》。

中國歷史上的經濟轉型與社會發展
參考文獻

[819] 交通銀行金融研究中心，http：//forex.jrj.com.cn/2016/01/21174920461570.shtml

[820] 日本新聞網：《日本2015年GDP增長率為0.4%》，http：//www.ribenxinwen.com/articles/23960，2016年2月15日。

[821] 國家統計局：《2015年國民經濟和社會發展統計公報》，新華網2016年2月29日。

[822] 國家統計局：《2015年國民經濟和社會發展統計公報》，新華網2016年2月29日。

[823] 北京大學國家發展研究院「中國經濟新常態下的企業機遇」論壇：《林毅夫解讀新常態：經濟增長率會往下調》，《經濟觀察報》2014年10月10日。

[824] 趙凌雲、辛娜：《中國經濟新常態與湖北發展新機遇》，《湖北社會科學》2014年第10期。

[825] 中研網：《中國已正式進入中等收入國家行列》，http：//www.chinairn.com/news/20140529/171441842.shtml，2014年5月29日。

[826] 李克強：《樹立互利共贏的新標竿》，《人民日報》2014年10月12日。

[827] 習近平：《經濟增長必須是實實在在和沒有水分的增長》。2012年11月30日，習近平在中共中央召開的黨外人士座談會上的講話要點。

[828] 人民日報評論員：《發展必須是遵循自然規律的可持續發展——新常態下我們如何發展（上）》，《人民日報》2014年8月26日。

[829] 人民日報評論員：《發展必須是遵循自然規律的可持續發展——新常態下我們如何發展（上）》，《人民日報》2014年8月26日。

[830] 人民日報評論員：《發展必須是遵循自然規律的可持續發展——新常態下我們如何發展（中）》，《人民日報》2014年8月27日。

[831] 孟超、胡健、陳希敏：《轉向全要素生產率的增長驅動》，《光明日報》2015年5月17日。

[832] 李春明：《「新常態」旨在重構經濟發展新模式》，《支點》2014年11月9日。

[833] 中新社：《中國連續18年成遭反傾銷調查最多的國家》，中國新聞網2014年1月16日。

[834] 劉壯壯，南開大學歷史學院博士研究生，研究方向為農業史、環境史。

[835] 華立：《清代新疆農業開發史》，哈爾濱：黑龍江教育出版社1995年版，第127頁。

[836] 吳藹宸選輯：《歷代西域詩抄》，烏魯木齊：新疆人民出版社 1982 年版，第 106 頁。

[837] 紀大椿：《清代新疆屯田研究的力作——〈清代新疆農業開發史〉讀後》，《中國邊疆史地研究》1997 年第 4 期。

[838] 齊清順：《清代新疆農業生產力的發展》，《西北民族研究》1988 年第 2 期。

[839] 許滌新、吳承明：《中國資本主義發展史》第 1 卷《中國資本主義的萌芽》，北京：人民出版社 1985 年版，第 39 頁。

[840] 齊清順：《清代新疆農業生產力的發展》，《西北民族研究》1988 年第 2 期。

[841] 王希隆：《清代前期天山北路的自耕農經濟》，《中國邊疆史地研究》1993 年第 3 期。

[842] 根據上述標準，糧食占有狀況的計算公式為：[耕地面積 1/2 × 生產力狀況—（播種量 + 賦稅）] ÷ 人口 = 人均糧食占有量。

[843] 齊清順：《清代新疆農業生產力的發展》，《西北民族研究》1988 年第 2 期。

[844]（清）王鳴盛：《十七史商榷》卷 12《米價》，北京：商務印書館 1937 年版，第 97 頁。

[845]《清高宗實錄》卷 572，乾隆二十三年十月甲子，北京：中華書局 1985 年版，第 271 頁。

[846]《清高宗實錄》卷 573，乾隆二十三年十月辛巳，北京：中華書局 1985 年版，第 289 頁。

[847]《清高宗實錄》卷 591，乾隆二十四年閏六月癸卯，北京：中華書局 1985 年版，第 572 頁。

[848]《清高宗實錄》卷 593，乾隆二十四年七月庚午，北京：中華書局 1985 年版，第 598 頁。

[849]《清高宗實錄》卷 592，乾隆二十四年七月丁巳，北京：中華書局 1985 年版，第 586 頁。

[850]《清高宗實錄》卷 595，乾隆二十四年八月庚子，北京：中華書局 1985 年版，第 627 頁。

[851]《清高宗實錄》卷 597，乾隆二十四年九月甲戌，北京：中華書局 1985 年版，第 663 頁。

[852] 苗普生：《清代維吾爾族人口考述》，《新疆社會科學》1988 年第 1 期。

[853]《清高宗實錄》卷 1155，乾隆四十七年四月丙申，北京：中華書局 1985 年版，第 480 頁。

[854]《清高宗實錄》卷1155，乾隆四十七年四月丙申，北京：中華書局1985年版，第482頁。

[855] 王希隆：《清代前期天山北路的自耕農經濟》，《中國邊疆史地研究》1993年第3期。

[856] 乾隆五十三年四月十九日軍機大臣大學士阿桂等《奏為遵旨議奏酌減新增地糧事折》，中國第一歷史檔案館：《宮中硃批奏摺》，檔號03-0568-063。

[857]《清高宗實錄》卷1349，乾隆五十五年二月庚辰，北京：中華書局1985年版，第63頁。

[858] 齊清順：《清代新疆農業生產力的發展》，《西北民族研究》1988年第2期。

[859] 許滌新、吳承明：《中國資本主義發展史》第1卷《中國資本主義的萌芽》，北京：人民出版社1985年版，第39頁。

[860] 王希隆：《清代前期天山北路的自耕農經濟》，《中國邊疆史地研究》1993年第3期。

[861]《清宣宗實錄》卷182，道光十年十二月癸醜，北京：中華書局1987年版，第882—883頁。

[862]《清宣宗實錄》卷332，道光二十年三月辛醜，北京：中華書局1987年版，第34—35頁。

[863]（清）紀昀：《紀曉嵐文集》第1冊，石家莊：河北教育出版社1995年版，第601頁。

[864]《清高宗實錄》卷867，乾隆三十五年八月庚寅，北京：中華書局1985年版，第632頁。

[865]《清高宗實錄》卷756，乾隆三十一年七月庚寅，北京：中華書局1985年版，第402頁。

[866]《清高宗實錄》卷1227，乾隆五十年三月癸酉，北京：中華書局1985年版，第448頁。

[867]《清仁宗實錄》卷25，嘉慶二年十二月庚戌，北京：中華書局1986年版，第309頁。

[868]《清高宗實錄》卷1382，乾隆五十六年七月戊寅，北京：中華書局1985年版，第539頁。

[869]《清仁宗實錄》卷266，嘉慶十八年二月壬戌，北京：中華書局1985年版，第612頁。

[870]（清）祁韻士：《萬里行程記》，楊建新：《古西行記選注》，銀川：寧夏人民出版社1986年版，第410頁。

[871]（清）王樹楠等：《新疆圖志·實業二》卷29，臺北：文海出版社1965年版，第1171頁。

[872]《清高宗實錄》卷1200，乾隆四十九年三月庚子，北京：中華書局1985年版，第53—54頁。

[873]《清高宗實錄》卷1393，乾隆五十六年十一月丙申，北京：中華書局1985年版，第713—714頁。

[874]《清高宗實錄》卷1484，乾隆六十年八月己醜，北京：中華書局1985年版，第837頁。

[875]（清）奕訢：《平定陝甘新疆回匪方略》卷305，蘭州：蘭州古籍書店1990年版，第20—21頁。

[876]（清）劉錦堂：《劉襄勤公奏稿》卷8，甘肅省古籍文獻整理編譯中心：《西北史地文獻》第2輯，蘭州：蘭州古籍書店1990年影印版，第257頁。

[877]（清）左宗棠：《左文襄公全集·奏稿六》，長沙：岳麓書社2009年版，第699頁。

[878]（清）劉錦堂：《劉襄勤公奏稿》卷2，甘肅省古籍文獻整理編譯中心：《西北史地文獻》第2輯，蘭州古籍書店1990年影印版，第73頁。

[879] 梁方仲：《中國曆代戶口、田地、田賦統計》，上海：上海人民出版社1980年版，第380頁。

[880] 蔡家藝：《清代新疆社會經濟史綱》，北京：人民出版社2006年版，第382頁。

[881] Ping-ti Ho，Studies on the Population of China，1368-1953，Harvard University Press，1959，p25。

[882] 主要成果參見高王凌：《明清時期的耕地面積》，《清史研究》1992年第3期；江太新：《關於清代前期耕地面積之我見》，《中國經濟史研究》1995年第1期；史志宏：《清代前期的耕地面積及糧食產量估計》，《中國經濟史研究》1989年第2期；史志宏：《清代前期的小農經濟》，北京：中國社會科學出版社1994年版，第140—148頁。

[883] 華立：《清代新疆農業開發史》，哈爾濱：黑龍江教育出版社1995年版，第241頁。

[884]（清）陶模著，吳豐培整理：《陶勤肅公奏議遺稿》卷2，甘肅省古籍文獻整理編譯中心：《西北史地文獻》，蘭州：蘭州古籍書店1990年影印版，第437頁。

中國歷史上的經濟轉型與社會發展

參考文獻

[885] 臧豪杰,鄭州大學馬克思主義學院講師,政治學博士,主要從事傳統政治文化方向的研究。任國征,北京市青年學者,主要從事經濟學和文化的研究。

[886] 李劍農:《中國近百年政治史》,北京:商務印書館 2011 年版,第 126 頁。

[887] 史學界關於翻譯館的建立時間有 1868 年和 1867 年兩種說法,本文採用 1867 年。參見陳小津:《弘揚「江南精神」壯大民族工業》,《求是》2005 年第 8 期。

[888] (清)李瀚章、李鴻章:《曾文正公全集·新造輪船折》第 3 冊,北京:同心出版社 2014 年版,第 282 頁。

[889] (清)徐珂:《清稗類鈔》第 8 冊,北京:中華書局 1986 年版。轉引自張美平:《江南製造局翻譯館的譯書活動及其影響》,《中國科技翻譯》2009 年第 4 期。

[890] 對於「江南精神」的探討,近年來最為隆重的一次是紀念江南造船 140 週年時《求是》雜誌社主辦的研討會。參見王兆斌:《民族工業的脊樑和希望——「弘揚『江南精神』,發展民族工業」學術研討會綜述》,《求是》2005 年第 14 期。

[891] 唐慶鵬:《論現代智庫的成長邏輯及其對中國的啟示》,《社會主義研究》2015 年第 1 期。

[892] 張林:《全球頂級智庫排名出爐中國 7 家上榜》,中國網 http://www.china.com.cn/opinion/think/2015—01/22/content_34629810.htm,2015 年 1 月 22 日。

[893] (英)傅蘭雅:《譯書事略》,張靜廬輯註:《中國近代出版史料初編》,北京:中華書局 1957 年版,第 23 頁。

[894] 上海社會科學研究院智庫研究中心:《2014 年中國智庫報告——發展特點與政策建議》,《光明日報》2015 年 1 月 14 日。

[895] 王爾敏:《晚清政治思想史論》,桂林:廣西師範大學出版社 2007 年版,第 20 頁。

[896] 任國征:《文化和科技如何牽手》,《光明日報》2011 年 11 月 28 日。

[897] 蔣廷黻:《中國近代史》,武漢:武漢出版社 2012 年版,第 17—18、61 頁。

[898] 張增一的分期如下:1868—1879 年為第一階段、1880—1895 年為第二階段、1896—1905 年為第三階段;王揚宗的分期如下:1868—1880 年為第一期、1881—1895 年為第二期、1896—1913 年為第三期。此外還有黃明、劉樹勇等人的分期,分歧主要在於時間節點的認知上。

[899] (美)徐中約著,計秋楓、朱慶葆譯:《中國近代史:1600—2000 中國的奮鬥》,北京:世界圖書出版公司 2013 年版,第 212—213 頁。

[900] 張增一:《江南製造局的譯書活動》,《近代史研究》1996 年第 3 期。

[901] 金觀濤、劉青峰將中國傳統社會視為意識形態整合的社會,並認為意識形態與社會組織實現了一體化,儒家意識形態在上、中、下三個社會層級中分別有相對應的價值理念,這使得傳統中國社會上層(大一統、官僚組織)雖然多次發生變革,但仍然具備自我復活的能力。見金觀濤、劉青峰:《興盛與危機:論中國社會超穩定結構》,北京:法律出版社2011年版,第52—56頁。金觀濤、劉青峰:《開放中的變遷:再論中國社會超穩定結構》,北京:法律出版社2011年版,第11頁。

[902] 姜義華:《理性缺位的啟蒙》,上海:讀書·生活·新知三聯書店2000年版,第31頁。

[903] 蔣廷黻:《中國近代史》,武漢:武漢出版社2012年版,第67頁。

[904] 金耀基:《現代化與中國現代歷史》,姜義華、吳根梁、馬學新:《港臺與海外學者論傳統文化與現代化》,重慶:重慶出版社1988年版,第311頁。

[905] 曾明:《翻譯館的科學和技術意義》,《上海造船》2005年第2期。

[906] 張增一:《江南製造局的譯書活動》,《近代史研究》1996年第3期。

[907] 任國征:《科學的歷史 歷史的科學——紀念李約瑟誕辰110週年和逝世15週年》,《中國社會科學報》2010年4月27日。

[908] 梁漱溟:《東西文化及其哲學》,北京:商務印書館1999年版,第34、35頁。

[909] 胡適:《科學發展所需要的社會改革》,姜義華、吳根梁、馬學新:《港臺與海外學者論傳統文化與現代化》,重慶:重慶出版社1988年版,第490頁。

[910] (西)迪特·森格哈斯著,張文武等譯:《文明內部的衝突與世界秩序》,北京:新華出版社2004年版,第134—135頁。

國家圖書館出版品預行編目（CIP）資料

中國歷史上的經濟轉型與社會發展 / 魏明孔, 高超群 主編 . -- 第一版 .
-- 臺北市：崧燁文化，2019.09
　　面； 公分
POD 版

ISBN 978-957-681-842-4(平裝)

1. 經濟史 2. 文集 3. 中國

552.29　　　　　　　　　　　　　　　　　　108009004

書　　名：中國歷史上的經濟轉型與社會發展
作　　者：魏明孔, 高超群 主編
發 行 人：黃振庭
出 版 者：崧燁文化事業有限公司
發 行 者：崧燁文化事業有限公司
E - m a i l：sonbookservice@gmail.com
粉 絲 頁：　　　　　　網　址：
地　　址：台北市中正區重慶南路一段六十一號八樓 815 室
8F.-815, No.61, Sec. 1, Chongqing S. Rd., Zhongzheng
Dist., Taipei City 100, Taiwan (R.O.C.)
電　　話：(02)2370-3310　傳　真：(02) 2370-3210
總 經 銷：紅螞蟻圖書有限公司
地　　址：台北市內湖區舊宗路二段 121 巷 19 號
電　　話：02-2795-3656　傳真：02-2795-4100　　網址：
印　　刷：京峯彩色印刷有限公司（京峰數位）

本書版權為九州出版社所有授權崧博出版事業股份有限公司獨家發行電子書及繁體書繁體字版。若有其他相關權利及授權需求請與本公司聯繫。

定　　價：600 元
發行日期：2019 年 09 月第一版
◎ 本書以 POD 印製發行